U0963625

21世纪经济学管理学系列教材

税法

第四版

Tax Laws

艾华 侯石安 高亚军 林莎 编著

WUHAN UNIVERSITY PRESS
武汉大学出版社

总　序

一个学科的发展，物质条件保障固不可少，但更重要的是软件设施。软件设施体现在三个方面：一是科学合理的学科专业结构，二是能洞悉学科前沿的优秀的师资队伍，三是作为知识载体和传播媒介的优秀教材。一本好的教材，能反映该学科领域的学术水平和科研成就，能引导学生沿着正确的学术方向步入所向往的科学殿堂。作为一名教师，除了要做好教学工作外，另一个重要的职能就是，总结自己钻研专业的心得和教学中积累的经验，以不断了解学科发展动向，提高自己的科研和教学能力。

正是从上述思路出发，武汉大学出版社准备组织一批教师在两三年内编写出一套《21 世纪经济学管理学系列教材》，同时出版一批高质量的学术专著，并已和武汉大学经济与管理学院达成共识，签订了出版合作协议，这是一件振奋人心的大事。

我相信，这一计划一定会圆满地实现。第一，合院以前的武汉大学经济学院和管理学院已分别出版了不少优秀教材和专著，其中一些已由教育部通过专家评估确定为全国高校通用教材，并多次获得国家级和省部级奖励，在国内外学术界产生了重大影响，对如何编写教材和专著的工作取得了丰富的经验。第二，近几年来，一批优秀中青年教师已脱颖而出，他们不断提高教学质量，勤奋刻苦地从事科研工作，已在全国重要出版社，包括武汉大学出版社，出版了一大批质量较高的专著。第三，这套教材必将受到读者的欢迎。时下，不少国外教材陆续被翻译出版，在传播新知识方面发挥了一定的作用，但在如何联系中国实际，建立清晰体系，贴近我们习惯的思维逻辑，发扬传统的文风等方面，中国学者有自己的优势。

《21 世纪经济学管理学系列教材》将分期分批问世，武汉大学经济与管理学院教师将积极地参与这一具有重大意义的学术事业，精益求精地不断提高写作质量。系列丛书的出版，说明武汉大学出版社的同志们具有远大的目光，认识到，系列教材和专著的问世带来的不只是经济效益，更重要的是巨大的社会效益。作为武汉大学出版社的一位多年的合作者，对这种精神，我感到十分钦佩。

谭崇台

第四版前言

税法是我国法律体系的重要组成部分，是国家征税及纳税人纳税的行为准则。在市场经济条件下，征纳税行为的规范化、法制化尤其重要。税法作为国家与纳税人征纳税的法律规范，在国家整体经济可持续发展中起着无法替代的作用。

随着市场经济的不断发展和完善，税收的地位显得越来越重要。税收收入作为国家财政收入的主要来源，担负着各级政府实现其职能的财力保障，在当今世界上绝大多数国家中还难以改变。作为生产经营者和广大公民依法向国家缴纳税款也是无可回避的，只要纳税人有涉税行为就要缴纳税款。缴纳税款是纳税人的一项强制性净支出，它不同于正常的交易行为支出。然而，国家要征收哪些税？怎样征税？纳税人应该缴纳哪些税？如何纳税？又如何维护自身的合法权益？这一系列问题都需要解决。为此，本书依据我国现行最新、最主要的税收法规进行编写，力求解答这些问题。在编写过程中，对难以理解的法律规范作了较详细的解释，并列举有大量的实例进行解答和分析，尽量做到有利于广大读者学习和理解。除此之外，每章后还附有思考练习题，以便广大读者复习和练习。本书共计12章，第一章、第三章、第十一章由艾华编写，第二章、第四章、第五章、第六章由林莎编写，第七章、第八章、第九章由侯石安编写，第十章、第十二章由高亚军编写。

本书适合作本科生、大专生授课教材，也适用于广大税务工作者、企业财务工作人员，以及报考注册会计师和注册税务师的广大学员。

由于我们所掌握的资料及能力所限，书中难免存在不足或错误，敬请广大专家和读者批评指正，不胜感谢。

编　者

2017年8月

目 录

第一章 税法概论

内容提要：本章介绍了税法的概念；税法的构成要素和分类；税法与其他法律的关系；税法的立法原则与实施；我国现行税法的体系和税收管理体制。学习本章时，主要掌握税法的定义和特征、税法的构成要素和分类、现行税收管理体制。

第一节 税法要素及作用

一、税法的概念

税法与税收制度密不可分，税法是税收制度的法律表现形式；税收制度简称税制，是税法所确定的具体内容。因此，了解税收的概念对于理解税法的概念是非常必要的。

税收是政府为了满足社会公共需要，凭借政治权力，强制、无偿地取得财政收入的一种形式。理解税收的概念可从以下几方面进行把握：

（一）税收是国家取得财政收入的一种重要手段

国家要行使职能必须有一定的财力作保障，国家财力来源于财政收入。取得财政收入的手段多种多样，如征税、发行货币、发行国债、收费、罚款和没收非法所得等，而税收是大部分国家取得财政收入的主要形式。我国自1994年税制改革以来，税收是我国政府取得财政收入的最主要手段，税收收入占财政收入的比重基本都维持在95%以上。

（二）国家征税的依据是政治权力

国家通过征税，将一部分社会产品从纳税人手中转变为国家所有，因此征税的过程实际上是国家参与社会产品的分配过程。国家与纳税人之间形成的这种分配关系与社会再生产中的一般分配关系不同。分配问题涉及两个基本问题：一是分配的主体；二是分配的依据。税收分配是以国家为主体所进行的分配，而一般分配则是以各生产要素的所有者为主体所进行的分配；税收分配是国家凭借政治权力进行的分配，而一般分配则是基于生产要素所有权进行的分配。

（三）征税的目的是满足社会公共需要

国家或政府在履行其公共职能的过程中必然发生各种公共支出。公共产品的特殊性决定了公共支出一般情况下不可能采取自愿出价的方式，不可能由市场提供，只能采用强制征税的方式，由经济组织、经济主体和个人负担。国家征税的目的是满足国家提供公共产品的需要，同时也包括政府弥补市场失灵、促进公平分配等的需要。同时，国家征税也要受到所提供公共产品数量和质量的制约。

（四）税收具有无偿性、强制性和固定性的形式特征

税收特征，亦称“税收形式特征”，是指税收作为财政收入分配形式区别于其他财政收入分配形式的质的规定性。税收特征是由税收的本质决定的，是税收本质属性的外在表现，是区别税与非税的外在尺度和标志，也是古今中外税收的共性特征。税收的形式特征通常概括为税收“三性”，即无偿性、强制性和固定性。

1. 无偿性

税收的无偿性，是指国家征税时不支付任何直接形式的报酬，征税后对具体纳税人不需要直接偿还，纳税人从政府支出所获利益通常与其支付的税款不完全成一一对应的偿还关系。无偿性是税收的关键特征，它使税收明显地区别于国债等财政收入形式，决定了税收是国家筹集财政收入的主要手段，并成为调节经济和矫正社会分配不公的有力工具。

2. 强制性

税收的强制性，是指税收是国家凭借政治权力，通过法律形式对社会产品进行的强制性分配，而非纳税人的一种自愿交纳，纳税人必须依法纳税，否则会受到法律制裁。强制性是国家的权力在税收上的法律体现，是国家取得税收收入的根本前提。它也是与税收的无偿性特征相对应的一个特征，正因为税收具有无偿性，才需要通过税收法律的形式规范征纳双方的权利和义务，对纳税人而言依法纳税既是一种权利，也更是一种义务。

3. 固定性

税收的固定性，是指税收是国家通过法律形式预先规定了对什么征税及其征收比例等税制要素，并在以后的征税活动中保持相对的连续性和稳定性。即使税制要素的具体内容会因经济发展水平、国家经济政策的变化而进行必要的改革和调整，但这种改革和调整总是通过法律形式事先规定，而且改革调整后要保持一定时期的相对稳定。

税收三性是一个完整的统一体，它们相辅相成、缺一不可。其中，无偿性是核心，强制性是保障，固定性是对强制性和无偿性的一种规范和约束。

税法是国家制定的用以调整国家与纳税人之间在征纳税方面的权利及义务关系的法律规范的总称。它是国家及纳税人依法征税、依法纳税的行为准则，其目的是保障国家利益和纳税人的合法权益，维护正常的税收秩序，保证国家的财政收入。税法具有义务性法规和综合性法规的特点。从法律性质上看，税法属于义务性法规，以规定纳税人的义务为主。税法属于义务性法规，并不是指税法没有规定纳税人的权利，而是指纳税人的权利是建立在其纳税义务的基础之上，处于从属地位。税法属义务性法规的这一特点是由税收的无偿性和强制性特点所决定的。

二、税收法律关系

税收法律关系是税法所确认和调整的，国家与纳税人之间、国家与国家之间以及各级政府之间在税收分配过程中形成的权利与义务关系。

（一）税收法律关系的构成

税收法律关系在总体上与其他法律关系一样，都是由权利主体、权利客体和法律关系内容三方面构成的，但在三方面的内涵上，税收法律关系具有一定的特殊性。

1. 权利主体

法律关系的主体是指法律关系的参加者。税收法律关系的主体即税收法律关系中享有权利和承担义务的当事人。在我国税收法律关系中，权利主体包括征税主体和纳税主体双主体。征税主体是指在税收法律关系中行使税收征管权，依法进行税款征收行为的一方当事人。判断和认定某一主体是否为征税主体，主要应看其行使的权利和实施的行为的性质。税收是以国家为主体的特殊分配形式，所以征税主体只能是国家，而不是其他主体。在我国，征税主体的具体执行部门有税务部门，财政部门和海关。纳税主体是履行纳税义务的主体，包括法人、自然人和其他组织，在华的外国企业、组织、外籍个人、无国籍人，以及在华虽然没有机构、场所但有来源于中国境内所得的外国企业或组织。这种对税收法律关系中权利主体另一方的确定，在我国采取的是属地兼属人的原则。

2. 权利客体

权利客体即税收法律关系主体的权利、义务所共同指向的标的物，也就是征税对象。例如，所得税法律关系客体就是生产经营所得和其他所得，财产税法律关系客体即是财产，流转税法律关系客体就是货物或劳务。税收法律关系客体也是国家利用税收杠杆调整和控制的目标，国家在一定时期根据客观经济形势发展的需要，通过扩大或缩小征税范围调整征税对象，以达到限制或鼓励国民经济中某些产业、行业发展的目的。

3. 税收法律关系的内容

税收法律关系的内容就是权利主体所享有的权利和所应承担的义务，这是税收法律关系中最实质的东西，也是税法的灵魂。它规定权利主体可以有什么行为，不可以有什么行为，若违反了这些规定，须承担相应的法律责任。

(二) 税收法律关系的产生、变更与消灭

税法是引起税收法律关系的前提条件，但税法本身并不能产生具体的税收法律关系。税收法律关系的产生、变更和消灭必须有能够引起税收法律关系产生、变更或消灭的客观情况，也就是由税收法律事实来决定。税收法律事实可以分为税收法律事件和税收法律行为，税收法律事件是指不以税收法律关系权利主体的意志为转移的客观事件。例如，自然灾害可以导致税收减免，从而引起税收法律关系内容的变化。税收法律行为是指税收法律关系主体在正常意志支配下做出的活动。例如，纳税人开业经营即产生税收法律关系，纳税人转业或停业就造成税收法律关系的变更或消灭。

(三) 税收法律关系的保护

税收法律关系是同国家利益及企业和个人的权益相联系的。保护税收法律关系，实质上就是保护国家正常的经济秩序，保障国家财政收入，维护纳税人的合法权益。税收法律关系的保护形式和方法是很多的，税法中关于限期纳税、征收滞纳金和罚款的规定，《中华人民共和国刑法》(以下简称《刑法》) 对构成偷税①、抗税罪给予刑罚的规定，以及税法中对纳税人不服税务机关征税处理决定，可以申请复议或提出诉讼的规定等都是对税收法律关系的直接保护。税收法律关系的保护对权利主体双方是对等的，不能只对一方保护，而对另一方不予保护，对权利享有者的保护，就是对义务承担者的制约。

---

① 根据《中华人民共和国刑法》(2009 年修正)，偷税罪已经改为逃税罪，抗税罪罪名不变。

三、税法的构成要素

税法的构成要素是指各种单行税法具有的共同的基本要素的总称。首先，税法要素既包括实体性的，也包括程序性的；其次，税法要素是所有完善的单行税法都共同具备的，仅为某一税法所单独具有而非普遍性的内容，不构成税法要素，如扣缴义务人。税法的构成要素一般包括总则、纳税义务人、征税对象、税目、税率、纳税环节、纳税期限、纳税地点、减税免税、罚则、附则等项目。

（一）总则

主要包括立法依据、立法目的、适用原则等。

（二）纳税义务人

纳税义务人简称纳税人，又叫纳税主体，是税法规定的直接负有纳税义务的主体，包括法人和自然人。任何一个税种首先要解决的就是对谁征税的问题，如我国个人所得税法和增值税、消费税、资源税以及印花税等暂行条例的第1条都是纳税义务人的规定。

纳税人有两种基本形式：自然人和法人。自然人和法人是两个相对称的法律概念。自然人是基于自然规律而出生的，有民事权利和义务的主体，既包括本国公民，也包括外国人和无国籍个人。法人是自然人的对称，根据《中华人民共和国民法通则》第36条规定，法人是基于法律规定享有权利能力和行为能力，具有独立的财产和经费，依法独立承担民事责任的社会组织。我国的法人主要有4种：机关法人、事业法人、企业法人和社团法人。

税法中规定的纳税人有自然人和法人两种最基本的形式，按照不同的目的和标准，还可以对自然人和法人进行多种详细的分类，这些分类对国家制定区别对待的税收政策，发挥税收的经济调节作用，具有重要意义。如自然人可划分为居民纳税人和非居民纳税人、个体经营者和其他个人等；法人可划分为居民企业和非居民企业，还可按企业的不同所有制性质来进行分类等。

与纳税人紧密联系的两个概念是代扣代缴义务人和代收代缴义务人。前者是指虽不承担纳税义务，但依照有关规定，在向纳税人支付收入、结算货款、收取费用时有义务代扣代缴其应纳税款的单位和个人，如出版社代扣作者稿酬所得的个人所得税等。如果代扣代缴义务人按规定履行了代扣代缴义务，税务机关将支付一定的手续费。反之，未按规定代扣代缴税款，造成应纳税款流失或将已扣缴的税款私自截留挪用、不按时缴入国库，一经税务机关发现，将要承担相应的法律责任。代收代缴义务人是指虽不承担纳税义务，但依照有关规定，在向纳税人收取商品或劳务收入时，有义务代收代缴其应纳税款的单位和个人。如消费税条例规定，除特殊情况外，委托加工的应税消费品，由受托方在向委托方交货时代收代缴委托方应该缴纳的消费税。

（三）征税对象

征税对象又叫课税对象、征税客体，是指税法规定对什么征税，是征纳税双方权利义务共同指向的客体或标的物，是区别一种税与另一种税的重要标志。如消费税的征税对象是消费税条例所列举的应税消费品，房产税的征税对象是房屋等。征税对象是税法最基本的要素，因为它体现着征税的最基本界限，决定着某一种税的基本征税范围，同时，征税对象也决定了各个不同税种的名称。如消费税、土地增值税、个人所得税等，这些税种因征税对象不同、性质不同，税名也就不同。征税对象按其性质的不同，通常可划分为商品和劳务、所得、财产、资源、特定行为等五大类，通常也因此将税收分为相应的五大类即流转税或称商品和劳务税、所得税、财产税、资源税和特定行为税。

与课税对象相关的两个基本概念：税目和税基。税目本身也是一个重要的税法要素，下面将单独表述；而税基又叫计税依据，是据以计算征税对象应纳税款的直接数量依据，它解决对征税对象课税的计算问题，是对课税对象的量的规定。如企业所得税应纳税额的基本计算方法是应纳税所得额乘以适用税率，其中，应纳税所得额是据以计算所得税应纳税额的数量基础，为所得税的税基。计税依据按照计量单位的性质划分，有两种基本形态：价值形态和物理形态。价值形态包括应纳税所得额、销售收入、营业收入等；物理形态包括面积、体积、容积、重量等。以价值形态作为税基，又称为从价计征，即按征税对象的货币价值计算，如生产销售化妆品应纳消费税税额是由化妆品的销售收入乘以适用税率计算产生，其税基为销售收入，属于从价计征的方法。另一种是从量计征，即直接按征税对象的自然单位计算，如城镇土地使用税应纳税额是由占用土地面积乘以每单位面积应纳税额计算产生，其税基为占用土地的面积，属于从量计征的方法。

（四）税目

税目是在税法中对征税对象分类规定的具体的征税项目，反映具体的征税范围，是对课税对象质的界定。设置税目的目的首先是明确具体的征税范围，凡列入税目的即为应税项目，未列入税目的，则不属于应税项目。其次，划分税目也是贯彻国家税收调节政策的需要，针对不同的税目，国家可根据不同项目的利润水平以及国家经济政策等为依据制定高低不同的税率，以体现不同的税收政策。并非所有税种都需规定税目，有些税种不分课税对象的具体项目，一律按照课税对象的应税数额采用同一税率计征税款，因此一般无需设置税目，如企业所得税。有些税种具体课税对象比较复杂，需要规定税目，如消费税、资源税等，一般都规定有不同的税目。

（五）税率

税率是对征税对象的征收比例或征收额度。税率是计算税额的尺度，也是衡量税负轻重与否的重要标志。我国现行的税率主要有：

1. 比例税率

即对同一征税对象，不分数额大小，规定相同的征收比例。我国的增值税、城市维护建设税、企业所得税等都是采用比例税率。比例税率在实际应用中可分为三种具体形式：

（1）单一比例税率，是指对同一征税对象的所有纳税人都适用同一比例税率。如我国现行的企业所得税税率为25%，为单一比例税率。

（2）差别比例税率，是指对同一征税对象的不同纳税人适用不同的比例征税。我国现行税法又分别按产品、行业和地区的不同将差别比例税率划分为三种类型：一是产品差别比例税率，即对不同产品分别适用不同的比例税率，同一产品采用同一比例税率，如消费税、关税等；二是行业差别比例税率，即对不同行业分别适用不同的比例税率，同一行业采用同一比例税率，如增值税等；三是地区差别比例税率，即区分不同的地区分别适用不同的比例税率，同一地区采用同一比例税率，如我国城市维护建设税等。

（3）幅度比例税率，是指对同一征税对象，税法只规定最低税率和最高税率，各地区在该幅度内确定具体的适用税率。如资源税中的原油、天然气规定5%～10%幅度的比例税率。

比例税率具有计算简单、税负透明度高、有利于保证财政收入、有利于纳税人公平竞争、不妨碍商品流转额或非商品营业额扩大等优点，符合税收效率原则。但比例税率不能针对不同的收入水平实施不同的税收负担，在调节纳税人的收入水平方面难以体现税收的公平原则。

2. 超额累进税率

为解释超额累进税率，在此先说明累进税率和全额累进税率。累进税率是指随着征税对象数量增大而随之提高的税率，即按征税对象数额的大小划分为若干等级，不同等级的课税数额分别适用不同的税率，课税数额越大，适用税率越高。累进税率一般在所得课税中使用，可以充分体现对纳税人所得多的多征、所得少的少征、无所得的不征的税收原则，从而有效地调节纳税人的经营成果，正确处理税收负担的纵向公平问题。全额累进税率，是把征税对象的数额划分为若干等级，对每个等级分别规定相应税率，当税基超过某个级距时，课税对象的全部数额都按提高后级距的相应税率征税，如表1-1所示。

表1-1　　**某三级全额累进税率表**

级数	全年应纳税所得额（元）	税率（%）
1	10 000以下的部分	10
2	超过10 000～100 000的部分	20
3	超过100 000的部分	30

运用全额累进税率的关键是查找纳税人计税依据在税率表中所属的级次，找到了所得级次，与其对应的税率便是该纳税人所适用的税率，全部税基乘以适用税率即可计算出应纳税额。例如，某纳税人某年应纳税所得额为60 000元，按表1-1所列税率，适用第二级次，其应纳税额为60 000×20%＝12 000元。

全额累进税率计算方法简便，但税收负担不合理，特别是在划分级距的临界点附近，税负呈跳跃式递增，甚至会出现税额增加超过计税依据增加的不合理现象，不利于鼓励纳税人增加收入。

超额累进税率指把征税对象按数额的大小分成若干等级，每一等级规定一个税率，税率依次提高，但每一纳税人的征税对象则依所属等级同时适用几个税率分别计算，将计算结果相加后得出应纳税款。例如，表1-2为一个三级超额累进税率表。

表 1-2　**某三级超额累进税率表**

级数	全年应纳税所得额（元）	税率（%）	速算扣除数
1	10 000 以下的部分	10	0
2	超过 10 000~100 000 的部分	20	1 000
3	超过 100 000 以上的部分	30	11 000

如某纳税人某年应纳税所得额为 120 000 元，用上表所列税率，其应纳税额可以分步计算：

第一级的 10 000 元适用 10%税率，应纳税额为 10 000×10%＝1 000 元。

第二级的 90 000 元（100 000−10 000）适用 20%的税率，应纳税额为 90 000×20%＝18 000 元。

第三级的 20 000 元（120 000−100 000）适用 30%的税率，应纳税为 20 000×30%＝6 000元。

该年应纳税额＝10 000×10%+90 000×20%+20 000×30%＝25 000 元

目前我国采用超额累进税率的税种有个人所得税。

在级数较多的情况下，分级计算、然后相加的方法比较繁琐。为了简化计算，也可采用速算法。用公式表示为：

应纳税额＝计税依据×对应当级适用税率−当级速算扣除数

按上例某纳税人该年应纳税所得额为 120 000 元，直接用 120 000 元乘以所对应级次的税率 30%，再减去当级的速算扣除数 11 000 元，就得到实际应纳税额。

应纳税额＝120 000×30%−11 000＝25 000 元

本级速算扣除数＝（本级税率−上一级税率）×上级课税对象最高数额+上级速算扣除数

如表 1-2 中第三级的速算扣除数＝（30%−20%）×100 000+1 000＝11 000 元

3. 定额税率

即按征税对象确定的计算单位，直接规定一个固定的税额。目前采用定额税率的有资源税、城镇土地使用税、车船税等。

4. 超率累进税率

即以征税对象数额的相对率划分若干级距，分别规定相应的差别税率，相对率每超过一个级距的，对超过的部分就按高一级的税率计算征税。目前，采用这种税率的是土地增值税。

（六）纳税环节

纳税环节是指税法规定的征税对象在从生产到消费的流转过程中应当缴纳税款的环节。如流转税在生产和流通环节征税、所得税在分配环节征税等。纳税环节有广义和狭义之分。广义的纳税环节指全部课税对象在再生产中的分布情况。如资源税分布在资源生产环节，商品税分布在生产或流通环节，所得税分布在分配环节等。狭义的纳税环节特指应税商品在流转过程中应纳税的环节。商品从生产到消费要经历诸多流转环节，各环节都存在交易活动，都可能成为纳税环节。但考虑到税收对经济的影响、财政收入的需要以及税收征管能力等因素，国家常常对不同的在商品流转过程中课征的税种规定不同的纳税环节。按照某种税征税环节的多少，可以将纳税环节划分为一次课征制和多次课征制。合理选择纳税环节，对加强税收征管、有效控制税源、保证国家财政收入的及时、稳定、可靠，方便纳税人生产经营活动和财务核算，灵活机动地发挥税收调节经济的作用，具有十分重要的理论和实践意义。

（七）纳税期限

纳税期限是指税法规定的关于税款缴纳时间方面的规定。税法关于纳税期限的规定，有三个概念：一是纳税义务发生时间。纳税义务发生时间，是指应税行为发生的时间。如增值税条例规定采取预收货款方式销售货物的，其纳税义务发生时间为货物发出的当天。二是纳税期限，纳税人每次发生纳税义务后，不可能马上缴纳税款。税法规定了每种税的纳税期限，即每隔固定时间汇总多次纳税义务的期间。如增值税暂行条例规定，增值税的具体纳税期限分别为1日、3日、5日、10日、15日、1个月或者1个季度。纳税人的具体纳税期限，由主管税务机关根据纳税人应纳税额的大小分别核定；不能按照固定期限纳税的，可以按次纳税。三是缴库期限，即税法规定的纳税期满后，纳税人将应纳税款缴入国库的期限。如增值税暂行条例规定，纳税人以1个月或者1个季度为1个纳税期的，自期满之日起15日内申报纳税；以1日、3日、5日、10日或者15日为1个纳税期的，自期满之日起5日内预缴税款，于次月1日起15日内申报纳税并结清上月应纳税款。

（八）纳税地点

纳税地点是指根据各个税种纳税对象的纳税环节和有利于对税款的源泉控制而规定的纳税人（包括代征、代扣、代缴义务人）缴纳税款的具体地点。

（九）减税免税

减免税是对某些纳税人和征税对象采取减少征税或者免予征税的特殊规定。

（十）罚则

罚则是指对纳税人违反税法的行为采取的处罚措施。

（十一）附则

附则一般都规定与该法紧密相关的内容，比如该法的解释权、生效时间等。

四、税收法律分类

税法体系中按各税法的立法目的、征税对象、权限划分、适用范围、职能作用的不同，可分为不同类型的税法。

（一）按照税法的基本内容和效力的不同，可分为税收基本法和税收普通法

税收基本法也称税收通则，是税法体系的主体和核心，在税法体系中起着税收母法的作用。其基本内容一般包括：税收制度的性质、税务管理机构、税收立法与管理权限、纳税人的基本权利与义务、征税机关的权利和义务、税种设置等。我国目前还没有制定统一的税收基本法，随着我国税收法制建设的发展和完善，将研究制定税收基本法。税收普通法是根据税收基本法的原则，对税收基本法规定的事项分别立法实施的法律。如个人所得税法、税收征收管理法等。

（二）按照税法的职能作用的不同，可分为税收实体法和税收程序法

税收实体法主要是指确定税种立法，具体规定各税种的征收对象、征收范围、税目、税率、纳税地点等。例如，《中华人民共和国企业所得税法》、《中华人民共和国个人所得税法》就属于税收实体法。税收程序法是指税务管理方面的法律，主要包括税收管理法、纳税程序法、发票管理法、税务机关组织法、税务争议处理法等。《中华人民共和国税收征收管理法》（以下简称《税收征收管理法》）就属于税收程序法。

（三）按照税法征收对象的不同，可分为流转税税法、所得税税法、财产行为税税法和资源税税法

1. 流转税税法

主要包括增值税、消费税、关税等税法。这类税法的特点是与商品生产、流通、消费有密切联系。对什么商品征税，税率多高，对商品经济活动都有直接的影响，易于发挥对经济的宏观调控作用。

2. 所得税税法

主要包括企业所得税、个人所得税等税法。其特点是可以直接调节纳税人收入，发挥其公平税负、调整分配关系的作用。

3. 财产、行为税税法

主要是对财产的价值或某种行为课税。包括房产税、印花税等税法。

4. 资源税税法

主要是为保护和合理使用国家自然资源而课征的税。我国现行的资源税、城镇土地使用税等税种均属于对资源课税的范畴。

（四）按照主权国家行使税收管辖权的不同，可分为国内税法、国际税法、外国税法

国内税法一般是按照属人或属地原则，规定一个国家的内部税收制度。国际税法是指国家间形成的税收制度，主要包括双边或多边国家间的税收协定、条约和国际惯例等。一般而言，其效力高于国内税法。外国税法是指外国各个国家的税收法律制度。

（五）依据税收归属和征收管辖权限可分为中央税法、地方税法和中央与地方共享税法

（1）中央税属于中央政府的财政收入，由国家税务局征收管理，如消费税、关税等为中央税。

（2）地方税属于各级地方政府的财政收入，由地方税务局征收管理，如城市维护建设税、城镇土地使用税等为地方税。

（3）中央与地方共享税属于中央政府和地方政府的共同收入，目前主要由国家税务局征收管理。如增值税、资源税、企业所得税、个人所得税为中央与地方共享税。

当前，除个别小税种地方政府有立法权外，其余税种的立法权均属中央政府。

（六）依据计税依据的不同，可分为从价税和从量税

（1）从价税是指以征税对象的价值量为计税依据所征收的税种。一般实行比例税率和累进税率，如增值税、房产税等。

（2）从量税是指以征税对象的实物数量为计税依据所征收的税种。一般实行定额税率，如资源税、城镇土地使用税等。

（七）依据税收与价格的关系不同，可分为价内税和价外税

（1）价内税是指税金作为商品价格组成部分的税种。如现行的消费税、营业税等。其优点是有利于消费，其税金包含在价格之内，易为消费者所接受。但价内税不利于纳税，因取得收入者认为税金是自己负担的。

（2）价外税是指税金作为商品价格附加部分的税种。如现行的增值税。其优点是利于纳税义务人缴纳税款，因应缴纳的税金是由消费者支付的；但价外税在短期内对消费有一定的影响。

（八）依据税收负担是否转嫁，可分为直接税和间接税

（1）直接税是指纳税人与负税人一致，一般不存在税负转嫁的税种。如所得税、财产税等。

（2）间接税是指纳税人与负税人往往不一致，一般存在税负容易转嫁的税种。如现行的增值税、消费税等。

五、税法的地位及与其他法律的关系

（一）税法是我国法律体系的重要组成部分

了解税法在整个国家法律中所处的地位，以及与其他法律之间的关系，能使我们更好地执行税法，有效地打击违反税法的犯罪行为。税法属于国家法律体系中一个重要部门法，它是调整国家与各个经济单位及公民个人分配关系的基本法律规范。法的调整对象是具有某一性质的社会关系，它是将各法律部门划分开来的基本因素，也是一个法律部门区别于其他法律部门的基本标志和依据。税法以税收关系为自己的调整对象，这一社会关系的特定性把税法和其他法律部门划分开来。因此，税法主要以维护公共利益，而非个人利益为目的，在性质上属于公法。不过与宪法、行政法、刑法等典型公法相比，税法仍具有一些私法的属性，如课税依据私法化、税收法律关系私法化、税法概念范畴私法化等。

（二）税法与其他法律的关系

涉及税收征纳关系的法律规范，除税法本身直接在税收实体法、税收程序法、税收争讼法、税收处罚法中的规定外，在某种情况下也援引一些其他法律。

1. 税法与《中华人民共和国宪法》的关系

《中华人民共和国宪法》（以下简称《宪法》）是我国的根本大法，它是制定所有法律、法规的依据和章程。税法是国家法律的组成部分，当然也是依据《宪法》的原则制定的。

《宪法》第五十六条规定："中华人民共和国公民有依照法律纳税的义务。"这里一是明确了国家可以向公民征税，二是明确了向公民征税要有法律依据。因此，《宪法》的这一条规定是立法机关制定税法并据以向公民征税以及公民必须依照税法纳税的最直接的法律依据。

《宪法》还规定，国家要保护公民的合法收入、财产所有权，保护公民的人身自由不受侵犯等。因此，在制定税法时，就要规定公民应享受的各项权利以及国家税务机关行使征税权的约束条件，同时要求税务机关在行使征税权时，不能侵犯公民的合法权益等。

《宪法》第三十三条规定："中华人民共和国公民在法律面前一律平等"，即凡是中国

公民都应在法律面前处于平等的地位。在制定税法时也应遵循这个原则，对所有的纳税人平等对待，不能因为纳税人的种族、性别、出身、年龄等不同而在税收上给予不平等的待遇。

2. 税法与民法的关系

民法是调整平等主体之间，也就是公民之间、法人之间、公民与法人之间财产关系和人身关系的法律规范，故民法调整方法的主要特点是平等、等价和有偿。税法的本质是国家依据政治权力向公民进行课税，是调整国家与纳税人关系的法律规范，这种税收征纳关系不是商品的关系，明显带有国家意志和强制的特点，其调整方法要采用命令和服从的方法，这是由税法与民法的本质区别所决定的。

但两者之间又有联系，当税法的某些规范同民法的规范基本相同时，税法一般援引民法条款。在征税过程中，经常涉及大量的民事权利和义务问题。比如，印花税中有关经济合同关系的成立、房产税中有关房屋的产权认定等，而这些在民法中已予以规定，所以，税法就不再另行规定。

3. 税法与《刑法》的关系

税法与《刑法》有本质区别。《刑法》是关于犯罪、刑事责任与刑罚的法律规范的总和。税法则是调整税收征纳关系的法律规范，其调整的范围不同。

两者也有着密切的联系，因为税法和《刑法》对于违反税法都规定了处罚条款。但应该指出的是，违反了税法，并不一定就是犯罪。《税收征收管理法》第六十三条规定："纳税人采取伪造、变造、隐匿、擅自销毁账簿、记账凭证，在账簿上多列支出或者不列、少列收入，或者经税务机关通知申报而拒不申报或者进行虚假的纳税申报，不缴或者少缴应纳税款的，是偷税。对纳税人偷税的，由税务机关追缴其不缴或少缴的税款、滞纳金，并处不缴或少缴的税款50%以上5倍以下的罚款；构成犯罪的，依法追究刑事责任。"从上面规定可以看出，两者之间的区别就在于情节是否严重，轻者给予行政处罚，重者则要承担刑事责任，给予刑事处罚。

从2009年2月28日起，"偷税"将不再作为一个刑法概念存在。第十一届全国人民代表大会常务委员会第七次会议表决通过了《刑法修正案（七）》，修订后的《刑法》对第二百零一条关于不履行纳税义务的定罪量刑标准和法律规定中的相关表述方式进行了修改。用"逃避缴纳税款"取代了"偷税"。但目前我国的《税收征收管理法》中还没有作出相应修改。

4. 税法与行政法的关系

税法与行政法有十分密切的联系，主要表现在税法具有行政法的一般特性。税收实体法和税收程序法中都有大量内容是对国家机关之间、国家机关与法人或自然人之间的法律关系的调整。而且，税收法律关系中居于领导地位的一方总是国家，体现国家单方面意志，不需要征纳双方意思表示一致。另外税收法律关系中争议的解决一般按照行政复议程序和行政诉讼程序进行。

税法与行政法也有一定区别。与一般行政法所不同的是，税法具有经济分配的性质，并且经济利益由纳税人向国家无偿单方面转移，这是一般行政法所不具备的。社会再生产的几乎每一个环节都有税法的参与和调节，在广度和深度上是一般行政法所不能比的。另外行政法大多为授权性法规，所含的少数义务性规定也不像税法一样涉及货币收益的转移，而税法则是一种义务性法规。

六、税法的作用

由于税法调整的对象涉及社会经济活动的各个方面，与国家的整体利益及企业、单位、个人的直接利益有着密切的关系，并且在建立和发展我国社会主义市场经济体制过程中，国家将通过制定实施税法加强对国民经济的宏观调控，因此，税法的地位越来越重要。正确认识税法在我国社会主义市场经济发展中的重要作用，对于我们在实际工作中准确地把握和认真执行税法的各项规定是很必要的。我国税法的重要作用主要有这样几方面：

（一）税法是国家组织财政收入的法律保障

为了维护国家机器的正常运转和促进国民经济健康发展，国家必须筹集大量的资金，即组织国家财政收入。为了保证税收组织财政收入职能的发挥，必须通过制定税法，以法律的形式确定企业、单位和个人履行纳税义务的具体项目、数额和纳税程序，惩治偷逃税款的行为，防止税款流失，保证国家依法征税，及时足额地取得税收收入。针对我国税费并存（政府收费）的宏观分配格局，今后一段时期，我国实施税制改革，一个重要的目的就是要逐步提高税收占国民生产总值的比重，以保障财政收入。

（二）税法是国家宏观调控经济的法律手段

我国建立和发展社会主义市场经济体制的一个重要改革目标，就是从过去国家习惯于用行政手段直接管理经济，向主要运用法律、经济的手段宏观调控经济转变。税收作为国家宏观调控的重要手段，通过制定税法，以法律的形式确定国家与纳税人之间的利益分配关系，调节社会成员的收入水平，调整产业结构和社会资源的优化配置，使之符合国家的宏观经济政策；同时，以法律的平等原则，公平经营单位和个人的税收负担，鼓励平等竞争，为市场经济的发展创造良好的条件。例如，1994年实施的增值税和消费税暂行条例，对于调整产业结构，促进商品的生产、流通，适应市场竞争机制的要求，都发挥了积极的作用。

（三）税法对维护经济秩序有重要的作用

由于税法的贯彻执行，涉及从事生产经营活动的每个单位和个人，一切经营单位和个人通过办理税务登记、建账建制、纳税申报，其各项经营活动都将纳入税法的规范制约和管理范围，较全面地反映出纳税人的生产经营情况。这样，税法就确定了一个规范有效的纳税秩序和经济秩序，监督经营单位和个人依法经营，加强经济核算，提高经营管理水平；同时，税务机关按照税法规定对纳税人进行税务检查，严肃查处偷逃税款以及其他违反税法规定的行为，也将有效地打击各种违法经营活动，为国民经济的健康发展创造一个良好、稳定的经济秩序。

（四）税法能有效地保护纳税人的合法权益

由于国家征税直接涉及纳税人的切身利益，如果税务机关随意征税，就会侵犯纳税人的合法权益，影响纳税人的正常经营，这是法律所不允许的。因此，税法在确定税务机关征税权力和纳税人履行纳税义务的同时，相应规定了税务机关必尽的义务和纳税人享有的权利，如纳税人享有延期纳税权、申请减税免税权、多缴税款要求退还权、不服税务机关的处理决定申请复议或提起诉讼权等；税法还严格规定了对税务机关执法行为的监督制约制度，如进行税收征收管理必须按照法定的权限和程序行事，造成纳税人合法权益损失的要负赔偿责任等。所以说，税法不仅是税务机关征税的法律依据，同时也是纳税人保护自身合法权益的重要法律依据。

第二节　我国税收的立法原则

税收立法原则是指在税收立法活动中必须遵循的准则。我国的税收立法原则是根据我国的社会性质和具体国情确定的，是立法机关根据社会经济活动、经济关系，特别是税收征纳双方的特点确定的，并贯穿于税收立法工作始终的指导方针。税收立法主要应遵循以下几个原则：

一、从实际出发的原则

从实际出发，这是唯物主义的思想路线在税收立法实践中的运用和体现。贯彻这个原则，首先要求税收立法必须根据经济、政治发展的客观需要，反映客观规律，也就是从中国国情出发，充分尊重社会经济发展规律和税收分配理论。其次，要客观反映一定时期国家、社会、政治、经济等各方面的实际情况，既不能被某些条条框框所束缚，也不能盲目抄袭别国的立法模式。在此基础上，充分运用科学知识和技术手段，不断丰富税收立法理论，完善税法体系，以适应社会主义市场经济发展的客观需要。

二、公平原则

所谓公平，就是要体现合理负担原则。在市场经济体制下，参加市场竞争的各个主体需要有一个平等竞争的环境，而税收的公平是实现平等竞争的重要条件。公平主要体现在三个方面：一是从税收负担能力上看，负担能力强的应多纳税，负担能力弱的应少纳税，没有负担能力的不纳税。二是从纳税人所处的生产和经营环境看，由于客观环境优越而取得超额收入或级差收益者应多纳税，反之少纳税。三是从税负平衡看，不同地区、不同行业间及多种经济成分之间的实际税负必须尽可能公平。

三、民主决策的原则

民主决策的原则主要指税收立法过程中必须充分倾听群众的意见，严格按照法定程序进行，确保税收法律能体现广大群众的根本利益。坚持这个原则，要求税收立法的主体应以人民代表大会及其常务委员会为主，按照法定程序进行；对税收法案的审议，要进行充分的辩论，倾听各方面意见；税收立法过程要公开化，让广大公众及时了解税收立法的全过程、立法过程中各个环节的争论情况以及是如何达成共识的。

四、原则性与灵活性相结合的原则

在制定税法时，要求明确、具体、严谨、周密。但是，为了保证税法制定后在全国范围内、在各个地区都能贯彻执行，不致与现实脱节，又要求在制定税法时，不能规定得过细过死，这就要求必须坚持原则性与灵活性相结合的原则。具体地讲，就是必须贯彻法制的统一性与因时、因地制宜相结合。法制的统一性，表现在税收立法上，就是税收立法权只能由国家最高权力机关来行使，各地区、各部门不能擅自制定违背国家宪法和法律的所谓“土政策”、“土规定”。但是，我国又是一个幅员辽阔、人口众多、多民族的国家，各地区的经济文化发展水平不平衡，政治状况也不尽相同，因而对不同地区不能强求一样。因此，为了照顾不同地区、特别是少数民族地区不同的情况和特点，为了充分发挥地方的积极性，在某些情况下，允许地方在遵守国家法律、法规的前提下，制定适合当地的实施办法。因此，只有贯彻这个原则，才能制定出既符合全国统一性要求，又能适应各地区实际情况的税法。

五、法律的稳定性、连续性与废、改、立相结合的原则

制定税法，是与一定经济基础相适应的，税法一旦制定，在一定阶段内就要保持其稳定性，不能朝令夕改，变化不定。如果税法经常变动，不仅会破坏税法的权威性和严肃性，而且会给国民经济生活造成非常不利的影响。但是，这种稳定性不是绝对的，因为社会政治、经济状况不断变化，税法也要进行相应的发展变化。这种发展变化具体表现在：有的税法，已经过时，需要废除；有的税法，部分失去效力，需要修改、补充；根据新的情况，需要制定新的税法。此外，还必须注意保持税法的连续性，即税法不能中断，在新的税法未制定前，原有的税法不应随便中止失效；在修改、补充或制定新的税法时，应保持与原有税法的承续关系，应在原有税法的基础上，结合新的实践经验，修改、补充原有的税法和制定新的税法。只有遵循这个原则，才能制定出符合社会政治、经济发展规律的税法。

第三节 我国税收立法与实施

税收立法是税法实施的前提，有法可依、有法必依、执法必严、违法必究，是税收立法与税法实施过程中必须遵循的基本原则。

一、税收立法

税收立法是指有权的机关依据一定的程序，遵循一定的原则，运用一定的技术，制定、公布、修改、补充和废止有关税收法律、法规、规章的活动。

（一）税收立法机关

根据我国《宪法》、《中华人民共和国全国人民代表大会组织法》、《中华人民共和国国务院组织法》以及《中华人民共和国地方各级人民代表大会和地方各级人民政府组织法》的规定，我国的立法体制是：全国人民代表大会及其常务委员会行使立法权，制定法律；国务院及所属各部委，有权根据宪法和法律制定行政法规和规章；地方人民代表大会及其常务委员会，在不同宪法、法律、行政法规抵触的前提下，有权制定地方性法规，但要报全国人大常委会和国务院备案；民族自治地方的人大有权依照当地民族政治、经济

和文化的特点，制定自治条例和单行条例。

各有权机关根据国家立法体制规定所制定的一系列税收法律、法规、规章和规范性文件，构成了我国的税收法律体系。需要说明的是，我们平时所说的税法，有广义和狭义之分。广义概念上的税法包括所有调整税收关系的法律、法规、规章和规范性文件，是税法体系的总称；而狭义概念上的税法是特指由全国人民代表大会及其常务委员会制定和颁布的税收法律。由于制定税收法律、法规和规章的机关不同，其法律级次不同，因此其法律效力也不同。

1. 全国人民代表大会和全国人大常委会制定的税收法律

《宪法》第五十八条规定："全国人民代表大会和全国人民代表大会常务委员会行使国家立法权。"上述规定确定了我国税收法律的立法权由全国人大及其常委会行使，任何其他机关都没有制定税收法律的权力。在国家税收中，凡是基本的、全局性的问题，例如，国家税收的性质，税收法律关系中征纳双方权利与义务的确定，税种的设置，税目、税率的确定等，都需要由全国人大及其常委会以税收法律的形式制定实施，并且在全国范围内，无论对国内纳税人，还是涉外纳税人都普遍适用。在现行税法中，如《中华人民共和国企业所得税法》、《中华人民共和国个人所得税法》、《税收征收管理法》都是税收法律。除《宪法》外，在税收法律体系中，税收法律具有最高的法律效力，是其他机关制定税收法规、规章的法律依据，其他各级机关制定的税收法规、规章，都不得与《宪法》和税收法律相抵触。

2. 全国人大或人大常委会授权立法

授权立法是指全国人民代表大会及其常务委员会根据需要授权国务院制定某些具有法律效力的暂行规定或者条例。授权立法与制定行政法规不同。国务院经授权立法所制定的规定或条例等，具有国家法律的性质和地位，它的法律效力高于行政法规，在立法程序上还需报全国人大常委会备案。1984 年 9 月 1 日，全国人大常委会授权国务院改革工商税制和发布有关税收条例。国务院从 1994 年 1 月 1 日起实施工商税制改革，制定实施了增值税、营业税、消费税、资源税、土地增值税、企业所得税等 6 个暂行条例。授权立法，在一定程度上解决了我国经济体制改革和对外开放工作急需法律保障的当务之急。税收暂行条例的制定和公布施行，也为全国人大及常委会立法工作提供了有益的经验和条件，在条件成熟时，将这些条例上升为法律做好了准备。2008 年的企业所得税和外资企业所得税改革合并，企业所得税暂行条例上升为企业所得税法。

3. 国务院制定的税收行政法规

国务院作为最高国家权力机关的执行机关，是最高的国家行政机关，拥有广泛的行政立法权。我国《宪法》规定，国务院可"根据宪法和法律，规定行政措施，制定行政法规，发布决定和命令"。行政法规作为一种法律形式，在中国法律形式中处于低于宪法、法律和高于地方法规、部门规章、地方规章的地位，也是在全国范围内普遍适用的。行政法规的立法目的在于保证宪法和法律的实施，行政法规不得与宪法、法律相抵触，否则无效。国务院发布的《中华人民共和国企业所得税法实施条例》、《中华人民共和国税收征收管理法实施细则》等，都是税收行政法规。

4. 地方人民代表大会及其常委会制定的税收地方性法规

根据《中华人民共和国地方各级人民代表大会和地方各级人民政府组织法》的规定，省、自治区、直辖市的人民代表大会以及省、自治区的人民政府所在地的市和经国务院批准的较大的市的人民代表大会有制定地方性法规的权力。由于我国在税收立法上坚持“统一税法”的原则，因此地方权力机关制定税收地方法规不是无限制的，而是要严格按照税收法律的授权行事。目前，除了海南省、民族自治地区按照全国人大授权立法规定，在遵循宪法、法律和行政法规的原则基础上，可以制定有关税收的地方性法规外，其他省、市一般都无权自定税收地方性法规。

5. 国务院税务主管部门制定的税收部门规章

《宪法》第九十条规定：“国务院各部、各委员会根据法律和国务院的行政法规、决定、命令，在本部门的权限内，发布命令、指示和规章。”有权制定税收部门规章的税务主管机关是财政部、国家税务总局及海关总署。其制定规章的范围包括：对有关税收法律、法规的具体解释、税收征收管理的具体规定、办法等，税收部门规章在全国范围内具有普遍适用效力，但不得与税收法律、行政法规相抵触。例如，财政部颁发的《中华人民共和国增值税暂行条例实施细则》、国家税务总局颁发的《税务代理试行办法》等都属于税收部门规章。

6. 地方政府制定的税收地方规章

《地方各级人民代表大会和地方各级人民政府组织法》规定：“省、自治区、直辖市以及省、自治区的人民政府所在地的市和国务院批准的较大的市的人民政府，可以根据法律和国务院的行政法规，制定规章。”按照“统一税法”的原则，上述地方政府制定税收规章，都必须在税收法律、法规明确授权的前提下进行，并且不得与税收法律、行政法规相抵触。没有税收法律、法规的授权，地方政府是无权自定税收规章的，凡越权自定的税收规章没有法律效力。例如，国务院发布实施的城市维护建设税、车船税、房产税等地方性税种暂行条例，都规定省、自治区、直辖市人民政府可根据条例制定实施细则。

（二）税收立法、修订和废止程序

税收立法程序是指有权的机关，在制定、认可、修改、补充、废止等税收立法活动中，必须遵循的法定步骤和方法。

目前我国税收立法程序主要包括以下几个阶段：

1. 提议阶段

无论是税法的制定，还是税法的修改、补充和废止，一般由国务院授权其税务主管部门（财政部或国家税务总局）负责立法的调查研究等准备工作，并提出立法方案或税法草案，上报国务院。

2. 审议阶段

税收法规由国务院负责审议。税收法律在经国务院审议通过后，以议案的形式提交全国人民代表大会常务委员会的有关工作部门，在广泛征求意见并做修改后，提交全国人民代表大会或其常务委员会审议通过。

3. 通过和公布阶段

税收行政法规，由国务院审议通过后，以国务院总理名义发布实施。税收法律，在全国人民代表大会或其常务委员会开会期间，先听取国务院关于制定税法议案的说明，然后经过讨论，以简单多数的方式通过后，以国家主席名义发布实施。

二、税法的实施

税法的实施即税法的执行。它包括税收执法和守法两个方面：一方面要求税务机关和税务人员正确运用税收法律，并对违法者实施制裁；另一方面要求税务机关、税务人员、公民、法人、社会团体及其他组织严格遵守税收法律。

由于税法具有多层次的特点，因此，在税收执法过程中，对其适用性或法律效力的判断，一般按以下原则掌握：一是层次高的法律优于层次低的法律；二是同一层次的法律中，特别法优于普通法；三是国际法优于国内法；四是实体法从旧，程序法从新。

所谓遵守税法是指税务机关、税务人员都必须遵守税法的规定，严格依法办事。遵守税法是保证税法得以顺利实施的重要条件。

第四节　我国现行税法体系

一、我国现行税法体系的内容

从法律角度来讲，一个国家在一定时期内、一定体制下以法定形式规定的各种税收法律、法规的总和，被称为税法体系。但从税收工作的角度来讲，所谓税法体系往往被称为税收制度，即：一个国家的税收制度是指在既定的管理体制下设置的税种以及与这些税种的征收、管理有关的，具有法律效力的各级成文法律、行政法规、部门规章等的总和。换句话说，税法体系就是通常所说的税收制度（简称税制）。

一个国家的税收制度，可按照构成方法和形式分为简单型税制及复合型税制。结构简单的税制主要是指税种单一、结构简单的税收制度；而结构复杂的税制主要是指由多个税种构成的税收制度。

在现代社会中，世界各国一般都采用多种税并存的复税制税收制度。一个国家为了有效取得财政收入或调节社会经济活动，必须设置一定数量的税种，并规定每种税的征收和缴纳办法，包括对什么征税、向谁征税、征多少税以及何时纳税、何地纳税、按什么手续纳税、不纳税如何处理等。

因此，税收制度的内容主要有三个层次：一是不同的要素构成税种。构成税种的要素主要包括：纳税人、征税对象、税目、税率、纳税环节、纳税期限、减税免税等（详见本章第一节“三、税法的构成要素”）。二是不同的税种构成税收制度。构成税收制度的具体税种，国与国之间差异较大，但一般都包括所得税（直接税），如企业（法人）所得税、个人所得税，也包括流转税（间接税），如增值税，消费税及其他一些税种，如财产税（房地产税、车船税）、关税等。三是规范税款征收程序的法律法规，如税收征收管理法等。

税种的设置及每种税的征税办法，一般是以法律形式确定的，这些法律就是税法。一个国家的税法一般包括税法通则、各税税法（条例）、实施细则、具体规定四个层次。其中，“税法通则”规定一个国家的税种设置和每个税种的立法精神，各个税种的“税法

（条例）”分别规定每种税的征税办法，“实施细则”是对各税税法（条例）的详细说明和解释，“具体规定”则是根据不同地区、不同时期的具体情况制定的补充性法规。目前，世界上只有少数国家单独制定税法通则，大多数国家都把税法通则的有关内容包含在各税税法（条例）之中，我国的税法就属于这种情况。

国家税收制度的确立，要根据本国的具体政治经济条件。所以，各国的政治经济条件不同，税收制度也不尽相同，具体征税办法也各有千秋、千差万别。就一个国家而言，在不同的时期，由于政治经济条件和政治经济目标不同，税收制度也有着或大或小的差异。我国的现行税制就其实体法而言，是1949年中华人民共和国成立后经过几次较大的改革逐步演变而来的，按其性质和作用大致分为五类：

1. 流转税类

包括增值税、消费税和关税，主要在生产、流通或者服务业中发挥调节作用。

2. 资源税类

包括资源税、土地增值税和城镇土地使用税，主要是对因开发和利用自然资源差异而形成的级差收入发挥调节作用。

3. 所得税类

包括企业所得税、个人所得税，主要是在国民收入形成后，对生产经营者的利润和个人的纯收入发挥调节作用。

4. 特定目的税类

城市维护建设税、车辆购置税、船舶吨税、耕地占用税、烟叶税和环境保护税，主要是为了达到特定目的，对特定对象和特定行为发挥调节作用。

5. 财产和行为税类

包括房产税、车船税、印花税、契税，主要是对某些财产和行为发挥调节作用。

上述税种中的关税由海关负责征收管理，其他税种由税务机关负责征收管理。耕地占用税和契税，1996年以前由财政机关征收管理，1996年以后改由税务机关征收管理（部分省市仍由财政机关负责征收）。

上述税种，除企业所得税、个人所得税、车船税是以国家法律的形式发布实施外，其他各税种都是经全国人民代表大会授权立法，由国务院以暂行条例的形式发布实施的。这18个税收法律、法规组成了我国现行的税收实体法体系。

除税收实体法外，我国对税收征收管理适用的法律制度，是按照税收管理机关的不同而分别规定的：

（1）由税务机关负责征收的税种的征收管理，按照全国人大常委会发布实施的《税收征收管理法》执行。

（2）由海关机关负责征收的税种的征收管理，按照《中华人民共和国海关法》及《中华人民共和国进出口关税条例》等有关规定执行。

上述税收实体法和税收征收管理的程序法的法律制度构成了我国现行税法体系。

需要说明的是，对于我国现行税制中的18个税种，本书介绍了其中的16个，而另外2个税种没有介绍，主要考虑的是这些税种有的在经济生活中已经不产生影响或影响很小。这2个税种是：船舶吨税由海关征收；烟叶税，以在中华人民共和国境内收购烟叶的单位为纳税人。

一般来说，以间接税为主体的税制结构的主要税种，包括增值税、营业税和消费税。以直接税为主体的税制结构的主要税种，包括个人所得税和企业（法人）所得税。以个人所得税为主体税种的，多见于经济发达国家，而以企业（法人）所得税作为主体税种的国家很少。以某种直接税和间接税税种为“双主体”的税制，是作为一种过渡性税制类型存在的。在20世纪70年代以前，理论界一直认为以所得税为主体的税制结构最为理想。发达国家和一些发展较快的发展中国家在进行以流转税为主体向以收益所得税为主体税种的税制改革过程中，曾经出现过一些采用“双主体”税制的国家。我国目前税制基本上是以间接税和直接税为双主体的税制结构，间接税（增值税、消费税）占全部税收收入比例的60%左右，直接税（企业所得税、个人所得税）占全部税收收入比例的25%左右，其他辅助税种数量较多，但收入比重不大。

二、我国税收制度的沿革

中华人民共和国成立60多年来，随着国家政治、经济形势的发展，税收制度的建立与发展经历了一个曲折的过程。从总体上来看，60多年来我国税制改革的发展大致上经历了三个历史时期：第一个时期是从1949年到1957年，即国民经济恢复和社会主义改造时期，这是我国税制建立和巩固的时期。第二个时期是从1958年到1978年底党的十一届三中全会召开之前，这是我国税制曲折发展的时期。第三个时期是1978年党的十一届三中全会召开之后的新时期，是我国税制建设得到全面加强、税制改革不断前进的时期。

在上述三个时期，我国的税收制度先后进行了五次重大改革。第一次是1950年，在总结老解放区税制建设的经验和全面清理旧的税收制度的基础上建立了中华人民共和国的新税制。第二次是1958年税制改革，其主要内容是简化税制，以适应社会主义改造基本完成、经济管理体制改革之后的形势的要求。第三次是1973年税制改革，其主要内容仍然是简化税制，这是“文化大革命”的产物。第四次是1984年税制改革，其主要内容是普遍实行国营企业“利改税”和全面改革工商税收制度，以适应发展有计划社会主义商品经济的要求。第五次是1994年税制改革，其主要内容是全面改革工商税收制度，以适应建立社会主义市场经济体制的要求。

（一）1978年以前的税制改革

从1949年中华人民共和国成立到1978年约29年间，我国税制建设的发展历程十分坎坷。

中华人民共和国诞生后，立即着手建立新税制。1950年1月30日，中央人民政府政务院发布《全国税政实施要则》，规定全国共设14种税收，即货物税、工商业税（包括营业税和所得税两个部分）、盐税、关税、薪给报酬所得税、存款利息所得税、印花税、遗产税、交易税、屠宰税、房产税、地产税、特种消费行为税和使用牌照税。此外，还有各地自行征收的一些税种，如农业税、牧业税等。

在执行中，税制做了一些调整。例如，将房产税和地产税合并为城市房地产税，将特种消费行为税并入文化娱乐税（新增）和营业税，增加契税和船舶吨税，试行商品流通税，农业税由全国人民代表大会常务委员会正式立法。薪给报酬所得税和遗产税始终未开征。

总的来说，从1950年到1958年，我国根据当时的政治、经济状况，在清理旧税制的基础上，建立了一套以多种税、多次征为特征的复合税制。由于党和国家的重视以及各方面的努力，这套新税制的建立和实施，对于保证革命战争的胜利，实现国家财政经济状况的根本好转，促进国民经济的恢复和发展，以及配合国家对于农业、手工业和资本主义工商业的社会主义改造，建立社会主义经济制度，发挥了重要作用。

1958年，我国进行了第一次大规模的税制改革，其主要内容是简化工商税制，试行工商统一税，甚至一度在城市国营企业试行“税利合一”，在农村人民公社试行“财政包干”。至此，我国的工商税制共设9个税种，即工商统一税、工商所得税、盐税、屠宰税、利息所得税（1959年停征）、城市房地产税、车船使用牌照税、文化娱乐税（1966年停征）和牲畜交易税（无全国性统一法规）。1962年，开征了集市交易税，1966年以后各地基本停征。

在“文化大革命”当中，已经简化的税制仍然被批判为“繁琐哲学”。1973年，我国进行了第二次大规模的税制改革，其核心仍然是简化工商税制。至此，我国的工商税制一共设有7种税，即工商税（包括盐税）、工商所得税、城市房地产税、车船使用牌照税、屠宰税、工商统一税和集市交易税。对国营企业只征收一道工商税，对集体企业只征收工商税和工商所得税两种税，城市房地产税、车船使用牌照税、屠宰税仅对个人和极少数单位征收，工商统一税仅对外适用。

总的来看，从生产资料私有制的社会主义改造基本完成到1978年的20多年间，由于“左”的指导思想的作用和前苏联经济理论及财税制度的某些影响，我国的税制建设受到了极大的干扰。税制几经变革，走的都是一条片面简化的路子。同时，税务机构被大量撤并，大批税务人员被迫下放、改行。结果是，税种越来越少，税制越来越简单，从而大大地缩小了税收在经济领域中的活动范围，严重地影响了税收职能作用的发挥。

（二）1978—1982年的税制改革

在这一期间，党的十一届三中全会明确地提出了改革经济体制的任务，党的十二大进一步提出要抓紧制定改革的总体方案和实施步骤，在“七五”期间（即1986—1990年）逐步推开。这些重要会议及其所做的一系列重大决策，对于这一期间我国的经济体制改革和税制改革具有极为重要的指导作用。

这一时期可以说是我国税制建设的恢复时期和税制改革的准备、起步时期，从思想上、理论上、组织上、税制上为后来的改革做了大量的准备工作，打下了坚实的基础。在此期间，我国的税制改革取得了改革开放以后的第一次全面重大突破。

从1980年9月到1981年12月，我国第五届全国人民代表大会先后通过并公布了中外合资经营企业所得税法、个人所得税法和外国企业所得税法。同时，对中外合资企业、外国企业和外国人继续征收工商统一税、城市房地产税和车船使用牌照税。这样，就初步形成了一套大体适用的涉外税收制度，适应了我国对外开放初期引进外资、开展对外经济技术合作的需要。

在建立涉外税制的同时，财税部门就改革工商税制和国营企业利润分配制度做了大量的调研工作，并在部分地区进行了试点。在此基础上，财政部于1981年8月向国务院报送了《关于改革工商税制的设想》，并很快获得批准。

1982年11月，国务院向五届全国人大五次会议提交的《关于第六个五年计划的报告》，提出了包括利改税在内的今后3年税制改革的任务，并获得会议批准。

在此期间，国务院还批准开征了烧油特别税，发布了牲畜交易税暂行条例。

（三）1983—1991年的税制改革

在此期间，我国的社会主义经济理论的发展有了重大突破，提出了发展有计划的社会主义商品经济，自觉运用价值规律，充分发挥税收等经济杠杆的作用，搞活经济，加强宏观调节。在所有制理论上，提出了所有权与经营权分离的论点，并客观地肯定了集体经济、个体经济和私营经济存在的必要性。这一时期可以说是我国税制改革全面探索的时期，取得了改革开放以后税制改革的第二次重大突破。

作为企业改革和城市改革的一项重大措施，1983年，国务院决定在全国试行国营企业利改税，即将实行了30多年的国营企业向国家上缴利润的制度改为缴纳企业所得税的制度，并取得了初步的成功。这一改革从理论上和实践上突破了国营企业只能向国家缴纳利润，国家不能向国营企业征收所得税的禁区。这是国家与企业分配关系改革的一个历史性转变。

为了加快城市经济体制改革的步伐，经第六届全国人民代表大会及其常委会批准，国务院决定从1984年10月起在全国实施第二步利改税和工商税制改革，发布了关于征收国营企业所得税、国营企业调节税、产品税、增值税、营业税、盐税、资源税的一系列行政法规。这是我国改革开放以后第一次、中华人民共和国成立以后第四次大规模的税制改革。

此后，国务院又陆续发布了关于征收集体企业所得税、私营企业所得税、城乡个体工商业户所得税、个人收入调节税、城市维护建设税、奖金税（包括国营企业奖金税、集体企业奖金税和事业单位奖金税）、国营企业工资调节税、固定资产投资方向调节税（其前身为1983年开征的建筑税）、特别消费税、房产税、车船使用税、城镇土地使用税、印花税、筵席税等税收法规。

1991年，第七届全国人民代表大会第四次会议将中外合资企业所得税法与外国企业所得税法合并为外商投资企业和外国企业所得税法。

至此，我国的工商税制共有32种税收，即产品税、增值税、营业税、资源税、盐税、城镇土地使用税、国营企业所得税、国营企业调节税、集体企业所得税、私营企业所得税、城乡个体工商业户所得税、个人收入调节税、国营企业奖金税、集体企业奖金税、事业单位奖金税、国营企业工资调节税、固定资产投资方向调节税、城市维护建设税、烧油特别税、筵席税、特别消费税、房产税、车船使用税、印花税、屠宰税、集市交易税、牲畜交易税、外商投资企业和外国企业所得税、个人所得税、工商统一税、城市房地产税和车船使用牌照税。

从1978年到1992年，随着经济的发展和改革的深入，我国的工商税制改革进行了全面的探索，改革逐步深入，取得了很大的进展，初步建成了一套内外有别、以流转税和所得税为主体、其他税种相配合的新的税制体系，大体适应了我国经济体制改革起步阶段的经济状况，税收的职能作用得以全面加强，税收收入持续稳定增长，宏观调控作用明显增强，对于贯彻国家的经济政策及调节生产、分配和消费，起到了积极的促进作用。

这套税制的建立，在理论上、实践上突破了长期以来封闭型税制的约束，转向开放型税制，突破了统收统支的财力分配的关系，重新确立了国家与企业的分配关系，突破了以往税制改革片面强调简化税制的框子，注重多环节、多层次、多方面地发挥税收的经济杠杆作用，由单一税制转变为复合税制。这些突破使中国的税制建设开始进入健康发展的新轨道，与国家经济体制、财政体制改革的总体进程协调一致。

（四）1992—1994年的税制改革

1992年9月召开的党的十四大，提出了建立社会主义市场经济体制的战略目标，其中包括税制改革的任务。1993年6月，中共中央、国务院做出了关于加强宏观调控的一系列重要决策，其中的重要措施之一就是要加快税制改革。同年11月，党的十四届三中全会通过了《关于建立社会主义市场经济体制若干问题的决定》，明确提出了税制改革的基本原则和主要内容。

建立社会主义市场经济体制战略目标的提出，给我国的经济改革与发展指明了方向，也给我国的税制改革带来了许多新情况、新问题，同时为全面推行税制改革提供了一次极好的机遇。从市场机制的角度来看，要求统一税法、简化税制、公平税负、促进竞争。从国家经济管理的角度来看，国家要运用税收等手段加强宏观调控，体现产业政策，调整经济结构，优化资源配置，调节收入分配，保证财政收入，并配合其他改革的推行。

为此，在中共中央、国务院的直接领导下，从1992年起，财税部门就开始加快税制改革的准备工作，1993年更是抓住机遇，迅速制定了全面改革工商税制的总体方案和各项具体措施，并完成了有关法律、法规的必要程序，于1993年底之前陆续公布，从1994年起在全国实施。这是我国改革开放以后第二次、中华人民共和国成立以后第五次大规模的税制改革。

1994年税制改革的主要内容是：第一，全面改革了流转税制，实行了以比较规范的增值税为主体，消费税、营业税并行，内外统一的流转税制。第二，改革了企业所得税制，将过去对国营企业、集体企业和私营企业分别征收的多种所得税合并为统一的企业所得税。第三，改革了个人所得税制，将过去对外国人征收的个人所得税、对中国人征收的个人收入调节税和个体工商业户所得税合并为统一的个人所得税。第四，对资源税、特别目的税、财产税、行为税做了大幅度的调整，如扩大了资源税的征收范围，开征了土地增值税，取消了盐税、奖金税、集市交易税等7个税种，并将屠宰税、筵席税的管理权下放到省级地方政府，新设了遗产税和证券交易税（但是一直没有立法开征）。

经过1994年税制改革和多年来的逐步完善，我国已经初步建立了适应社会主义市场经济体制需要的税收制度，对于保证财政收入，加强宏观调控，深化改革，扩大开放，促进经济与社会的发展，起到了重要的作用。

（五）2003年至2016年税制改革

2003年，党的十六届三中全会通过了《完善社会主义市场经济体制若干问题的决定》（以下简称《决定》），明确了要分步实施税收制度改革。《决定》确定了8个方面的改革内容：改革出口退税制度；统一各类企业税收制度；增值税由生产型改为消费型；完善消费税，适当扩大税基；改进个人所得税；实施城镇建设税费改革；在统一税政前提下，赋予地方适当的税政管理权；创造条件逐步实现城乡税制统一。一般的看法认为，这标志着进入21世纪之后我国新一轮税制改革的开始。可以说2003年以来我国税制改革取得了突破性进展。

2004年6月31日，财政部、国家税务总局下发了《关于取消除烟叶外的农业特产税的通知》。2005年12月29日，第十届全国人民代表大会常务委员会第十九次会议决定，自2006年1月1日起，废止1958年6月3日通过的《中华人民共和国农业税条例》。这标志着我国彻底告别延续了2 600多年的“皇粮国税”——农业税历史。

2005年12月14日，根据十届全国人大常委会第十八次全体会议《关于修改〈中华人民共和国个人所得税法〉的决定》，工资、薪金所得费用扣除标准将从每月800元提高到每月1 600元，并规定自2006年1月1日起施行。

2006年4月1日起，对我国现行消费税的税目、税率及相关政策进行调整。此次政策调整是1994年税制改革以来消费税最大规模的一次调整。

2007年3月，第十届全国人民代表大会第五次会议审议通过了企业所得税法，中华人民共和国主席胡锦涛签署第63号主席令，公布了《中华人民共和国企业所得税法》。新企业所得税法自2008年1月1日起施行，结束了我国长期以来执行《中华人民共和国企业所得税暂行条例》和《中华人民共和国外商投资企业和国外企业所得税法》两套内外有别的企业所得税税法的历史，内外资企业所得税实现了合并。

2007年6月29日，全国人大常委会通过修法，进一步将个人所得税工薪所得费用减除标准提至2 000元。

2008年11月10日，国务院总理温家宝签署国务院令，公布修订后的《中华人民共和国增值税暂行条例》、《中华人民共和国消费税暂行条例》和《中华人民共和国营业税暂行条例》。新修订的三个条例于2009年1月1日起施行。这样，通过对原暂行条例的修订，我国增值税实现了由生产型向消费型转变的重大改革。同时，为了能够同增值税条例有效衔接和适应经济社会发展形势的需要，对原消费税条例和营业税条例也进行了相应修订。

2011年9月开始，将个人所得税工薪所得费用扣除标准提到3 500元，并将九级超额累进税率调整为七级，相应调整了应税级距。

2012年1月1日，上海实施交通运输业和部分现代服务业由营业税改增值税试点。2013年8月1日，交通运输业和部分现代服务业在全国范围内由营业税改增值税试点。2016年5月1日起将建筑业、金融业、房地产业和生活服务业全部纳入“营改增”范围，实现了彻底的营业税改增值税。

2013年1月1日起废止《中华人民共和国固定资产投资方向调节税暂行条例》（1991年4月16日中华人民共和国国务院令第82号发布）。

除上述重大改革措施外，近年来我们还相继出台其他多项改革举措，主要有：改革出口退税机制，较大幅度地调整出口退税政策，抑制高耗能、高污染和资源性产品出口，促进外贸增长方式的转变；完成了耕地占用税暂行条例和城镇土地使用税暂行条例的修订工作，加强了对土地利用的税收调节；改革车船使用税制度，统一和规范了内、外资企业的车船使用税制度，统一为车船税法；合并房产税和城市房地产税收、城市维护建设税和教育费附加不分内外，统一征收，结束了税收的超国民待遇；颁布并实施烟叶税条例，成功实现了对烟叶农业特产税的替代；按照“消费立税、合理负担、适度分权、循序渐进、促进资源节约集约利用和生态环境保护”的思路，在调整部分应税品目资源税税额标准的同时，全面推进资源税改革；开展了物业税研究，为实施物业税改革做好技术准备。

第五节 我国税收管理体制

一、税收管理体制的概念

税收管理体制是在各级国家机构之间划分税权的制度。税权的划分有纵向划分和横向划分的区别。纵向划分是指税权在中央与地方国家机构之间的划分；横向划分是指税权在同级立法、司法、行政等国家机构之间的划分。

我国的税收管理体制，是税收制度的重要组成部分，也是财政管理体制的重要内容。税收管理权限，包括税收立法权、税收法律法规的解释权、税种的开征或停征权、税目和税率的调整权、税收的加征和减免权等。如果按大类划分，可以简单地将税收管理权限划分为税收立法权和税收执法权两类。

二、税收立法权

税收立法权是制定、修改、解释或废止税收法律、法规、规章和规范性文件的权力。它包括两方面的内容：一是什么机关有税收立法权；二是各级机关的税收立法权是如何划分的。

（一）税收立法权划分的种类

税收立法权的明确有利于保证国家税法的统一制定和贯彻执行，充分、准确地发挥各级有权机关管理税收的职能作用，防止各种越权自定章法、随意减免税收现象的发生。

税收立法权的划分可按以下不同的方式进行：

第一，可以按照税种类型的不同来划分，如按流转税类、所得税类、地方税类来划分。有关特定税收领域的税收立法权通常全部给予特定一级的政府。

第二，可以根据任何税种的基本要素来划分。任何税种的结构都由几个要素构成：纳税人、征税对象、税基、税率、税目、纳税环节等。理论上，可以将税种的某一要素如税基和税率的立法权，授予某级政府。但在实践中，这种做法并不多见。

第三，可以根据税收执法的级次来划分。立法权可以给予某级政府，行政上的执行权给予另一级，这是一种传统的划分方法，能适用于任何类型的立法权。根据这种模式，有关纳税主体、税基和税率的基本法规的立法权放在中央政府，更具体的税收实施规定的立法权给予较低级政府。因此，需要指定某级政府制定不同级次的法律。我国的税收立法权的划分就是属于此种类型。

（二）我国税收立法权划分的现状

第一，中央税、中央与地方共享税以及全国统一实行的地方税的立法权集中在中央，以保证中央政令统一，维护全国统一市场和企业平等竞争。其中，中央税是指维护国家权益、实施宏观调控所必需的税种，具体包括消费税、关税、车辆购置税等。中央和地方共享税是指同经济发展直接相关的主要税种，具体包括增值税、企业所得税、个人所得税、证券交易印花税。地方税具体包括资源税、土地增值税、印花税、城市维护建设税、土地使用税、房产税、车船税等。

第二，依法赋予地方适当的地方税收立法权。我国地域辽阔，地区间经济发展水平很不平衡，经济资源包括税源都存在着较大差异，这种状况给全国统一制定税收法律带来一定的难度。因此，随着分税制改革的进行，有前提地、适当地给地方下放一些税收立法权，使地方可以实事求是地根据自己特有的税源开征新的税种，促进地方经济的发展。这样，既有利于地方因地制宜地发挥当地的经济优势，同时便于同国际税收惯例对接。

具体地说，我国税收立法权划分的层次是这样的：

（1）全国性税种的立法权，即包括全部中央税、中央与地方共享税和在全国范围内征收的地方税税法的制定、公布和税种的开征、停征权，属于全国人民代表大会及其常务委员会。

（2）经全国人大及其常委会授权，全国性税种可先由国务院以“条例”或“暂行条例”的形式发布施行。经一段时期后，再行修订并通过立法程序，由全国人大及其常委会正式立法。

（3）经全国人大及其常委会授权，国务院有制定税法实施细则、增减税目和调整税率的权力。

（4）经全国人大及其常委会的授权，国务院有税法的解释权；经国务院授权，国家税务主管部门（财政部和国家税务总局）有税收条例的解释权和制定税收条例实施细则的权力。

（5）省级人民代表大会及其常务委员会有根据本地区经济发展的具体情况和实际需要，在不违背国家统一税法，不影响中央的财政收入，不妨碍我国统一市场的前提下，开征全国性税种以外的地方税种的税收立法权。税法的公布，税种的开征、停征，由省级人民代表大会及其常务委员会统一规定，所立税法在公布实施前须报全国人大常委会备案。

（6）经省级人民代表大会及其常务委员会授权，省级人民政府有本地区地方税法的解释权和制定税法实施细则、调整税目、税率的权力，也可在上述规定的前提下，制定一些税收征收办法，还可以在全国性地方税条例规定的幅度内，确定本地区适用的税率或税额。上述权力除税法解释权外，在行使后和发布实施前须报国务院备案。

地区性地方税收的立法权应只限于省级立法机关或经省级立法机关授权同级政府，不能层层下放。所立税法可在全省（自治区、直辖市）范围内执行，也可只在部分地区执行。

关于我国现行税收立法权的划分问题，迄今为止，尚无一部法律对之加以完整规定，只是散见于若干财政和税收法律、法规中，尚有待于税收基本法作出统一规定。

三、税收执法权

税收执法权和行政管理权是国家赋予税务机关的基本权力，是税务机关实施税收管理和系统内部行政管理的法律手段。其中税收执法权是指税收机关依法征收税款，依法进行税收管理活动的权力。具体包括税款征收管理权、税务稽查权、税务检查权、税务行政复议裁决权及其他税务管理权。

(一) 税款征收权

我国《税收征收管理法》第二十八条规定，税务机关依照法律、行政法规的规定征收税款。

1. 税收的征收管理权限的划分

根据国务院《关于实行财政分税制有关问题的通知》等有关法律、法规的规定，我国现行税制下税收执法管理权限的划分大致如下：

(1) 首先，根据国务院关于实行分税制财政管理体制的决定，按税种划分中央和地方的收入。将维护国家权益、实施宏观调控所必需的税种划为中央税；将同国民经济发展直接相关的主要税种划为中央与地方共享税；将适合地方征管的税种划为地方税，并充实地方税税种，增加地方税收收入。同时，根据按收入归属划分税收管理权限的原则，对中央税，其税收管理权由国务院及其税务主管部门（财政部和国家税务总局）掌握，由中央税务机构负责征收；对地方税，其管理权由地方人民政府及其税务主管部门掌握，由地方税务机构负责征收；对中央与地方共享税，原则上由中央税务机构负责征收，共享税中地方分享的部分，由中央税务机构直接划入地方金库。在实践中，由于税收制度在不断地完善，因此，税收的征收管理权限也在不断地完善之中。

(2) 地方自行立法的地区性税种，其管理权由省级人民政府及其税务主管部门掌握。

(3) 根据《国务院关于取消集市交易税、牲畜交易税、烧油特别税、奖金税、工资调节税和将屠宰税、筵席税下放地方管理的通知》的有关规定，省级人民政府可以根据本地区经济发展的实际情况，自行决定继续征收或者停止征收屠宰税和筵席税。继续征收的地区，省级人民政府可以根据《中华人民共和国屠宰税暂行条例》和《中华人民共和国筵席税暂行条例》的规定，制定具体征收办法，并报国务院备案。

(4) 属于地方税收管理权限，在省级及其以下的地区如何划分，由省级人民代表大会或省级人民政府决定。

(5) 除少数民族自治地区和经济特区外，各地均不得擅自停征全国性的地方税种。

(6) 经全国人大及其常委会和国务院的批准，民族自治地方可以拥有某些特殊的税收管理权，如全国性地方税种某些税目税率的调整权以及一般地方税收管理权以外的其他一些管理权等。

(7) 经全国人大及其常委会和国务院的批准，经济特区也可以在享有一般地方税收管理权之外，拥有一些特殊的税收管理权。

(8) 上述地方（包括少数民族自治地区和经济特区）的税收管理权的行使，必须以不影响国家宏观调控和中央财政收入为前提。

(9) 涉外税收必须执行国家的统一税法，涉外税收政策的调整权集中在全国人大常委会和国务院，各地一律不得自行制定涉外税收的优惠措施。

(10) 根据国务院的有关规定，为了更好地体现公平税负、促进竞争的原则，保护社会主义统一市场的正常发育，在税法规定之外，一律不得减税免税，也不得采取先征后返的形式变相减免税。

2. 税务机构设置

根据我国经济和社会发展及实行分税制财政管理体制的需要，现行税务机构设置是中央政府设立国家税务总局（正部级），省及省以下税务机构分为国家税务局和地方税务局两个系统。

国家税务总局对国家税务局系统实行机构、编制、干部、经费的垂直管理，协同省级人民政府对省级地方税务局实行双重领导。

（1）国家税务局系统包括省、自治区、直辖市国家税务局，地区、地级市、自治州、盟国家税务局，县、县级市、旗国家税务局，征收分局、税务所。征收分局、税务所是县级国家税务局的派出机构，前者一般按照行政区划、经济区划或者行业设置，后者一般按照经济区划或者行政区划设置。

省级国家税务局是国家税务总局直属的正厅（局）级行政机构，是本地区主管国家税收工作的职能部门，负责贯彻执行国家的有关税收法律、法规和规章，并结合本地实际情况制定具体实施办法。局长、副局长均由国家税务总局任命。

（2）地方税务局系统包括省、自治区、直辖市地方税务局，地区、地级市、自治州、盟地方税务局，县、县级市、旗地方税务局，征收分局、税务所。省以下地方税务局实行上级税务机关和同级政府双重领导、以上级税务机关垂直领导为主的管理体制，即地区（市）、县（市）地方税务局的机构设置、干部管理、人员编制和经费开支均由所在省（自治区、直辖市）地方税务局垂直管理。

省级地方税务局是省级人民政府所属的主管本地区地方税收工作的职能部门，一般为正厅（局）级行政机构，实行地方政府和国家税务总局双重领导，以地方政府领导为主的管理体制。

国家税务总局对省级地方税务局的领导，主要体现在税收政策、业务的指导和协调，对国家统一的税收制度、政策的监督，组织经验交流等方面。省级地方税务局的局长人选由地方政府征求国家税务总局意见之后任免。

3. 税收征收管理范围划分

目前，我国的税收分别由财政、税务、海关等系统负责征收管理。

（1）国家税务局系统负责征收和管理的项目有：增值税，消费税，车辆购置税，铁道部门、各银行总行、各保险总公司集中缴纳的营业税、所得税、城市维护建设税，缴纳增值税对应的企业所得税，证券交易税（开征之前为对证券交易征收的印花税），个人所得税中对储蓄存款利息所得征收的部分，中央税的滞纳金、补税、罚款。

（2）地方税务局系统负责征收和管理的项目有：以前的营业税、城市维护建设税（不包括上述由国家税务局系统负责征收管理的部分），缴纳营业税对应的企业所得税、个人所得税（不包括对银行储蓄存款利息所得征收的部分），资源税，城镇土地使用税，耕地占用税，土地增值税，房产税，车船税，车辆购置税，印花税，契税及其地方附加，地方税的滞纳金、补税、罚款。

4. 中央政府与地方政府税收收入划分

根据国务院关于实行分税制财政管理体制的规定，我国的税收收入分为中央政府固定收入、地方政府固定收入和中央政府与地方政府共享收入。

（1）中央政府固定收入包括消费税（含进口环节海关代征的部分）、车辆购置税、关税、海关代征的进口环节增值税等。

（2）地方政府固定收入包括城镇土地使用税、耕地占用税、土地增值税、房产税、车船税、契税。

（3）中央政府与地方政府共享收入主要包括：

①增值税（不含进口环节由海关代征的部分）：中央政府分享75%，地方政府分享25%（营业税改增值税试点期的分配比例50%除外）。

②企业所得税：铁道部、各银行总行及海洋石油企业缴纳的部分归中央政府，其余部分中央与地方政府按60%与40%的比例分享。

③个人所得税：除储蓄存款利息所得的个人所得税外，其余部分中央与地方政府按60%与40%的比例分享。

④资源税：海洋石油企业缴纳的部分归中央政府，其余部分归地方政府。

⑤城市维护建设税：铁道部、各银行总行、各保险总公司集中缴纳的部分归中央政府，其余部分归地方政府。

⑥印花税：证券交易印花税收入的97%归中央政府，其余3%和其他印花税收入归地方政府。

（二）税务检查权

税务检查时税务机关依据国家的税收法律、法规对纳税人等管理相对人履行法定义务的情况进行审查、监督的执法活动。有效的税务检查可以抑制不法纳税人的侥幸心理，提高税法的威慑力，减少税收违法犯罪行为，保证国家收入，维护税收公平与守法纳税人的合法利益。税务检查包括两类：

（1）税务机关为取得确定税额所需资料，证实纳税人纳税申报的真实性与准确性而进行的经常性检查，其依据是税法赋予税务机关的强制行政检查权。

（2）为打击税收违法犯罪而进行的特别调查，它可以分为行政性调查和刑事调查两个阶段。行政性调查属于税务检查权范围之内，从原则上讲，纳税人有违反税法的刑事犯罪嫌疑的情况下，即调查的刑事性质确定后，案件应开始适用刑事调查程序。

（三）税务稽查权

税务稽查是税务机关依法对纳税人、扣缴义务人履行纳税义务、扣缴义务情况所进行的税务检查和处理工作的总称。税务稽查权是税收执法权的一个重要组成部分，也是整个国家行政监督体系中的一种特殊的监督权行使形式。

根据相关法律规定，税务稽查的基本任务是：依照国家税收法律、法规，查处税收违法行为，保障税收收入，维护税收秩序，促进依法纳税，保证税法的实施。税务稽查必须以事实为根据，以税收法律、法规、规章为准绳，依靠人民群众，加强与司法机关及其他有关部门的联系和配合。各级税务机关设立的税务稽查机构，按照各自的税收管辖范围行使税务稽查职能。

思 考 题

1. 什么是税法？税法有哪些特征？
2. 税法与其他法律有哪些区别？
3. 税法有哪些要素？各要素有何含义？
4. 税法、税收有哪些分类？各分类有哪些不同？
5. 我国现行税法体系是如何构成的？
6. 我国现行税收管理体制有哪些规定？

第二章　增　值　税

内容提要：本章介绍了增值税的征收范围；一般纳税人与小规模纳税人的认定及管理；一般纳税人应税额的计算；小规模纳税人应纳税额的计算；特殊经营行为的税务处理；进口货物应纳税额的计算；出口货物退税额的计算；增值税的征收管理。学习本章时，主要掌握增值税的征税范围和一般纳税人应纳增值税的计算方法以及进口货物应纳税额和出口货物退税额的计算方法。

经过多年的酝酿和营改增推进，2016 年 5 月 1 日营改增顺利收官，彻底完成了增值税的扩围。自此，货物、劳务和服务的供给均按增值税的有关规定进行征税、不征税或是免税。

第一节　增值税基本原理

一、增值税的概念

增值税是以应税货物、劳务、服务在流转过程中产生的增值额作为计税依据而征收的一种商品劳务税。增值税征收过程中，无论货物销售和劳务流转经历多少个环节，都以每个环节的增值额作为计税依据征税。

美国学者亚当斯（T. Adams）在 1917 年提出了具有现代增值税雏形的想法。1921 年，德国学者西蒙士（C. F. V. Siemens）正式提出了增值税的名称，但是最终开征增值税的国家是法国。1954 年，法国在生产阶段对原来的按营业额全额课征改为按全额计算后允许扣除购进项目已缴纳的税款，即按增值额征税，开创了增值税实施之先河。此后，增值税在欧洲得到推广，不久又扩展到欧洲以外的许多国家。目前，世界上已有 100 多个国家开征了增值税。增值税在半个多世纪的时间里能得到如此众多国家的广泛认可和推行，这在世界税制发展史上是罕见的，被称为 20 世纪人类在财税领域的一个最重要的改革和成就。增值税得以推广，最主要的原因是其改变了传统的商品劳务税按全额道道重复征税的做法，改由对每一生产流通环节的增值额进行征税，由此产生一些自身独特的功能和作用。

对增值税概念的理解，关键是要理解增值额的含义。

增值额是指纳税人从事生产经营或者提供劳务，在购入的商品或者取得劳务的价值基础上新增加的价值额。可以从以下四个方面理解：

（1）从理论上分析，增值额是指生产经营者生产经营过程中新创造的价值额，即相当于商品价值 $C+V+M$ 中的 $V+M$ 部分。C 即商品生产过程中所消耗的生产资料转移价值，由物化劳动完成；V 即工资，是劳动者为自己创造的价值；M 即剩余价值或盈利，是劳动者为社会创造的价值。增值额是劳动者创造的价值，即活劳动创造的价值，从内容上讲大体相当于净产值或国民收入。

（2）就一个生产单位而言，增值额是这个单位商品销售收入额或经营收入额扣除非增值项目（相当于物化劳动，如外购的原材料、燃料、动力、包装物、低值易耗品等）价值后的余额。

（3）就一个商品的生产经营全过程来看，不论其生产经营经过几个环节，其最后的销售总值，均等于该商品从生产到流通的各个环节的增值额之和，即商品最后销售价格等于各环节增值额之和

以表 2-1 为例，如果采用传统的商品劳务税计税方式，对每个流转环节均按全额课税，将会对该商品从原材料到零售环节的每个环节按销售全额计税，其计税总值为 390 元。但如果按增值税的计税方式，对每个环节的增值额计税，即其计税总值为 140 元。这两者的差额 250 元就产生了重复征税问题，即第一环节的 50 元实际上在传统的商品劳务税计税方式下将被征税 4 次，被重复征税 3 次。同理，其余环节分别被重复征税若干次。改为按每环节的增值额征税后不论一个商品从生产到最后销售经过多少环节，其计税总值只等于该商品的最终销售价格。这个特点对消除重复征税、对出口退税的准确性等均产生了重要影响。

表 2-1 **某商品最后销售价格与各生产流通环节增值额的关系**

生产流通环节	本环节销售额（元）	本环节增值额（元）
原材料生产环节	50	50（注 1）
产成品生产环节	80	30（注 2）
批发环节	120	40
零售环节	140	20
合计	390	140

注 1：假定本环节均为增值额，无购进项目。

注 2：每环节的增值额为本环节销售额减去购进成本的销售额后的余额。

（4）从国民收入分配角度看，增值额 $V+M$ 在我国相当于净产值，包括工资、利润、利息、租金和其他属于增值性的收入。

二、增值税的特点

1. 普遍征收

从增值税的征税范围看，对从事商品生产经营和提供劳务及服务的所有单位和个人，在经营增值的各个生产流通环节向纳税人普遍征收。

2. 税收负担由商品最终消费者承担

虽然增值税是向经营者征收，但经营者通过提高货物和劳务销售价格将税收负担转嫁给下一生产流通环节，最后由最终消费者承担。

3. 实行税款抵扣制度

在计算经营者应纳税款时，要扣除应税项目在上一环节已负担的税款，以避免重复征税。从世界各国来看，一般都实行凭购货发票进行抵扣。

4. 实行比例税率

从实行增值税制度的国家看，普遍实行比例税制，以贯彻征收简便易行的原则。由于增值额对不同行业和不同企业、不同产品来说性质是一样的，原则上对增值额应采用单一比例税率。但为了贯彻一些经济社会政策也会对某些行业或货物实行不同的政策，因而引入增值税的国家一般都规定基本税率和优惠税率或称低税率。

5. 实行价外税制度

在计税时，作为计税依据的销售额中不包含增值税税额，这样有利于形成均衡的生产价格，并有利于税负转嫁的实现。这是增值税与传统的以全部销售额或营业额为计税依据的一个重要区别。

三、增值税的类型

在实践中，各国实行的增值税都是以法定增值额为计税依据。法定增值额和理论增值额往往不相一致，其主要区别在于购入固定资产价格是否允许扣除。所以，根据对购入固定资产已纳税款处理的不同，可以将增值税分为不同的类型。依据实行增值税的各个国家允许抵扣已纳税款的扣除项目范围的大小，增值税分为生产型增值税、收入型增值税、消费型增值税三种类型。

（一）生产型增值税

生产型增值税以纳税人的销售收入（或劳务收入）减去用于生产、经营的外购原材料、燃料、动力等物质资料价值后的余额作为法定的增值额，但对购入的固定资产及其折旧均不予扣除。既不允许扣除购入固定资产的价值，也不考虑生产经营过程中固定资产磨损的那部分转移价值（即折旧）。由于这个法定增值额等于工资、租金、利息、利润和折旧之和，其内容从整个社会来说相当于国民生产总值，所以称为生产型增值税。

（二）收入型增值税

收入型增值税除允许扣除外购物质资料的价值以外，对于购置用于生产、经营用的固定资产，允许将已提折旧的价值额予以扣除。即对于购入的固定资产，可以按照磨损程度相应地给予扣除。这个法定增值额，就整个社会来说，相当于国民收入，所以称为收入型增值税。

（三）消费型增值税

消费型增值税允许将购置物质资料的价值和用于生产、经营的固定资产价值中所含的税款，在购置当期全部一次扣除。虽然固定资产在原生产经营单位作为商品于出售时都已征税，但当购置者将其作为固定资产购进使用时，其已纳税金在购置当期已经全部扣除。因此，就整个社会而言，这部分商品实际上没有征税，所以说这种类型增值税的课税对象不包括生产资料部分，仅限于当期生产销售的所有消费品，故称为消费型增值税。

我国从 2009 年 1 月 1 日起实行消费型增值税，在三个方面有着积极效应：

第一，从经济的角度看，实行消费型增值税有利于鼓励投资，特别是民间投资，有利于促进产业结构调整和技术升级，有利于提高我国产品的竞争力。

第二，从财政的角度看，实行消费型增值税虽然在短期内将导致税基的减少，对财政收入造成一定的影响，但是有利于消除重复征税，有利于公平内外资企业和国内外产品的税收负担，有利于税制的优化；从长远看，由于实行消费型增值税将刺激投资，促进产业结构的调整，对经济的增长将起到重要的拉动作用，财政收入总量也会随之逐渐增长。

第三，从管理的角度看，实行消费型增值税将使非抵扣项目大为减少，征收和缴纳将变得相对简便易行，从而有助于减少偷逃税行为的发生，有利于降低税收管理成本，提高征收管理的效率。

四、增值税的计税方法

增值税是以增值额作为计税依据征收的一种商品劳务税，所以从定义来看应纳增值税额等于增值额乘以适用税率。这只是增值税计算的基本方法。从理论上讲，为实现对增值额征税的目的，增值税的计税方法可以分为直接计税法和间接计税法。

（一）直接计税法

直接计税法是按照规定直接计算出应税货物或劳务的增值额，然后以此为依据乘以适用税率，计算出应纳税额的一种计税方法。直接计税法又因计算法定增值额的方法不同分为“加法”和“减法”两种。

1. 加法

加法是指纳税人在纳税期内，将从事生产经营活动所创造的那部分新增价值的项目，如工资、租金、利息、利润和其他增值项目等累加起来，计算出增值额，再直接乘以适用税率，即为应纳增值税额的方法。其基本计算公式为：

应纳增值税税额=（工资+利息+租金+利润+其他增值项目）×增值税适用税率

由于这种方法首先要确定哪些属于增值项目，哪些属于非增值项目，而在实际中，企业的增值因素和非增值因素在会计处理上，尤其在某个短时期如一个月内难以划分清楚，往往会引起税企双方的争执。因此，这种方法只是理论上的一种方法。我国在引入增值税时在试点中曾尝试过此种方法，但到目前为止，已实行增值税的国家中，尚无一个国家实际采用。

2. 减法

减法又称扣额法，是以纳税人在纳税期内销售应税货物（或劳务）的销售额全值，减去非增值项目金额，如外购原材料、燃料、动力等后的余额作为增值额，再乘以增值税税率，计算出应纳税额的方法。其基本公式为：

应纳增值税税额=（销售全额-非增值项目金额）×增值税率

这种方法也存在增值项目和非增值项目难以划分和兼营不同税率货物（劳务）、免税货物扣除项目金额划分与计算的问题，因此在实际也未采用。但营改增后，为减轻一些纳税人的负担，所采用的一般计税方法中的差额计税法为减法的一种。

（二）间接计税法

间接计税法也可以分为加法和减法。间接加法是将各增值项目分别乘以适用税率，再相加求得应纳增值税额。其基本公式为：

应纳增值税税额=工资×增值税率+利息×增值税率+租金×增值税率+利润×增值税率+其他增值项目×增值税率

间接减法是指不直接计算增值额，而是以纳税人在纳税期内销售应税货物（或劳务）的销售额乘以适用税率，求出销售应税货物（或劳务）的整体税金（销项税额），然后扣除非增值项目，即企业购进货物或者应税劳务已纳税额（进项税额）的方法，其余额即为纳税人应纳的增值税额。其计算公式为：

应纳增值税税额=应税销售额×增值税率-非增值项目已纳税额

应纳增值税税额=销项税额-进项税额

这种方法比较简便易行，目前为大多数国家所采用。我国目前所采用的增值税计算方法被称为购进扣税法，即在计算进项税额时，按当期购进商品已纳税额计算。实际征收中，采用凭增值税专用发票或其他合法扣税凭证注明税款进行抵扣的办法计算应纳税款。

第二节 征税范围与纳税义务人

根据《中华人民共和国增值税暂行条例》（以下简称《增值税暂行条例》）和“营改增”的规定，在中华人民共和国境内（以下简称境内）销售货物或者进口货物、提供加工、修理修配劳务、提供应税服务、销售无形资产或销售不动产的单位和个人，为增值税的纳税人，应当依法缴纳增值税。

一、征税范围

根据《增值税暂行条例》和“营改增”政策的规定，可以将增值税的征税范围分为一般规定和特殊规定。

（一）征税范围的一般规定

现行增值税征税范围的一般规定包括：销售或者进口的货物、提供的应税劳务或应税服务、销售的无形资产或不动产。

1. 销售或者进口的货物

货物是指有形动产，包括电力、热力、气体在内。销售货物，是指有偿转让货物的所有权。

2. 提供的加工、修理修配劳务

加工是指受托加工货物，即委托方提供原料及主要材料，受托方按照委托方的要求制造货物并收取加工费的业务；修理修配是指受托对损伤和丧失功能的货物进行修复，使其恢复原状和功能的业务。提供加工、修理修配劳务（以下称应税劳务），是指有偿提供加工、修理修配劳务。单位或者个体工商户聘用的员工为本单位或者雇主提供加工、修理修配劳务，不包括在内。

3. 提供的应税服务

销售服务，是指提供交通运输服务、邮政服务、电信服务、建筑服务、金融服务、现代服务、生活服务。

（1）交通运输服务。

交通运输服务，是指利用运输工具将货物或者旅客送达目的地，使其空间位置得到转移的业务活动。包括陆路运输服务、水路运输服务、航空运输服务和管道运输服务。

① 陆路运输服务。陆路运输服务，是指通过陆路（地上或者地下）运送货物或者旅客的运输业务活动，包括铁路运输服务和其他陆路运输服务。

铁路运输服务，是指通过铁路运送货物或者旅客的运输业务活动。

其他陆路运输服务，是指铁路运输以外的陆路运输业务活动。包括公路运输、缆车运输、索道运输、地铁运输、城市轻轨运输等。

出租车公司向使用本公司自有出租车的出租车司机收取的管理费用，按照陆路运输服务缴纳增值税。

② 水路运输服务。水路运输服务，是指通过江、河、湖、川等天然、人工水道或者海洋航道运送货物或者旅客的运输业务活动。

水路运输的程租、期租业务，属于水路运输服务。

程租业务，是指运输企业为租船人完成某一特定航次的运输任务并收取租赁费的业务。

期租业务，是指运输企业将配备有操作人员的船舶承租给他人使用一定期限，承租期内听候承租方调遣，不论是否经营，均按天向承租方收取租赁费，发生的固定费用均由船东负担的业务。

③ 航空运输服务。航空运输服务，是指通过空中航线运送货物或者旅客的运输业务活动。

航空运输的湿租业务，属于航空运输服务。湿租业务，是指航空运输企业将配备有机组人员的飞机承租给他人使用一定期限，承租期内听候承租方调遣，不论是否经营，均按一定标准向承租方收取租赁费，发生的固定费用均由承租方承担的业务。

航天运输服务，按照航空运输服务缴纳增值税。航天运输服务，是指利用火箭等载体将卫星、空间探测器等空间飞行器发射到空间轨道的业务活动。

④ 管道运输服务。管道运输服务，是指通过管道设施输送气体、液体、固体物质的运输业务活动。

无运输工具承运业务，按照交通运输服务缴纳增值税。无运输工具承运业务，是指经营者以承运人身份与托运人签订运输服务合同，收取运费并承担承运人责任，然后委托实际承运人完成运输服务的经营活动。

(2) 邮政服务。

邮政服务，是指中国邮政集团公司及其所属邮政企业提供邮件寄递、邮政汇兑和机要通信等邮政基本服务的业务活动。包括邮政普遍服务、邮政特殊服务和其他邮政服务。

① 邮政普遍服务。邮政普遍服务，是指函件、包裹等邮件寄递，以及邮票发行、报刊发行和邮政汇兑等业务活动。

函件，是指信函、印刷品、邮资封片卡、无名址函件和邮政小包等。

包裹，是指按照封装上的名址递送给特定个人或者单位的独立封装的物品，其重量不超过五十千克，任何一边的尺寸不超过一百五十厘米，长、宽、高合计不超过三百厘米。

② 邮政特殊服务。邮政特殊服务，是指义务兵平常信函、机要通信、盲人读物和革

命烈士遗物的寄递等业务活动。

③ 其他邮政服务。其他邮政服务，是指邮册等邮品销售、邮政代理等业务活动。

(3) 电信服务。

电信服务，是指利用有线、无线的电磁系统或者光电系统等各种通信网络资源，提供语音通话服务，传送、发射、接收或者应用图像、短信等电子数据和信息的业务活动。包括基础电信服务和增值电信服务。

① 基础电信服务。基础电信服务，是指利用固网、移动网、卫星、互联网，提供语音通话服务的业务活动，以及出租或者出售带宽、波长等网络元素的业务活动。

② 增值电信服务。增值电信服务，是指利用固网、移动网、卫星、互联网、有线电视网络，提供短信和彩信服务、电子数据和信息的传输及应用服务、互联网接入服务等业务活动。

卫星电视信号落地转接服务，按照增值电信服务缴纳增值税。

(4) 建筑服务。

建筑服务，是指各类建筑物、构筑物及其附属设施的建造、修缮、装饰，线路、管道、设备、设施等的安装以及其他工程作业的业务活动。包括工程服务、安装服务、修缮服务、装饰服务和其他建筑服务。

① 工程服务。工程服务，是指新建、改建各种建筑物、构筑物的工程作业，包括与建筑物相连的各种设备或者支柱、操作平台的安装或者装设工程作业，以及各种窑炉和金属结构工程作业。

② 安装服务。安装服务，是指生产设备、动力设备、起重设备、运输设备、传动设备、医疗实验设备以及其他各种设备、设施的装配、安置工程作业，包括与被安装设备相连的工作台、梯子、栏杆的装设工程作业，以及被安装设备的绝缘、防腐、保温、油漆等工程作业。

固定电话、有线电视、宽带、水、电、燃气、暖气等经营者向用户收取的安装费、初装费、开户费、扩容费以及类似收费，按照安装服务缴纳增值税。

③ 修缮服务。修缮服务，是指对建筑物、构筑物进行修补、加固、养护、改善，使之恢复原来的使用价值或者延长其使用期限的工程作业。

④ 装饰服务。装饰服务，是指对建筑物、构筑物进行修饰装修，使之美观或者具有特定用途的工程作业。

⑤ 其他建筑服务。其他建筑服务，是指上列工程作业之外的各种工程作业服务，如钻井（打井）、拆除建筑物或者构筑物、平整土地、园林绿化、疏浚（不包括航道疏浚）、建筑物平移、搭脚手架、爆破、矿山穿孔、表面附着物（包括岩层、土层、沙层等）剥离和清理等工程作业。

(5) 金融服务。

金融服务，是指经营金融保险的业务活动。包括贷款服务、直接收费金融服务、保险服务和金融商品转让。

① 贷款服务。贷款，是指将资金贷与他人使用而取得利息收入的业务活动。

各种占用、拆借资金取得的收入，包括金融商品持有期间（含到期）利息（保本收益、报酬、资金占用费、补偿金等）收入、信用卡透支利息收入、买入返售金融商品利息收入、融资融券收取的利息收入，以及融资性售后回租、押汇、罚息、票据贴现、转贷等业务取得的利息及利息性质的收入，按照贷款服务缴纳增值税。

融资性售后回租，是指承租方以融资为目的，将资产出售给从事融资性售后回租业务的企业后，从事融资性售后回租业务的企业将该资产出租给承租方的业务活动。

以货币资金投资收取的固定利润或者保底利润，按照贷款服务缴纳增值税。

② 直接收费金融服务。直接收费金融服务，是指为货币资金融通及其他金融业务提供相关服务并且收取费用的业务活动。包括提供货币兑换、账户管理、电子银行、信用卡、信用证、财务担保、资产管理、信托管理、基金管理、金融交易场所（平台）管理、资金结算、资金清算、金融支付等服务。

③ 保险服务。保险服务，是指投保人根据合同约定，向保险人支付保险费，保险人对于合同约定的可能发生的事故因其发生所造成的财产损失承担赔偿保险金责任，或者当被保险人死亡、伤残、疾病或者达到合同约定的年龄、期限等条件时承担给付保险金责任的商业保险行为。包括人身保险服务和财产保险服务。

人身保险服务，是指以人的寿命和身体为保险标的的保险业务活动。

财产保险服务，是指以财产及其有关利益为保险标的的保险业务活动。

④ 金融商品转让。金融商品转让，是指转让外汇、有价证券、非货物期货和其他金融商品所有权的业务活动。

其他金融商品转让包括基金、信托、理财产品等各类资产管理产品和各种金融衍生品的转让。

（6）现代服务。

现代服务，是指围绕制造业、文化产业、现代物流产业等提供技术性、知识性服务的业务活动。包括研发和技术服务、信息技术服务、文化创意服务、物流辅助服务、租赁服务、鉴证咨询服务、广播影视服务、商务辅助服务和其他现代服务。

① 研发和技术服务。研发和技术服务，包括研发服务、合同能源管理服务、工程勘察勘探服务、专业技术服务。

研发服务，也称技术开发服务，是指就新技术、新产品、新工艺或者新材料及其系统进行研究与试验开发的业务活动。

合同能源管理服务，是指节能服务公司与用能单位以契约形式约定节能目标，节能服务公司提供必要的服务，用能单位以节能效果支付节能服务公司投入及其合理报酬的业务活动。

工程勘察勘探服务，是指在采矿、工程施工前后，对地形、地质构造、地下资源蕴藏情况进行实地调查的业务活动。

专业技术服务，是指气象服务、地震服务、海洋服务、测绘服务、城市规划、环境与生态监测服务等专项技术服务。

② 信息技术服务。信息技术服务，是指利用计算机、通信网络等技术对信息进行生产、收集、处理、加工、存储、运输、检索和利用，并提供信息服务的业务活动。包括软件服务、电路设计及测试服务、信息系统服务、业务流程管理服务和信息系统增值服务。

软件服务，是指提供软件开发服务、软件维护服务、软件测试服务的业务活动。

电路设计及测试服务，是指提供集成电路和电子电路产品设计、测试及相关技术支持服务的业务活动。

信息系统服务，是指提供信息系统集成、网络管理、网站内容维护、桌面管理与维护、信息系统应用、基础信息技术管理平台整合、信息技术基础设施管理、数据中心、托管中心、信息安全服务、在线杀毒、虚拟主机等业务活动。包括网站对非自有的网络游戏提供的网络运营服务。

业务流程管理服务，是指依托信息技术提供的人力资源管理、财务经济管理、审计管理、税务管理、物流信息管理、经营信息管理和呼叫中心等服务的活动。

信息系统增值服务，是指利用信息系统资源为用户附加提供的信息技术服务。包括数据处理、分析和整合、数据库管理、数据备份、数据存储、容灾服务、电子商务平台等。

③ 文化创意服务。文化创意服务，包括设计服务、知识产权服务、广告服务和会议展览服务。

设计服务，是指把计划、规划、设想通过文字、语言、图画、声音、视觉等形式传递出来的业务活动。包括工业设计、内部管理设计、业务运作设计、供应链设计、造型设计、服装设计、环境设计、平面设计、包装设计、动漫设计、网游设计、展示设计、网站设计、机械设计、工程设计、广告设计、创意策划、文印晒图等。

知识产权服务，是指处理知识产权事务的业务活动。包括对专利、商标、著作权、软件、集成电路布图设计的登记、鉴定、评估、认证、检索服务。

广告服务，是指利用图书、报纸、杂志、广播、电视、电影、幻灯、路牌、招贴、橱窗、霓虹灯、灯箱、互联网等各种形式为客户的商品、经营服务项目、文体节目或者通告、声明等委托事项进行宣传和提供相关服务的业务活动。包括广告代理和广告的发布、播映、宣传、展示等。

会议展览服务，是指为商品流通、促销、展示、经贸洽谈、民间交流、企业沟通、国际往来等举办或者组织安排的各类展览和会议的业务活动。

④ 物流辅助服务。物流辅助服务，包括航空服务、港口码头服务、货运客运场站服务、打捞救助服务、装卸搬运服务、仓储服务和收派服务。

航空服务，包括航空地面服务和通用航空服务。

航空地面服务，是指航空公司、飞机场、民航管理局、航站等向在境内航行或者在境内机场停留的境内外飞机或者其他飞行器提供的导航等劳务性地面服务的业务活动。包括旅客安全检查服务、停机坪管理服务、机场候机厅管理服务、飞机清洗消毒服务、空中飞行管理服务、飞机起降服务、飞行通讯服务、地面信号服务、飞机安全服务、飞机跑道管理服务、空中交通管理服务等。

通用航空服务，是指为专业工作提供飞行服务的业务活动，包括航空摄影、航空培训、航空测量、航空勘探、航空护林、航空吊挂播洒、航空降雨、航空气象探测、航空海洋监测、航空科学实验等。

港口码头服务，是指港务船舶调度服务、船舶通讯服务、航道管理服务、航道疏浚服务、灯塔管理服务、航标管理服务、船舶引航服务、理货服务、系解缆服务、停泊和移泊服务、海上船舶溢油清除服务、水上交通管理服务、船只专业清洗消毒检测服务和防止船只漏油服务等为船只提供服务的业务活动。

港口设施经营人收取的港口设施保安费按照港口码头服务缴纳增值税。

货运客运场站服务，是指货运客运场站提供货物配载服务、运输组织服务、中转换乘服务、车辆调度服务、票务服务、货物打包整理、铁路线路使用服务、加挂铁路客车服务、铁路行包专列发送服务、铁路到达和中转服务、铁路车辆编解服务、车辆挂运服务、铁路接触网服务、铁路机车牵引服务等业务活动。

打捞救助服务，是指提供船舶人员救助、船舶财产救助、水上救助和沉船沉物打捞服务的业务活动。

装卸搬运服务，是指使用装卸搬运工具或者人力、畜力将货物在运输工具之间、装卸现场之间或者运输工具与装卸现场之间进行装卸和搬运的业务活动。

仓储服务，是指利用仓库、货场或者其他场所代客贮放、保管货物的业务活动。

收派服务，是指接受寄件人委托，在承诺的时限内完成函件和包裹的收件、分拣、派送服务的业务活动。

收件服务，是指从寄件人收取函件和包裹，并运送到服务提供方同城的集散中心的业务活动。

分拣服务，是指服务提供方在其集散中心对函件和包裹进行归类、分发的业务活动。

派送服务，是指服务提供方从其集散中心将函件和包裹送达同城的收件人的业务活动。

⑤ 租赁服务。租赁服务，包括融资租赁服务和经营租赁服务。

融资租赁服务，是指具有融资性质和所有权转移特点的租赁活动。即出租人根据承租人所要求的规格、型号、性能等条件购入有形动产或者不动产租赁给承租人，合同期内租赁物所有权属于出租人，承租人只拥有使用权，合同期满付清租金后，承租人有权按照残值购入租赁物，以拥有其所有权。不论出租人是否将租赁物销售给承租人，均属于融资租赁。

按照标的物的不同，融资租赁服务可分为有形动产融资租赁服务和不动产融资租赁服务。

融资性售后回租不按照本税目缴纳增值税。

经营租赁服务，是指在约定时间内将有形动产或者不动产转让他人使用且租赁物所有权不变更的业务活动。

按照标的物的不同，经营租赁服务可分为有形动产经营租赁服务和不动产经营租赁服务。

将建筑物、构筑物等不动产或者飞机、车辆等有形动产的广告位出租给其他单位或者个人用于发布广告，按照经营租赁服务缴纳增值税。

车辆停放服务、道路通行服务（包括过路费、过桥费、过闸费等）等按照不动产经营租赁服务缴纳增值税。

水路运输的光租业务、航空运输的干租业务，属于经营租赁。

光租业务，是指运输企业将船舶在约定的时间内出租给他人使用，不配备操作人员，不承担运输过程中发生的各项费用，只收取固定租赁费的业务活动。

干租业务，是指航空运输企业将飞机在约定的时间内出租给他人使用，不配备机组人员，不承担运输过程中发生的各项费用，只收取固定租赁费的业务活动。

⑥ 鉴证咨询服务。鉴证咨询服务，包括认证服务、鉴证服务和咨询服务。

认证服务，是指具有专业资质的单位利用检测、检验、计量等技术，证明产品、服务、管理体系符合相关技术规范、相关技术规范的强制性要求或者标准的业务活动。

鉴证服务，是指具有专业资质的单位受托对相关事项进行鉴证，发表具有证明力的意见的业务活动。包括会计鉴证、税务鉴证、法律鉴证、职业技能鉴定、工程造价鉴证、工程监理、资产评估、环境评估、房地产土地评估、建筑图纸审核、医疗事故鉴定等。

咨询服务，是指提供信息、建议、策划、顾问等服务的活动。包括金融、软件、技术、财务、税收、法律、内部管理、业务运作、流程管理、健康等方面的咨询。

翻译服务和市场调查服务按照咨询服务缴纳增值税。

⑦ 广播影视服务。广播影视服务，包括广播影视节目（作品）的制作服务、发行服务和播映（含放映，下同）服务。

广播影视节目（作品）制作服务，是指进行专题（特别节目）、专栏、综艺、体育、动画片、广播剧、电视剧、电影等广播影视节目和作品制作的服务。具体包括与广播影视节目和作品相关的策划、采编、拍摄、录音、音视频文字图片素材制作、场景布置、后期的剪辑、翻译（编译）、字幕制作、片头、片尾、片花制作、特效制作、影片修复、编目和确权等业务活动。

广播影视节目（作品）发行服务，是指以分账、买断、委托等方式，向影院、电台、电视台、网站等单位和个人发行广播影视节目（作品）以及转让体育赛事等活动的报道及播映权的业务活动。

广播影视节目（作品）播映服务，是指在影院、剧院、录像厅及其他场所播映广播影视节目（作品），以及通过电台、电视台、卫星通信、互联网、有线电视等无线或者有线装置播映广播影视节目（作品）的业务活动。

⑧ 商务辅助服务。商务辅助服务，包括企业管理服务、经纪代理服务、人力资源服务、安全保护服务。

企业管理服务，是指提供总部管理、投资与资产管理、市场管理、物业管理、日常综合管理等服务的业务活动。

经纪代理服务，是指各类经纪、中介、代理服务。包括金融代理、知识产权代理、货物运输代理、代理报关、法律代理、房地产中介、职业中介、婚姻中介、代理记账、拍卖等。

货物运输代理服务，是指接受货物收货人、发货人、船舶所有人、船舶承租人或者船舶经营人的委托，以委托人的名义，为委托人办理货物运输、装卸、仓储和船舶进出港口、引航、靠泊等相关手续的业务活动。

代理报关服务，是指接受进出口货物的收、发货人委托，代为办理报关手续的业务活动。

人力资源服务，是指提供公共就业、劳务派遣、人才委托招聘、劳动力外包等服务的业务活动。

安全保护服务，是指提供保护人身安全和财产安全，维护社会治安等的业务活动。包括场所住宅保安、特种保安、安全系统监控以及其他安保服务。

⑨ 其他现代服务。其他现代服务，是指除研发和技术服务、信息技术服务、文化创意服务、物流辅助服务、租赁服务、鉴证咨询服务、广播影视服务和商务辅助服务以外的现代服务。

（7）生活服务。

生活服务，是指为满足城乡居民日常生活需求提供的各类服务活动。包括文化体育服务、教育医疗服务、旅游娱乐服务、餐饮住宿服务、居民日常服务和其他生活服务。

① 文化体育服务。文化体育服务，包括文化服务和体育服务。

文化服务，是指为满足社会公众文化生活需求提供的各种服务。包括：文艺创作、文艺表演、文化比赛，图书馆的图书和资料借阅，档案馆的档案管理，文物及非物质遗产保护，组织举办宗教活动、科技活动、文化活动，提供游览场所。

体育服务，是指组织举办体育比赛、体育表演、体育活动，以及提供体育训练、体育指导、体育管理的业务活动。

② 教育医疗服务。教育医疗服务，包括教育服务和医疗服务。

教育服务，是指提供学历教育服务、非学历教育服务、教育辅助服务的业务活动。

学历教育服务，是指根据教育行政管理部门确定或者认可的招生和教学计划组织教学，并颁发相应学历证书的业务活动。包括初等教育、初级中等教育、高级中等教育、高等教育等。

非学历教育服务，包括学前教育、各类培训、演讲、讲座、报告会等。

教育辅助服务，包括教育测评、考试、招生等服务。

医疗服务，是指提供医学检查、诊断、治疗、康复、预防、保健、接生、计划生育、防疫服务等方面的服务，以及与这些服务有关的提供药品、医用材料器具、救护车、病房住宿和伙食的业务。

③ 旅游娱乐服务。旅游娱乐服务，包括旅游服务和娱乐服务。

旅游服务，是指根据旅游者的要求，组织安排交通、游览、住宿、餐饮、购物、文娱、商务等服务的业务活动。

娱乐服务，是指为娱乐活动同时提供场所和服务的业务。具体包括：歌厅、舞厅、夜总会、酒吧、台球、高尔夫球、保龄球、游艺（包括射击、狩猎、跑马、游戏机、蹦极、卡丁车、热气球、动力伞、射箭、飞镖）。

④ 餐饮住宿服务。餐饮住宿服务，包括餐饮服务和住宿服务。

餐饮服务，是指通过同时提供饮食和饮食场所的方式为消费者提供饮食消费服务的业务活动。

住宿服务，是指提供住宿场所及配套服务等的活动。包括宾馆、旅馆、旅社、度假村和其他经营性住宿场所提供的住宿服务。

⑤ 居民日常服务。居民日常服务，是指主要为满足居民个人及其家庭日常生活需求提供的服务，包括市容市政管理、家政、婚庆、养老、殡葬、照料和护理、救助救济、美

容美发、按摩、桑拿、氧吧、足疗、沐浴、洗染、摄影扩印等服务。

⑥ 其他生活服务。其他生活服务，是指除文化体育服务、教育医疗服务、旅游娱乐服务、餐饮住宿服务和居民日常服务之外的生活服务。

4. 销售无形资产

销售无形资产，是指转让无形资产所有权或者使用权的业务活动。无形资产，是指不具实物形态，但能带来经济利益的资产，包括技术、商标、著作权、商誉、自然资源使用权和其他权益性无形资产。

技术，包括专利技术和非专利技术。

自然资源使用权，包括土地使用权、海域使用权、探矿权、采矿权、取水权和其他自然资源使用权。

其他权益性无形资产，包括基础设施资产经营权、公共事业特许权、配额、经营权(包括特许经营权、连锁经营权、其他经营权)、经销权、分销权、代理权、会员权、席位权、网络游戏虚拟道具、域名、名称权、肖像权、冠名权、转会费等。

5. 销售不动产

销售不动产，是指转让不动产所有权的业务活动。不动产，是指不能移动或者移动后会引起性质、形状改变的财产，包括建筑物、构筑物等。

建筑物，包括住宅、商业营业用房、办公楼等可供居住、工作或者进行其他活动的建造物。

构筑物，包括道路、桥梁、隧道、水坝等建造物。

转让建筑物有限产权或者永久使用权的，转让在建的建筑物或者构筑物所有权的，以及在转让建筑物或者构筑物时一并转让其所占土地的使用权的，按照销售不动产缴纳增值税。

对营改增政策的征税范围，要注意以下三个方面：

第一，提供应税服务、销售无形资产和不动产，是指有偿提供应税服务、销售无形资产和不动产，但不包括非营业活动中提供的应税服务。

有偿，是指取得货币、货物或者其他经济利益。

非营业活动，是指：

(1) 非企业性单位按照法律和行政法规的规定，为履行国家行政管理和公共服务职能收取政府性基金或者行政事业性收费的活动。

(2) 单位或者个体工商户聘用的员工为本单位或者雇主提供应税服务。

(3) 单位或者个体工商户为员工提供应税服务。

(4) 财政部和国家税务总局规定的其他情形。

第二，在境内提供应税服务，是指应税服务提供方或者接受方在境内。且下列情形不属于在境内提供应税服务：

(1) 境外单位或者个人向境内单位或者个人提供完全在境外消费的应税服务。

(2) 境外单位或者个人向境内单位或者个人出租完全在境外使用的有形动产。

(3) 境外单位或者个人向境内单位或者个人出租完全在境外使用的无形资产。

(4) 财政部和国家税务总局规定的其他情形。

第三，单位和个体工商户的下列情形，视同提供应税服务、销售无形资产或销售不动产：

(1) 向其他单位或者个人无偿提供应税服务、销售无形资产或销售不动产，但以公益活动为目的或者以社会公众为对象的除外。

(2) 财政部和国家税务总局规定的其他情形。

(二) 征税范围的特殊规定

增值税的征税范围除了上述的一般规定以外，对于实务活动中某些特殊项目或行为是否属于增值税的征税范围，还需要做出具体确定。

1. 属于征税范围的特殊项目

(1) 货物期货（包括商品期货和贵金属期货），应当征收增值税，在期货的实物交割环节纳税，其中：

交割时采取由期货交易所开具发票的，以期货交易所为纳税人。期货交易所增值税按次计算，其进项税额为该货物交割时供货会员单位开具的增值税专用发票上注明的销项税额，期货交易所本身发生的各种进项不得抵扣。

交割时采取由供货的会员单位直接将发票开给购货会员单位的，以供货会员单位为纳税人。

(2) 供电企业利用自身输变电设备对并入电网的企业自备电厂生产的电力产品进行电压调节，属于提供加工劳务。对供电企业进行电力调压并按电量向电厂收取的并网服务费，应当征收增值税。

(3) 经批准允许从事二手车经销业务的纳税人收购二手车时将其办理过户登记到自己名下，销售时再将该二手车过户登记到买家名下的行为，属于销售货物，应当征收增值税。

(4) 航空运输企业已售票但未提供航空运输服务取得的逾期票证收入，按照航空运输服务征收增值税等。

2. 属于征税范围的特殊行为

(1) 视同销售行为

单位或者个体工商户的下列行为，视同销售货物、提供应税劳务或服务、销售无形资产或不动产：

① 将货物交付其他单位或者个人代销。

② 销售代销货物。

③ 设有两个以上机构并实行统一核算的纳税人，将货物从一个机构移送至其他机构用于销售，但相关机构设在同一县（市）的除外。

④ 将自产或者委托加工的货物用于非增值税应税项目。

⑤ 将自产或者委托加工的货物用于集体福利或者个人消费。

⑥ 将自产或者委托加工或者购进的货物作为投资，提供给其他单位或者个体工商户。

⑦ 将自产或者委托加工或者购进的货物分配给股东或者投资者。

⑧ 将自产、委托加工或者购进的货物无偿赠送其他单位或者个人。

⑨ 单位或个体工商户向其他单位或个人无偿提供应税服务、无偿销售无形资产或不

动产，但用于公益事业或以社会公众为对象的除外。

⑩ 财政部和国家税务总局规定的其他情形。

(2) 混合销售行为。一项销售行为如果既涉及货物又涉及应税服务，为混合销售行为。

从事货物生产、批发或者零售的单位和个体工商户的混合销售，按照销售货物缴纳增值税；其他单位和个体工商户的混合销售，按照提供服务缴纳增值税。混合销售行为成立要符合两个条件：一是销售行为必须是一项；二是该项行为必须既涉及货物销售又涉及销售服务、无形资产或不动产。

(3) 兼营行为。纳税人兼营不同税率的应税项目的，应分别核算适用不同税率或征收率的货物、应税劳务、应税服务、无形资产或不动产的销售额；未分别核算销售额的，按照以下方法确定适用税率或者征收率：

① 兼有不同税率的销售货物、加工修理修配劳务、服务、无形资产或者不动产，从高适用税率。

② 兼有不同征收率的销售货物、加工修理修配劳务、服务、无形资产或者不动产，从高适用征收率。

③ 兼有不同税率和征收率的销售货物、加工修理修配劳务、服务、无形资产或者不动产，从高适用税率。

3.《增值税暂行条例》及"营改增"规定的免税项目

(1) 农业生产者销售的自产农产品。

(2) 避孕药品和用具。

(3) 古旧图书。古旧图书，是指向社会收购的古书和旧书。

(4) 直接用于科学研究、科学试验和教学的进口仪器、设备。

(5) 外国政府、国际组织无偿援助的进口物资和设备。

(6) 由残疾人的组织直接进口供残疾人专用的物品。

(7) 销售的自己使用过的物品。自己使用过的物品，是指其他个人自己使用过的物品。

(8) 免税的应税服务

① 托儿所、幼儿园提供的保育和教育服务。

② 养老机构提供的养老服务。

③ 残疾人福利机构提供的育养服务。

④ 婚姻介绍服务。

⑤ 殡葬服务。

⑥ 残疾人员本人为社会提供的服务。

⑦ 医疗机构提供的医疗服务。

⑧ 从事学历教育的学校提供的教育服务。

⑨ 学生勤工俭学提供的服务。

⑩ 农业机耕、排灌、病虫害防治、植物保护、农牧保险以及相关技术培训业务，家禽、牲畜、水生动物的配种和疾病防治。

⑪ 纪念馆、博物馆、文化馆、文物保护单位管理机构、美术馆、展览馆、书画院、图书馆在自己的场所提供文化体育服务取得的第一道门票收入。

⑫ 寺院、宫观、清真寺和教堂举办文化、宗教活动的门票收入。

⑬ 行政单位之外的其他单位收取的符合《试点实施办法》第十条规定条件的政府性基金和行政事业性收费。上述政府性基金和行政事业性收费必须同时满足以下条件：第一，由国务院或者财政部批准设立的政府性基金，由国务院或者省级人民政府及其财政、价格主管部门批准设立的行政事业性收费；第二，收取时开具省级以上（含省级）财政部门监（印）制的财政票据；第三，所收款项全额上缴财政。

⑭ 2017 年 12 月 31 日前，科普单位的门票收入，以及县级及以上党政部门和科协开展科普活动的门票收入。

⑮ 政府举办的从事学历教育的高等、中等和初等学校（不含下属单位），举办进修班、培训班取得的全部归该学校所有的收入。

⑯ 政府举办的职业学校设立的主要为在校学生提供实习场所、并由学校出资自办、由学校负责经营管理、经营收入归学校所有的企业，从事《销售服务、无形资产或者不动产注释》中"现代服务"（不含融资租赁服务、广告服务和其他现代服务）、"生活服务"（不含文化体育服务、其他生活服务和桑拿、氧吧）业务活动取得的收入。

⑰ 纳税人提供技术转让、技术开发和与之相关的技术咨询、技术服务。

⑱ 个人转让著作权。

⑲ 个人销售自建自用住房。

⑳ 将土地使用权转让给农业生产者用于农业生产。

㉑ 家政服务企业由员工制家政服务员提供家政服务取得的收入。

㉒ 福利彩票、体育彩票的发行收入。

4. 增值税减税政策

（1）城镇退役士兵创业就业。

① 对自主就业退役士兵从事个体经营的，在 3 年内按每户每年 8 000 元为限额依次扣减其当年实际应缴纳的增值税、城市维护建设税、教育费附加、地方教育附加和个人所得税。限额标准最高可上浮 20%，各省、自治区、直辖市人民政府可根据本地区实际情况在此幅度内确定具体限额标准，并报财政部和国家税务总局备案。

② 对商贸企业、服务型企业、劳动就业服务企业中的加工型企业和街道社区具有加工性质的小型企业实体，在新增加的岗位中，当年新招用自主就业退役士兵，与其签订 1 年以上期限劳动合同并依法缴纳社会保险费的，在 3 年内按实际招用人数予以定额依次扣减增值税、城市维护建设税、教育费附加、地方教育附加和企业所得税优惠。定额标准为每人每年4 000元，最高可上浮 50%，各省、自治区、直辖市人民政府可根据本地区实际情况在此幅度内确定具体定额标准，并报财政部和国家税务总局备案。

（2）失业人员创业就业

① 对持《就业创业证》（注明"自主创业税收政策"或"毕业年度内自主创业税收政策"）或 2015 年 1 月 27 日前取得的《就业失业登记证》（注明"自主创业税收政策"或附着《高校毕业生自主创业证》）的人员从事个体经营的，在 3 年内按每户每年8 000

元为限额依次扣减其当年实际应缴纳的增值税、城市维护建设税、教育费附加、地方教育附加和个人所得税。限额标准最高可上浮 20%，各省、自治区、直辖市人民政府可根据本地区实际情况在此幅度内确定具体限额标准，并报财政部和国家税务总局备案。

② 对商贸企业、服务型企业、劳动就业服务企业中的加工型企业和街道社区具有加工性质的小型企业实体，在新增加的岗位中，当年新招用在人力资源社会保障部门公共就业服务机构登记失业半年以上且持《就业创业证》或 2015 年 1 月 27 日前取得的《就业失业登记证》（注明“企业吸纳税收政策”）人员。

与其签订 1 年以上期限劳动合同并依法缴纳社会保险费的，在 3 年内按实际招用人数予以定额依次扣减增值税、城市维护建设税、教育费附加、地方教育附加和企业所得税优惠。定额标准为每人每年4 000元，最高可上浮 30%，各省、自治区、直辖市人民政府可根据本地区实际情况在此幅度内确定具体定额标准，并报财政部和国家税务总局备案。

上述税收优惠政策的执行期限为 2016 年 5 月 1 日至 2016 年 12 月 31 日，纳税人在 2016 年 12 月 31 日未享受满 3 年的，可继续享受至 3 年期满为止。

5. 增值税不征税项目

（1）根据国家指令无偿提供的铁路运输服务、航空运输服务，属于《试点实施办法》第十四条规定的用于公益事业的服务。

（2）存款利息。

（3）被保险人获得的保险赔付。

（4）房地产主管部门或者其指定机构、公积金管理中心、开发企业以及物业管理单位代收的住宅专项维修资金。

（5）在资产重组过程中，通过合并、分立、出售、置换等方式，将全部或者部分实物资产以及与其相关联的债权、负债和劳动力一并转让给其他单位和个人，其中涉及的不动产、土地使用权转让行为。

享受免税政策的纳税人应按照规定单独核算应税和免税销售额。未单独核算的，不得免税。纳税人销售免税产品，应按规定开具普通发票，不得开具增值税专用发票。纳税人申请免征增值税，应向主管税务机关提供相关的资料，凡不能提供的，一律不得免税。

纳税人兼营免税、减税项目的，应当分别核算免税、减税项目的销售额；未分别核算销售额的，不得免税、减税。

纳税人销售货物或者应税劳务适用免税规定的，可以放弃免税，依照条例的规定缴纳增值税。放弃免税后，36 个月内不得再申请免税。

6. 增值税起征点

纳税人销售额未达到国务院财政、税务主管部门规定的增值税起征点的，免征增值税；达到起征点的，依照规定全额计算缴纳增值税。增值税起征点的适用范围限于个人，增值税起征点的现行幅度规定如下：

（1）销售货物的，为月销售额 5 000~20 000 元（含本数）；

（2）销售应税劳务的，为月销售额 5 000~20 000 元（含本数）；

（3）提供应税服务的，为月销售额 5 000~20 000 元（含本数）；

（4）按次纳税的，为每次（日）销售额 300~500 元（含本数）。

上述所称的销售额，是指《中华人民共和国增值税暂行条例实施细则》（以下简称《增值税暂行条例实施细则》）第三十条第一款所称小规模纳税人的销售额，即小规模纳税人的销售额不包括其应纳税额。

个人提供应税服务的销售额未达到增值税起征点的，免征增值税；达到起征点的，全额计算缴纳增值税。但增值税起征点不适用于认定为一般纳税人的个体工商户；而且，纳税人提供应税服务同时适用免税和零税率规定的，优先适用零税率。

纳税人提供应税服务适用免税、减税规定的，可以放弃免税、减税，依照本办法的规定缴纳增值税。放弃免税、减税后，36 个月内不得再申请免税、减税。

省、自治区、直辖市财政厅（局）和国家税务局应在规定的幅度内，根据实际情况确定本地区适用的起征点，并报财政部、国家税务总局备案。

二、纳税义务人和扣缴义务人

（一）纳税义务人

在我国境内从事销售或者进口货物、提供应税劳务或者应税服务、销售无形资产或者不动产的单位和个人都是增值税纳税义务人。两个或者两个以上的纳税人，经财政部和国家税务总局批准可以视为一个纳税人合并纳税。具体办法由财政部和国家税务总局另行制定。

单位，是指企业、行政单位、事业单位、军事单位、社会团体及其他单位。

个人，是指个体工商户和其他个人。

单位租赁或者承包给其他单位或者个人经营的，以承租人或者承包人为纳税人。

（二）扣缴义务人

中华人民共和国境外的单位或者个人在境内发生应税行为，在境内未设有经营机构的，以其境内代理人为扣缴义务人；在境内没有代理人的，以购买方为扣缴义务人。

第三节　一般纳税人与小规模纳税人

增值税实行凭专用发票抵扣税款的制度，客观上要求纳税人具备健全的会计核算制度和能力。在实际经济生活中我国增值税纳税人众多，会计核算水平差异较大，大量的小企业和个人还不具备用发票抵扣税款的条件。为了既简化增值计算和征收，也有利于减少税收征管漏洞，将增值税纳税人按会计核算水平和经营规模分为一般纳税人和小规模纳税人两类，分别采取不同的增值税计税方法。

一、一般纳税人的认定及管理

（一）一般纳税人的资格登记及管理

根据《国家税务总局关于调整增值税一般纳税人管理有关事项的公告》和《国家税务总局关于“三证合一”登记制度改革涉及增值税一般纳税人管理有关事项的公告》的规定，增值税一般纳税人资格实行登记制，符合一般纳税人条件的纳税人应当向主管税务机关办理一般纳税人资格登记。登记事项由增值税纳税人（以下简称纳税人）向其主管税务机关办理。

（1）纳税人办理一般纳税人资格登记的程序如下：

① 纳税人向主管税务机关填报《增值税一般纳税人资格登记表》，并提供税务登记证件。该证件包括纳税人领取的由工商行政管理部门核发的加载法人和其他组织统一社会信用代码的营业执照。

② 纳税人填报内容与税务登记信息一致的，主管税务机关当场登记。

③ 纳税人填报内容与税务登记信息不一致，或者不符合填列要求的，税务机关应当场告知纳税人需要补正的内容。

（2）纳税人年应税销售额超过财政部、国家税务总局规定标准（以下简称规定标准），且符合有关政策规定，选择按小规模纳税人纳税的，应当向主管税务机关提交书面说明。个体工商户以外的其他个人年应税销售额超过规定标准的，不需要向主管税务机关提交书面说明。

（3）纳税人年应税销售额超过规定标准的，在申报期结束后20个工作日内按照上述1或者2的规定办理相关手续；未按规定时限办理的，主管税务机关应当在规定期限结束后10个工作日内制作《税务事项通知书》，告知纳税人应当在10个工作日内向主管税务机关办理相关手续。

（4）除财政部、国家税务总局另有规定外，纳税人从选择的一般纳税人资格生效之日起，按照增值税一般计税方法计算应纳税额，并按照规定领用增值税专用发票。

（二）符合一般纳税人资格的判断条件

一般纳税人是指年应征增值税销售额（以下简称年应征销售额），超过财政部、国家税务总局规定的小规模纳税人标准的企业和企业性单位（以下简称企业）。

年应税销售额，是指纳税人在连续不超过12个月的经营期内累计应征增值税销售额，包括纳税申报销售额、稽查查补销售额、纳税评估调整销售额、税务机关代开发票销售额和免税销售额。其中稽查查补销售额和纳税评估调整销售额计入查补税款申报当月的销售额，不计入税款所属期销售额。经营期，是指在纳税人存续期内的连续经营期内，含未取得销售收入的月份。

年应征增值税销售额超过财政部和国家税务总局规定标准的纳税人为一般纳税人，未超过规定标准的纳税人为小规模纳税人。

“营改增”纳税人试点实施前应税行为的年销售额按以下公式换算：

应税行为年销售额=连续不超过12个月应税行为营业额合计÷（1+3%）

按规定差额征收营业税的纳税人，上述公式中“应税行为营业额”按未扣除前的营业额计算。

除了上述基本规定外，国家税务总局还就资格判断做出如下规定：

（1）兼有销售货物、提供应税劳务以及发生其他应税行为的纳税人，应税货物及劳务销售额与应税行为销售额分别计算，分别适用增值税一般纳税人资格认定标准。

（2）兼有销售货物、提供应税劳务以及发生应税行为，且不经常发生这些情况的单位和个体工商户可选择按照小规模纳税人纳税。

（3）除国家税务总局另有规定外，一经登记为一般纳税人后，不得转为小规模纳税人。

（4）年应税销售额未超过规定标准的纳税人，会计核算健全，能够提供准确税务资料的，可以向主管税务机关办理一般纳税人资格登记，成为一般纳税人。

会计核算健全，是指能够按照国家统一的会计制度规定设置账簿，根据合法、有效凭证核算。主要是指有专业财务会计人员，能按照财务会计制度规定设置总账和有关明细账进行会计核算，能准确核算增值税销售额、销项税额、进项税额和应纳税额等。能够准确提供税务资料，是指能够按规定如实填报增值税纳税申报表及其他相关资料，并按期进行申报纳税。

(5) 纳税人在办理增值税一般纳税人资格登记后，发生增值税偷税、骗取出口退税和虚开增值税扣税凭证等行为的，主管税务机关可以对其实行不少于6个月的纳税辅导期管理。

纳税人年应税销售额超过财政部、国家税务总局规定标准的，应该向主管税务机关办理一般纳税人资格登记。

年应税销售额未超过财政部、国家税务总局规定的小规模纳税人标准以及新开业的纳税人。能够按照国家统一的会计制度规定设置账簿，根据合法、有效凭证核算，能够提供准确税务资料的，可以向主管税务机关办理一般纳税人资格登记。

对提出申请并且能够按照国家统一规定的会计制度规定设置账簿，根据合法、有效凭证核算，能够提供准确税务资料的纳税人，可向主管税务机关办理一般纳税人资格登记。

(三) 无须办理一般纳税人资格登记的纳税人

(1) 个体工商户以外的其他个人。其他个人，是指自然人。

(2) 选择按照小规模纳税人纳税的非企业性单位。非企业性单位，是指行政单位、事业单位、军事单位、社会团体和其他单位。

(3) 应税行为年销售额超过规定标准的其他个人不属于一般纳税人。不经常发生应税行为的非企业性单位、企业和个体工商户可选择按照小规模纳税人纳税。

(4) 试点实施前已取得增值税一般纳税人资格并兼有应税行为的试点纳税人，不需要重新登记，由主管税务机关制作、送达《税务事项通知书》，告知纳税人。

(四) 一般纳税人资格登记办理的所在地

纳税人应当向其机构所在地主管税务机关办理一般纳税人资格登记。

二、小规模纳税人的认定及管理

小规模纳税人是指年销售额在规定标准以下，并且会计核算不健全，不能按规定报送有关税务资料的增值税纳税人。

(一) 小规模纳税人的认定条件

根据《增值税暂行条例》、《增值税暂行条例实施细则》和“营改增”相关文件规定，小规模纳税人的具体认定标准是：

(1) 从事货物生产或者提供应税劳务的纳税人，以及以从事货物生产或者提供应税劳务为主的，并兼营货物批发或者零售的纳税人，年应税销售额在50万元以下（含本数）的；“以从事货物生产或者提供应税劳务为主”是指纳税人的年货物生产或者提供应税劳务的销售额占年应税销售额的比重在50%以上。

(2) 对上述规定以外的纳税人（不含发生营改增应税行为的纳税人），年应税销售额在80万元（含本数）以下的。

（3）年应税销售额超过小规模纳税人标准的其他个人按小规模纳税人纳税。

（4）非企业性单位可选择按小规模纳税人纳税。

（5）发生营改增应税行为的纳税人年销售额标准为500万元（含本数），应税行为年销售额未超过500万元的纳税人为小规模纳税人。

（二）小规模纳税人的管理

小规模纳税人虽然实行简易征税办法，并且一般不使用增值税专用发票，但基于增值税征收管理中一般纳税人与小规模纳税人之间客观存在的经济往来的实情，国家税务总局根据授权专门制定实施了《增值税小规模纳税人征收管理办法》，其主要规定如下：

（1）基层税务机关要加强对小规模生产企业财会人员的培训，帮助建立会计账簿，只要小规模企业有会计，有账册，能够正确计算进项税额、销项税额和应纳税额，并能按规定报送有关税务资料，年应税销售额不低于30万元的可以认定为增值税一般纳税人。

（2）对没有条件设置专职会计人员的小规模企业，在纳税人自愿并配有本单位兼职会计人员的前提下，可采取以下措施，使兼职人员尽快独立工作，进行会计核算。

①由税务机关帮助小规模企业从税务咨询公司、会计师事务所等聘请会计人员建账、核算。

②由税务机关组织从事过财会业务，有一定工作经验，遵纪守法的离、退休会计人员，帮助小规模企业建账、核算。

第四节 税率与征收率

为了发挥增值税的中性作用，增值税采用比例税率，原则上增值税对不同行业不同企业实行单一比例税率，称为基本税率。实践中为照顾一些特殊行业或产品而增设了几档低税率，并对出口产品实行零税率。

一、基本税率

增值税一般纳税人销售或者进口货物，提供加工、修理修配劳务，除低税率适用范围和特殊规定外，税率一律为17%，这就是通常所说的基本税率。

二、低税率

增值税一般纳税人销售或者进口下列货物，除特殊规定外，按低税率计征增值税，低税率为13%，自2017年7月1日后调整为11%：

（1）农业产品、食用植物油。其中农业产品包括种植业、养殖业、林业、牧业、水产业生产的各种植物、动物的初级产品。如粮食、蔬菜、烟叶、茶叶、园艺植物、药用植物等，包括鱼虾、鸡鸭、鲜奶、动物毛绒、动物皮张等。

经国务院批准，自2012年10月1日起，免征部分鲜活肉蛋产品流通环节增值税。免征产品中不包括《中华人民共和国野生动物保护法》所规定的国家珍贵、濒危野生动物及其鲜活肉类、蛋类产品。

从事农产品批发、零售的纳税人既销售本通知第一条规定的部分鲜活肉蛋产品又销售其他增值税应税货物的，应分别核算上述鲜活肉蛋产品和其他增值税应税货物的销售额；未分别核算的，不得享受部分鲜活肉蛋产品增值税免税政策。

(2) 自来水、暖气、冷气、热水、煤气、石油液化气、天然气、沼气、居民用煤炭制品。

(3) 图书、报纸、杂志。税务总局公告 2013 年第 10 号公告规定自 2013 年 4 月 1 日起，国内印刷企业承印的经新闻出版主管部门批准印刷且采用国际标准书号编序的境外图书，属于《中华人民共和国增值税暂行条例》第二条规定的“图书”，适用 13%增值税税率。

(4) 饲料、化肥、农药、农机、农膜。

(5) 食用盐。

(6) 音像制品、电子出版物。

(7) 国务院及其有关部门规定的其他货物。

三、零税率

纳税人出口货物，税率为零；但国务院另有规定的除外。

税率为零不是简单地等同于免税。出口货物免税仅指在出口环节免征增值税，而零税率是指对出口货物除了在出口环节不征增值税外，还要对该产品在出口前已经缴纳的增值税进行退税，使该出口产品在出口时完全不含增值税税款，从而以无税的价格进入国际市场。

四、“营改增”增值税税率

(1) 提供有形动产租赁服务，税率为 17%。

(2) 提供交通运输业、邮政、基础电信、建筑、不动产租赁服务，销售不动产，转让土地使用权，税率为 11%。

(3) 提供其他应税服务（租赁服务除外），转让土地使用权以外的其他无形资产，税率为 6%。

(4) 财政部和国家税务总局规定的应税服务、销售无形资产、销售不动产，税率为零。

1) 国际运输服务。国际运输服务，是指：

①在境内载运旅客或者货物出境。

②在境外载运旅客或者货物入境。

③在境外载运旅客或者货物。

2) 航天运输服务。

3) 向境外单位提供的完全在境外消费的下列服务：

①研发服务。

②合同能源管理服务。

③设计服务。

④广播影视节目（作品）的制作和发行服务。

⑤软件服务。

⑥电路设计及测试服务。

⑦信息系统服务。

⑧业务流程管理服务。

⑨离岸服务外包业务。

⑩转让技术。

4）财政部和国家税务总局规定的其他服务。

5）境内的单位和个人销售的下列服务和无形资产免征增值税，但财政部和国家税务总局规定适用增值税零税率的除外：

①工程项目在境外的建筑服务。

②工程项目在境外的工程监理服务。

③工程、矿产资源在境外的工程勘察勘探服务。

④会议展览地点在境外的会议展览服务。

⑤存储地点在境外的仓储服务。

⑥标的物在境外使用的有形动产租赁服务。

⑦在境外提供的广播影视节目（作品）的播映服务。

⑧在境外提供的文化体育服务、教育医疗服务、旅游服务。

⑨为出口货物提供的邮政服务、收派服务、保险服务。

为出口货物提供的保险服务，包括出口货物保险和出口信用保险。

⑩向境外单位提供的完全在境外消费的下列服务和无形资产：电信服务；知识产权服务；物流辅助服务（仓储服务、收派服务除外）；鉴证咨询服务；专业技术服务；商务辅助服务；广告投放地在境外的广告服务；无形资产。

⑪以无运输工具承运方式提供的国际运输服务。

⑫为境外单位之间的货币资金融通及其他金融业务提供的直接收费金融服务，且该服务与境内的货物、无形资产和不动产无关。

⑬财政部和国家税务总局规定的其他服务。

此外，还有其他相应规定：

①按照国家有关规定应取得相关资质的国际运输服务项目，纳税人取得相关资质的，适用增值税零税率政策，未取得的，适用增值税免税政策。

②境内的单位或个人提供程租服务，如果租赁的交通工具用于国际运输服务和港澳台运输服务，由出租方按规定申请适用增值税零税率。

③境内的单位和个人向境内单位或个人提供期租、湿租服务，如果承租方利用租赁的交通工具向其他单位或个人提供国际运输服务和港澳台运输服务，由承租方适用增值税零税率。境内的单位或个人向境外单位或个人提供期租、湿租服务，由出租方适用增值税零税率。

④境内单位和个人以无运输工具承运方式提供的国际运输服务，由境内实际承运人适用增值税零税率；无运输工具承运业务的经营者适用增值税免税政策。

⑤境内的单位和个人提供适用增值税零税率的服务或者无形资产，如果属于适用简易计税方法的，实行免征增值税办法。如果属于适用增值税一般计税方法的，生产企业实行免抵退税办法，外贸企业外购服务或者无形资产出口实行免退税办法，外贸企业直接将服务或自行研发的无形资产出口，视同生产企业连同其出口货物统一实行免抵退税办法。

⑥境内的单位和个人销售适用增值税零税率的服务或无形资产的，可以放弃适用增值税零税率，选择免税或按规定缴纳增值税。放弃适用增值税零税率后，36 个月内不得再申请适用增值税零税率。

一般纳税人应纳增值税的税率见表 2-2。

表 2-2

类别	应税行为		增值税税率
销售货物	销售或者进口货物（另有列举的货物除外）		17%
	农产品（含粮食）、自来水，暖气，石油液化气，天然气、食用植物油，冷气、热水、煤气、居民用煤炭制品、食用盐，农机、饲料，农药，农膜，化肥、沼气、二甲醚、图书、报纸、杂志、音像制品、电子出版物		11% 2017 年 7 月 1 日后调整为 11%
提供加工、修理修配劳务			17%
销售服务	·交通运输服务	陆路运输服务、水路运输服务、航空运输服务、管道运输服务	11%
	·邮政服务	邮政普通服务、邮政特殊服务、其他邮政服务	11%
	·电信服务	基础电信服务	11%
		增值电信服务	6%
	·建筑服务	工程服务、安装服务、修缮服务、装饰服务、其他建筑服务	11%
	·金融服务	贷款服务、直接收费金融服务、保险服务、金融商品转让	6%
	·现代服务	研发和技术服务、信息技术服务、文化创意服务、物流辅助服务、签证咨询服务、广播影视服务、商务辅助服务、其他现代服务	6%
		租赁服务：有形动产融资租赁、经营租赁	17%
		租赁服务：不动产融资租赁、经营租赁	11%
	·生活服务	文化体育、教育医疗、旅游娱乐、餐饮、住宿、居民日常服务、其他生活服务	
销售无形资产	·技术　·商标　·著作权　·商誉　·其他权益性无形资产		6%
	·自然资源	海域使用权、探矿权、采矿权、取水权、其他自然资源使用权	
		土地使用权	11%
销售不动产	建筑物、构筑物		11%

五、征收率

增值税征收率是指对特定的货物或特定的纳税人销售货物、提供应税劳务、发生应税行为应纳税额与销售额的比率。增值税征收率适用于两种情况，一是小规模纳税人；二是一般纳税人销售货物、提供应税劳务或应税服务、销售无形资产或不动产按规定可以选择简易计税方法计税。

（一）征收率的一般规定

（1）根据“营改增”政策的规定，下列情况适用5%征收率：

① 小规模纳税人销售自建或者取得的不动产；出租（经营租赁）其取得的不动产（不含个人出租住房）。

② 一般纳税人选择简易计税方法计税的不动产销售和不动产经营租赁。

③ 房地产开发企业中的小规模纳税人，销售自行开发的房地产项目。

④ 其他个人销售其取得（不含自建）的不动产（不含其购买的住房）；出租（经营租赁）其取得的不动产（不含住房）。

⑤ 个人出租住房，应按照5%的征收率减按1.5%计算应纳税额。

⑥ 一般纳税人和小规模纳税人提供劳务派遣服务选择差额计税的。

⑦ 一般纳税人收取试点前开工的一级公路、二级公路、桥、闸通行费，选择简易计税方法的。

⑧ 一般纳税人提供人力资源外包服务，选择简易计税方法的。

⑨ 纳税人转让2016年4月30日前取得的土地使用权，选择适用简易计税方法的。

（2）除上述适用5%征收率以外的纳税人选择简易计税方法销售货物、提供应税劳务、发生应税行为均为3%。

（二）征收率的特殊政策

根据增值税法的有关规定，适用3%征收率的某些一般纳税人和小规模纳税人可以减按2%计征增值税。

（1）一般纳税人销售自己使用过的属于《增值税暂行条例》第十条规定不得抵扣且未抵扣进项税额的固定资产，按照简易办法依照3%征收率减按2%征收增值税。

纳税人销售自己使用过的固定资产，适用简易办法依照3%征收率减按2%征收增值税政策的，可以放弃减税，按照简易办法依照3%征收率缴纳增值税，并可以开具增值税专用发票。

“已使用过的固定资产”是指纳税人根据财务会计制度已经计提折旧的固定资产。

（2）小规模纳税人（除其他个人外，下同）销售自己使用过的固定资产，减按2%征收率征收增值税。

（3）纳税人销售旧货，按照简易办法依照3%征收率减按2%征收增值税。所称旧货，是指进入二次流通的具有部分使用价值的货物（含旧汽车、旧摩托车和旧游艇），但不包括自己使用过的物品。

上述纳税人销售自己使用过的固定资产、旧货适用按照简易办法依照3%征收率减按2%征收增值税的，按下列公式确定销售额和应纳税额：

销售额=含税销售额÷（1+3%）

应纳税额=销售额×2%

（4）提供物业管理服务的纳税人，向服务接受方收取的自来水水费，以扣除其对外支付的自来水水费后的余额为销售额，按照简易计税方法依3%的征收率计算缴纳增值税。

（5）小规模纳税人提供劳务派遣服务，可以按照有关规定，以取得的全部价款和价外费用为销售额，按照简易计税方法依3%的征收率计算缴纳增值税；也可以选择差额纳税，以取得的全部价款和价外费用，扣除代用工单位支付给劳务派遣员工的工资、福利和为其办理社会保险及住房公积金后的余额为销售额，按照简易计税方法依5%的征收率计算缴纳增值税。

（6）非企业性单位中的一般纳税人提供的研发和技术服务、信息技术服务、鉴证咨询服务，以及销售技术、著作权等无形资产，可以选择简易计税方法按照3%征收率计算缴纳增值税。

（7）一般纳税人提供教育辅助服务，可以选择简易计税方法按照3%征收率计算缴纳增值税。

第五节　一般纳税人应纳税额的计算

增值税一般纳税人销售货物、提供应税劳务、提供应税服务、销售无形资产或不动产的应纳税额，应该等于当期销项税额抵扣当期进项税额后的余额。其计算公式如下：

当期应纳税额=当期销项税额-当期进项税额

=当期销售额×适用税率-当期进项税额

境外单位或者个人在境内提供应税服务，在境内未设有经营机构的，扣缴义务人按照下列公式计算应扣缴税额：

应扣缴税额=接受方支付的价款÷（1+税率）×税率

增值税一般纳税人当期应纳税额的多少，取决于当期销项税额和当期进项税额这两个因素。当期销项税额的确定关键在于确定当期销售额；对当期进项税额的确定在税法中也作了一些具体的规定。

一、一般计税方法

一般计税方法主要为购进扣税法，即当期应纳增值税=当期销项税额-当期进项税额

（一）销项税额的计算

销项税额是指纳税人销售货物、提供应税劳务和应税服务，按照销售额或提供应税劳务收入和规定的税率计算并向购买方收取的增值税税额。销项税额的计算公式为：

销项税额=销售额×适用税率

从销项税额的定义和公式中我们可以知道，它是由购买方在购买货物或者应税劳务支付价款时，一并向销售方支付的税额。对于属于一般纳税人的销售方来说，在没有抵扣其进项税额前，销售方收取的销项税额还不是其应纳增值税税额。销项税额的计算取决于销

售额和适用税率两个因素。在适用税率既定的前提下，销项税额的大小主要取决于销售额的大小。

1. 一般销售方式下的销售额

销售额是指纳税人销售货物、提供应税劳务或者应税服务向购买方（接受应税劳务也视为购买方）收取的全部价款和价外费用。特别需要强调的是尽管销项税额也是销售方向购买方收取的，但是增值税采用价外计税方式，用不含税价作为计税依据，因而销售额中不包括向购买方收取的销项税额。

价外费用，包括价外向购买方收取的手续费、补贴、基金、集资费、返还利润、奖励费、违约金、滞纳金、延期付款利息、赔偿金、代收款项、代垫款项、包装费、包装物租金、储备费、优质费、运输装卸费以及其他各种性质的价外收费。但下列项目不包括在内：

（1）受托加工应征消费税的消费品所代收代缴的消费税。

（2）同时符合以下条件的代垫运输费用：

① 承运部门的运输费用发票开具给购买方的；

② 纳税人将该项发票转交给购买方的。

（3）同时符合以下条件代为收取的政府性基金或者行政事业性收费：

① 由国务院或者财政部批准设立的政府性基金，由国务院或者省级人民政府及其财政、价格主管部门批准设立的行政事业性收费；

② 收取时开具省级以上财政部门印制的财政票据；

③ 所收款项全额上缴财政。

（4）销售货物的同时代办保险等而向购买方收取的保险费，以及向购买方收取的代购买方缴纳的车辆购置税、车辆牌照费。

凡随同销售货物或提供应税劳务、应税服务向购买方收取的价外费用，无论其会计制度如何核算，均应并入销售额计算应纳税额。税法规定各种性质的价外收费都要并入销售额计算征税，目的是防止以各种名目的收费减少销售额以逃避纳税的现象。上述 4 项不作为价外费用是因为这些收费满足了上述相关条件而没有形成销售方的收入，销售方在其中仅仅是代为收取有关费用。

根据国家税务总局的规定，对增值税一般纳税人（包括纳税人自己或代其他部门）向购买方收取的价外费用和逾期包装物押金，应视为含税收入，在征税时换算成不含税收入再并入销售额。

2. 特殊销售方式下的销售额

在销售活动中，为了达到促销的目的，有多种销售方式。不同销售方式下，销售者取得的销售额会有所不同。对不同销售方式如何确定其计征增值税的销售额，既是纳税人关心的问题，也是税法必须分别予以明确规定的事情。税法对以下几种销售方式分别作了规定：

（1）采取折扣方式销售。

折扣销售是指销货方在销售货物、应税劳务或提供应税服务时，因购货方购货数量较大等原因而给予购货方的价格优惠（如：购买 5 件，销售价格折扣 10%；购买 10 件，折扣20%等)。根据税法规定，纳税人销售货物并向购买方开具增值税专用发票后，由于购货方在一定时期内累计购买货物达到一定数量，或者由于市场价格下降等原因，销货方给予购货方相应的价格优惠或补偿等折扣、折让行为，销货方可按现行《增值税专用发票使用规定》的有关规定开具红字增值税专用发票。(见第十一节有关内容) 这里需要做几点解释：

第一，折扣销售不同于现金折扣。现金折扣是指销货方在销售货物或应税劳务后，为了鼓励购货方及早偿还货款而协议许诺给予购货方的一种折扣优待（如：10天内付款，货款折扣2%；20天内付款，折扣1%；30天内全价付款)。现金折扣发生在销货之后，是一种融资性质的理财费用，因此，现金折扣不得从销售额中减除。企业在确定销售额时应把折扣销售与现金折扣严格区分开。另外，折扣销售又不同于销售折让。销售折让是指货物销售后，由于其品种、质量等原因购货方未予退货，但销货方需给予购货方的一种价格折让。销售折让与销售折扣相比较，虽然都是在货物销售后发生的，但因为销售折让是由于货物的品种和质量引起销售额的减少，因此，对销售折让可以折让后的货款为销售额。

第二，折扣销售仅限于货物价格的折扣，如果销货者将自产、委托加工和购买的货物用于实物折扣的，则该实物款额不能从货物销售额中减除，且该实物应按增值税条例“视同销售货物”中的“赠送他人”计算征收增值税。

(2) 采取以旧换新方式销售。

以旧换新是指纳税人在销售货物时，有偿收回旧货物并以旧货物的折价款冲减新货物销售额的行为。根据税法规定，采取以旧换新方式销售货物的，应按新货物的同期销售价格确定销售额，不得扣减旧货物的收购价格。考虑到金银首饰以旧换新业务的特殊情况，对金银首饰以旧换新业务，可以按销售方实际收取的不含增值税的全部价款征收增值税。

(3) 采取还本销售方式销售。

还本销售是指纳税人在销售货物后，到一定期限由销售方一次或分次退还给购货方全部或部分价款。这种方式实际上是一种筹资活动，是以货物换取资金的使用价值，到期还本不付息的方法。税法规定，采取还本销售方式销售货物，其销售额就是货物的销售价格，不得从销售额中减除还本支出。

(4) 采取以物易物方式销售。

以物易物是一种较为特殊的购销活动，是指购销双方不是以货币结算，而是以同等价款的货物相互结算，实现货物购销的一种方式。在实务中，有的纳税人以为以物易物不是购销行为，销货方收到购货方抵顶货款的货物，认为自己不是购货；购货方发出抵顶货款的货物，认为自己不是销货。这两种认识都是错误的。正确的方法应当是，以物易物双方都应作购销处理，以各自发出的货物核算销售额并计算销项税额，以各自收到的货物按规定核算购货额并计算进项税额。应注意，在以物易物活动中，应分别开具合法的票据，如收到的货物不能取得相应的增值税专用发票或其他合法票据的，不能抵扣进项税额。

(5) 包装物押金是否计入销售额。

包装物是指纳税人包装本单位货物的各种物品。纳税人销售货物时另收取包装物押金，目的是促使购货方及早退回包装物以便周转使用。对包装物的押金是否计入货物销售额呢？

根据税法规定，纳税人为销售货物而出租出借包装物收取的押金，单独记账核算的，时间在1年以内，又未过期的，不并入销售额征税，但对因逾期未收回包装物不再退还的押金，应按所包装货物的适用税率计算销项税额。

上述规定中，“逾期”是指按合同约定实际逾期或以1年为期限，对收取1年以上的押金，无论是否退还均并入销售额征税。当然，在将包装物押金并入销售额征税时，需要先将该押金换算为不含税价，再并入销售额征税。对于个别包装物周转使用期限较长的，报经税务机关确定后，可适当放宽逾期期限。

另外，包装物押金不应混同于包装物租金，包装物租金在销货时作为价外费用并入销售额计算销项税额。国家税务总局国税发［1995］192号文件规定，从1995年6月1日起，对销售除啤酒、黄酒外的其他酒类产品而收取的包装物押金，无论是否返还以及无论会计上如何核算，均应并入当期销售额征税。对销售啤酒、黄酒所收取的押金，按上述一般押金的规定处理。

（6）对视同销售货物行为的销售额的确定。

对于纳税人价格明显偏低或者偏高且不具有合理商业目的的应税行为，税务机关有权确定销售额。合理商业目的作为税务机关判断纳税人法律形式与经济实质的标准，在企业所得税中已被广泛使用，36号文对“合理商业目的”的定义给出解释，纳税人以谋取税收利益为主要目的，通过人为安排，减少、免除、推迟缴纳增值税税款，或者增加退还增值税税款的行为，将被判定为“不具有合理商业目的”。因此，税法规定，对视同销售征税而无销售额的按下列顺序确定其销售额：

① 按纳税人最近时期同类货物的平均销售价格确定；

② 按其他纳税人最近时期同类货物的平均销售价格确定；

③ 按组成计税价格确定。组成计税价格的公式为：

组成计税价格=成本×（1+成本利润率）

同样地，对于纳税人提供应税服务、销售无形资产或不动产的价格明显偏低或者偏高且不具有合理商业目的的，或者发生视同提供应税服务而无销售额的，主管税务机关有权按照下列顺序确定销售额：

① 按照纳税人最近时期提供同类应税服务、无形资产或不动产的平均价格确定。

② 按照其他纳税人最近时期提供同类应税服务、无形资产或不动产的平均价格确定。

③ 按照组成计税价格确定。组成计税价格的公式为：

组成计税价格=成本×（1+成本利润率）

成本利润率由国家税务总局确定。

征收增值税的货物，同时又征收消费税的，其组成计税价格中应加上消费税税额。其组成计税价格公式为：

组成计税价格=成本×（1+成本利润率）+消费税税额

公式中的成本是指：销售自产货物的为实际生产成本，销售外购货物的为实际采购成本。公式中的成本利润率由国家税务总局确定，对仅征收增值税的货物，成本利润率为10%。但属于应从价定率征收消费税的货物，其组成计税价格公式中的成本利润率，为国家税务总局确定的《消费税若干具体问题的规定》中的成本利润率。

3. 按差额确定销售额

营改增后，对原营业税采用差额征税的项目，在增值税里面依然保持差额征税，目的是保证这些行业或项目的增值税税负不过分上升。按照增值税的总体原理，增值税应纳税额等于销项税额减去进项税额，增值税仅对增值部分征税。但考虑到实践中部分特殊业务因无法取得抵扣凭证，导致无法准确计算“增值额”，所以差额征税政策下，允许融资租赁、航空运输、经纪代理、旅游服务等业务收取的销售额扣除特定支出后，以余额计算缴纳增值税。

(1) 金融商品转让。

销售额=卖出价-买入价

不得开具增值税专用发票（以下简称专票），可以开具增值税普通发票（以下简称普票）。

(2) 经纪代理服务。

销售额=取得的全部价款和价外费用-向委托方收取并代为支付的政府性基金或者行政事业性收费

作为差额扣除的部分（即向委托方收取的政府性基金或者行政事业性收费），不得开具专票，可以开具普票。其余部分可以开具专票。

其他各行业发生的代为收取的符合规定条件的政府性基金或者行政事业性收费，以及以委托方名义开具发票代委托方收取的款项，不计入价外费用范畴。

(3) 融资租赁业务。

销售额=取得的全部价款和价外费用-支付的借款利息（包括外汇借款和人民币借款利息）、发行债券利息和车辆购置税

可全额开具专票。

(4) 融资性售后回租服务。

销售额=取得的全部价款和价外费用（不含本金）-对外支付的借款利息（包括外汇借款和人民币借款利息）、发行债券利息

可就取得的全部价款和价外费用（不含本金）开具专票。但 2016 年 5 月 1 日以后，融资性售后回租属于贷款服务，纳税人接受的贷款服务，其进项税额不得抵扣。

(5) 原有形动产融资性售后回租服务。

根据 2016 年 4 月 30 日前签订的有形动产融资性售后回租合同，在合同到期前提供的有形动产融资性售后回租服务，可以选择以下方法之一计算销售额：

①销售额=收取的全部价款和价外费用-向承租方收取的价款本金及对外支付的借款利息（包括外汇借款和人民币借款利息）、发行债券利息

向承租方收取的有形动产价款本金，不得开具专票，可以开具普票。其余部分可以开具专票。

②销售额=收取的全部价款和价外费用-支付的借款利息（包括外汇借款和人民币借款利息）、发行债券利息

(6) 航空运输企业。

销售额=收取的全部价款和价外费用-代收的机场建设费和代售其他航空运输企业客票而代收转付的价款。

纳税人接受旅客运输服务，其进项税额不得抵扣。

(7) 客运场站服务。

销售额=收取的全部价款和价外费用-支付给承运方运费

纳税人接受旅客运输服务，其进项税额不得抵扣。

(8) 旅游服务。

销售额=收取的全部价款和价外费用-向旅游服务购买方收取并支付给其他单位或者个人的住宿费、餐饮费、交通费、签证费、门票费和支付给其他接团旅游企业的旅游费用

选择上述办法计算销售额的纳税人，差额扣除部分（即向旅游服务购买方收取并支付的上述费用），不得开具专票，可以开具普票。其余部分可以开具专票。

提供旅游服务未选择差额征税的，可以就取得的全部价款和价外费用开具专票，其进项税额凭合法扣税凭证扣除。

(9) 适用简易计税方法的建筑服务。

销售额=收取的全部价款和价外费用-支付的分包款

可以全额开具专用发票。

(10) 房地产开发企业中的一般纳税人销售其开发的房地产项目适用一般计税方法的。

销售额=收取的全部价款和价外费用-受让土地时向政府部门支付的土地价款

可以全额开具专票。

(11) 转让取得的不动产（包括一般纳税人、小规模纳税人、自然人)。

销售额=收取的全部价款和价外费用-该项不动产购置原价或者取得不动产时的作价

可以全额开具专用发票。

(12) 电信企业为公益性机构接受捐款。

销售额=收取的全部价款和价外费用-支付给公益性机构的捐款

其差额扣除部分（即接受的捐款)，不得开具专用发票，可以开具普票。其余部分可以开具专用发票。

纳税人符合差额征税条件的，应在 2016 年 5 月 1 日后、第一次申报差额计税前向主管国税机关申请备案。

4. 含税销售额的换算

为了符合增值税作为价外税的要求，纳税人在填写进销货及纳税凭证、进行账务处理时，应分项记录不含税销售额、销项税额和进项税额，以正确计算应纳增值税额。然而，在实际工作中，常常会出现一般纳税人将销售货物或者应税劳务等应税行为采用销售额和销项税额合并定价收取的方法，这样，就会形成含税销售额。我国增值税是价外税，计税依据中不含增值税本身的数额。因此，一般纳税人销售货物或者应税劳务等应税行为取得的含税销售额在计算销项税额时，必须将其换算为不含税的销售额。对于一般纳税人销售货物或者应税劳务等应税行为，采用销售额和销项税额合并定价方法的，按下列公式计算销售额：

销售额=含税销售额÷（1+税率）

公式中的税率为销售的货物或者应税劳务等应税行为按《增值税暂行条例》中规定所适用的税率。

5. 纳税人提供应税服务，开具增值税专用发票后，发生提供应税服务中止、折让、开票有误等情形的

发生该情形的，应当按照国家税务总局的规定开具红字增值税专用发票；未按照规定开具红字增值税专用发票的，不得扣减销项税额或者销售额。

（1）纳税人提供的适用一般计税方法计税的应税服务，因服务中止或者折让而退还给购买方的增值税额，应当从当期的销项税额中扣减；发生服务中止、购进货物退出、折让而收回的增值税额，应当从当期的进项税额中扣减。

（2）纳税人提供的适用简易计税方法计税的应税服务，因服务中止或者折让而退还给接受方的销售额，应当从当期销售额中扣减。扣减当期销售额后仍有余额造成多缴的税款，可以从以后的应纳税额中扣减。

（二）进项税额确定

纳税人购进货物、接受应税劳务、应税服务、无形资产或者不动产（以下简称购进货物或者应税劳务）支付或者负担的增值税额，为进项税额。进项税额是与销项税额相对应的另一个概念。在开具增值税专用发票的情况下，它们之间的对应关系是，销售方收取的销项税额，就是购买方支付的进项税额。增值税的核心就是用纳税人收取的销项税额抵扣其支付的进项税额，其余额为纳税人实际应缴纳的增值税税额。这样，进项税额作为可抵扣的部分，对于纳税人实际纳税多少就产生了举足轻重的作用。

然而，需要注意的是，并不是纳税人支付的所有进项税额都可以从销项税额中抵扣。为体现增值税的配比原则，即购进项目金额与销售产品销售额之间应有配比性，当纳税人购进的货物或接受的应税劳务不是用于增值税应税项目，而是用于非应税项目、免税项目或用于集体福利、个人消费等情况时，其支付的进项税额就不能从销项税额中抵扣。

1. 准予从销项税额中抵扣的进项税额

根据《增值税暂行条例》的规定，准予从销项税额中抵扣的进项税额，限于下列增值税扣税凭证上注明的增值税税额和按规定的扣除率计算的进项税额。纳税人凭完税凭证抵扣进项税额的，应当具备书面合同、付款证明和境外单位的对账单或者发票。资料不全的，其进项税额不得从销项税额中抵扣。

（1）从销售方取得的增值税专用发票上注明的增值税额。

（2）从海关取得的海关进口增值税专用缴款书上注明的增值税额。

纳税人进口货物，凡已缴纳了进口环节增值税的，不论其是否已经支付货款，其取得的海关进口增值税专用缴款书均可作为增值税进项税额抵扣凭证。

（3）购进农产品，除取得增值税专用发票或者海关进口增值税专用缴款书外，按照农产品收购发票或者销售发票上注明的农产品买价和11%的扣除率计算的进项税额。进项税额计算公式：

进项税额=买价×扣除率

所谓“农产品”是指直接从事植物的种植、收割和动物的饲养、捕捞的单位和个人

销售的自产而且免征增值税的农业产品，农业产品所包括的具体品目按照 1995 年 6 月财政部、国家税务总局印发的《农业产品征税范围注释》执行。

购买农业产品的买价，是指纳税人购进农产品在农产品收购发票或者销售发票上注明的价款和按规定缴纳的烟叶税。

对烟叶税纳税人按规定缴纳的烟叶税，准予并入烟叶产品的买价计算增值税的进项税额，在计算缴纳增值税时予以抵扣。购进烟叶准予抵扣的增值税进项税额按照规定的烟叶收购金额和烟叶税及法定扣除率计算。烟叶收购金额包括纳税人支付给烟叶销售者的烟叶收购价款和价外补贴，价外补贴暂按烟叶收购价款的10%计算。计算公式如下：

烟叶收购金额=烟叶收购价款×（1+10%）

烟叶税应纳税额=烟叶收购金额×税率（20%）

准予抵扣的进项税额=（烟叶收购金额+烟叶税）×扣除率

购入农产品取得的扣税凭证主要有增值税普通发票、农产品收购发票、增值税专用发票以及海关进口增值税专用缴款书。针对不同情况采用凭票扣除和核定扣除方法。

（4）机动车销售统一发票。机动车销售统一发票是从事机动车零售业务的增值税一般纳税人使用税控系统开具的发票。

（5）接受境外单位或者个人提供的应税服务，从税务机关或者境内代理人取得的解缴税款的中华人民共和国通用税收缴款书上注明的增值税额。纳税人凭通用缴款书抵扣进项税额的，应当具备书面合同、付款证明和境外单位的对账单或者发票。资料不全的，其进项税额不得从销项税额中抵扣。

（6）一般纳税人购进税控收款机所支付的增值税税额，无论是否达到固定资产标准，其取得的增值税专用发票注明的增值税额均可以从当期销项税额中抵扣；若未取得专用发票，不得抵扣进项税额。

（7）不动产进项税额抵扣规定。

① 除融资租入的不动产以及在施工现场修建的临时建筑物、构筑物外，2016 年 5 月 1 日后取得的不动产或者 2016 年 5 月 1 日后取得的不动产在建工程，其进项税额自取得之日起分 2 年从销项税额中抵扣，第一年抵扣 60 %，于取得扣税凭证的当期从销项税额中抵扣；第二年抵扣 40%，于取得扣税凭证的当月起第 13 个月从销项税额中抵扣。取得不动产，包括以直接购买、接受捐赠、接受投资入股、自建以及抵债等各种形式取得不动产，不包括房地产开发企业自行开发的房地产项目。

② 纳税人 2016 年 5 月 1 日后购进货物和设计服务、建筑服务，用于新建不动产，或者用于改建、扩建、修缮、装饰不动产并增加不动产原值超过 50%的，其进项税额也分 2 年从从销项税额中抵扣。

③ 购进时已全额抵扣进项税额的货物和服务，转用于不动产在建工程的，其已抵扣进项税额的 40%部分，应于转用的当期从进项税额中扣减，计入待抵扣进项税额，并于转用的当月起第 13 个月从销项税额中抵扣。

④ 已抵扣进项税额的不动产，发生非正常损失，或者改变用途，用于简易计税项目、免税项目、集体福利或个人消费的，按照下列公式计算不得抵扣的进项税额：

不得抵扣的进项税额=（已抵扣进项税额+待抵扣进项税额）×不动产净值率

不动产净值率=（不动产净值÷不动产原值）×100%

不得抵扣的进项税额小于或等于该不动产已抵扣的进项税额的，应于该不动产改变用途的当期，将不得抵扣的进项税额从进项税额中扣减；不得抵扣的进项税额大于该不动产已抵扣的进项税额的，应于该不动产改变用途的当期，将已抵扣的进项税额从进项税额中扣减，并从该不动产待抵扣进项税额中扣减不得抵扣进项税额与已抵扣进项税额的差额。

⑤ 不动产在建工程发生非正常损失的，其所耗用的购进货物、设计服务和建筑服务已抵扣的进项税额应于当期全部转出，其待抵扣进项税额不得抵扣。

⑥ 按照规定不得抵扣进项税额的不动产，发生用途改变，用于允许抵扣进项税额项目的，按照下列公式在改变在改变用途的次月计算可抵扣的进项税额。

可抵扣进项税额=增值税扣税凭证注明或计算的进项税额×不动产净值率

按照规定计算的可抵扣进项税额，60%部分于改变用途的次月从销项税额中抵扣，40%的部分为待抵扣进项税额，于改变用途的次月起第13个月从销项税额中抵扣。

⑦ 按照《营改增试点实施办法》规定不得抵扣且未抵扣进项税额的固定资产、无形资产、不动产，发生用途改变，用于允许抵扣进项税额的应税项目，可在用途改变的次月按照下列公式计算可以抵扣的进项税额：

可以抵扣的进项税额=固定资产、无形资产、不动产净值÷（1+适用税率）×适用税率

（8）收费公路通行费增值税抵扣规定。

通行费是指有关单位依法或依规设立并收取的过路、过桥和过闸费用。增值税一般纳税人支付的通行费，暂凭取得的通行费发票（不含财政票据）上注明的收费金额按照下列公式计算可抵扣的进项税额：

高速公路通行费可抵扣进项税额=通行费发票上注明的金额÷（1+3%）×3%

一级和二级公路、桥、闸通行费可抵扣进项税额=通行费发票上注明的金额÷（1+5%）×5%

2. 不得从销项税额中抵扣的进项税额

纳税人购进货物或者应税劳务，取得的增值税扣税凭证不符合法律、行政法规或者国务院税务主管部门有关规定的，其进项税额不得从销项税额中抵扣。具体而言，不得抵扣的进项税额如下：

（1）用于简易计税方法计税项目、免征增值税项目、集体福利或者个人消费的购进货物、加工修理修配劳务、服务、无形资产和不动产。其中涉及的固定资产、无形资产、不动产，仅指专用于上述项目的固定资产、无形资产（不包括其他权益性无形资产）、不动产。

（2）非正常损失的购进货物，以及相关的加工修理修配劳务和交通运输服务。

（3）非正常损失的在产品、产成品所耗用的购进货物（不包括固定资产）、加工修理修配劳务和交通运输服务。

（4）非正常损失的不动产，以及该不动产所耗用的购进货物、设计服务和建筑服务。

（5）非正常损失的不动产在建工程所耗用的购进货物、设计服务和建筑服务。纳税人新建、改建、扩建、修缮、装饰不动产，均属于不动产在建工程。

上述所说的非正常损失，是指因管理不善造成货物被盗、丢失、霉烂变质，以及因违反法律法规造成货物或不动产被依法没收、销毁、拆除的情形。

(6) 购进的旅客运输服务、贷款服务、餐饮服务、居民日常服务和娱乐服务。

(7) 纳税人接受贷款服务向贷款方支付的与该笔贷款直接相关的投融资顾问费、手续费、咨询费等，进项税额不得抵扣。

(8) 财政部和国家税务总局规定的其他情形。

(9) 适用一般计税方法的纳税人，兼营简易计税方法计税项目、非增值税应税服务、免征增值税项目而无法划分不得抵扣的进项税额的，按照下列公式计算不得抵扣的进项税额：

不得抵扣的进项税额=当期无法划分的全部进项税额×（当期简易计税方法计税项目销售额+免税增值税项目销售额）÷当期全部销售额

主管税务机关可以按照上述公式依据年度数据对不得抵扣的进项税额进行清算。

(10) 一般纳税人已抵扣进项税额的固定资产、无形资产或者不动产，发生不得从销项税额中抵扣进项税额情形的，按照下列公式计算不得抵扣的进项税额：

不得抵扣的进项税额=固定资产、无形资产或不动产净值×税率

(11) 有下列情形之一的，应当按照销售额和增值税税率计算应纳税额，不得抵扣进项税额，也不得使用增值税专用发票：

①一般纳税人会计核算不健全，或不能提供准确纳税资料的。

②应当办理一般纳税人资格登记而未办理的。

(12) 在下列行为下，不能开具增值税专用发票：

①向消费者个人销售货物、劳务、服务、无形资产或者不动产。

②适用免征增值税规定的，国有粮食企业除外。

③提供经纪代理服务向委托方收取的政府性基金或者行政事业性收费，不得开具增值税专用发票。

④提供旅游服务，选择差额扣除的住宿费、餐饮费、交通费、签证费、门票费和支付给其他接团旅游企业的旅游费部分不得开具增值税专用发票，可以开具普通发票。

⑤金融商品转让，不得开具增值税专用发票。

⑥有形动产融资性售后回租服务的老合同，选择扣除本金部分后的余额为销售额时，向承租方收取的有形动产价款本金，不得开具增值税专用发票，可以开具普通发票。

⑦属于增值税一般纳税人的单采血浆站销售非临床用人体血液，可以按照简易办法依照 3%征收率计算应纳税额，但不得对外开具增值税专用发票。

⑧纳税人销售旧货，应开具普通发票，不得自行开具或者由税务机关代开增值税专用发票。

⑨销售自己使用过的固定资产，减按 2%征税的。

（三）应纳税额的计算

一般纳税人在计算出销项税额和进项税额后就可以得出实际应纳税额。为了正确计算增值税的应纳税额，在实际操作中还需要掌握以下重要规定：

1. 计算应纳税额的时间限定

为了保证计算应纳税额的合理、准确性，纳税人必须严格把握当期进项税额从当期销项税额中抵扣这个要点。“当期”是个重要的时间限定，具体是指税务机关依照税法规定对纳税人确定的纳税期限；只有在纳税期限内实际发生的销项税额、进项税额，才是法定的当期销项税额或当期进项税额。目前，有些纳税人为了达到逃避纳税的目的，把当期实现的销售额隐瞒不入账或滞后入账，以减少当期销项税额，或者把不是当期实际发生的进项税额加入当期进项税额，少缴或不缴税款。为了制止这些违法行为，税法对计算当期销项税额和抵扣进项税额的时间作出了限定。

(1) 计算销项税额的时间限定。

销项税额的时间限定是指纳税人在什么时间计算销项税额，也就是纳税人发生纳税义务的时间。《增值税暂行条例》及其《增值税暂行条例实施细则》和营改增政策都作了严格规定。如采取直接收款方式销售货物，不论货物是否发出，均为收到销售款或者取得索取销售款凭据的当天；采取托收承付和委托银行收款方式销售货物，为发出货物并办妥托收手续的当天等等（详见本章第九章的有关规定），以保证准确记录和核算当期销项税额。

(2) 防伪税控专用发票进项税额抵扣的时间限定。

按照规定，增值税一般纳税人取得防伪税控系统开具的增值税专用发票，抵扣的进项税额按以下规定处理：

① 增值税一般纳税人取得 2010 年 1 月 1 日后开具的增值税专用发票、公路内河货物运输业统一发票和机动车销售统一发票，应在开具之日起 360 日（2017 年 7 月 1 日后开具的）或 180 日（2017 年 7 月 1 日前开具的）内到税务机关认证，并在认证通过的次月申报期内，向主管税务机关申报抵扣进项税额。

② 实行海关进口增值税专用缴款书“先比对后抵扣”管理办法的增值税一般纳税人，取得 2010 年 1 月 1 日以后开具的海关缴款书，应在开具之日起 360 日（2017 年 7 月 1 日后开具的）或 180 日（2017 年 7 月 1 日前开具的）内向主管税务机关报送申请稽核比对。

③ 增值税一般纳税人取得 2010 年 1 月 1 日后开具的增值税专用发票、公路内河货物运输业统一发票、机动车销售统一发票和海关缴款书，未在规定期限内到税务机关办理认证、申请抵扣或者申请稽核比对的，不得作为合法的增值税扣税凭证，不得计算进项税额抵扣。

④ 增值税一般纳税人丢失已开具的增值税专用发票、海关缴款书，应在上述①②的规定期限内，向主管税务机关提出抵扣申请，经主管税务机关受理申请后按规定处理。

2. 计算应纳税额时进项税额不足抵扣的处理

由于增值税实行购进扣税法，有时企业当期购进的货物很多，在计算应纳税额时会出现当期销项税额小于当期进项税额不足抵扣的情况。根据税法规定，当期进项税额不足抵扣的部分可以结转下期继续抵扣。

3. 扣减发生期进项税额的规定

由于增值税实行以当期销项税额抵扣当期进项税额的“购进扣税法”，当期购进的货物或应税劳务或其他应税项目，如果事先并未确定将用于非生产经营项目，其进项税额会在当期销项税额中予以抵扣。但已抵扣进项税额的购进货物或应税劳务或其他应税项目如果事后改变用途，根据《增值税暂行条例》及《增值税暂行条例实施细则》等规定，应当将该项购进货物或者应税劳务或者其他应税项目的进项税额从当期的进项税额中扣减；无法确定该项进项税额的，按当期实际成本计算应扣减的进项税额。

另外，对无法准确确定该项进项税额的，“按当期实际成本计算应扣减的进项税额”是指其扣减进项税额的计算依据不是按该货物或应税劳务或其他应税项目的原进价，而是按发生上述情况的当期该货物或应税劳务或其他应税项目的“实际成本”按征税时该货物或应税劳务或其他应税项目适用的税率计算应扣减的进项税额。

实际成本＝进价+运费+保险费+其他有关费用

前述实际成本的计算公式，如果属于进口货物是完全适用的；如果是国内购进的货物，主要包括进价和运费两大部分。

4. 销货退回或折让涉及销项税额和进项税额的税务处理

一般纳税人销售货物或提供应税劳务或发生其他应税行为，开具增值税专用发票后，发生销售货物退回或者折让、开票有误等情形，应按国家税务总局的规定开具红字增值税专用发票。未按规定开具红字增值税专用发票的，增值税额不得从销项税额中扣减。

纳税人在货物购销活动中，因货物质量、规格等原因常会发生销货退回或销售折让的情况。由于销货退回或折让不仅涉及销货价款或折让价款的退回，还涉及增值税的退回，这样，销货方和购货方应相应对当期的销项税额或进项税额进行调整。为此，《增值税暂行条例》及《增值税暂行条例实施细则》规定，增值税一般纳税人因销售货物退回或者折让而退还给购买方的增值税额，应从发生销售货物退回或者折让当期的销项税额中扣减；因购进货物退出或者折让而收回的增值税额，应从发生购进货物退出或者折让当期的进项税额中扣减。

5. 向供货方取得返还收入的税务处理

对商业企业向供货方收取的与商品销售量、销售额挂钩（如以一定比例、金额、数量计算）的各种返还收入，均应按照平销返利行为的有关规定冲减当期增值税进项税额。应冲减进项税额的计算公式调整为：

当期应冲减进项税额＝当期取得的返还资金÷（1+所购货物适用增值税税率）×所购货物适用增值税税率

商业企业向供货方收取的各种返还收入，一律不得开具增值税专用发票。

6. 一般纳税人注销时进项税额的处理

一般纳税人注销或取消辅导期一般纳税人资格，转为小规模纳税人时，其存货不作进项税额转出处理，其留抵税额也不予以退税。

7. 一般纳税人兼有不同税率或者征收率的销售货物、提供加工修理修配劳务或者应税服务，可以选择一般计税方法和简易计税方法同时并存的情形，即：对特定应税服务可以选择简易计税方法；对销售货物、提供加工修理修配劳务或者非特定应税服务实行一般计税方法。

8. 一般纳税人应纳税额计算实例

【例 2-1】 某生产企业为增值税一般纳税人，适用增值税税率 17%，2016 年 8 月份的有关生产经营业务如下：

(1) 销售甲产品给某大商场，开具增值税专用发票，取得不含税销售额100万元；另外，开具普通发票，取得销售甲产品的优质费收入5.85万元。

(2) 销售乙产品，开具普通发票，取得含税销售额40.95万元。

(3) 将试制的一批应税新产品用于本企业基建工程，成本价为40万元，成本利润率为10%，该新产品无同类产品市场销售价格。

(4) 购进货物取得增值税专用发票，注明支付的货款80万元、进项税额13.6万元；另外支付购货的运输费用6万元，取得运输公司开具的增值税专用发票注明进项税额0.66万元。

(5) 向农业生产者购进免税农产品一批，支付收购价50万元，支付给运输单位的运费5万元，取得运输公司开具的增值税专用发票注明进项税额0.55万元。本月下旬将购进的农产品的20%用于本企业职工福利。

以上相关票据均符合税法的规定。请按下列顺序计算该企业8月应缴纳的增值税税额。

(1) 计算销售甲产品的销项税额；

(2) 计算销售乙产品的销项税额；

(3) 计算自用新产品的销项税额；

(4) 计算外购货物应抵扣的进项税额；

(5) 计算外购免税农产品应抵扣的进项税额；

(6) 计算该企业8月份合计应缴纳的增值税税额。

【答案】(1) 销售甲产品的销项税额=100×17%+5.85÷（1+17%）×17%=17.85（万元）

(2) 销售乙产品的销项税额=40.95÷（1+17%）×17%=5.95（万元）

(3) 自用新产品的销项税额=40×（1+10%）×17%=7.48（万元）

(4) 外购货物应抵扣的进项税额=13.6+0.66=14.26（万元）

(5) 外购免税农产品应抵扣的进项税额=（50×13%+0.55）×（1−20%）=5.64（万元）

(6) 该企业8月份应缴纳的增值税税额=17.85+5.95+7.48−14.26−5.64=11.38（万元）

二、一般纳税人的简易计税项目

一般纳税人发生下列应税行为可以选择适用简易计税方法计税：

1. 公共交通运输服务。公共交通运输服务，包括轮客渡、公交客运、地铁、城市轻轨、出租车、长途客运、班车。

班车，是指按固定路线、固定时间运营并在固定站点停靠的运送旅客的陆路运输服务。

2. 经认定的动漫企业为开发动漫产品提供的动漫脚本编撰、形象设计、背景设计、动画设计、分镜、动画制作、摄制、描线、上色、画面合成、配音、配乐、音效合成、剪辑、字幕制作、压缩转码（面向网络动漫、手机动漫格式适配）服务，以及在境内转让动漫版权（包括动漫品牌、形象或者内容的授权及再授权）。

3. 电影放映服务、仓储服务、装卸搬运服务、收派服务和文化体育服务。

4. 以纳入营改增试点之日前取得的有形动产为标的物提供的经营租赁服务。

5. 在纳入营改增试点之日前签订的尚未执行完毕的有形动产租赁合同。

6. 建筑服务。

（1）一般纳税人以清包工方式提供的建筑服务，可以选择适用简易计税方法计税。

以清包工方式提供建筑服务，是指施工方不采购建筑工程所需的材料或只采购辅助材料，并收取人工费、管理费或者其他费用的建筑服务。

（2）一般纳税人为甲供工程提供的建筑服务，可以选择适用简易计税方法计税。

甲供工程，是指全部或部分设备、材料、动力由工程发包方自行采购的建筑工程。

（3）一般纳税人为建筑工程老项目提供的建筑服务，可以选择适用简易计税方法计税。

建筑工程老项目，是指：

①《建筑工程施工许可证》注明的合同开工日期在2016年4月30日前的建筑工程项目；

② 未取得《建筑工程施工许可证》的，建筑工程承包合同注明的开工日期在2016年4月30日前的建筑工程项目。

（4）一般纳税人跨县（市）提供建筑服务，适用一般计税方法计税的，应以取得的全部价款和价外费用为销售额计算应纳税额。纳税人应以取得的全部价款和价外费用扣除支付的分包款后的余额，按照2%的预征率在建筑服务发生地预缴税款后，向机构所在地主管税务机关进行纳税申报。应预缴税款按照以下公式计算：

应预缴税款=（全部价款和价外费用−支付的分包款）÷（1+11%）×2%

（5）一般纳税人跨县（市）提供建筑服务，选择适用简易计税方法计税的，应以取得的全部价款和价外费用扣除支付的分包款后的余额为销售额，按照3%的征收率计算应纳税额。纳税人应按照上述计税方法在建筑服务发生地预缴税款后，向机构所在地主管税务机关进行纳税申报。应预缴税款按照以下公式计算：

应预缴税款=（全部价款和价外费用−支付的分包款）÷（1+3%）×3%

7. 销售不动产。纳税人转让其取得的不动产，包括以直接购买、接受捐赠、接受投资入股、自建以及抵债等各种形式取得的不动产。

（1）一般纳税人销售其2016年4月30日前取得（不含自建）的不动产，可以选择适用简易计税方法，以取得的全部价款和价外费用减去该项不动产购置原价或者取得不动产时的作价后的余额为销售额，按照5%的征收率计算应纳税额。纳税人应按照上述计税方法在不动产所在地预缴税款后，向机构所在地主管税务机关进行纳税申报。

（2）一般纳税人销售其2016年4月30日前自建的不动产，可以选择适用简易计税方法，以取得的全部价款和价外费用为销售额，按照5%的征收率计算应纳税额。纳税人应按照上述计税方法在不动产所在地预缴税款后，向机构所在地主管税务机关进行纳税申报。

（3）一般纳税人转让其2016年4月30日前取得（不含自建）的不动产，选择适用一般计税方法计税的，以取得的全部价款和价外费用为销售额计算应纳税额。纳税人应以取得的全部价款和价外费用扣除不动产购置原价或者取得不动产时的作价后的余额，按照5%的预征率向不动产所在地主管地税机关预缴税款，向机构所在地主管国税机关申报纳税。

（4）一般纳税人销售其2016年5月1日后取得（不含自建）的不动产，应适用一般计税方法，以取得的全部价款和价外费用为销售额计算应纳税额。纳税人应以取得的全部价款和价外费用减去该项不动产购置原价或者取得不动产时的作价后的余额，按照5%的预征率在不动产所在地预缴税款后，向机构所在地主管税务机关进行纳税申报。

（5）一般纳税人销售其2016年5月1日后自建的不动产，应适用一般计税方法，以取得的全部价款和价外费用为销售额计算应纳税额。纳税人应以取得的全部价款和价外费用，按照5%的预征率在不动产所在地预缴税款后，向机构所在地主管税务机关进行纳税申报。

（6）房地产开发企业的一般纳税人，销售自行开发的房地产老项目，可以选择适用简易计税方法，以取得的全部价款和价外费用为销售额，按照5%的征收率计税。

（7）房地产开发企业的一般纳税人采取预收款方式销售自行开发的房地产项目，应在收到预收款时按照3%的预征率预缴增值税。应预缴税款按照以下公式计算：

应预缴税款=预收款÷（1+适用税率或征收率）×3%

8. 不动产经营租赁服务。

①一般纳税人出租其2016年4月30日前取得的不动产，可以选择适用简易计税方法，按照5%的征收率计算应纳税额。纳税人出租其2016年4月30日前取得的与机构所在地不在同一县（市）的不动产，应按照上述计税方法在不动产所在地预缴税款后，向机构所在地主管税务机关进行纳税申报。应预缴税款按照以下公式计算：

应预缴税款=含税销售额÷（1+5%）×5%

②公路经营企业中的一般纳税人收取试点前开工的高速公路的车辆通行费，可以选择适用简易计税方法，减按3%的征收率计算应纳税额。

试点前开工的高速公路，是指相关施工许可证明上注明的合同开工日期在2016年4月30日前的高速公路。

③一般纳税人出租其2016年5月1日后取得的不动产，适用一般计税方法计税。与机构所在地不在同一县（市）的不动产，应按照3%的预征率在不动产所在地预缴税款后，向机构所在地主管税务机关进行纳税申报。一般纳税人出租其2016年4月30日前取得的不动产适用一般计税方法计税的，按照该规定执行。应预缴税款按照以下公式计算：

应预缴税款=含税销售额÷（1+11%）×3%

④房地产开发企业中的一般纳税人，出租自行开发的房地产老项目，可以选择适用易计税方法，按照5%的征收率计算应纳税额。纳税人出租自行开发的房地产老项目与其机构所在地不在同一县（市）的，应按照上述计税方法在不动产所在地预缴税款后，向机构所在地主管税务机关进行纳税申报。

房地产开发企业中的一般纳税人，出租其2016年5月1日后自行开发的与机构所在地不在同一县（市）的房地产项目，应按照3%预征率在不动产所在地预缴税款后，向机构所在地主管税务机关进行纳税申报。

9. 一般纳税人销售因各种政策原因未抵扣进项税额的固定资产，采用简易征收方法。

第六节　小规模纳税人应纳税额的计算

一、应纳税额的计算

小规模纳税人销售货物、提供应税劳务或应税服务、销售不动产或无形资产，实行按照销售额和征收率计算应纳税额的简易办法，并不得抵扣进项税额。其应纳税额计算公式是：

应纳增值税税额=销售额×征收率

小规模纳税人取得的销售额与本章第五节讲述的销售额所包含的内容是一致的，都是销售货物、提供应税劳务或应税服务向购买方收取的全部价款和价外费用，但是，不包括按3%或5%的征收率收取的增值税税额；小规模纳税人不得抵扣进项税额，这是因为，小规模纳税人会计核算不健全，不能准确地核算销项税额和进项税额，不实行按销项税额抵扣进项税额求得应纳税额的税款抵扣制度，而是实行简易计税的办法。

二、含税销售额的换算

由于小规模纳税人在销售货物、应税劳务或提供应税服务时，一般只能开具普通发票，取得的销售收入均为含税销售额。而根据《增值税暂行条例》及《增值税暂行条例实施细则》的规定，小规模纳税人的销售额不包括其应纳税额。

当小规模纳税人销售货物或者应税劳务采用销售额和应纳税额合并定价方法的，按下列公式计算销售额：

销售额=含税销售额÷（1+征收率）

【例 2-2】某商店为增值税小规模纳税人，2016 年 8 月取得零售收入总额 6. 18 万元。计算该商店 8 月应缴纳的增值税税额。

（1）8 月取得的不含税销售额=6. 18÷（1+3%）=6（万元）

（2）8 月应缴纳增值税税额=6×3%=0. 18（万元）

小规模纳税人因销售货物退回或者折让退还给购买方的销售额，应从发生销售货物退回或者折让当期的销售额中扣减。

【例 2-3】某税务师事务所为增值税小规模纳税人，2016 年 8 月取得咨询收入总额 18. 54 万元。计算该事务所 8 月应缴纳的增值税税额。

（1）8 月取得的不含税销售额=18. 54÷（1+3%）=18（万元）

（2）8 月应缴纳增值税税额=18×3%=0. 54（万元）

三、小规模纳税人提供建筑业和不动产服务的计算

1. 小规模纳税人跨县（市）提供建筑服务，应以取得的全部价款和价外费用扣除支付的分包款后的余额为销售额，按照3%的征收率计算应纳税额。纳税人应按照上述计税

方法在建筑服务发生地预缴税款后，向机构所在地主管税务机关进行纳税申报。

2. 小规模纳税人销售其取得（不含自建）的不动产（不含个体工商户销售购买的住房和其他个人销售不动产），应以取得的全部价款和价外费用减去该项不动产购置原价或者取得不动产时的作价后的余额为销售额，按照5%的征收率计算应纳税额。纳税人应按照上述计税方法在不动产所在地预缴税款后，向机构所在地主管税务机关进行纳税申报。

3. 小规模纳税人销售其自建的不动产，应以取得的全部价款和价外费用为销售额，按照5%的征收率计算应纳税额。纳税人应按照上述计税方法在不动产所在地预缴税款后，向机构所在地主管税务机关进行纳税申报。

4. 房地产开发企业中的小规模纳税人，销售自行开发的房地产项目，按照5%的征收率计税。

5. 个体工商户销售购买的住房，应按照有关规定征免增值税。纳税人应按照上述计税方法在不动产所在地预缴税款后，向机构所在地主管税务机关进行纳税申报。

6. 其他个人销售其取得（不含自建）的不动产（不含其购买的住房），应以取得的全部价款和价外费用减去该项不动产购置原价或者取得不动产时的作价后的余额为销售额，按照5%的征收率计算应纳税额。

7. 小规模纳税人出租其取得的不动产（不含个人出租住房），应按照5%的征收率计算应纳税额。纳税人出租与机构所在地不在同一县（市）的不动产，应按照上述计税方法在不动产所在地预缴税款后，向机构所在地主管税务机关进行纳税申报。

8. 其他个人出租其取得的不动产（不含住房），应按照5%的征收率计算应纳税额。

9. 个体工商户或其他个人出租住房，应按照5%的征收率减按1.5%计算应纳税额。

第七节　特殊经营行为的税务处理

一、混合销售行为

一项销售行为如果既涉及货物又涉及服务，为混合销售。从事货物的生产、批发或者零售的单位和个体工商户的混合销售行为，按照销售货物缴纳增值税；其他单位和个体工商户的混合销售行为，按照销售服务缴纳增值税。

上述从事货物的生产、批发或者零售的单位和个体工商户，包括以从事货物的生产、批发或者零售为主，并兼营销售服务的单位和个体工商户在内。

二、兼营

试点纳税人销售货物、加工修理修配劳务、服务、无形资产或者不动产适用不同税率或者征收率的，应当分别核算适用不同税率或者征收率的销售额，未分别核算销售额的，按照以下方法适用税率或者征收率：

（1）兼有不同税率的销售货物、加工修理修配劳务、服务、无形资产或者不动产，从高适用税率。

（2）兼有不同征收率的销售货物、加工修理修配劳务、服务、无形资产或者不动产，从高适用征收率。

(3) 兼有不同税率和征收率的销售货物、加工修理修配劳务、服务、无形资产或者不动产，从高适用税。

第八节 进口货物征税

一、进口货物的征税范围及纳税人

(一) 进口货物征税的范围

根据《增值税暂行条例》的规定，申报进入中华人民共和国海关境内的货物，均应缴纳增值税。

确定一项货物是否属于进口货物，必须首先看其是否有报关进口手续。一般来说，境外产品要输入境内，都必须向我国海关申报进口，并办理有关报关手续。只要是报关进口的应税货物，不论其是国外产制还是我国已出口而转销国内的货物，是进口者自行采购还是国外捐赠的货物，是进口者自用还是作为贸易或其他用途等，均应按照规定缴纳进口环节的增值税。

国家在规定对进口货物征税的同时，对某些进口货物制定了减免税的特殊规定。如属于“来料加工、进料加工”贸易方式进口国外的原材料、零部件等在国内加工后复出口的，对进口的料、件按规定给予免税或减税，但这些进口免、减税的料件若不能加工复出口，而是销往国内的，就要予以补税。对进口货物是否减免税由国务院统一规定，任何地方、部门都无权规定减免税项目。

(二) 进口货物的纳税人

进口货物的收货人或办理报关手续的单位和个人，为进口货物增值税的纳税义务人。也就是说，进口货物增值税纳税人的范围较宽，包括了国内一切从事进口业务的企业事业单位、机关团体和个人。

二、进口货物的适用税率

进口货物增值税税率与本章第四节的内容同。

三、进口货物应纳税额的计算

纳税人进口货物，按照组成计税价格和《增值税暂行条例》规定的税率计算应纳税额。组成计税价格是指在没有实际销售价格时，按照税法规定计算出作为计税依据的价格。进口货物计算增值税组成计税价格和应纳税额计算公式：

组成计税价格=关税完税价格+关税+消费税

应纳税额=组成计税价格×税率

纳税人在计算进口货物的增值税时应该注意以下问题：

(1) 进口货物增值税的组成计税价格中包括已纳关税税额，如果进口货物属于消费税应税消费品，其组成计税价格中还要包括进口环节已纳消费税税额。

（2）在计算进口环节的应纳增值税税额时不得抵扣任何税额，即在计算进口环节的应纳增值税税额时，不得抵扣发生在我国境外的各种税金。

（3）按照《中华人民共和国海关法》和《中华人民共和国进出口关税条例》的规定，一般贸易下进口货物的关税完税价格以海关审定的成交价格为基础的到岸价格作为完税价格。所谓成交价格是一般贸易项下进口货物的买方为购买该项货物向卖方实际支付或应当支付的价格；到岸价格，包括货价，加上货物运抵我国关境内输入地点起卸前的包装费、运费、保险费和其他劳务费等费用构成的一种价格。特殊贸易下进口的货物，由于进口时没有“成交价格”可作依据，为此，《中华人民共和国进出口关税条例》对这些进口货物制定了确定其完税价格的具体办法。

四、进口货物的税收管理

进口货物的增值税由海关代征。个人携带或者邮寄进境自用物品的增值税，连同关税一并计征。具体办法由国务院关税税则委员会会同有关部门制定。

进口货物，增值税纳税义务发生时间为报关进口的当天，其纳税地点应当由进口人或其代理人向报关地海关申报纳税，其纳税期限应当自海关填发海关进口增值税专用缴款书之日起 15 日内缴纳税款。

【例 2-4】某商场 10 月进口货物一批。该批货物在国外的买价 80 万元，另该批货物运抵我国海关前发生的包装费、运输费、保险费等共计 20 万元。货物报关后，商场按规定缴纳了进口环节的增值税并取得了增值税专用缴款书。假定该批进口货物在国内全部销售，取得不含税销售额 130 万元。货物进口关税税率 15%，增值税税率 17%。请按下列顺序回答问题：

（1）计算关税的组成计税价格；

（2）计算进口环节应纳的进口关税；

（3）计算进口环节应纳增值税的组成计税价格；

（4）计算进口环节应缴纳增值税的税额；

（5）计算国内销售环节的销项税额；

（6）计算国内销售环节应缴纳增值税税额。

【答案】

（1）关税的组成计税价格 = 80+20 = 100（万元）

（2）应缴纳进口关税 = 100×15% = 15（万元）

（3）进口环节应纳增值税的组成计税价格 = 100+15 = 115（万元）

（4）进口环节应缴纳增值税的税额 = 115×17% = 19.55（万元）

（5）国内销售环节的销项税额 = 130×17% = 22.1（万元）

（6）国内销售环节应缴纳增值税税额 = 22.1−19.55 = 2.55（万元）

第九节 出口货物退（免）税的计算

出口货物退（免）税是国际贸易中通常采用的并为世界各国普遍接受的，目的在于鼓励各国出口货物公平竞争的一种退还或免征间接税（目前我国主要包括增值税、消费税）的税收措施，即对出口货物已承担或应承担的增值税和消费税等间接税实行退还或者免征。由于这项制度比较公平合理，因此它已成为国际社会通行的惯例。

一、出口货物退（免）税基本政策

世界各国为了鼓励本国货物出口，在遵循 WTO 基本规则的前提下，一般都采取优惠的税收政策。目前，我国的出口货物税收政策分为以下三种形式：

（一）出口免税并退税

出口免税是指对货物在出口销售环节不征增值税、消费税，这是把货物出口环节与出口前的销售环节都同样视为一个征税环节；出口退税是指对货物在出口前实际承担的税收负担，按规定的退税率计算后予以退还。

（二）出口免税不退税

出口免税与上述第（一）项含义相同。出口不退税是指适用这个政策的出口货物因在前一道生产、销售环节或进口环节是免税的，因此，出口时该货物的价格中本身就不含税，也无须退税。

（三）出口不免税也不退税

出口不免税是指对国家限制或禁止出口的某些货物的出口环节视同内销环节，照常征税；出口不退税是指对这些货物出口不退还出口前其所负担的税款。适用这个政策的主要是税法列举限制或禁止出口的货物，如天然牛黄、麝香等。

二、出口货物退（免）税的适用范围

《出口货物退（免）税管理办法试行》规定：可以退（免）税的出口货物一般应具备以下四个条件：

1. 必须是属于增值税、消费税征税范围的货物。

这两种税的具体征收范围及其划分，《中华人民共和国增值税暂行条例》和《中华人民共和国消费税暂行条例》对其税目、税率（单位税额）均已明确。

2. 必须是报关离境的货物。

所谓报关离境，即出口，就是货物输出海关，这是区别货物是否应退（免）税的主要标准之一。凡是报关不离境的货物，不论出口企业以外汇结算还是以人民币结算，也不论企业在财务上和其他管理上作何处理，均不能视为出口货物予以退（免）税。

3. 必须是在财务上作销售处理的货物。

出口货物只有在财务上作销售后，才能办理退税。

4. 必须是出口收汇并已核销的货物。

将出口退税与出口收汇核销挂钩可以有效地防止出口企业高报出口价格骗取退税，有助于提高出口收汇率，有助于强化出口收汇核销制度。

（一）下列企业出口满足上述四个条件的货物，除另有规定外，给予免税并退税

（1）生产企业自营出口或委托外贸企业代理出口的自产货物。

（2）有出口经营权的外贸企业收购后直接出口或委托其他外贸企业代理出口的货物。

（3）下列特定出口的货物。

在出口货物中，有一些虽然不同时具备上述四个条件的货物，但由于这些货物销售方式、消费环节、结算办法的特殊性，以及国际间的特殊情况，国家特准退还或免征其增值税和消费税。这些货物主要有：

（1）对外承包工程公司运出境外用于对外承包项目的货物；

（2）对外承接修理修配业务的企业用于对外修理修配的货物；

（3）外轮供应公司、远洋运输供应公司销售给外轮、远洋国轮而收取外汇的货物；

（4）企业在国内采购并运往境外作为在国外投资的货物；

（5）利用外国政府贷款或国际金融组织贷款，通过国际招标由国内企业中标的机电产品；

（6）对境外带料加工装配业务所使用的出境设备、原材料和散件；

（7）利用中国政府的援外优惠贷款和合资合作项目基金方式下出口的货物；

（8）对外补偿贸易及易货贸易、小额贸易出口的货物；

（9）对港澳台地区贸易的货物；

（10）保税区内企业从区外有进出口经营权的企业购进货物，保税区内企业将这部分货物出口或加工后再出口的货物；

（11）对保税区外的出口企业委托保税区内仓储企业仓储并代理报关离境地的货物；

（12）出口加工区外企业运入出口加工区的货物。

（二）下列企业出口的货物，除另有规定外，给予免税，但不予退税

（1）属于生产企业的小规模纳税人自营出口或委托外贸企业代理出口的自产货物。

（2）外贸企业从小规模纳税人购进并持普通发票的货物出口，免税但不予退税。但对规定列举的12类出口货物考虑其占出口比重较大及其生产、采购的特殊因素，特准退税。

（3）外贸企业直接购进国家规定的免税货物（包括免税农产品）出口的，免税但不予退税。

需要说明的是，上述“除另有规定外”是指上述企业出口的货物如属于税法列举规定的限制或禁止出口的货物，则不能免税，当然更不能退税。

（三）下列出口货物，免税但不予退税

（1）来料加工复出口的货物，即原材料进口免税，加工自制的货物出口不退税。

（2）避孕药品和用具、古旧图书，内销免税，出口也免税。

（3）出口卷烟：有出口卷烟权的企业出口国家出口卷烟计划内的卷烟，在生产环节免征增值税、消费税，出口环节不办理退税。其他非计划内出口的卷烟照章征收增值税和消费税，出口一律不退税。

（4）军品以及军队系统企业出口军需工厂生产或军需部门调拨的货物免税。

（5）国家规定的其他免税货物，如：农业生产者销售的自产农业产品、饲料、农膜等。

出口享受免征增值税的货物，其耗用的原材料、零部件等支付的进项税额，包括准予抵扣的运输费用所含的进项税额，不能从内销货物的销项税额中抵扣，应计入产品成本处

理。

(四) 除经批准属于进料加工复出口贸易以外，下列出口货物不免税也不退税

(1) 国家计划外出口的原油（自1999年9月1日起国家计划内出口的原油恢复按13%的退税率退税）；

(2) 援外出口货物（自1999年1月1日起，对一般物资援助项下出口货物，仍实行出口不退税政策；对利用中国政府的援外优惠贷款和合作项目基金方式下出口的货物，比照一般贸易出口，实行出口退税政策）；

(3) 国家禁止出口的货物，包括天然牛黄、麝香、铜及铜基合金（出口电解铜自2001年1月1日起按17%的退税率退还增值税）等。

三、出口货物的退税率

根据《增值税暂行条例》规定，企业产品出口后，税务部门应按照出口商品的进项税额为企业办理退税，由于税收减免及其国家经济政策等原因，商品的进项税额往往不等于实际负担的税额，如果按出口商品的进项税额退税，就会产生少征多退的问题，于是就有了计算出口商品应退税款的比率——出口退税率。

出口货物的退税率，是出口货物的实际退税额与退税计税依据的比例。现行出口货物的增值税退税率有17%、15%、14%、13%、11%、9%、8%、6%、5%等。

四、出口货物应退税额的计算

出口货物只有在适用既免税又退税的政策时，才会涉及如何计算退税的问题。由于各类出口企业对出口货物的会计核算办法不同，有对出口货物单独核算的，有对出口和内销的货物统一核算成本的。为了与出口企业的会计核算办法相一致，我国《出口货物退（免）税管理办法试行》规定了两种退税计算办法：第一种办法是“免、抵、退”办法，主要适用于自营和委托出口自产货物的生产企业；第二种办法是“先征后退”办法，目前主要用于收购货物出口的外（工）贸企业。

(一)“免、抵、退”税的计算方法

按照《财政部、国家税务总局关于进一步推进出口货物实行免抵退税办法的通知》（财税［2002］7号）规定：自2002年1月1日起，生产企业自营或委托外贸企业代理出口自产货物，除另有规定外，增值税一律实行免、抵、退税管理办法。

实行免、抵、退税管理办法的“免”税，是指对生产企业出口的自产货物，在出口时免征本企业生产销售环节增值税；“抵”税，是指生产企业出口自产货物所耗用的原材料、零部件、燃料、动力等所含应予退还的进项税额，抵顶内销货物的应纳税额；“退”税是指生产企业出口的自产货物在当月内应抵顶的进项税额大于应纳税额时，对未抵顶完的部分予以退税。由于出口货物增值税实行零税率，除了出口环节免征增值税即没有销项税额外还需要对为生产出口产品所购进的项目已经缴纳的税款，即进项税额退还给出口企业等纳税人。因此，出口退税并不是退还“销项税额”，而是退还进项税额。如果一个企业完全是出口企业，商品没有内销，则完全采用“免”和“退”的方式，就不存在“抵”税的问题。采用“抵”税的方式其实是为了简化征管手续，即用本来要退还给纳税

人的退税额抵顶内销货物应该按规定缴纳的增值税款。

1. 具体计算方法与计算公式

（1）当期应纳税额的计算。

当期应纳税额=当期内销货物的销项税额-（当期进项税额-当期免抵退税不得免征和抵扣税额）-上期留抵税额

其中：

当期免抵退税不得免征和抵扣税额=出口货物离岸价×外汇人民币牌价×出口货物征税率-出口货物退税率-免抵退税不得免征和抵扣税额和抵减额

出口货物离岸价（FOB）以出口发票计算的离岸价为准。出口发票不能如实反映实际离岸价的，企业必须按照实际离岸价向主管国税机关申报，同时主管税务机关有权依照《税收征收管理法》、《增值税暂行条例》等有关规定予以核定。

从上述计算公式看，出口退税在“销项税额”方面并非执行真正的零税率而是一种“超低税率”，即征税率（17%、13%）与退税率（各货物不同）之差，即税法规定的出口退税”不得免征和抵扣税额”的计算比率。

如果我们从会计制度看，上述“免抵退税”的计算原理更加清晰。根据企业会计制度的规定，对于实行“免抵退”方法的生产企业，在会计上应当增设如下增值税专栏：

①“出口抵减内销产品应纳税额”借方专栏；

②“出口退税”贷方专栏。

另外，以“进项税额转出”贷方专栏核算“当期免抵退税不得免征和抵扣税额”，以“其他应收款——应收补贴款”科目核算“当期应退税额”。

当期免抵退税不得免征和抵扣税额的减项，即：

免抵退税不得免征和抵扣税额抵减额=免税购进原材料价格×出口货物征税率-出口货物退税率

免税购进原材料包括从国内购进免税原材料和进料加工免税进口料件，其中进料加工免税进口料件的价格为组成计税价格。

进料加工免税进口料件的组成计税价格=货物到岸价+海关实征关税和消费税

如果当期没有免税购进原材料价格，前述公式中的免抵退税不得免征和抵扣税额抵减额，以及后面公式中的免抵退税额抵减额，就不用计算。

“免抵退税不得免征和抵扣税额抵减额”与前面的“免抵退税额抵减额”是有区别的。“免抵退税额不得免征和抵扣税额抵减额”实质是不予抵免的金额，实际账务处理中是不存在的，但是作为免抵退这种管理办法的计算思路，必须将这部分予以剔除。而通过前面对计算公式的分析，可以理解为，前面对免税购进原材料也相应计算了不得免征和抵扣的税额，所以单独计算“免抵退税不得免征和抵扣税额抵减额”作为对其的修正。

（2）免抵退税额的计算。

免抵退税额=出口货物离岸价×外汇人民币牌价×出口货物退税率-免抵退税额抵减额

其中：

免抵退税额抵减额=免税购进原材料价格×出口货物退税率

这个公式中计算的“免抵退税额”就是名义应退税额或者免抵退制度下的可抵顶进

项税额。公式最后一个减项“免抵退税额抵减额”的实质含义是，免税购进的原材料本身是不含进项税额的，所以在计算免抵退税额时就不应该退还这部分原本不存在的税额，因此要通过计算予以剔除。

（3）当期应退税额和免抵税额的计算。

① 如当期期末留抵税额≤当期免抵退税额，则：

当期应退税额=当期期末留抵税额

当期免抵税额=当期免抵退税额-当期应退税额

② 如当期期末留抵税额>当期免抵退税额，则：

当期应退税额=当期免抵退税额

当期免抵税额=0

当期期末留抵税额根据当期《增值税纳税申报表》中“期末留抵税额”确定。

这里的“当期末留抵税额”实际上是名义留抵额。因为最终的实际期末留抵额=名义留抵额-当期实际退税额，而此处的名义留抵额=-当期应纳税额，当然这要满足当期应纳税额小于零这个大前提。也只有明确了这点才能明白以免抵退税额与当期末留抵额进行比较的作用，其实是在判断当期的名义退税额到底应该实际退税多少以及已经实际抵顶多少。按照制度设计，名义的退税额即免抵退税额是与内销产品应纳税额有关的，内销产品的应纳税额也可以通过以下公式计算出来：

内销产品应纳税额=内销产品当期销项税额-（当期进项税额-当期免抵退税额-当期免抵退税不得免征和抵扣税额）

为什么括号里面要减出口产品应退税额呢？因为按照这种管理办法认定的出口货物所包含的进项税额，本应该另行退税的，因此要从当期进项税额中剔除。至于“当期免抵退税不得免征和抵扣税额”，其名称本身就已经明白地告诉我们，是既不能作为出口免征也不能作为内销抵扣的税额，虽然只是叫税额，但显然不是销项税额，而是进项税额，所以实质上就是指不能抵扣的进项税额，会计上要做进项税转出，所以这里就要从进项税额中剔除。

2. 企业免、抵、退税计算实例

【例 2-5】某自营出口的生产企业为增值税一般纳税人，出口货物的征税税率为 17%，退税税率为 13%。2016 年 4 月的有关经营业务为：购进原材料一批，取得的增值税专用发票注明的价款 200 万元，外购货物准予抵扣的进项税额 34 万元通过认证。上月末留抵税款 3 万元，本月内销货物不含税销售额 100 万元，收款 117 万元存入银行，本月出口货物的销售额折合人民币 200 万元。试计算该企业当期的“免、抵、退”税额。

（1）当期免抵退税不得免征和抵扣税额=200×（17%-13%）=8（万元）。

（2）当期应纳税额=100×17%-（34-8）-3=17-26-3=-12（万元）。

（3）出口货物“免、抵、退”税额=200×13%=26（万元）。

（4）按规定，如当期末留抵税额≤当期免抵退税额时：

当期应退税额=当期期末留抵税额

即该企业当期应退税额=12（万元）

（5）当期免抵税额=当期免抵退税额-当期应退税额。

当期免抵税额=26-12=14（万元）

【例 2-6】某自营出口的生产企业为增值税一般纳税人，出口货物的征税税率为17%，退税税率为13%。2016年6月有关经营业务为：购原材料一批，取得的增值税专用发票注明的价款400万元，外购货物准予抵扣的进项税额68万元通过认证。上期末留抵税款5万元。本月内销货物不含税销售额100万元，收款117万元存入银行。本月出口货物的销售额折合人民币200万元。试计算该企业当期的“免、抵、退”税额。

（1）当期免抵退税不得免征和抵扣税额=200×（17%-13%）=8（万元）。

（2）当期应纳税额=100×17%-（68-8）-5=17-60-5=-48（万元）。

（3）出口货物“免、抵、退”税额=200×13%=26（万元）。

（4）按规定，如当期期末留抵税额>当期免抵退税额时：

当期应退税额=当期免抵退税额

即该企业当期应退税额=26（万元）。

（5）当期免抵税额=当期免抵退税额-当期应退税额

该企业当期免抵税额=26-26=0（万元）。

（6）6月期末留抵结转下期继续抵扣税额为22（48-26）万元。

【例 2-7】某自营出口生产企业是增值税一般纳税人，出口货物的征税税率为17%，退税税率为13%。2016年8月有关经营业务为：购原材料一批，取得的增值税专用发票注明的价款200万元，外购货物准予抵扣进项税额34万元通过认证。当月进料加工免税进口料件的组成计税价格100万元。上期末留抵税款6万元。本月内销货物不含税销售额100万元。收款117万元存入银行。本月出口货物销售额折合人民币200万元。试计算该企业当期的“免、抵、退”税额。

（1）免抵退税不得免征和抵扣税额抵减额=免税进口料件的组成计税价格×（出口货物征税税率-出口货物退税税率）=100×（17%-13%）=4（万元）。

（2）免抵退税不得免征和抵扣税额=当期出口货物离岸价×外汇人民币牌价×（出口货物征税税率-出口货物退税税率）-免抵退税不得免征和抵扣税额抵减额=200×（17%-13%）-4=8-4=4（万元）。

（3）当期应纳税额=100×17%-（34-4）-6=17-30-6=-19（万元）。

（4）免抵退税额抵减额=免税购进原材料×材料出口货物退税税率=100×13%=13（万元）。

（5）出口货物“免、抵、退”税额=200×13%-13=13（万元）。

（6）按规定，如当期期末留抵税额>当期免抵退税额时：

当期应退税额=当期免抵退税额

即该企业应退税额=13（万元）。

（7）当期免抵税额=当期免抵退税额-当期应退税额

当期该企业免抵税额=13-13=0（万元）。

（8）8月期末留抵结转下期继续抵扣税额为6万元（19-13）。

（二）“先征后退”的计算方法

1. 外贸企业“先征后退”的计算办法

外贸企业以及实行外贸企业财务制度的工贸企业收购货物出口，其出口销售环节的增值税免征；其收购货物的成本部分，因外贸企业在支付收购货款的同时也支付了生产经营该类商品的企业已纳的增值税款，因此，在货物出口后按收购成本与退税税率计算退税退还给外贸企业，征、退税之差计入企业成本。

外贸企业出口货物增值税的计算应依据购进出口货物增值税专用发票上所注明的进项金额和退税税率计算。

应退税额=外贸收购不含增值税购进金额×退税税率

2. 外贸企业申报出口退税期限

(1) 外贸企业在2008年1月1日后申报出口退税的，申报出口退税的截止期限调整为，货物报关出口之日（以出口货物报关单〈出口退税专用〉上注明的出口日期为准）起90天后第一个增值税纳税申报期截止之日。

(2) 外贸企业确有特殊原因在上述规定期限内无法申报出口退税的，按现行有关规定申请办理延期申报手续。外贸企业申请开具《代理出口货物证明》仍按现行有关规定执行。

3. 外贸企业“先征后退”计算实例

【例2-8】 某进出口公司2016年3月出口美国平纹布2 000米，进货增值税专用发票列明单价20元/平方米，计税金额40 000元，假定退税税率13%，其应退税额：

2 000×20×13%=5 200（元）

第十节 增值税的征收管理

一、纳税义务发生时间

《增值税暂行条例》和“营改增”政策明确规定了增值税纳税义务的发生时间。纳税义务发生时间，是纳税人发生应税行为应当承担纳税义务的起始时间。税法明确规定纳税义务发生时间的作用在于：一是正式确认纳税人已经发生属于税法规定的应税行为，应承担纳税义务；二是有利于税务机关实施税务管理，合理规定申报期限和纳税期限，监督纳税人切实履行纳税义务。

(1) 销售货物或者提供应税劳务的纳税义务发生时间。

纳税人销售货物或者提供应税劳务，其纳税义务发生时间为收讫销售款项或者取得索取销售款项凭据的当天；先开具发票的，为开具发票的当天。纳税人收讫销售款项或者取得索取销售款项凭据的当天，按照销售结算方式的不同，具体为：

①采取直接收款方式销售货物，不论货物是否发出，均为收到销售款或者取得索取销售款凭据的当天。

②采取托收承付和委托银行收款方式销售货物，为发出货物并办妥托收手续的当天。

③采取赊销和分期收款方式销售货物，为书面合同约定的收款日期的当天，无书面合同的或者书面合同没有约定收款日期的，为货物发出的当天。

④采取预收货款方式销售货物，为货物发出的当天，但生产销售生产工期超过12个

月的大型机械设备、船舶、飞机等货物，为收到预收款或者书面合同约定的收款日期的当天。

⑤委托其他纳税人代销货物，为收到代销单位的代销清单或者收到全部或者部分货款的当天。未收到代销清单及货款的，为发出代销货物满 180 天的当天。

⑥销售应税劳务，为提供劳务同时收讫销售款或者取得索取销售款的凭据的当天。

⑦纳税人发生《增值税暂行条例实施细则》第四条第（三）项至第（八）项所列视同销售货物行为，为货物移送的当天。

⑧ 纳税人进口货物，其纳税义务发生时间为报关进口的当天。

(2) 提供应税服务、销售无形资产和不动产的纳税义务发生时间。

纳税人提供应税服务、销售无形资产和不动产的，其纳税义务发生时间为收讫销售款项或者取得索取销售款项凭据的当天；先开具发票的，为开具发票的当天。

收讫销售款项，是指纳税人提供应税服务、销售无形资产、不动产过程中或者完成后收到款项。

取得索取销售款项凭据的当天，是指书面合同确定的付款日期；未签订书面合同或者书面合同未确定付款日期的，为应税服务、无形资产转让完成的当天或者不动产权属变更的当天。

除上述一般规定外，以下应税行为的纳税义务发生时间为：

①纳税人提供建筑服务、租赁服务采取预收款方式的，其纳税义务发生时间为收到预收款的当天。

②纳税人从事金融商品转让的，为金融商品所有权转移的当天。

③纳税人发生视同提供应税服务、销售无形资产和不动产的，其纳税义务发生时间为应税服务、无形资产转让完成的当天或者不动产权属变更的当天。

(3) 增值税扣缴义务发生时间为纳税人增值税纳税义务发生的当天。

二、纳税期限

在明确了增值税纳税义务发生时间后，还需要掌握具体纳税期限，以保证按期缴纳税款。根据《增值税暂行条例》的规定，增值税的纳税期限分别为 1 日、3 日、5 日、10 日、15 日、1 个月或者 1 个季度。

纳税人的具体纳税期限，由主管税务机关根据纳税人应纳税额的大小分别核定；不能按照固定期限纳税的，可以按次纳税。以 1 个季度为纳税期限的规定仅适用于小规模纳税人。小规模纳税人的具体纳税期限，由主管税务机关根据其应纳税额的大小分别核定。

纳税人以 1 个月或者 1 个季度为 1 个纳税期的，自期满之日起 15 日内申报纳税；以 1 日、3 日、5 日、10 日或者 15 日为 1 个纳税期的，自期满之日起 5 日内预缴税款，于次月 1 日起 15 日内申报纳税并结清上月应纳税款。

扣缴义务人解缴税款的期限，依照前两款规定执行。

纳税人进口货物，应当自海关填发进口增值税专用缴纳书之日起 15 日内缴纳税款。

三、纳税地点

为了保证纳税人按期申报纳税，根据企业跨地区经营和搞活商品流通的特点及不同情况，税法还具体规定了增值税的纳税地点：

（1）固定业户应当向其机构所在地的主管税务机关申报纳税。总机构和分支机构不在同一县（市）的，应当分别向各自所在地的主管税务机关申报纳税；经国务院财政、税务主管部门或者其授权的财政、税务机关批准，可以由总机构汇总向总机构所在地的主管税务机关申报纳税。

（2）固定业户到外县（市）销售货物或者提供应税劳务，应当向其机构所在地的主管税务机关申请开具外出经营活动税收管理证明，并向其机构所在地的主管税务机关申报纳税；未开具证明的，应当向销售地或者劳务发生地的主管税务机关申报纳税；未向销售地或者劳务发生地的主管税务机关申报纳税的，由其机构所在地的主管税务机关补征税款。

（3）非固定业户销售货物、提供应税劳务或发生其他应税项目的，应当向销售地、劳务发生地或其他应税项目发生地的主管税务机关申报纳税；未向销售地、劳务发生地或其他应税项目发生地的主管税务机关申报纳税的，由其机构所在地或者居住地的主管税务机关补征税款。

（4）其他个人提供建筑服务、销售或租赁不动产、转让自然资源使用权，应向建筑服务发生地、不动产所在地、自然资源所在地主管税务机关申报纳税。纳税人提供适用零税率的应税服务，应当按期向主管税务机关申报办理退（免）税，具体办法由财政部和国家税务总局制定。

（5）扣缴义务人应当向其机构所在地或者居住地主管税务机关申报缴纳扣缴的税款。

第十一节 增值税专用发票的使用及管理

增值税实行凭国家印发的增值税专用发票注明的税款进行抵扣的制度。增值税专用发票（以下简称专用发票）不仅是纳税人经济活动中的重要商业凭证，而且是兼记销货方销项税额和购货方进项税额进行税款抵扣的凭证，对增值税的计算和管理起着决定性的作用，因此，正确使用增值税专用发票是十分重要的。根据《增值税暂行条例》的规定，1993 年 12 月 30 日，国家税务总局制定了《增值税专用发票使用规定》，自 1994 年 1 月 1 日起执行。

专用发票，是增值税一般纳税人（以下简称一般纳税人）销售货物、提供应税劳务或服务、销售无形资产或不动产开具的发票，是购买方支付增值税额并可按照增值税有关规定据以抵扣增值税进项税额的凭证。

一般纳税人应通过增值税发票管理新系统（以下简称新系统）使用专用发票。使用，包括领购、开具、缴销、认证纸质专用发票及其相应的数据电文。

上述所称新系统，是指经国务院同意推行的，使用专用设备和通用设备、运用数字密码和电子存储技术管理专用发票的计算机管理系统。“专用设备”是指金税卡、IC 卡、读卡器和其他设备。“通用设备”是指计算机、打印机、扫描器具和其他设备。

一、专用发票的联次

专用发票由基本联次或者基本联次附加其他联次构成，基本联次为三联：发票联、抵扣联和记账联。发票联，作为购买方核算采购成本和增值税进项税额的记账凭证；抵扣联，作为购买方报送主管税务机关认证和留存备查的凭证；记账联，作为销售方核算销售收入和增值税销项税额的记账凭证。其他联次用途，由一般纳税人自行确定。

二、专用发票领购使用范围

一般纳税人凭《发票领购簿》、IC卡和经办人身份证明领购专用发票。一般纳税人有下列情形之一的，不得领购开具专用发票：

(1) 会计核算不健全，不能向税务机关准确提供增值税销项税额、进项税额、应纳税额数据及其他有关增值税税务资料的。

上列其他有关增值税税务资料的内容，由省、自治区、直辖市和计划单列市国家税务局确定。

(2) 有《税收征收管理法》规定的税收违法行为，拒不接受税务机关处理的。

(3) 有下列行为之一，经税务机关责令限期改正而仍未改正的：

1) 虚开增值税专用发票。

2) 私自印制专用发票。

3) 向税务机关以外的单位和个人买取专用发票。

4) 借用他人专用发票。

5) 未按要求开具专用发票。

6) 未按规定保管专用发票和专用设备；有下列情形之一的，为未按规定保管专用发票和专用设备。

①未设专人保管专用发票和专用设备；

②未按税务机关要求存放专用发票和专用设备；

③未将认证相符的专用发票抵扣联、《认证结果通知书》和《认证结果清单》装订成册；

④未经税务机关查验，擅自销毁专用发票基本联次。

7) 未按规定申请办理防伪税控系统变更发行。

8) 未按规定接受税务机关检查。

有上列情形的，如已领购专用发票，主管税务机关应暂扣其结存的专用发票和IC卡。

三、专用发票开具范围

(1) 一般纳税人销售货物、提供应税劳务或服务、销售无形资产或不动产，应向购买方开具专用发票。

(2) 商业企业一般纳税人零售的烟、酒、食品、服装、鞋帽（不包括劳保专用部分)、化妆品等消费品不得开具专用发票。

（3）一般纳税人向消费者个人提供应税服务、提供适用免征增值税规定的应税服务不得开具增值税专用发票。

增值税小规模纳税人（以下简称小规模纳税人）需要开具专用发票的，可向主管税务机关申请代开。从 2016 年 8 月 1 日起，满足规定条件的小规模纳税人可以自开增值税专用发票。

（4）销售免税货物不得开具专用发票，法律、法规及国家税务总局另有规定的除外。

四、专用发票开具要求

专用发票应按下列要求开具：

（1）项目齐全，与实际交易相符；

（2）字迹清楚，不得压线、错格；

（3）发票联和抵扣联加盖财务专用章或者发票专用章；

（4）按照增值税纳税义务的发生时间开具。

对不符合上列要求的专用发票，购买方有权拒收。

（5）一般纳税人销售货物或者提供应税劳务可汇总开具专用发票。汇总开具专用发票的，同时使用防伪税控系统开具《销售货物或者提供应税劳务清单》，并加盖财务专用章或者发票专用章。

（6）“营改增”对专用发票开具作出的相关规定。

五、开具专用发票后发生退货或开票有误的处理

（1）增值税一般纳税人开具增值税专用发票（以下简称专用发票）后，发生销货退回、销售折让以及开票有误等情况需要开具红字专用发票的，视不同情况分别按以下办法处理：

①购买方取得专用发票已用于申报抵扣的，购买方可在增值税发票管理新系统（以下简称新系统）中填开并上传《开具红字增值税专用发票信息表》（以下简称《信息表》），在填开《信息表》时不填写相对应的蓝字专用发票信息，应暂依《信息表》所列增值税税额从当期进项税额中转出，待取得销售方开具的红字专用发票后，与《信息表》一并作为记账凭证。

购买方取得专用发票未用于申报抵扣、但发票联或抵扣联无法退回的，购买方填开《信息表》时应填写相对应的蓝字专用发票信息。

销售方开具专用发票尚未交付购买方，以及购买方未用于申报抵扣并将发票联、抵扣联退回的，销售方可在新系统中填开并上传《信息表》。填开《信息表》时应填写相对应的蓝字专用发票信息。

②主管税务机关通过网络接受纳税人上传的《信息表》，系统自动校验通过后，生成带有“红字发票信息表编号”的信息表，并将信息同步至纳税人端系统中。

③销售方凭税务机关系统校验通过的《信息表》开具红字专用发票，在新系统中以销项负数开具，红字专用发票应与《信息表》一一对应。

④纳税人也可凭《信息表》电子信息或纸质资料到税务机关对《信息表》内容进行系统校验。

（2）税务机关为小规模纳税人代开专用发票需要开具红字专用发票的，比照一般纳税人开具红字专用发票的处理办法。

（3）纳税人需要开具红字增值税普通发票的，可以在所对应的蓝字发票金额范围内开具多份红字发票。红字机动车销售统一发票需与原蓝字机动车销售统一发票一一对应。

六、专用发票不得抵扣进项税额的规定

（一）有下列情形之一的，不得作为增值税进项税额的抵扣凭证

1. 无法认证

无法认证，是指专用发票所列密文或者明文不能辨认，无法产生认证结果。

2. 纳税人识别号认证不符

纳税人识别号认证不符，是指专用发票所列购买方纳税人识别号有误。

3. 专用发票代码、号码认证不符

专用发票代码、号码认证不符，是指专用发票所列密文解译后与明文的代码或者号码不一致。

（二）有下列情形之一的，暂不得作为增值税进项税额的抵扣凭证

经认证，有下列情形之一的，暂不得作为增值税进项税额的抵扣凭证，税务机关扣留原件，查明原因，分别情况进行处理。

1. 重复认证

重复认证，是指已经认证相符的同一张专用发票再次认证。

2. 密文有误

密文有误，是指专用发票所列密文无法解译。

3. 认证不符

认证不符，是指纳税人识别号有误，或者专用发票所列密文解译后与明文不一致。

本项所称认证不符不含（一）的第2项、第3项所列情形。

4. 列为失控专用发票

列为失控专用发票，是指认证时的专用发票已被登记为失控专用发票。

（三）对丢失已开具专用发票的发票联和抵扣联的处理

（1）一般纳税人丢失已开具专用发票的发票联和抵扣联，如果丢失前已认证相符的，购买方凭销售方提供的相应专用发票记账联复印件及销售方所在地主管税务机关出具的《丢失增值税专用发票已报税证明单》，经购买方主管税务机关审核同意后，可作为增值税进项税额的抵扣凭证。

（2）如果丢失前未认证的，购买方凭销售方提供的相应专用发票记账联复印件到主管税务机关进行认证，认证相符的凭该专用发票记账联复印件及销售方所在地主管税务机关出具的《丢失增值税专用发票已报税证明单》，经购买方主管税务机关审核同意后，可作为增值税进项税额的抵扣凭证。

（3）一般纳税人丢失已开具专用发票的抵扣联，如果丢失前已认证相符的，可使用专用发票发票联复印件留存备查。

（4）如果丢失前未认证的，可使用专用发票发票联到主管税务机关认证，专用发票

发票联复印件留存备查。

（5） 一般纳税人丢失已开具专用发票的发票联，可将专用发票抵扣联作为记账凭证，专用发票抵扣联复印件留存备查。

（四） 专用发票抵扣联无法认证的

可使用专用发票发票联到主管税务机关认证。专用发票发票联复印件留存备查。

思考练习题

一、思考题

1. 什么是增值税？增值税有何特征？
2. 增值税的征税范围有何规定？
3. 什么是混合销售？
4. 什么是兼营行为？
5. 一般纳税人与小规模纳税人如何确认？
6. 增值税的税率和征收率有哪些规定？
7. 什么是销项税额？
8. 什么是进项税额？
9. 现行增值税制度有何缺陷？应该如何完善？

二、计算练习题

1. 某服装企业为增值税一般纳税人，2016 年 8 月发生以下业务：

（1） 向外地商贸公司销售服装，不含税销售收入 600 万元，并支付销货运费 10 万元，货已发出，办妥托收手续，开具了增值税专用发票；

（2） 销售给小规模纳税人一批服装，开具普通发票取得销售收入 76.05 万元。

（3） 为一剧团加工订做演出服装，收取加工费和税金共计 5.85 万元；

（4） 零售库存积压面料取得含税收入 14.04 万元；

（5） 委托商场代销一批服装取得代销清单上注明的含税销售收入为 46.8 万元；

（6） 购进面料取得增值税专用发票上注明的销售额 120 万元、增值税税额 20.4 万元，当月发票通过认证；

（7） 上期留抵进项税额 8.2 万元。

要求：计算服装企业 8 月份应缴纳的增值税。

2. 某轿车生产企业为增值税一般纳税人，2016 年 9 月份的生产经营业务如下：

（1） 购进汽车配件，取得防伪税控系统开具的增值税专用发票，注明金额 280 万元、增值税税额 47.6 万元，取得运输公司开具的增值税专用发票上注明运费 10 万元；

（2） 销售发动机 10 台给一小规模纳税人，取得收入 28.08 万元；出口发动机 80 台，取得销售额 200 万元；

(3) 进口原材料一批，支付给国外买价 120 万元、包装材料费 8 万元，支付到达我国海关以前的运输装卸费 3 万元、保险费 13 万元，入关后从海关运往企业所在地支付运输费 7 万元；

(4) 进口两台机械设备，支付给国外的买价 60 万元、相关税金 3 万元，支付到达我国海关以前的装卸费、运输费 6 万元、保险费 2 万元，入关后从海关运往企业所在地，取得运输公司开具的增值税专用发票注明支付运输费 4 万元、增值税进项税额 0. 44 万元；

(5) 购进钢材取得增值税专用发票，注明金额 300 万元、增值税税额 51 万元，取得运输公司开具的增值税专用发票注明支付购货运输费用 12 万元、进项税额 1. 32 万元，另支付运输公司装卸费用 3 万元；当月将购入钢材的 30%用于企业基建工程；

(6) 销售 A 型小轿车 130 辆给某代理销售商，约定 10 月 15 日付款，15 日企业开具增值税专用发票，注明金额 2 340 万元、增值税税额 397. 8 万元，代理商 10 月 30 日将货款和延期付款的违约金 8 万元支付给企业；

(7) 销售 A 型小轿车 10 辆给本企业有突出贡献的业务人员，以成本价核算取得销售金额 80 万元；

(8) 企业新设计生产 B 型小轿车 2 辆，每辆成本价 12 万元，为了检测其性能，将其移送其他企业下设的汽车维修厂进行碰撞实验，企业和维修厂位于同一市区，市场上无 B 型小轿车销售价格。

(说明：①该企业进口原材料和机械设备的关税税率为 10%；②生产销售的小轿车适用消费税税率 12%；③B 型小轿车成本利润率 8%；④相关票据在有效期内均通过主管税务机关认证通过)

要求：计算该小轿车生产企业 9 月份应缴纳的增值税。

3. 某生产企业为增值税一般纳税人，2016 年 10 月份有关经营业务如下：

(1) 销售货物一批给大商场，取得不含税销售额 80 万元；另外，取得送货的含税运输费收入 3. 51 万元；

(2) 销售货物给消费者个人，取得含税销售额 23. 4 万元；

(3) 购进原材料一批，取得专用发票注明支付的价款 40 万元、增值税 6. 8 万元；另支付给运输单位的运输费 5 万元并取得专用发票，注明进项税额 0. 55 万元；

(4) 将自产的一批新产品用于本企业基建工程，成本价 30 万元，该产品无同类产品市场销售价格；

(5) 购进免税农产品一批，支付收购价款 20 万元，支付给运输单位的运输费 2 万元(取得普通发票)。当月下旬企业将购进的农产品 40%发给本单位职工作福利；

(6) 没收上月取得的押金收入 1. 17 万元；

(7) 进口原材料一批，支付给国外的买价 8 万元，到达我国海关前共计发生运杂费 5 万元，保险费 2 万元。该货物的关税税率为 20%，已缴纳了进口环节的增值税并取得了海关开具的增值税缴款书。

(说明：购销货物涉及的相关票据已通过主管税务机关认证、通过)

要求：计算该企业 10 月份国内销售环节应缴纳的增值税。

第三章　消　费　税

内容提要：本章介绍了消费品的纳税人、征税范围、税目和税率；消费税的计税依据、应纳税额的计算；出口应税消费品退（免）税和消费税的征收管理。学习本章时，主要掌握消费税征税范围、计税依据和应纳税额的计算方法。

第一节　消费税基本原理

一、消费税概念

消费税是指对消费品和特定的消费行为按消费流转额征收的一种商品税。消费税可分为一般消费税和特别消费税，前者主要指对所有消费品包括生活必需品和日用品普遍课税，后者主要指对特定消费品或特定消费行为如奢侈品等课税。

我国现行消费税是对在我国境内从事生产、委托加工和进口应税消费品的单位和个人就其应税消费品征收的一种税。它选择部分消费品征税，因而属于特别消费税。

二、消费税的发展

消费税具有悠久的历史。早在我国公元前 81 年，汉昭帝为避免酒的专卖“与商人争市利”，改酒专卖为普遍征税，允许各地的地主、商人自行酿酒卖酒，每升酒缴税款 4 文，纳税环节在酒销售之后，而不是在出坊（酒坊）时缴纳税款，这可以说是我国较早的消费税。

为适应建立社会主义市场经济体制的需要，配合新一轮税制改革主要是新增值税的推行，1993 年底国务院正式颁布了《中华人民共和国消费税暂行条例》（以下简称《消费税暂行条例》），并于 1994 年 1 月 1 日起实施。决定在增值税进行普遍征收的基础上，再对部分消费品征收消费税，以贯彻国家产业政策和消费政策。2006 年 3 月 20 日，财政部、国家税务总局发文，对消费税税目、税率及相关政策又进行调整。新增高尔夫球及球具、高档手表、游艇、木制一次性筷子、实木地板 5 个税目；取消汽油、柴油税目，增列成品油税目；取消护肤护发品税目，将原属于护肤护发品征税范围的高档护肤类化妆品列入化妆品税目。为了促进节能环保，自 2015 年 2 月 1 日起对电池、涂料征收消费税。调整后使消费税政策更加适合于我国的客观实际。

从国际上看，消费税和具有消费税性质的税种是世界各国普遍采用的一种税收征收方式。据不完全统计，全世界有 100 多个国家开征了消费税。

三、消费税计税方法

无论是我国，还是世界上征收消费税的其他国家，消费税计税方法基本相同。主要采用三种计税方法：

（一）从价定率征收

在从价定率征收情况下，根据不同的应税消费品确定不同的比例税率，以应税消费品的销售额为基数乘以比例税率计算应纳税额。不同的是，有的国家消费税实行的是价外税，应税消费品的销售额不含消费税税额；有的国家消费税实行价内税，应税消费品的销售额含消费税税额。在从价定率征收情况下，消费税税额会随应税消费品的价格上升而增加，相反，消费税税额会随应税消费品的价格下降而减少。

（二）从量定额征收

在从量定额征收情况下，根据不同的应税消费品确定不同的单位税额，以应税消费品的数量为基数乘以单位税额计算应纳税额。在从量定额征收情况下，消费税税额不会随应税消费品的价格变化而变化，具有相对稳定性，一般适用于价格变化较小、批量较大的应税消费品。

（三）从价定率和从量定额复合征收

在从价定率和从量定额复合征收情况下，基本与前两种征收方法相同，只不过是对同一应税消费品同时采用两种计税方法计算税额，以两种方法计算的应纳税额之和为该应税消费品的应纳税额。采用复合征收方法的应税消费品一般较少，如我国目前只对烟和酒采用复合征收方法。

四、我国消费税的特点

（一）征收范围具有选择性

我国消费税在征收范围根据产业政策与消费政策仅选择部分消费品征税，而不是对所有消费品都征收消费税。我国消费税目前共设置15个税目，征收的具体品目是采用正列举的，征税界限是清晰的，征税范围是有限的。只有消费税税目税率表上列举的应税消费品才征收消费税，没有列举的则不征收消费税。

（二）征税环节具有单一性

消费税的最终负担人是消费者，但是，为了加强源泉控制，防止税款流失，消费税的纳税环节主要确定在产制环节或进口环节。也就是说，应税消费品在生产环节或进口环节征税之后，除个别消费品的纳税环节为零售环节和批发环节外，再继续转销该消费品不再征收消费税。但无论在哪个环节征税，都实行单环节征收，以零售环节为纳税环节的应税消费品，在零售环节以前的诸环节都不征收消费税。这样，既可以减少纳税人的数量，降低税款征收费用和税源流失的风险，又可以防止重复征税。

（三）平均税率水平比较高且税负差异大

消费税属于国家运用税收杠杆对某些消费品进行特殊调节的税种。为了有效体现国家政策，消费税的平均税率水平一般定得比较高，并且不同征税项目的税负差异较大，对需要限制或控制消费的消费品，通常税负较重。我国现行消费税是同增值税相互配合而设置的。采用这种方法在对某些需要特殊调节的消费品在征收增值税的同时，再征收一道消费税，从而形成了一种交叉调节的间接税体系。

(四) 税负具有转嫁性

消费税是对消费应税消费品的课税。因此，税负归宿应为消费者。但为了简化征收管理，我国消费税直接以应税消费品的生产经营者为纳税人，于产制销售环节、进口环节、或零售环节缴纳税款，并成为商品价格的一个组成部分向购买者收取，消费者为税负的最终负担者。

第二节 纳税义务人与征税范围

一、纳税义务人

在中华人民共和国境内生产、委托加工和进口消费税暂行条例规定的消费品的单位和个人，以及国务院确定的销售消费税暂行条例规定的消费品的其他单位和个人，为消费税的纳税人，应当依照消费税暂行条例缴纳消费税。

单位，是指企业、行政单位、事业单位、军事单位、社会团体及其他单位。个人，是指个体工商户及其他个人。

在中华人民共和国境内，是指生产、委托加工和进口属于应当缴纳消费税的消费品的起运地或者所在地在境内。

二、征税范围

(一) 生产应税消费品

生产应税消费品销售是消费税征收的主要环节，因消费税具有单一环节征税的特点，在生产销售环节征税以后，货物在流通环节无论再转销多少次，除特殊情况外不用再缴纳消费税。生产应税消费品除了直接对外销售应征收消费税外，纳税人将生产的应税消费品换取生产资料、消费资料、投资入股、偿还债务，以及用于继续生产应税消费品以外的其他方面都应缴纳消费税。

(二) 委托加工应税消费品

委托加工应税消费品是指委托方提供原料和主要材料，受托方只收取加工费和代垫部分辅助材料加工的应税消费品。由受托方提供原材料或其他情形的一律不能视同加工应税消费品。委托加工的应税消费品收回后，再继续用于生产应税消费品销售的，其加工环节缴纳的消费税款可以扣除。

(三) 进口应税消费品

单位和个人进口货物属于消费税征税范围的，在进口环节也要缴纳消费税。为了减少征税成本，进口环节缴纳的消费税由海关代征。

(四) 零售应税消费品

经国务院批准，自1995年1月1日起，金银首饰消费税由生产销售环节征收改为零售环节征收。改在零售环节征收消费税的金银首饰仅限于金基、银基合金首饰以及金、银和金基、银基合金的镶嵌首饰。零售环节适用税率为5%，在纳税人销售金银首饰、钻石及钻石饰品时征收。其计税依据是不含增值税的销售额。

对既销售金银首饰，又销售非金银首饰的生产、经营单位，应将两类商品划分清楚，分别核算销售额。凡划分不清楚或不能分别核算的，在生产环节销售的，一律从高适用税率征收消费税；在零售环节销售的，一律按金银首饰征收消费税。金银首饰与其他产品组成成套消费品销售的，应按销售额全额征收消费税。

金银首饰连同包装物销售的，无论包装是否单独计价，也无论会计上如何核算，均应并入金银首饰的销售额，计征消费税。

带料加工的金银首饰，应按受托方销售同类金银首饰的销售价格确定计税依据征收消费税。没有同类金银首饰销售价格的，按照组成计税价格计算纳税。

纳税人采用以旧换新（含翻新改制）方式销售的金银首饰，应按实际收取的不含增值税的全部价款确定计税依据征收消费税。

第三节　税目与税率

一、税目

按照《消费税暂行条例》规定，2015 年 2 月调整后，确定征收消费税的只有烟、酒、高档化妆品等 15 个税目，有的税目还进一步划分了若干子目。消费税属于价内税，并实行单一环节征收，一般在应税消费品的生产、委托加工和进口环节缴纳，在以后的批发、零售等环节中，由于价款中已包含消费税，因此不必再缴纳消费税。

（一）烟

凡是以烟叶为原料加工生产的产品，不论使用何种辅料，均属于本税目的征收范围。包括卷烟（进口卷烟、白包卷烟、手工卷烟和未经国务院批准纳入计划的企业及个人生产的卷烟）、雪茄烟和烟丝。

卷烟从 2009 年 5 月 1 日起，调拨价 70 元（不含增值税）/条以上（含 70 元）的甲类卷烟，生产销售环节适用 56%的比例税率加 0.003 元/支；调拨价 70 元（不含增值税）/条以下）的乙类卷烟，生产销售环节适用 36%的比例税率加 0.003 元/支。甲类卷烟、乙类卷烟在批发环节再从价征收 11%、从量征收 0.005 元/支的消费税。雪茄烟生产环节比例税率为 36%。

（二）酒

酒是酒精度在 1 度以上的各种酒类饮料。酒精又名乙醇，是指用蒸馏或合成方法生产的酒精度在 95 度以上的无色透明液体。酒类包括粮食白酒、薯类白酒、黄酒、啤酒、果啤和其他酒。

对饮食业、商业、娱乐业举办的啤酒屋（啤酒坊）利用啤酒生产设备生产的啤酒，应当征收消费税。

（三）高档化妆品

本税目征收范围包括各类高档美容、修饰类化妆品、高档护肤类化妆品和成套化妆品。所谓高档美容、修饰类化妆品和高档护肤类化妆品，是指生产（进口）环节销售（完税）价格（不含增值税）在10元/毫升（克）或15元/片（张）及以上的美容、修饰类化妆品和护肤类化妆品。普通化妆品不征收消费税。

美容、修饰类化妆品是指香水、香水精、香粉、口红、指甲油、胭脂、眉笔、唇笔、蓝眼油、眼睫毛以及成套化妆品。

舞台、戏剧、影视演员化妆用的上妆油、卸装油、油彩不属于本税目的征收范围。

（四）贵重首饰及珠宝玉石

包括：凡以金、银、白金、宝石、珍珠、钻石、翡翠、珊瑚、玛瑙等高贵稀有物质以及其他金属、人造宝石等制作的各种纯金银首饰及镶嵌首饰和经采掘、打磨、加工的各种珠宝玉石。对出国人员免税商店销售的金银首饰征收消费税。

（五）鞭炮、焰火

包括：各种鞭炮、焰火。体育上用的发令纸、鞭炮药引线，不按本税目征收。

（六）成品油

本税目包括汽油、柴油、石脑油、溶剂油、航空煤油、润滑油、燃料油7个子目。

（七）小汽车

小汽车是指由动力驱动，具有四个或四个以上车轮的非轨道承载的车辆。

本税目征收范围包括含驾驶员座位在内最多不超过9个座位（含）的，在设计和技术特性上用于载运乘客和货物的各类乘用车和含驾驶员座位在内的座位数在10~23座（含23座）的在设计和技术特性上用于载运乘客和货物的各类中轻型商用客车。

以下的商用客车，不属于中轻型商用客车征税范围，不征收消费税。沙滩车、雪地车、卡丁车、高尔夫车不属于消费税征收范围，不征收消费税。

（八）摩托车

包括轻便摩托车和摩托车两种。对最大设计车速不超过50km/h，发动机气缸总工作容量不超过50ml的三轮摩托车不征收消费税。

（九）高尔夫球及球具

高尔夫球及球具是指从事高尔夫球运动所需的各种专用装备，包括高尔夫球、高尔夫球杆及高尔夫球包（袋）等。

（十）高档手表

高档手表是指销售价格（不含增值税）每只在10 000元（含）以上的各类手表。

本税目征收范围包括符合以上标准的各类手表。

（十一）游艇

游艇是指长度大于8米小于90米，船体由玻璃钢、钢、铝合金、塑料等多种材料制作，可以在水上移动的水上浮载体。按照动力划分，游艇分为无动力艇、帆艇和机动艇。

（十二）木制一次性筷子

木制一次性筷子，又称卫生筷子，是指以木材为原料经过锯段、浸泡、旋切、刨切、烘干、筛选、打磨、倒角、包装等环节加工而成的各类一次性使用的筷子。

（十三）实木地板

实木地板是指以木材为原料，经锯割、干燥、刨光、截断、开榫、涂漆等工序加工而成的块状或条状的地面装饰材料。实木地板按生产工艺不同，可分为独板（块）实木地板、实木指接地板、实木复合地板三类；按表面处理状态不同，可分为未涂饰地板（白坯板、素板）和漆饰地板两类。

（十四）电池、涂料

经国务院批准，自 2015 年 2 月 1 日起对电池、涂料征收消费税。根据有关规定，将电池、涂料列入消费税征收范围，在生产、委托加工和进口环节征收。2015 年 12 月 31 日前对铅蓄电池缓征消费税；自 2016 年 1 月 1 日起，对铅蓄电池按 4%税率征收消费税。

对无汞原电池、金属氢化物镍蓄电池、锂原电池、锂离子蓄电池、太阳能电池、燃料电池和全钒液流电池免征消费税。对施工状态下挥发性有机物含量低于 420 克/升（含）的涂料免征消费税。

二、税率

消费税采用比例税率和定额税率两种形式，以适应不同应税消费品的实际情况。

消费税根据不同的税目或子目确定相应的税率或单位税额。例如：粮食白酒税率为 20%，摩托车税率为 3%等；黄酒、啤酒、汽油、柴油等分别按单位重量或单位体积确定单位税额。经整理汇总的消费税税目、税率（税额）见表 3-1。

表 3-1　　消费税税目税率表

税　目	税　率
一、烟	
1. 卷烟	
（1）甲类卷烟	56%加 0.005 元/支（生产环节）
（2）乙类卷烟	36%加 0.005 元/支（生产环节）
（3）批发环节	11%
2. 雪茄烟	36%
3. 烟丝	30%
二、酒	
1. 白酒	20%加 0.5 元/500 克(或者 500 毫升)
2. 黄酒	240 元/吨
3. 啤酒	
（1）甲类啤酒	250 元/吨
（2）乙类啤酒	220 元/吨
4. 其他酒	10%
三、高档化妆品	15%
四、贵重首饰及珠宝玉石	
1. 金银首饰、铂金首饰和钻石及钻石饰品	5%
2. 其他贵重首饰和珠宝玉石	10%
五、鞭炮、焰火	15%

续表

税 目	税 率
六、成品油	
1. 汽油	1.52 元/升
2. 柴油	1.20 元/升
3. 航空煤油	1.20 元/升
4. 石脑油	1.52 元/升
5. 溶剂油	1.52 元/升
6. 润滑油	1.52 元/升
7. 燃料油	1.20 元/升
七、摩托车	
1. 汽缸容量（排气量，下同）在 250 毫升（含 250 毫升）以下的	3%
2. 汽缸容量在 250 毫升以上的	10%
八、小汽车	
1. 乘用车	
（1）汽缸容量（排气量，下同）在 1.0 升（含 1.0 升）以下的	1%
（2）汽缸容量在 1.0 升以上至 1.5 升（含 1.5 升）的	3%
（3）汽缸容量在 1.5 升以上至 2.0 升（含 2.0 升）的	5%
（4）汽缸容量在 2.0 升以上至 2.5 升（含 2.5 升）的	9%
（5）汽缸容量在 2.5 升以上至 3.0 升（含 3.0 升）的	12%
（6）汽缸容量在 3.0 升以上至 4.0 升（含 4.0 升）的	25%
（7）汽缸容量在 4.0 升以上的	40%
2. 中轻型商用客车	5%
九、高尔夫球及球具	10%
十、高档手表	20%
十一、游艇	10%
十二、木制一次性筷子	5%
十三、实木地板	5%
十四、电池	4%
十五、涂料	4%

第四节 计税依据

按照现行消费税法的基本规定，消费税应纳税额的计算主要分为从价计征、从量计征和从价从量复合计征三种方法。

一、从价计征

在从价定率计算方法下，应纳税额等于应税消费品的销售额乘以适用税率，应纳税额的多少取决于应税消费品的销售额和适用税率两个因素。

(一) 销售额的确定

销售额为纳税人销售应税消费品向购买方收取的全部价款和价外费用。销售，是指有偿转让应税消费品的所有权；有偿，是指从购买方取得货币、货物或者其他经济利益；价外费用，是指价外向购买方收取的手续费、补贴、基金、集资费、返还利润、奖励费、违约金、滞纳金、延期付款利息、赔偿金、代收款项、代垫款项、包装费、包装物租金、储备费、优质费、运输装卸费以及其他各种性质的价外收费。但下列项目不包括在内：

1. 同时符合以下条件的代垫运输费用

(1) 承运部门的运输费用发票开具给购买方的；

(2) 纳税人将该项发票转交给购买方的。

2. 同时符合以下条件代为收取的政府性基金或者行政事业性收费

(1) 由国务院或者财政部批准设立的政府性基金，由国务院或者省级人民政府及其财政、价格主管部门批准设立的行政事业性收费；

(2) 收取时开具省级以上财政部门印制的财政票据；

(3) 所收款项全额上缴财政。

其他价外费用，无论是否属于纳税人的收入，均应并入销售额计算征税。

实行从价定率办法计算应纳税额的应税消费品连同包装销售的，无论包装是否单独计价，也不论在会计上如何核算，均应并入应税消费品的销售额中征收消费税。如果包装物不作价随同产品销售，而是收取押金，此项押金则不应并入应税消费品的销售额中征税。但对因逾期未收回的包装物不再退还的或者已收取的时间超过 12 个月的押金，应并入应税消费品的销售额，按照应税消费品的适用税率缴纳消费税。

对既作价随同应税消费品销售，又另外收取押金的包装物的押金，凡纳税人在规定的期限内没有退还的，均应并入应税消费品的销售额，按照应税消费品的适用税率缴纳消费税。

纳税人销售的应税消费品，以外汇结算销售额的，其销售额的人民币折合率可以选择结算的当天或者当月 1 日的国家外汇牌价（原则上为中间价）。纳税人应在事先确定采取何种折合率，确定后 1 年内不得变更。

(二) 含增值税销售额的换算

应税消费品在缴纳消费税的同时，与一般货物一样，还应缴纳增值税。按照《中华人民共和国消费税暂行条例实施细则》（以下简称《消费税暂行条例实施细则》）的规定，应税消费品的销售额，不包括应向购货方收取的增值税税款。如果纳税人应税消费品的销售额中未扣除增值税税款或者因不得开具增值税专用发票而发生价款和增值税税款合并收取的，在计算消费税时，应将含增值税的销售额换算为不含增值税税款的销售额。其换算公式为：

应税消费品的销售额＝含增值税的销售额÷（1+增值税税率或征收率）

在使用换算公式时，应根据纳税人的具体情况分别使用增值税税率或征收率。如果消费税的纳税人同时又是增值税一般纳税人的，应适用17%的增值税税率；如果消费税的纳税人是增值税小规模纳税人的，应适用3%的征收率。

二、从量计征

在从量定额计算方法下，应纳税额等于应税消费品的销售数量乘以单位税额，应纳税额的多少取决于应税消费品的销售数量和单位税额两个因素。

（一）销售数量的确定

销售数量是指纳税人生产、加工和进口应税消费品的数量。具体规定为：

（1）销售应税消费品的，为应税消费品的销售数量。

（2）自产自用应税消费品的，为应税消费品的移送使用数量。

（3）委托加工应税消费品的，为纳税人收回的应税消费品数量。

（4）进口的应税消费品，为海关核定的应税消费品进口征税数量。

（二）计量单位的换算标准

消费税暂行条例规定，黄酒、啤酒是以吨为税额单位；汽油、柴油是以升为税额单位的。但是，考虑到在实际销售过程中，一些纳税人会把吨或升这两个计量单位混用，为了规范不同产品的计量单位，以准确计算应纳税额，吨与升两个计量单位的换算标准见表3-2。

表3-2 吨、升换算表

序号	名称	计量单位的换算标准
1	黄酒	1吨=962升
2	啤酒	1吨=988升
3	汽油	1吨=1388升
4	柴油	1吨=1176升
5	航空煤油	1吨=1246升
6	石脑油	1吨=1385升
7	溶剂油	1吨=1182升
8	润滑油	1吨=1126升
9	燃料油	1吨=1015升

三、复合计征

现行消费税的征税范围中，只有卷烟、白酒采用复合计征方法。应纳税额等于应税销售数量乘以定额税率再加上应税销售额乘以比例税率。

生产销售卷烟、白酒从量定额计税依据为实际销售数量。进口、委托加工、自产自用卷烟、白酒从量定额计税依据分别为海关核定的进口征税数量、委托方收回数量、移送使用数量。

四、计税依据的特殊规定

（1）卷烟从价定率计税办法的计税依据为调拨价格或核定价格。调拨价格是指卷烟生产企业通过卷烟交易市场与购货方签订的卷烟交易价格。计税调拨价格由国家税务总局按照中国烟草交易中心和各省烟草交易（订货）会2000年各牌号、规格卷烟的调拨价格确定。核定价格是指由税务机关按其零售价倒算一定比例的办法核定计税价格。核定价格的计算公式为：

某牌号规格卷烟核定价格＝该牌号规格卷烟市场零售价格÷（1+56%）

实际销售价格高于计税价格和核定价格的卷烟，按实际销售价格征收消费税；实际销售价格低于计税价格和核定价格的卷烟，按计税价格或核定价格征收消费税。

非标准条包装卷烟应当折算成标准包装卷烟的数量，依其实际销售收入计算确定其折算成标准条包装后的实际销售价格，并确定适用的比例税率。

（2）纳税人通过自设非独立核算门市部销售的自产应税消费品，应当按照门市部对外销售额或者销售数量征收消费税。

（3）纳税人用于换取生产资料和消费资料，投资入股和抵偿债务等方面的应税消费品，应当以纳税人同类应税消费品的最高销售价格作为计税依据计算消费税。

（4）白酒关联企业间关联交易消费税问题处理。

根据《中华人民共和国税收征收管理法实施细则》第三十八条规定，纳税人与关联企业之间的购销业务，不按照独立企业之间的业务往来作价的，税务机关可以按照下列方法调整其计税收入额或者所得额，核定其应纳税额。自2009年8月1日起，白酒生产企业消费税计税价格的核定方法如下：

①白酒生产企业销售给销售单位的白酒，生产企业消费税计税价格高于销售单位对外销售价格70%（含70%）以上的，税务机关暂不核定消费税最低计税价格。

②白酒生产企业销售给销售单位的白酒，生产企业消费税计税价格低于销售单位对外销售价格70%以下的，消费税最低计税价格由税务机关根据生产规模、白酒品牌、利润水平等情况在销售单位对外销售价格50%至70%范围内自行核定。其中生产规模较大，利润水平较高的企业生产的需要核定消费税最低计税价格的白酒，税务机关核价幅度原则上应选择在销售单位对外销售价格60%至70%范围内。

③已核定最低计税价格的白酒，销售单位对外销售价格持续上涨或下降时间达到3个月以上、累计上涨或下降幅度在20%（含）以上的白酒，税务机关重新核定最低计税价格。

④按照其他合理的方法。

对已检查出的白酒生产企业利用关联企业关联交易行为规避消费税问题，各省、自治区、直辖市、计划单列市国家税务局可根据本地区被查白酒生产企业与其关联企业间不同的核算方式，选择以上处理方法调整其白酒类产品消费税计税收入额，核定应纳税额，补缴消费税。

白酒生产企业向商业销售单位收取的“品牌使用费”是随着应税白酒的销售而向购货方收取的，属于应税白酒销售价款的组成部分，因此，不论企业采取何种方式或以何种名义收取价款，均应并入白酒的销售额中缴纳消费税。

（5）兼营不同税率应税消费品的税务处理。

纳税人生产销售应税消费品，如果不是单一经营某一税率的产品，而是经营多种不同税率的产品，这就是兼营行为。由于《消费税暂行条例》税目税率表列举的各种应税消费品的税率高低不同，因此，纳税人在兼营不同税率应税消费品时，税法就要针对其不同的核算方式分别规定税务处理办法，以加强税收管理，避免因核算方式不同而出现税款流失的现象。

纳税人兼营不同税率的应税消费品，应当分别核算不同税率应税消费品的销售额、销售数量。未分别核算销售额、销售数量，或者将不同税率的应税消费品组成成套消费品销售的，从高适用税率。

例如：某酒厂既生产税率为20%的粮食白酒，又生产税率为10%的其他酒，如汽酒、药酒等。对于这种情况税法规定，该厂应分别核算白酒与其他酒的销售额，然后按各自适用的税率计税；如不分别核算各自的销售额，其他酒也按白酒的税率计算纳税。如果该酒厂还生产白酒与其他酒小瓶装礼品套酒，就是税法所指的成套消费品，应按全部销售额就白酒的税率20%计算应纳消费税额，而不能以其他酒10%的税率计算其中任何一部分的应纳税额了。对未分别核算的销售额按高税率计税，意在督促企业对不同税率应税消费品的销售额分别核算，准确计算纳税。

第五节 应纳税额的计算

一、生产销售环节应纳消费税的计算

纳税人在生产销售环节应缴纳的消费税，包括直接对外销售应税消费品应缴纳的消费税和自产自用应税消费品应缴纳的消费税。

（一）直接对外销售应纳消费税的计算

直接对外销售应税消费品可能涉及三种计算方法：

1. 从价定率计算

在从价定率计算方法下，应纳消费税额等于销售额乘以适用税率。基本计算公式为：

应纳税额=应税消费品的销售额×比例税率

【例3-1】某化妆品生产企业为增值税一般纳税人。2016年3月15日向某大型商场销售化妆品一批，开具增值税专用发票，取得不含增值税销售额30万元，增值税额5.1万元；3月20日向某单位销售化妆品一批，开具普通发票，取得含增值税销售额4.68万元。计算该化妆品生产企业上述业务应缴纳的消费税额。

（1）化妆品适用消费税税率30%

（2）化妆品的应税销售额=30+4.68÷（1+17%）=34（万元）

（3）应缴纳的消费税额=34×30%=10.2（万元）

2. 从量定额计算

在从量定额计算方法下，应纳税额等于应税消费品的销售数量乘以单位税额。基本计算公式为：

应纳税额=应税消费品的销售数量×定额税率

【例 3-2】某啤酒厂 2016 年 9 月份销售乙类啤酒 400 吨，每吨出厂价格 2 800 元。计算 9 月该啤酒厂应纳消费税税额。

（1）销售乙类啤酒，适用定额税率 220 元

（2）应纳税额=销售数量×定额税率=400×220=88 000（元）

3. 从价定率和从量定额复合计算

现行消费税的征税范围中，只有卷烟、白酒采用复合计算方法。基本计算公式为：

应纳税额=应税销售数量×定额税率+应税销售额×比例税率

【例 3-3】某白酒生产企业为增值税一般纳税人，2016 年 10 月份销售粮食白酒 50 吨给销售单位，取得不含增值税的销售额 150 万元；销售单位对外销售该批白酒时，取得不含税销售额 280 万元。计算白酒生产企业 10 月份应缴纳的消费税额。

（1）白酒适用比例税率 20%，定额税率每 500 克 0.5 元。假定生产企业白酒消费税的计税价格为销售单位销售额的 70%。

（2）白酒生产企业应缴纳消费税额=280×70%×20%+50×2 000×0.5÷10 000=44.2（万元）

（二）自产自用应纳消费税的计算

所谓自产自用，就是纳税人生产应税消费品后，不是用于直接对外销售，而是用于自己连续生产应税消费品或用于其他方面。这种自产自用应税消费品形式，在实际经济活动中是常见的，但也是在是否纳税或如何纳税上最容易出现问题的。例如，有的企业把自己生产的应税消费品，以福利或奖励等形式发给本厂职工，以为不是对外销售，不必计入销售额，无须纳税。这样就出现了漏缴税款的现象。因此，很有必要认真理解税法对自产自用应税消费品的有关规定。

1. 用于连续生产应税消费品

纳税人自产自用的应税消费品，用于连续生产应税消费品的，不纳税。所谓“纳税人自产自用的应税消费品，用于连续生产应税消费品的”，是指作为生产最终应税消费品的直接材料、并构成最终产品实体的应税消费品。例如：卷烟厂生产出烟丝，烟丝已是应税消费品，卷烟厂再用生产出的烟丝连续生产卷烟，这样，用于连续生产卷烟的烟丝就不缴纳消费税，只对生产的卷烟征收消费税。当然，生产出的烟丝如果是直接销售的，则烟丝还是要缴纳消费税的。税法规定对自产自用的应税消费品，用于连续生产应税消费品的不征税，体现了税不重征且计税简便的原则。

2. 用于其他方面的应税消费品

纳税人自产自用的应税消费品，除用于连续生产应税消费品外，凡用于其他方面的，于移送使用时纳税。用于其他方面的是指纳税人用于生产非应税消费品、在建工程、管理部门、非生产机构，提供劳务，以及用于馈赠、赞助、集资、广告、样品、职工福利、奖励等方面所谓“用于生产非应税消费品”，是指把自产的应税消费品用于生产消费税条例

税目税率表所列15类产品以外的产品。例如：原油加工厂用生产出的应税消费品汽油调和制成溶剂汽油，该溶剂汽油就属于非应税消费品。所谓“用于在建工程”，是指把自产的应税消费品用于本单位的各项建设工程。例如：石化工厂把自己生产的柴油用于本厂基建工程的车辆、设备使用。所谓“用于管理部门、非生产机构”，是指把自己生产的应税消费品用于与本单位有隶属关系的管理部门或非生产机构。例如：汽车制造厂把生产出的小汽车提供给上级主管部门使用。所谓“用于馈赠、赞助、集资、广告、样品、职工福利、奖励”，是指把自己生产的应税消费品无偿赠送给他人或以资金的形式投资于外单位某些事业或作为商品广告、经销样品或以福利、奖励的形式发给职工。例如：摩托车厂把自己生产的摩托车赠送或赞助给摩托车拉力赛赛手使用，兼作商品广告；酒厂把生产的滋补药酒以福利的形式发给职工等。总之，企业自产的应税消费品虽然没有用于销售或连续生产应税消费品，但只要是用于税法所规定的范围的都要视同销售，依法缴纳消费税。

3. 工业企业以外的单位和个人的下列行为视为应税消费品的生产行为，按规定征收消费税

（1）将外购的消费税非应税产品以消费税应税产品对外销售的；

（2）将外购的消费税低税率应税产品以高税率应税产品对外销售的。

4. 组成计税价格及税额的计算

纳税人自产自用的应税消费品，凡用于其他方面，应当纳税的，按照纳税人生产的同类消费品的销售价格计算纳税。同类消费品的销售价格是指纳税人当月销售的同类消费品的销售价格，如果当月同类消费品各期销售价格高低不同，应按销售数量加权平均计算。但销售的应税消费品有下列情况之一的，不得列入加权平均计算：

（1）销售价格明显偏低又无正当理由的；

（2）无销售价格的。

如果当月无销售或者当月未完结，应按照同类消费品上月或者最近月份的销售价格计算纳税。

没有同类消费品销售价格的，按照组成计税价格计算纳税。组成计税价格计算公式是：

实行从价定率办法计算纳税的组成计税价格计算公式：

$$组成计税价格=（成本+利润）\div（1-比例税率）$$

$$应纳税额=组成计税价格\times比例税率$$

实行复合计税办法计算纳税的组成计税价格计算公式：

$$组成计税价格=（成本+利润+自产自用数量\times定额税率）\div（1-比例税率）$$

$$应纳税额=组成计税价格\times比例税率+自产自用数量\times定额税率$$

上述公式中所说的“成本”，是指应税消费品的产品生产成本。

上述公式中所说的“利润”，是指根据应税消费品的全国平均成本利润率计算的利润。应税消费品全国平均成本利润率由国家税务总局确定。

5. 应税消费品全国平均成本利润率

国家税务总局先后颁发的《消费税若干具体问题的规定》，确定应税消费品全国平均成本利润率见表3-3。

表 3-3　**平均成本利润率表**　单位：%

货物名称	利润率	货物名称	利润率
甲类卷烟	10	涂料	7
乙类卷烟	5	摩托车	6
雪茄烟	5	贵重首饰及珠宝玉石	6
烟丝	5	高尔夫球及球具	10
粮食白酒	10	高档手表	20
薯类白酒	5	游艇	10
其他酒	5	木制一次性筷子	5
电池	4	实木地板	5
高档化妆品	5	乘用车	8
鞭炮、焰火	5	中轻型商用客车	5

【例 3-4】某化妆品公司将一批自产的化妆品用作职工福利，化妆品的成本 8 000 元，该化妆品无同类产品市场销售价格，但已知其成本利润率为 5%，消费税税率为 30%。计算该批化妆品应缴纳的消费税税额。

（1）组成计税价格＝成本×（1+成本利润率）÷（1−消费税税率）

＝8 000×（1+5%）÷（1−30%）

＝8 400÷0. 7＝12 000（元）

（2）应纳税额＝12 000×30%＝3 600（元）

二、委托加工环节应税消费品应纳税的计算

企业、单位或个人由于设备、技术、人力等方面的局限，或其他方面的原因，常常要委托其他单位代为加工应税消费品，然后，将加工好的应税消费品收回，直接销售或自己使用。这是生产应税消费品的另一种形式，也需要纳入征收消费税的范围。例如，某企业将购来的小客车底盘和零部件提供给某汽车改装厂，加工组装成小客车供自己使用，则加工、组装成的小客车就需要缴纳消费税。按照规定，委托加工的应税消费品，由受托方在向委托方交货时代收代缴税款。

（一）委托加工应税消费品的确定

委托加工的应税消费品是指由委托方提供原料和主要材料，受托方只收取加工费和代垫部分辅助材料加工的应税消费品。对于由受托方提供原材料生产的应税消费品，或者受托方先将原材料卖给委托方，然后再接受加工的应税消费品，以及由受托方以委托方名义购进原材料生产的应税消费品，不论纳税人在财务上是否作销售处理，都不得作为委托加工应税消费品，而应当按照销售自制应税消费品缴纳消费税。

（二）代收代缴税款的规定

对于确实属于委托方提供原料和主要材料，受托方只收取加工费和代垫部分辅助材料

加工的应税消费品，税法规定，由受托方在向委托方交货时代收代缴消费税。这样，受托方就是法定的代收代缴义务人。如果受托方对委托加工的应税消费品没有代收代缴或少代收代缴消费税，就要按照税收征收管理法的规定，承担代收代缴的法律责任。因此，受托方必须严格履行代收代缴义务，正确计算和按时代缴税款。为了加强对受托方代收代缴税款的管理，1994 年 5 月，国家税务总局在颁发的《关于消费税若干征税问题的通知》中，对委托个体经营者加工应税消费品纳税问题做了调整，由原定一律由受托方代收代缴税款，改为纳税人委托个体经营者加工应税消费品，一律于委托方收回后在委托方所在地缴纳消费税。以及 2008 年 12 月 15 日财政部、国家税务总局第 51 号令颁布的《消费税暂行条例实施细则》也规定，委托个人加工的应税消费品，由委托方收回后缴纳消费税。

对于受托方没有按规定代收代缴税款的，并不能因此免除委托方补缴税款的责任。在对委托方进行税务检查中，如果发现其委托加工的应税消费品受托方没有代收代缴税款，委托方要补缴税款（对受托方不再重复补税了，但要按《税收征收管理法》的规定，处以应代收代缴税款 50%以上 3 倍以下的罚款）。对委托方补征税款的计税依据是：

如果在检查时，收回的应税消费品已经直接销售的，按销售额计税；委托方将收回的应税消费品，以不高于受托方的计税价格出售的，为直接出售，不再缴纳消费税；委托方以高于受托方的计税价格出售的，不属于直接出售，需按照规定申报缴纳消费税，在计税时准予扣除受托方已代收代缴的消费税。收回的应税消费品尚未销售或不能直接销售的（如收回后用于连续生产等），按组成计税价格计税。组成计税价格的计算公式与下列“（三）”组成计税价格公式相同。

委托加工的应税消费品，受托方在交货时已代收代缴消费税，委托方收回后直接销售的，不再征收消费税。

（三）组成计税价格及应纳税额的计算

委托加工的应税消费品，按照受托方的同类消费品的销售价格计算纳税，同类消费品的销售价格是指受托方（即代收代缴义务人）当月销售的同类消费品的销售价格，如果当月同类消费品各期销售价格高低不同，应按销售数量加权平均计算。但销售的应税消费品有下列情况之一的，不得列入加权平均计算：

（1）销售价格明显偏低又无正当理由的；

（2）无销售价格的。

如果当月无销售或者当月未完结，应按照同类消费品上月或最近月份的销售价格计算纳税。没有同类消费品销售价格的，按照组成计税价格计算纳税。组成计税价格的计算公式为：

实行从价定率办法计算纳税的组成计税价格计算公式：

组成计税价格 =（材料成本+加工费）÷（1−比例税率）

实行复合计税办法计算纳税的组成计税价格计算公式：

组成计税价格 =（材料成本+加工费+委托加工数量×定额税率）÷（1−比例税率）

上述组成计税价格公式中有两个重要的专用名词需要解释。

1. 材料成本

按照《消费税暂行条例实施细则》的解释，“材料成本”是指委托方所提供加工材料的实际成本。

委托加工应税消费品的纳税人，必须在委托加工合同上如实注明（或以其他方式提供）材料成本，凡未提供材料成本的，受托方所在地主管税务机关有权核定其材料成本。从这一条规定可以看出，税法对委托方提供原料和主要材料，并要以明确的方式如实提供材料成本，要求是很严格的，其目的就是为了防止假冒委托加工应税消费品或少报材料成本，逃避纳税的现象。

2. 加工费

《消费税暂行条例实施细则》规定，“加工费”是指受托方加工应税消费品向委托方所收取的全部费用（包括代垫辅助材料的实际成本，不包括增值税税金），这是税法对受托方的要求。受托方必须如实提供向委托方收取的全部费用数据，这样才能既保证组成计税价格及代收代缴消费税准确地计算出来，也使受托方按加工费得以正确计算其应纳的增值税。

【例 3-5】某鞭炮企业 2016 年 5 月受托为某单位加工一批鞭炮，委托单位提供的原材料金额为 30 万元，收取委托单位不含增值税的加工费 4 万元，鞭炮企业当地无加工鞭炮的同类产品市场价格。计算鞭炮企业应代收代缴的消费税。

（1）鞭炮的适用税率 15%

（2）组成计税价格 =（30+4）÷（1−15%）= 40（万元）

（3）应代收代缴消费税 = 40×15% = 6（万元）

三、进口环节应纳消费税的计算

进口的应税消费品，于报关进口时缴纳消费税；进口的应税消费品的消费税由海关代征；进口的应税消费品，由进口人或者其代理人向报关地海关申报纳税；纳税人进口应税消费品，按照关税征收管理的相关规定，应当自海关填发海关进口消费税专用缴款书之日起 15 日内缴纳税款。

纳税人进口应税消费品，按照组成计税价格和规定的税率计算应纳税额。计算方法如下：

（一）进口一般货物应纳消费税的计算

1. 从价定率计征应纳税额的计算

应纳税额的计算公式：

实行从价定率办法计算纳税的组成计税价格计算公式：

组成计税价格 =（关税完税价格+关税）÷（1−消费税比例税率）

应纳税额 = 组成计税价格×消费税比例税率

【例 3-6】某商贸公司，7 月从国外进口一批应税消费品，已知该批应税消费品的关税完税价格为 90 万元，按规定应缴纳关税 18 万元，假定进口的应税消费品的消费税税率为 10%。请计算该批消费品进口环节应缴纳的消费税税额。

（1）组成计税价格 =（90+18）÷（1−10%）= 120（万元）

（2）应缴纳消费税税额 = 120×10% = 12（万元）

公式中所称“关税完税价格”，是指海关核定的关税计税价格。

2. 实行从量定额计征应纳税额的计算

应纳税额的计算公式：

应纳税额=应税消费品数量×消费税定额税率

3. 实行从价定率和从量定额复合计税办法应纳税额的计算

应纳税额的计算公式：

组成计税价格=（关税完税价格+关税+进口数量×消费税定额税率）÷（1-消费税比例税率）

应纳税额=组成计税价格×消费税税率+应税消费品进口数量×消费税定额税额

进口环节消费税除国务院另有规定者外，一律不得给予减税、免税。

（二）进口卷烟应纳消费税额的计算

（1）为统一进口卷烟与国产卷烟的消费税政策，自2009年5月1日起，进口卷烟消费税适用比例税率按以下办法确定。

①每标准条进口卷烟（200支）确定消费税适用比例税率的价格=（关税完税价格+关税+消费税定额税率）÷（1-消费税税率）。其中，关税完税价格和关税为每标准条的关税完税价格及关税税额；消费税定额税率为每标准条（200支）1元（依据现行消费税定额税率折算而成）。

②每标准条进口卷烟（200支）确定消费税适用比例税率的价格≥70元人民币的，适用比例税率为56%；每标准条进口卷烟（200支）确定消费税适用比例税率的价格<70元人民币的，适用比例税率为36%。

（2）依据上述确定的消费税适用比例税率，计算进口卷烟消费税组成计税价格和应纳消费税税额。

①进口卷烟消费税组成计税价格=（关税完税价格+关税+消费税定额税）÷（1-进口卷烟消费税适用比例税率）。

②应纳税额的计算与上述一般公式相同，应纳消费税税额=进口卷烟消费税组成计税价格×进口卷烟消费税适用比例税率+消费税定额税。其中，消费税定额税=海关核定的进口卷烟数量×消费税定额税率，消费税定额税率与国内相同，每标准箱为（50 000支）250元。

【例3-7】有进出口经营权的某外贸公司，2013年8月从国外进口卷烟640箱（每箱250条，每条200支），支付买价4 000 000元，支付到达我国海关前的运输费用240 000元、保险费用160 000元。假定进口卷烟的关税税率为20%，请计算卷烟在进口环节应缴纳的消费税。

（1）每条进口卷烟消费税适用比例税率的价格=［（4 000 000+240 000+160 000）÷（640×250）×（1+20%）+1］÷（1-36%）=53.125（元）

单条卷烟价格小于70元，适用消费税税率为36%。

（2）进口卷烟应缴纳的消费税=160 000×53.125×36%+160 000×1=3 220 000（元）

四、零售环节的消费税的计算

目前在零售环节征收消费税的为金银首饰和钻石饰品。金银首饰的零售业务是指将金银首饰销售给中国人民银行批准的金银首饰生产、加工、批发、零售等经营单位以外的单位和个人的业务。改为零售环节征税的银首饰包括金、银和金基、银基合金首饰，以及金、银和金基、银基合金的镶嵌首饰，铂金首饰。此外，下列业务视同零售：

（1）为经营单位以外的单位和个人加工金银首饰。其中，加工包括带料加工、翻新改制、以旧换新等业务，不包括修理和清洗业务。

（2）经营单位将金银首饰用于馈赠、赞助、集资、广告、职工福利和奖励等方面。

（3）未经中国人民银行总行批准，经营金银首饰批发业务的单位将金银首饰销售给经营单位。

对既销售金银首饰，又销售非金银首饰的生产经营单位，应将两类商品划分清楚，分别核算销售额。凡划分不清或者不能分别核算的，在生产环节销售的，一律从高使用税率征收消费税；在零售环节销售的，一律按金银首饰征收消费税。金银首饰与其他产品组成成套消费品销售的，应纳销售额全额征收消费税。

五、卷烟批发环节征收消费税的规定

2009年5月1日起，卷烟批发环节加征了一道从价税，具体规定如下：

（1）纳税人为境内从事卷烟批发业务的单位和个人。

（2）征收范围是纳税人批发销售的所有牌号规格的卷烟。

（3）计税依据为纳税人批发卷烟的不含税销售额。

（4）适用税率为5%。自2015年5月10日起从价税率由5%提高至11%，并按0.005元/支加征从量税。

（5）纳税人销售给纳税人以外的单位和个人的卷烟用于销售时纳税，纳税人之间销售的卷烟不缴纳消费税。

（6）纳税义务发生时间为纳税人收讫销售款或者取得索取销售款凭据的当天。

（7）纳税地点为卷烟批发企业的机构所在地，总机构与分支机构不在同一地区的，由总机构申报纳税。

（8）卷烟消费税在生产和批发两个环节征税后，批发企业在计算纳税时不得扣除已含的生产环节的消费税税款。

（9）纳税人应将卷烟销售额与其他商品销售额分开核算，未分开核算的，一并征收消费税。

六、已纳消费税扣除的计算

为了避免重复征税，现行消费税规定，将外购应税消费品和委托加工收回的应税消费品继续生产应税消费品销售的，可以将外购应税消费品和委托加工收回应税消费品已缴纳的消费税给予扣除。

（一）外购应税消费品已纳税款的扣除

由于某些应税消费品是用外购已缴纳消费税的应税消费品连续生产出来的，在对这些连续生产出来的应税消费品计算征税时，税法规定应按当期生产领用数量计算准予扣除外购的应税消费品已纳的消费税税款。扣除范围包括：

（1）外购已税烟丝生产的卷烟；

（2）外购已税高档化妆品生产的高档化妆品；

（3）外购已税珠宝玉石生产的贵重首饰及珠宝玉石；

（4）外购已税鞭炮焰火生产的鞭炮焰火；

（5）外购已税摩托车生产的摩托车（如用外购两轮摩托车改装三轮摩托车）；

（6）外购已税杆头、杆身和握把为原料生产的高尔夫球杆；

（7）外购已税木制一次性筷子为原料生产的木制一次性筷子；

（8）外购已税实木地板为原料生产的实木地板；

（9）外购已税石脑油为原料生产的应税消费品；

（10）外购已税润滑油为原料生产的润滑油。

（11）以外购的汽油、柴油用于连续生产的甲醇汽油、生物柴油。

上述当期准予扣除外购应税消费品已纳消费税税款的计算公式为：

当期准予扣除的外购应税消费品已纳税款＝当期准予扣除的外购应税消费品买价×外购应税消费品适用税率

当期准予扣除的外购应税消费品买价＝期初库存的外购应税消费品的买价＋当期购进的应税消费品的买价－期末库存的外购应税消费品的买价

【例3-8】某卷烟生产企业，某月初库存外购应税烟丝金额20万元，当月又外购应税烟丝金额50万元（不含增值税），月末库存烟丝金额10万元，其余被当月生产卷烟领用。请计算卷烟厂当月准许扣除的外购烟丝已缴纳的消费税税额。

（1）烟丝适用的消费税税率为30%

（2）当期准许扣除的外购烟丝买价＝20＋50－10＝60（万元）

（3）当月准许扣除的外购烟丝已缴纳的消费税税额＝60×30%＝18（万元）

外购已税消费品的买价是指购货发票上注明的销售额（不包括增值税税款）。

需要说明的是，纳税人用外购的已税珠宝玉石生产的改在零售环节征收消费税的金银首饰（镶嵌首饰），在计税时一律不得扣除外购珠宝玉石的已纳税款。

对自己不生产应税消费品，而只是购进后再销售应税消费品的工业企业，其销售的化妆品、鞭炮焰火和珠宝玉石，凡不能构成最终消费品直接进入消费品市场，而需进一步生产加工的，应当征收消费税，同时允许扣除上述外购应税消费品的已纳税款。

（二）委托加工收回的应税消费品已纳税款的扣除

委托加工的应税消费品因为已由受托方代收代缴消费税，因此，委托方收回货物后用于连续生产应税消费品的，其已纳税款准予按照规定从连续生产的应税消费品应纳消费税税额中抵扣。按照国家税务总局的规定，从1995年6月1日起，下列连续生产的应税消费品准予从应纳消费税税额中按当期生产领用数量计算扣除委托加工收回的应税消费品已纳消费税税款：

（1）以委托加工收回的已税烟丝为原料生产的卷烟；

（2）以委托加工收回的已税化妆品为原料生产的化妆品；

（3）以委托加工收回的已税珠宝玉石为原料生产的贵重首饰及珠宝玉石；

（4）以委托加工收回的已税鞭炮、焰火为原料生产的鞭炮、焰火；

（5）以委托加工收回的已税汽车轮胎生产的汽车轮胎；

（6）以委托加工收回的已税摩托车生产的摩托车；

（7）以委托加工收回的已税杆头、杆身和握把为原料生产的高尔夫球杆；

（8）以委托加工收回的已税木制一次性筷子为原料生产的木制一次性筷子；

（9）以委托加工收回的已税实木地板为原料生产的实木地板；

（10）以委托加工收回的已税石脑油为原料生产的应税消费品；

（11）以委托加工收回的已税润滑油为原料生产的润滑油。

上述当期准予扣除委托加工收回的应税消费品已纳消费税税款的计算公式是：

当期准予扣除的委托加工应税消费品已纳税款=期初库存的委托加工应税消费品已纳税款+当期收回的委托加工应税消费品已纳税款-期末库存的委托加工应税消费品已纳税款

需要说明的是，纳税人用委托加工收回的已税珠宝玉石生产的改在零售环节征收消费税的金银首饰，在计税时一律不得扣除委托加工收回的珠宝玉石的已纳消费税税款。

以外购或委托加工收回石脑油为原料生产乙烯或其他化工产品，在同一生产过程中既可以生产出乙烯或其他化工产品等非应税消费品同时又生产出裂解汽油等应税消费品的，外购或委托加工收回石脑油允许抵扣的已纳税款计算公式如下：

①外购石脑油。

当期准予扣除外购石脑油已纳税款=当期准予扣除外购石脑油数量×税率×单位税额×30%

税率=当期应税消费品产出量÷生产当期应税消费品所有原料投入数量×100%

②委托加工收回的石脑油。

当期准予扣除的委托加工成品油已纳税款=当期准予扣除的委托加工石脑油已纳税款×税率

税率=当期应税消费品产出量÷生产当期应税消费品所有原料投入数量×100%

以外购或委托加工收回石脑油为原料生产乙烯或其他化工产品的生产企业，应按照上述计算公式分别计算2003年、2004年、2005年年平均税率，将计算出的年平均税率报主管税务机关备案。

七、税额减征的计算

为保护生态环境，促进替代污染排放汽车的生产和消费，推进汽车工业技术进步，对生产销售达到低污染排放值的小轿车、越野车和小客车减征30%的消费税。计算公式为：

减征税额=按法定税率计算的消费税额×30%

应征税额=按法定税率计算的消费税额-减征税额

低污染排放限值是指相当于欧盟指令94/12/EC、96/69/EC排放标准（简称“欧洲Ⅱ号标准”）。

目前，上海通用汽车有限公司生产的别克、赛欧系列小汽车，上海大众汽车有限公司生产的桑塔纳、帕萨特系列小汽车，一汽大众有限公司生产的奥迪、捷达、宝来系列小汽车，沈阳金杯客车制造有限公司生产的金环系列轻型客车，广州本田汽车有限公司生产的雅阁牌轿车，一汽海南汽车有限公司生产的海马牌轿车等，经国家认定的检验中心和专家审查，达到《轻型汽车污染物排放限值及测量方法（Ⅱ）》规定的排放标准，检验程序符合规定要求。按财税［2000］26 文件的规定，对上述小汽车准予按应纳税额减征 30%消费税。

【例 3-9】某小轿车生产企业为增值税一般纳税人，6 月份生产并销售小轿车 500 辆，每辆含税销售价格 17. 55 万元，适用消费税税率 12%，经审查该企业生产的小轿车已达到减征消费税的国家标准。请计算该企业 6 月份应缴纳消费税。

（1）销售额＝17. 55÷（1+17%）×500＝7 500（万元）

（2）应纳税额＝7 500×12%×（1−30%）＝630（万元）

第六节 出口应税消费品退（免）税

纳税人出口应税消费品与已纳增值税出口货物一样，国家都是给予退（免）税优惠的。出口应税消费品同时涉及退（免）增值税和消费税，且退（免）消费税与出口货物退（免）增值税在退（免）税范围的限定、退（免）税办理程序、退（免）税审核及管理上都有许多一致的地方。1995 年 7 月 1 日以后报关离境的应税消费品的退（免）消费税与其退（免）增值税一样都统一执行财政部、国家税务总局颁发的《出口货物退（免）税若干问题规定》以及国家税务总局 1994 年颁发的《出口货物退（免）税管理办法（试行）》中仍有效的部分。因此，请详见第二章第九节，本节中不再重复。本节仅就出口应税消费品退（免）消费税某些不同于出口货物退（免）增值税的特殊规定作介绍。

一、出口退税率的规定

计算出口应税消费品应退消费税的税率或单位税额，依据《消费税暂行条例》所附《消费税税目税率（税额）表》执行。这是退（免）消费税与退（免）增值税的一个重要区别。当出口的货物是应税消费品时，其退还增值税要按规定的退税率计算；其退还消费税则按该应税消费品所适用的消费税税率计算。企业应将不同消费税税率的出口应税消费品分开核算和申报，凡划分不清适用税率的，一律从低适用税率计算应退消费税税额。

二、出口应税消费品退（免）税政策

出口应税消费品退（免）消费税在政策上分为以下三种情况：

（一）出口免税并退税

适用这个政策的是：有出口经营权的外贸企业购进应税消费品直接出口，以及外贸企业受其他外贸企业委托代理出口应税消费品。这里需要重申的是，外贸企业只有受其他外贸企业委托，代理出口应税消费品才可办理退税，外贸企业受其他企业（主要是非生产性的商贸企业）委托，代理出口应税消费品是不予退（免）税的。这个政策限定与前述出口货物退（免）增值税的政策规定是一致的。

（二）出口免税但不退税

适用这个政策的是：有出口经营权的生产性企业自营出口或生产企业委托外贸企业代理出口自产的应税消费品，依据其实际出口数量免征消费税，不予办理退还消费税。

（三）出口不免税也不退税

适用这个政策的是：除生产企业、外贸企业外的其他企业，具体是指一般商贸企业，这类企业委托外贸企业代理出口应税消费品一律不予退（免）税。

三、出口应税消费品退税额的计算

外贸企业从生产企业购进货物直接出口或受其他外贸企业委托代理出口应税消费品的应退消费税税款，分两种情况处理：

（1）属于从价定率计征消费税的应税消费品，应依照外贸企业从工厂购进货物时征收消费税的价格计算应退消费税税款，其公式为：

应退消费税税款=出口货物的工厂销售额×税率

上述公式中“出口货物的工厂销售额”不包含增值税。对含增值税的价格应换算为不含增值税的销售额。

（2）属于从量定额计征消费税的应税消费品，应以货物购进和报关出口的数量计算应退消费税税款，其公式为：

应退消费税税款=出口数量×单位税额

四、出口应税消费品办理退（免）税后的管理

出口的应税消费品办理退税后，发生退关，或者国外退货进口时予以免税的，报关出口者必须及时向其所在地主管税务机关申报补缴已退的消费税税款。

纳税人直接出口的应税消费品办理免税后发生退关或国外退货，进口时已予以免税的，经所在地主管税务机关批准，可暂不办理补税，待其转为国内销售时，再向其主管税务机关申报补缴消费税。

第七节 征 收 管 理

一、纳税义务发生时间

纳税人生产的应税消费品于销售时纳税，进口消费品应当于应税消费品报关进口环节纳税，但金银首饰、钻石及钻石饰品在零售环节纳税。消费税纳税义务发生的时间，以货款结算方式或行为发生时间分别确定。

（1）纳税人销售的应税消费品，其纳税义务的发生时间为：

①纳税人采取赊销和分期收款结算方式的，其纳税义务的发生时间，为销售合同规定的收款日期的当天。

②纳税人采取预收货款结算方式的，其纳税义务的发生时间，为发出应税消费品的当天。

③纳税人采取托收承付和委托银行收款方式销售的应税消费品，其纳税义务的发生时间，为发出应税消费品并办妥托收手续的当天。

④纳税人采取其他结算方式的，其纳税义务的发生时间，为收讫销售款或者取得索取

销售款的凭据的当天。

(2) 纳税人自产自用的应税消费品，其纳税义务的发生时间，为移送使用的当天。

(3) 纳税人委托加工的应税消费品，其纳税义务的发生时间，为纳税人提货的当天。

(4) 纳税人进口的应税消费品，其纳税义务的发生时间，为报关进口的当天。

二、纳税期限

按照《消费税暂行条例》规定，消费税的纳税期限分别为 1 日、3 日、5 日、10 日、15 日、1 个月或者 1 个季度。纳税人的具体纳税期限，由主管税务机关根据纳税人应纳税额的大小分别核定；不能按照固定期限纳税的，可以按次纳税。

纳税人以 1 个月或以 1 个季度为一期纳税的，自期满之日起 15 日内申报纳税；以 1 日、3 日、5 日、10 日或者 15 日为一期纳税的，自期满之日起 5 日内预缴税款，于次月 1 日起至 15 日内申报纳税并结清上月应纳税款。

纳税人进口应税消费品，应当自海关填发海关进口消费税专用缴款书之日起 15 日内缴纳税款。

如果纳税人不能按照规定的纳税期限依法纳税，将按《税收征收管理法》的有关规定处理。

三、纳税地点

消费税具体纳税地点有：

(1) 纳税人销售的应税消费品，以及自产自用的应税消费品，除国家另有规定的外，应当向纳税人核算地主管税务机关申报纳税。

(2) 委托个人加工的应税消费品，由委托方向其机构所在地或者居住地主管税务机关申报纳税。除此之外，由受托方向所在地主管税务机关代收代缴消费税税款。

(3) 进口的应税消费品，由进口人或者其代理人向报关地海关申报纳税。

(4) 纳税人到外县（市）销售或者委托外县（市）代销自产应税消费品的，于应税消费品销售后，向机构所在地或者居住地主管税务机关申报纳税。

(5) 纳税人销售的应税消费品，如因质量等原因由购买者退回时，经所在地主管税务机关审核批准后，可退还已征收的消费税税款。但不能自行直接抵减应纳税款。

思考练习题

一、思考题

1. 什么是消费税？
2. 消费税的税目有哪些？
3. 消费税的计税依据有何规定？
4. 消费税的征收管理有哪些规定？
5. 现行消费税制度有何缺陷？应如何完善？

二、练习题

1. 某酒厂为增值税一般纳税人，主要生产粮食白酒和啤酒。2016 年 7 月销售粮食白酒 800 吨给销售公司，取得不含税销售额 1 300 万元，收取包装物押金 14.04 万元（单独记账且未逾期）。销售公司将该批白酒售出，取得不含税销售额 2 300 万元。当月销售甲类啤酒 250 吨，每吨不含税售价 0.28 万元，取得不含税销售额 70 万元，另取得包装物含税销售额 5.85 元。当月外购货物取得增值税专用发票并通过认证，注明增值税进项税额为 180 万元。（注：假定酒厂白酒消费税的计税依据为销售公司销售额的 70%）

要求：请计算该酒厂 7 月应缴纳的消费税、增值税。

2. 某化妆品厂为增值税一般纳税人，2016 年 11 月发生下列业务：

（1）销售化妆品开出增值税专用发票，注明价款 110 万元、增值税税款 18.7 万元；

（2）没收逾期未归还的包装物押金 3.51 万元；

（3）本企业将新生产的化妆品分给职工作为福利，成本价 12 万元，该化妆品无同类产品市场销售价格；

（4）受托加工化妆品一批，委托方提供原材料 20 万元，企业收取加工费 8 万元，并开出增值税专用发票，化妆品无同类产品市场销售价格。

要求：计算该化妆品厂 11 月份应缴纳的消费税、增值税。

第四章　城市维护建设税、教育费附加和烟叶税

内容提要：本章介绍了城市维护建设税、教育费附加和烟叶税的定义、税率（征收率）和计税（费）依据；城市维护建设税、教育费附加和烟叶税应纳税额（费）的计算方法、优惠政策和征收管理。学习本章时，主要掌握城市维护建设税和烟叶税的计税依据、优惠政策和应纳税额的计算方法。

第一节　城市维护建设税

一、城市维护建设税的基本原理

（一）城市维护建设税的概念

城市维护建设税是对从事工商经营，缴纳增值税、消费税的单位和个人征收的一种税。

中华人民共和国成立以来，我国城市建设和维护在不同时期都取得了较大成绩，但国家在城市建设方面一直资金不足。1979 年以前，我国用于城市维护建设的资金来源由当时的工商税附加、城市公用事业附加和国家下拨城市维护费组成。1979 年国家开始在部分大中城市试行从上年工商利润中提取 5%用于城市维护和建设的办法，但未能从根本上解决问题。1981 年国务院在批转财政部关于改革工商税制的设想中提出："根据城市建设的需要，开征城市维护建设税，作为县以上城市和工矿区市政建设的专项资金"。1985 年 2 月 8 日国务院正式颁布了《中华人民共和国城市维护建设税暂行条例》（以下简称《城市维护建设税暂行条例》），并于 1985 年 1 月 1 日在全国范围内施行。

（二）城市维护建设税的特点

1. 税款专款专用

一般情况下，税收收入都直接纳入国家预算，由中央和地方政府根据需要，统一安排使用到国家建设和事业发展的各个方面，税法并不规定各个税种收入的具体使用范围和方向。但城市维护建设税不同，其所征税款要求保证用于城市公用事业和公共设施的维护和建设。

2. 属于一种附加税

征税对象是税法规定征税的目的物，是一个税种区别于另一个税种的主要标志。而城市维护建设税是以纳税人实际缴纳的增值税、消费税税额为计税依据，与增值税和消费税同时征收，其本身没有特定的课税对象，其征管方法也完全比照增值税和消费税的有关规定办理。

3. 根据城镇规模设计不同的比例税率

城市维护建设税的负担水平，不是依据纳税人获取的利润水平或经营特点而定，而是根据纳税人所在城镇的规模及其资金需要设计的。城镇规模大的，税率高一些；反之，就低一些。例如，纳税人所在地在城市市区的，税率为7%；在县城、建制镇的税率为5%。这样规定能够使不同地区获取不同数量的城市维护建设资金，因地制宜地进行城市的维护和建设。

二、纳税义务人

（一）纳税义务人一般规定

城建税的纳税义务人，是指负有缴纳增值税、消费税义务的单位和个人，包括国有企业、集体企业、私营企业、股份制企业、其他企业和行政单位、事业单位、军事单位、社会团体、其他单位，以及个体工商户及其他个人。自2010年12月1日起，外商投资企业、外国企业及外籍个人适用国务院1985年发布的《中华人民共和国城市维护建设税暂行条例》和1986年发布的《征收教育费附加的暂行规定》，按规定征收城市维护建设税和教育费附加。对外资企业2010年12月1日之前发生纳税义务的“三税”，不征收城市维护建设税和教育费附加。

（二）中外合作开采石油资源的纳税义务人

国发［2010］35号文件规定，中外合作开采石油资源适用城市维护建设税和教育费附加，具体规定如下：

（1）中外合作油（气）田开采的原油、天然气，在依据《国务院关于外商投资企业和外国企业适用增值税、消费税等税收暂行条例有关问题的通知》（国发［1994］10号）和《国家税务总局关于中外合作开采石油资源缴纳增值税有关问题的通知》（国税发［1994］114号），按5%税率缴纳实物增值税后，以合作油（气）田实际缴纳的增值税税额为计税依据，缴纳城市维护建设税和教育费附加。

合作油（气）田的城市维护建设税和教育费附加的申报缴纳事宜，由参与中外合作开采石油资源的中国石油公司负责办理。

（2）开采海洋石油资源的中外合作油（气）田所在地在海上，根据《中华人民共和国城市维护建设税暂行条例》（国发［1985］19号）第四条的规定，其城市维护建设税适用1%的税率。

三、税率

城建税（即城市维护建设税，后同）的税率，是指纳税人应缴纳的城建税税额与纳税人实际缴纳的“三税”税额之间的比率。城建税按纳税人所在地的不同，设置了三档地区差别比例税率，即：

（1）纳税人所在地为市区的，税率为7%。

（2）纳税人所在地为县城、镇的，税率为5%。

（3）纳税人所在地不在市区、县城或者镇的，税率为1%。

城建税的适用税率，应当按纳税人所在地的规定税率执行。但是，对下列两种情况，可按缴纳“三税”所在地的规定税率就地缴纳城建税：

第一种情况：由受托方代扣代缴、代收代缴“三税”的单位和个人，其代扣代缴、代收代缴的城建税按受托方所在地适用税率执行；

第二种情况：流动经营等无固定纳税地点的单位和个人，在经营地缴纳“三税”的，其城建税的缴纳按经营地适用税率执行。

四、计税依据和应纳税额的计算

（一）计税依据

城建税的计税依据，是指纳税人实际缴纳的增值税和消费税税额。纳税人违反增值税和消费税有关税法而加收的滞纳金和罚款，是税务机关对纳税人违法行为的经济制裁，不作为城建税的计税依据，但纳税人在被查补增值税和消费税和被处以罚款时，应同时对其偷漏的城建税进行补税、征收滞纳金和罚款。

城建税以增值税和消费税税额为计税依据并同时征收，如果要免征或者减征增值税和消费税，也就要同时免征或者减征城建税。

但对出口产品退还增值税、消费税的，不退还已缴纳的城建税。

（二）应纳税额的计算

城建税纳税人的应纳税额大小是由纳税人实际缴纳的增值税和消费税税额决定的，其计算公式为：

应纳税额=纳税人实际缴纳的增值税、消费税税额×适用税率

【例 4-1】某市区一家企业 2017 年 5 月份实际缴纳增值税 300 000 元，缴纳消费税 600 000元。计算该企业应纳的城建税税额。

应纳城建税税额=（实际缴纳的增值税+实际缴纳的消费税+实际缴纳的营业税）×适用税率=（300 000+600 000）×7%=900 000×7%=63 000（元）

由于城建税法实行纳税人所在地差别比例税率，所以在计算应纳税额时，应十分注意根据纳税人所在地来确定适用税率。

五、税收优惠

城建税原则上不单独减免，但因城建税又具附加税性质，当主税发生减免时，城建税相应发生税收减免。城建税的税收减免具体有以下几种情况：

（1）城建税按减免后实际缴纳的增值税和消费税税额计征，即随“三税”的减免而减免。

（2）对于因减免税而需进行增值税和消费税退库的，城建税也可同时退库。

（3）海关对进口产品代征的增值税、消费税，不征收城建税。

（4）对增值税和消费税实行先征后返、先征后退、即征即退办法的，除另有规定外，对随增值税和消费税附征的城市维护建设税和教育费附加，一律不予退（返）还。

（5）其他优惠。自 2010 年 5 月 25 日起，经国务院批准，为支持国家重大水利工程建设，对国家重大水利工程建设基金免征城市维护建设税。

六、征收管理

（一）纳税环节

城建税的纳税环节，指《城市维护建设税暂行条例》规定的纳税人应当缴纳城建税的环节。城建税的纳税环节，实际就是纳税人缴纳增值税和消费税的环节。纳税人只要发生增值税和消费税的纳税义务，就要在同样的环节，分别计算缴纳城建税。

（二）纳税地点

城建税以纳税人实际缴纳的增值税、消费税税额为计税依据，分别与增值税和消费税同时缴纳。所以，纳税人缴纳增值税和消费税的地点，就是该纳税人缴纳城建税的地点。但是，属于下列情况的，纳税地点为：

（1）代扣代缴、代收代缴增值税和消费税的单位和个人，同时也是城市维护建设税的代扣代缴、代收代缴义务人，其城建税的纳税地点在代扣代收地。

（2）跨省开采的油田，下属生产单位与核算单位不在一个省内的，其生产的原油，在油井所在地缴纳增值税，其应纳税款由核算单位按照各油井的产量和规定税率，计算汇拨各油井缴纳。所以，各油井应纳的城建税，应由核算单位计算，随同增值税一并汇拨油井所在地，由油井在缴纳增值税的同时，一并缴纳城建税。

（3）对管道局输油部分的收入，由取得收入的各管道局于所在地缴纳增值税。所以，其应纳城建税，也应由取得收入的各管道局于所在地缴纳增值税时一并缴纳。

（4）对流动经营等无固定纳税地点的单位和个人，应随同增值税和消费税在经营地按适用税率缴纳。

（三）纳税期限

由于城建税是由纳税人在缴纳增值税和消费税时同时缴纳的，所以其纳税期限分别与增值税和消费税的纳税期限一致。根据增值税法和消费税法规定，增值税、消费税的纳税期限均分别为 1 日、3 日、5 日、10 日、15 日或者 1 个月；根据营业税法规定，营业税的纳税期限分别为 5 日、10 日、15 日或者 1 个月。增值税、消费税的纳税人的具体纳税期限，由主管税务机关根据纳税人应纳税额大小分别核定；不能按照固定期限纳税的，可以按次纳税。

由于《城市维护建设税暂行条例》是在 1994 年分税制前制定的，1994 年后，增值税、消费税由国家税务局征收管理，而城市维护建设税由地方税务局征收管理，因此，在缴税入库的时间上不一定完全一致。

第二节　教育费附加

一、教育费附加概述

教育费附加是对缴纳增值税、消费税的单位和个人，就其实际缴纳的税额为计算依据征收的一种附加费。

教育费附加是为加快地方教育事业，扩大地方教育经费的资金而征收的一项专用基金。1984 年，国务院颁布了《关于筹措农村学校办学经费的通知》，开征了农村教育事业经费附加。1985 年，中共中央做出了《关于教育体制改革的决定》，指出必须在国家增拨教育基本建设投资和教育经费的同时，充分调动企、事业单位和其他各种社会力量办学的积极性，开辟多种渠道筹措经费。为此，国务院于 1986 年 4 月 28 日颁布了《征收教育费附加的暂行规定》，决定从同年 7 月 1 日开始在全国范围内征收教育费附加。

二、教育费附加的征收范围及计征依据

教育费附加对缴纳增值税、消费税的单位和个人征收，以其实际缴纳的增值税、消费税和营业税为计征依据，分别与增值税、消费税和营业税同时缴纳。

三、教育费附加计征比率

教育费附加计征比率曾几经变化。1986 年开征时，规定为1%；1990 年 5 月《国务院关于修改〈征收教育费附加的暂行规定〉的决定》中规定为 2%；按照 1994 年 2 月 7 日《国务院关于教育费附加征收问题的紧急通知》的规定，现行教育费附加征收比率为 3%。

四、教育费附加的计算

教育费附加的计算公式为：

应纳教育费附加=实际缴纳的增值税、消费税×征收比率

【例 4-2】 某市区一家企业 2017 年 5 月份实际缴纳增值税 200 000 元，缴纳消费税 400 000元。计算该企业应缴纳的教育费附加。

应纳教育费附加=（实际缴纳的增值税+实际缴纳的消费税）×征收比率=（200 000+400 000）×3%=600 000×3%=18 000（元）

五、教育费附加的减免规定

（1）对海关进口的产品征收的增值税、消费税，不征收教育费附加。

（2）对由于减免增值税、消费税而发生退税的，可同时退还已征收的教育费附加。但对出口产品退还增值税、消费税的，不退还已征的教育费附加。

（3）其他优惠。自 2010 年 5 月 25 日起，经国务院批准，为支持国家重大水利工程建设，对国家重大水利工程建设基金免征城市教育费附加。

第三节 烟 叶 税

烟叶税是以纳税人收购烟叶的收购金额为计税依据征收的一种税。

烟叶税是中华人民共和国成立以后慢慢形成的一个税种，1958 年我国颁布实施《中华人民共和国农业税条例》（以下简称《农业税条例》）。1983 年，国务院以《农业税条例》为依据，选择特定农业产品征收农林特产农业税。当时农林特产农业税征收范围不包括烟叶，对烟叶另外征收产品税和工商统一税。1994 年我国进行了财政体制和税制改

革，国务院决定取消原产品税和工商统一税，将原农林特产农业税与原产品税和工商统一税中的农林牧水产品税目合并，改为统一征收农业特产农业税，并于同年1月30日发布《国务院关于对农业特产收入征收农业税的规定》（国务院令143号）。其中规定对烟叶在收购环节征收，税率为31%。1999年，将烟叶特产农业税的税率下调为20%。2004年6月，根据《中共中央、国务院关于促进农民增加收入若干政策的意见》（中发［2004］1号），财政部、国家税务总局下发《关于取消除烟叶外的农业特产农业税有关问题的通知》（财税［2004］120号），规定从2004年起，除对烟叶暂保留征收农业特产农业税外，取消对其他农业特产品征收的农业特产农业税。2005年12月29日，十届全国人大常委会第十九次会议决定，《农业税条例》自2006年1月1日起废止。至此，对烟叶征收农业特产农业税失去了法律依据。2006年4月28日，国务院公布了《中华人民共和国烟叶税暂行条例》，并自公布之日起施行。

一、纳税义务人、征税范围

（一）纳税义务人

在中华人民共和国境内收购烟叶的单位为烟叶税的纳税人，应当依照《中华人民共和国烟叶税暂行条例》（以下简称《暂行条例》）的规定缴纳烟叶税。

（二）征税范围

按照《暂行条例》的规定，烟叶税的征税范围是指晾晒烟叶、烤烟叶。

二、税率和应纳税额的计算

（一）税率

烟叶税实行比例税率，税率为20%。烟叶税税率的调整，由国务院决定。

（二）应纳税额的计算

烟叶税应纳税额按照《暂行条例》的规定，以纳税人收购烟叶的收购金额和规定的税率计算。应纳税额的计算公式为：

应纳税额＝烟叶收购金额×税率

收购金额包括纳税人支付给烟叶销售者的烟叶收购价款和价外补贴。按照简化手续、方便征收的原则，对价外补贴统一暂按烟叶收购价款的10%计入收购金额征税。

收购金额＝收购价款×（1+10%）

【例4-3】某烟草公司系增值税一般纳税人，2017年9月收购烟叶400 000千克，烟叶收购价格15元/千克，总计6 000 000元，货款已全部支付。请计算该烟草公司9月收购烟叶应缴纳的烟叶税。

应缴纳烟叶税＝6 000 000×（1+10%）×20%＝1 320 000（元）

三、征收管理

烟叶税的征收管理，依照《中华人民共和国税收征收管理法》及《暂行条例》的有关规定执行。

1. 纳税义务发生时间

烟叶税的纳税义务发生时间为纳税人收购烟叶的当天。收购烟叶的当天是指纳税人向烟叶销售者收购付讫收购烟叶款项或者开具收购烟叶凭据的当天。

2. 纳税地点

纳税人收购烟叶，应当向烟叶收购地的主管税务机关申报纳税。按照税法的有关规定，烟叶收购地的主管税务机关是指烟叶收购地的县级地方税务局或者其所指定的税务分局、所。

3. 纳税期限

纳税人应当自纳税义务发生之日起30日内申报纳税。具体纳税期限由主管税务机关核定。

思考练习题

一、思考题

1. 什么是城市维护建设税？
2. 城市维护建设税的纳税人和计税依据有何规定？
3. 城市维护建设税有哪些优惠政策？
4. 教育费附加有哪些基本规定？
5. 什么是烟叶税？
6. 烟叶税有哪些主要规定？

二、练习题

1. 某城市一生产企业为增值税一般纳税人。本期进口材料一批，向海关缴纳进口环节增值税30万元；本期在国内销售甲产品缴纳增值税120万元、消费税160万元，由于缴纳消费税时超过纳税期限20天，被罚滞纳金1.6万元；本期出口乙产品，按规定退回增值税5万元。

要求：计算该企业本期应缴纳的城市维护建设税和教育费附加。

2. 某卷烟厂（地处县城）2016年6月销售卷烟600标准箱（每条调拨价100元），取得不含税销售额1 800万元。假设当月无进项税额。

要求：计算该卷烟厂该月应缴纳的城建税和教育费附加。

第五章　关　税

内容提要：本章介绍了关税的征税对象、纳税义务人、进出口税则；关税的完税价格和应纳税额的计算方法；关税的优惠政策及征收管理。学习本章，主要掌握关税的完税价格、应纳税额计算和征收管理的规定。

第一节　关税基本原理

一、关税的概念

关税是海关依法对进出境货物、物品征收的一种税。所谓“境”指关境，又称“海关境域”或“关税领域”，是国家海关法全面实施的领域。在通常情况下，一国关境与国境是一致的，包括国家全部的领土、领海、领空。但当某一国家在国境内设立了自由港、自由贸易区等区域，就进出口关税而言这些区域处在关境之外，这时，该国家的关境小于国境。如我国根据《中华人民共和国香港特别行政区基本法》和《中华人民共和国澳门特别行政区基本法》，香港和澳门保持自由港地位，为我国单独的关税地区，即单独关境区。单独关境区是不完全适用该国海关法律、法规或实施单独海关管理制度的区域。当几个国家结成关税同盟，组成一个共同的关境，实施统一的关税法令和统一的对外税则，这些国家彼此之间货物进出国境不征收关税，只对来自或运往其他国家的货物进出共同关境时征收关税，这些国家的关境大于国境，如欧盟。

我国现行关税法律规范以全国人民代表大会于 2000 年 7 月修正颁布的《中华人民共和国海关法》为法律依据，以国务院于 2003 年 11 月发布的《中华人民共和国进出口关税条例》，以及由国务院关税税则委员会审定并报国务院批准，作为组成部分的《中华人民共和国海关进出口税则》和《中华人民共和国海关入境旅客行李物品和个人邮递物品征收进口税办法》为基本法规，由负责关税政策制定和征收管理的主管部门依据基本法规拟订的管理办法和实施细则为主要内容。

二、关税政策和分类

（一）关税政策

关税政策反映了一国一定时期内的贸易政策、产业政策以及国民经济发展的基本思路，是政府调节经济的重要方式。关税政策的调整一般可分为两种方式：一是自主性的调整；二是具有外部约束的调整。自主性的关税政策调整的局限性在于：关税政策调整的过程可能相对较长，因没有外部压力，调整方式可能会因为国内各利益集团的影响而延缓政策目标的实现。具有外部约束的关税政策调整则不然，它强调一旦该国接受了某种协议，承诺要实行贸易自由化，那么该国的关税就必须按照所承诺的内容严格执行有关协议。我国入世以前的关税政策调整主要是以自主性为基本特征的，是建立在自身比较优势的基础上。1984 年至 2001 年我国的关税水平从 43%降到 12.7%。加入 WTO 以后，我国关税政策的调整明显地表现出“非自主性”，也就是说，关税政策的制定必须符合 WTO 各项协议的要求。

（二）关税分类

在各国每个阶段不同的关税政策下，各国采取不同的关税征收方法，关税也因此形成了不同的类型。依据不同的分类标准和依据，关税可以划分为不同的种类。

1. 按征收对象划分，有进口税、出口税和过境税

（1）进口税。它是指海关在外国货物进口时所课征的关税。进口税通常在外国货物进入关境或国境时征收；或在外国货物从保税仓库提出运往国内市场时征收。现今世界各国的关税，主要是征收进口税。征收进口税的目的在于保护本国市场和增加财政收入。

（2）出口税。它是指海关在本国货物出口时所课征的关税。为了降低出口货物的成本，提高本国货物在国际市场上的竞争能力，世界各国一般少征或不征出口税。但为了限制本国某些产品或自然资源的输出，或为了保护本国生产、本国市场供应和增加财政收入以及某些特定的需要，有些国家也征收出口税。

（3）过境税。又称通过税。它是对外国货物通过本国国境或关境时征收的一种关税。过境税最早主要是为了增加国家财政收入而征收的。后由于各国的交通事业发展，竞争激烈，征收过境税，不仅妨碍国际商品流通，而且还减少港口、运输、仓储等方面的收入，于是便逐步废除了过境税的条款。

2. 按征收目的划分，有财政关税和保护关税

（1）财政关税。又称收入关税，它以增加国家财政收入为主要目的而课征的关税。财政关税的税率比保护关税低，因为过高的关税会阻碍进出口贸易的发展，达不到增加财政收入的目的。随着世界经济的发展，财政关税的意义逐渐减低，而为保护关税所代替。

（2）保护关税。它是以保护本国经济发展为主要目的而课征的关税。保护关税主要是进口税，税率较高。有的高达百分之几百。通过征收高额进口税，使进口商品成本增高，从而削弱它在进口国市场的竞争能力，甚至阻碍其进口，以达到保护本国经济发展的目的。保护关税是实现一个国家对外贸易政策的重要措施之一。

3. 按税率制定划分，有自主关税和协定关税

（1）自主关税。又称国定关税。一个国家基于其主权，独立自主地制定的、并有权修订的关税，包括关税税率及各种法规、条例。国定税率一般高于协定税率，适用于没有签订关税贸易协定的国家。

（2）协定关税。两个或两个以上的国家，通过缔结关税贸易协定而制定的关税税率。协定关税有双边协定税率、多边协定税率和片面协定税率。双边协定税率是两个国家达成协议而相互减让的关税税率。多边协定税率，是两个以上的国家之间达成协议而相互减让的关税税率，如关税及贸易总协定中的相互减让税率的协议。片面协定税率是一国对他国输入的货物降低税率，为其输入提供方便，而他国并不以降低税率回报的税率制度。

4. 按差别待遇和特定的实施情况划分，有互惠关税、普惠关税、特惠关税和报复关税

（1）互惠关税。它是指两国在平等互利的基础上，相互给予优惠待遇的关税，根据两国签订的关税贸易协定，一方对从对方进口的货物，给予免征关税或采取较低的进口关税税率。

（2）普惠关税。普惠关税简称普惠制，是在国际贸易中经济发达国家单方面对来自发展中国家的半成品或制成品普遍给予优惠待遇的一种关税制度。实行普惠关税的目的是扩大发展中国家向经济发达国家出口半成品或制成品，增加发展中国家的财政收入，促进经济发展。

（3）特惠关税。又称优惠税。它是两个或两个以上国家或地区缔结协定，单方提供或相互给予特定优惠关税待遇，其他国家不得享受的一种关税制度。

（4）报复关税。报复关税是为报复他国对本国出口货物的关税歧视待遇而对相关国家进口货物征收的一种进口附加税。实行报复关税的范围常与对方实行歧视性关税的范围相当，一般在下列三种情况下采用：① 在认为他国对本国货物或由本国船只运输的货物所征关税不恰当时；② 在他国对另一些国家给予比本国优惠的待遇时；③ 在贸易条约或协定期届满，他国对续约或订立的新约提出不正当的要求时。一旦对方取消歧视待遇或撤回不正当要求，报复关税往往也随之取消。

三、关税的计税方法

关税的计税方法多样，根据进口的货物的类别、原产地以及国家的关税政策，分别采用从价定率征收、从量定额征收和复合关税征税的方法，采用了比例税率、定额税率、复合税率和滑准税率等形式。

第二节　征税对象与纳税义务人

一、征税对象

关税的征税对象是准许进出境的货物和物品。货物指贸易性商品；物品指入境旅客随身携带的行李物品、个人邮递物品、各种运输工具上的服务人员携带进口的自用物品、馈赠物品以及其他方式进境的个人物品。

二、纳税义务人

进口货物的收货人、出口货物的发货人、进出境物品的所有人，是关税的纳税义务人。进出口货物的收、发货人是依法取得对外贸易经营权，并进口或者出口货物的法人或者其他社会团体。进出境物品的所有人包括该物品的所有人和推定为所有人的人。一般情况下，对于携带进境的物品，推定其携带人为所有人；对分离运输的行李，推定相应的进出境旅客为所有人；对以邮递方式进境的物品，推定其收件人为所有人；以邮递或其他运输方式出境的物品，推定其寄件人或托运人为所有人。

第三节 关税进出口税则

一、进出口税则概况

进出口税则是一国政府根据国家关税政策和经济政策，通过一定的立法程序制定公布实施的进口货物和物品的关税税率表。进出口税则以税率表为主体，通常还包括实施税则的法令、使用税则的有关说明和附录等。《海关进出口税则》是我国海关凭以征收关税的法律依据，也是我国关税政策的具体体现。我国现行税则包括《进出口关税条例》、《税率适用说明》、《海关进口税则》、《海关出口税则》及《进口商品从量税、复合税、滑准税税目税率表》、《进口商品关税配额税目税率表》、《进口商品税则暂定税率表》、《出口商品税则暂定税率表》、《非全税目信息技术产品税率表》等附录。

税率表作为税则主体，包括税则商品分类目录和税率栏两大部分。税则商品分类目录是把种类繁多的商品加以综合，按照不同特点分门别类地简化为数量有限的商品类目，分别编号按序排列，称为税则号列，并逐号列出该号中应列入的商品名称。商品分类的原则即归类规则、包括归类总规则和各类、章、目的具体注释。税率栏是按商品分类目录逐项定出的税率栏目。我国现行进口税则为四栏税率，出口税则为一栏税率。从 1992 年 1 月起，我国开始实施以《商品名称及编码协调制度》为基础的进出口税则，适应了国内改革开放和对外经济贸易发展的需要。

二、税则归类

税则归类，是按照税则的规定，将每项具体进出口商品按其特性在税则中找出其最适合的某一个税号，即“对号入座”，以便确定其适用的税率，计算关税税负。税则归类错误会导致关税的多征或少征，影响关税作用的发挥。因此，税则归类关系到关税政策的正确贯彻。税则归类一般按以下步骤进行：

（1）了解需要归类的具体进出口商品的构成、材料属性、成分组成、特性、用途和功能。

（2）查找有关商品在税则中拟归的类、章及税号。对于原材料性质的货品，应首先考虑按其属性归类；对于制成品，应首先考虑按其用途归类 。

（3）将考虑采用的有关类、章及税号进行比较，筛选出最为合适的税号。在比较、筛选时，首先看类、章的注释有无具体描述归类对象或其类似品，已具体描述的，按类、章的规定办理；其次是查阅《HS 注释》，确切地了解有关类、章及税号范围。

（4）通过以上方法也难以确定的税则归类商品，可运用归类总规则的有关条款来确定其税号。如进口地海关无法解决的税则归类问题，应报海关总署明确。

三、关税税率

（一）进口关税税率

1. 税率设置与适用

在我国加入世界贸易组织（WTO）之前，我国进口税则设有两栏税率，即普通税率和优惠税率。对原产于与我国未订有关税互惠协议的国家或者地区的进口货物，按照普通税率征税：对原产于与我国订有关税互惠协议的国家或者地区的进口货物，按照优惠税率征税。在我国加入 WTO 之后，为履行我国在加入 WTO 关税减让谈判中承诺的有关义务，享有 WTO 成员应有的权利，自 2002 年 1 月 1 日起，我国进口税则设有最惠国税率、协定税率、特惠税率、普通税率、关税配额税率等税率。对进口货物在一定期限内可以实行暂定税率。最惠国税率适用原产于与我国共同适用最惠国待遇条款的 WTO 的成员或地区的进口货物，以及原产于我国境内的进口货物；协定税率适用原产于我国参加的含有关税优惠条款的区域性贸易协定有关缔约方的进口货物，特惠高效率适用原产于与我国签订有特殊优惠关税协定的国家或地区的进口货物，普通税率适用于原产于上述国家或地区以外的其他国家或地区的进口货物。按照普通税率征税的进口货物，经国务院关税税则委员会特别批准，可以适用最惠国税率，适用最惠国税率、协定税率、特惠税率的国家或者地区名单，由国务院关税税则委员会决定，报国务院批准后执行。

2. 税率种类

按征收关税的标准，可以分成从量税、从价税、复合税、选择税、滑准税。

从量税。从量税是以货物的数量、重量、体积、容量等计量单位为计税标准，以每计量单位货物的应征税额为税率。我国目前对原油、啤酒和胶卷等进口商品征收从量税。

从价税。从价税是一种最常用的关税计税标准。它是以货物的价格或者价值为征税标准，以应征税额占货物价格或者价值的百分比为税率，价格越高，税额越高。货物进口时，以此税率和海关审定的实际进口货物完税价格计算应征税额。目前我国海关计征关税标准主要是从价税。

复合税。复合税双称混合税，即规定从价，从量两种税率，随着完税价格和进口数量而变化，征收时两种税率合并计征，是对某种进口货物混合使用从价税和从量税的一种关税计征标准。我国目前仅对录像机、放像机、摄像机、数字照相机和摄录一体机等进口商品征收复合税。

选择税。选择税是对一种进口商品同时规定从价税和从量税两种税率，但征税时选择其税额较高的一种征税。

滑准税。滑准税是根据货物的不同价格适用不同税率的一类特殊的从价关税。它是一种关税税率随进口货物价格由高至低而由低至高设置计征关税的方法。简单地讲，就是进口货物的价格越高，其进口关税税率越低，进口商品的价格越低，其进口关税税率越高。滑准税的特点是可保持被告滑准税商品的国内市场价格的相对稳定，而不受国际市场价格波动的影响。

3. 暂定税率与关税配额税率

根据经济发展需要，国家对部分进口原材料、零部件、农药原药和中间体、乐器及生产设备实行暂定税率。《进出口关税条例》规定，适用最惠国税率的进口货物有暂定税率的，应当适用暂定税率；适用特惠税率、协定税率的进口货物有暂定税率的，应当从低适用税率；适用普通税率的进口货物，不适用暂定税率。同时，对部分进口农产品和化肥产品实行关税配额，即一定数量内的上述进口商品适用税率较低的配额内税率，超出该数量的进口商品适用税率较高的配额外税率。现行税则对700多个税目进口商品实行了暂定税率，对小麦、玉米等7种农产品和尿素等3种化肥产品实行关税配额管理。

（二）出口关税税率

我国出口税率则为一栏税率，即出口税率。国家仅对少数资源性产品及易于竞相杀价、盲目进口、需要规范出口秩序的半制成品征收出口关税。现行税则对100余种商品计征出口关税，主要是鳗鱼苗、部分有色金属矿砂及其精矿、生锑、磷、氟钽酸钾、苯、山羊板皮、部分铁合金、钢铁废碎料、铜和铝原料及其制品、镍锭、锌锭、锑锭。但对上述范围内的部分商品实行0~25%的暂定税率，此外，根据需要对其他200多种商品征收暂定税率。与进口暂定税率一样，出口暂定税率优先适用于出口税则中规定的出口税率。

（三）特别关税

特别关税包括报复性关税、反倾销税与反补贴税、保障性关税。征收特别关税的货物、适用国别、税率、期限和征收办法，由国务院关税税则委员会决定，海关总署负责实施。

（四）税率的运用

进出口货物，应当依照税则规定的归类原则归入合适的税号，并按照适用的税率征税。我国《进出口关税条例》和《海关进出口货物征税管理办法》对税率的运用作出了明确规定，具体如下：

（1）进出口货物，应当适用海关接受该货物申报进口或者出口之日实施的税率。

（2）进口货物到达前，经海关核准先行申报的，应当适用装载该货物的运输工具申报进境之日实施的税率。

（3）进口转关运输货物，应当适用指运地海关接受该货物申报进口之日实施的税率；货物运抵指运地前，经海关核准先行申报的，应当适用装载该货物的运输工具抵达指运地之日实施的税率。

（4）出口转关运输货物，应当适用启运地海关接受该货物申报出口之日实施的税率。

（5）经海关批准，实行集中申报的进出口货物，应当适用每次货物进出口时海关接受该货物申报之日实施的税率。

（6）因超过规定期限未申报而由海关依法变卖的进口货物，其税款计征应当适用装载该货物的运输工具申报进境之日实施的税率。

（7）因纳税义务人违反规定需要追征税款的进出口货物，应当适用违反规定的行为发生之日实施的税率；行为发生之日不能确定的，适用海关发现该行为之日实施的税率。

（8）已申报进境并放行的保税货物、减免税货物、租赁货物或者已申报进出境并放行的暂时进出境货物，有下列情形之一需缴纳税款的，应当适用海关接受纳税义务人再次填写报关申报办理纳税及有关手续之日实施的税率：

① 保税货物经批准不复运出境的；

② 保税仓储货物转入国内市场销售的；

③ 减免税货物经批准转让或者移作他用的；

④ 可暂不缴纳税款的暂时进出境货物，经批准不复运出境或者进境的；

⑤ 租赁进口货物，分期缴纳税款的。

(9) 补征和退还进出口货物关税，应当按照规定确定适用的税率。

第四节　完税价格与应纳税额的计算

一、原产地规定

确定进境货物原产国的主要原因之一，是便于正确运用进口税则的各栏税率，对产自不同国家或地区的进口货物适用不同的关税税率。我国原产地规定基本上采用了“全部产地生产标准”、“实质性加工标准”两种国际上通用的原产地标准。

(一) 全部产地生产标准

全部产地生产标准是指进口货物“完全在一个国家内生产或制造”，生产国或制造国即为该货物的原产国。完全在一国生产或制造的进口货物包括：

(1) 在该国领土或领海内开采的矿产品；

(2) 在该国领土上收获或采集的植物产品；

(3) 在该国领土上出生或由该国饲养的活动物及从其所得产品；

(4) 在该国领土上狩猎或捕捞所得的产品；

(5) 在该国的船只上卸下的海洋捕捞物，以及由该国船只在海上取得的其他产品；

(6) 在该国加工船加工上述第 (5) 项所列物品所提的产品；

(7) 在该国收集的只适用于做再加工制造的废碎料和废旧物品；

(8) 在该国完全使用上述1~7项所列产品加工成的制成品。

(二) 实质性加工标准

实质性加工标准是适用于确定有两个或两个以上国家参与生产的产品的原产国的标准，其基本含义是：经过几个国家加工、制造的进口货物。以最后一个对货物进行经济上可以视为实质性加工的国家作为有关货物的原产国。“实质性加工”是指产品加工后、在进出口税则中四位数税号一级的税则归类已经有了改变，或者加工增值部分所占新产品总值的比例已超过30%及以上的。

(三) 其他

对机器、仪器、器材或车辆所用零件。部件、配件、备件及工具，如与主件同时进口且数量合理的，其原产地按主件的原产地确定，分别进口的则按各自的原产地确定。

二、关税完税价格

进出口货物的完税价格，由海关以该货物的成交价格为基础审查确定。成交价格不能确定时，完税价格由海关依法估定，自我国加入世界贸易组织后，我国海关已全面实施《世界贸易组织估价协定》，遵循客观、公平、统一的估价原则，并依据2014年2月1日起实施的《中华人民共和国海关审定进出口货物完税价格办法》审定进出口货物的完税价格。

(一) 一般进口货物的完税价格

进口货物的完税价格包括货物的货价、货物运抵我国境内输入地点起卸前的运输及其相关费用、保险费。进口货物完税价格的确定方法大致可以划分为两类，一类是以进口货物的成交价格为基础进行调整，从而确定进口货物完税价格的估价方法（以下简称：成交价格估价方法“），另一类则是在进口货物的成交价格不符合规定条件、或者成交价格不能确定的情况下，海关用以审查确定进口货物完税价格的估价方法（以下称海关估价方法”）。

1. 成交价格估价方法。

进口货物的成交价格，是卖方向我国境内销售该货物时买方为进口该货物向卖方实付、应付的，并且按照《完税价格办法》有关规定调整后的价款总额，包括直接支付的价款和间接支付的价款。

（1）进口货物的成交价格应当符合的条件：

①对买方处置或者使用进口货物不予限制，但是法律、行政规定实施的限制，对货物销售地域的限制和对货物价格无实质性影响的限制除外。有下列情形之一的，应当视为对买方处置或者使用进口货物进行了限制：进口货物只能用于展示或者免费赠送的；进口货物只能销售给指定第三方的；进口货物加工为成品后只能销售给卖方或者指定第三方的；其他经海关审查，认定买方对进口货物的处置或者使用受到限制的。

②进口货物的价格不得受到使该货物成交价格无法确定的条件或者因素的影响。有下列情形之一的，应当视为进口货物的价格受到了使该货物成交价格无法确定的条件或者因素的影响；进口货物的价格是以买方向卖方购买一定数量的其他货物为条件而确定的；进口货物的价格是以买方向卖方销售其他货物为条件而确定的；其他经海关审查，认定货物的价格受到使该货物成交价格无法确定的条件或者因素影响的。

③卖方不得直接或者间接获得因买方销售、处置或者使用进口货物而产生的任何收益或者虽然有收益但是能够按照《完税价格办法》的规定做出调整。

④买卖双方之间没有特殊关系，或者虽然有特殊关系但是按照规定未对成交价格产生影响。有下列情形之一的，应当认为买卖双方存在特殊关系：买卖双方为同一家族成员的；买卖双方互为商业上的高级职员或者董事的；一方直接或者间接地受另一方控制的；买卖双方都直接或间接地受到第三方控制的；买卖双方共同直接或间接地控制第三方的；一方直接或者间接地拥有、控制或者持有对方5%以上（含5%）公开发行的有表决权的股票或者股份的；一方是另一方的雇员、高级职员或者董事的；买卖双方是同一合伙的成员的。买卖双方在经营上相互有联系，一方是另一方的独家代理、独家经销或者独家受让人，如果符合前款规定，也应当视为存在特殊关系。需要注意的是，买卖双方之间存在特殊关系，但是纳税义务人能证明其成交价格与同时或者大约同时发生的下列任何一款价格相近的，应当视为特殊关系未对进口货物的成交价格产生影响；向境内无特殊关系的买方出售的相同或者类似进口货物的成交价格；按照倒扣价格估价方法所确定的相同或者类似进口货物的完税价格；按照计算价格估价方法所确定的相同或者类似进口货物的完税价格。

（2）应计入完税价格的调整项目。采用成交价格估价方法，以成交价格为基础审查确定进口货物的完税价格时，未包括在该货物实付、应付价格中的下列费用或者价值应当计入完税价格：

①由买方负担的除购货佣金和经纪费。“购货佣金”指买方为购买进口货物向自己的采购代理人支付的劳务费用。“经纪费”指买方为购买进口货物向代表买卖双方利益的经纪人支付的劳务费用。

②由买方负担的与该货物视为一体的容器费用。

③由买方负担的包装材料费用和包装劳务费用。

④与该货物的生产和向中华人民共和国境内销售有关的，由买方以免费或者以低于成本的方式提供并可以按适当比例分摊的料件、工具、模具、消耗材料及类似货物的价款，以及在境外开发、设计等相关服务的费用。

⑤与该货物有关并作为卖方向我国销售该货物的一项条件，应当由买方向卖方或者有关方直接或间接支付的特许权使用费。“特许权使用费”是指进口货物的买方为取得知识产权权利人及权利人有效授权人关于专利权、商标权、专有技术、著作权、分销权或销售权的许可或者转让而支付的费用。

⑥卖方直接或间接从买方对该货物进口后转售、处置或使用所得中获得的收益。

纳税义务人应当向海关提供上列所述费用或者价值的客观量化数据资料。如果纳税义务人不能提供，海关与纳税义务人进行价格磋商后，按照《完税价格办法》列明的海关估价方法审查确定完税价格。

（3）不计入完税价格的调整项目。进口货物的价款中单独列明的下列税收、费用，不计入该货物的完税价格；

①厂房、机械或者设备等货物进口后发生的建设、安装、装配、维修或者技术援助费用，但是保修费用除外；

②进口货物运抵中华人民共和国境内输入地点起卸后发生的运输及其相关费用、保险费；

③进口关税、进口环节海关代征税及其他国内税；

④为在境内复制进口货物而支付的费用；

⑤境内外技术培训及境外考察费用；

⑥同时符合下列条件的利息费用：利息费用是买方为购买进口货物而融资所产生的；有书面的融资协议的；利息费用单独列明的；纳税义务人可以证明有关利率不高于在融资当时当地此类交易通常应当具有的利率水平，且没有融资安排的相同或者类似进口货物的价格与进口货物的实付、应付价格非常接近的。

2. 进口货物海关估价方法。

进口货物的成交价格不符合规定条件或者成交价格不能确定的，海关经了解有关情况，并且与纳税义务人进行价格磋商后，依次以相同货物成交价格估价方法、类似货物成交价格估价方法、倒扣价格估价方法、计算价格估价方法及其他合理方法审查确定该货物的完税价格。纳税义务人向海关提供有关资料后，可以提出申请，颠倒倒扣估价方法和计算价格估价方法的适用次序。

（1）相同货物成交价格估价方法。相同货物成交价格估价方法，指海关以与进口货物同时或者大约同时向中华人民共和国境内销售的相同货物的成交价格为基础，审查确定进口货物的完税价格的估价方法。

① 按照该方法审查确定进口货物的完税价格时，应当使用与该货物具有相同商业水平且进口数量基本一致的相同货物的成交价格。使用上述价格时，应当以客观量化的数据资料，对该货物与相同货物之间由于运输距离和运输方式不同而在成本和其他费用方面产生的差异进行调整。在没有前述的相同货物的成交价格的情况下，可以使用不同商业水平或者不同进口数量的相同货物的成交价格。使用上述价格时，应当以客观量化的数据资料，对因商业水平、进口数量、运输距离和运输方式不同而在价格、成本和其他费用方面产生的差异做出调整。

② 按照该方法审查确定进口货物的完税价格时，应当首先使用同一生产商生产的相同货物的成交价格；没有同一生产商生产的相同货物的成交价格的，可以使用同一生产国或者地区其他生产商生产的相同货物的成交价格；如果有多个相同货物的成交价格，应当以最低的成交价格为基础审查确定进口货物的完税价格。

上述“相同货物”，是指与进口货物在同一国家或地区生产的，在物理性质，质量和信誉等所有方面都相同的货物，但是表面的微小差异允许存在。“大约同时”，指海关接受货物申报之日的大约同时，最长不应当超过前后 45 日，按照倒扣价格法审查确定进口货物的完税价格时，如果进口货物、相同或者类似货物没有在海关接受进口货物申报之日前后 45 日内在境内销售，可以将在境内销售的时间延长至接受货物申报之日前后 90 日内（下同）。

（2）类似货物成交价格估价方法。类似货物成交价格估价方法，是海关以与进口货物同时或者大约同时向中华人民共和国境内销售的类似货物的成交价格为基础，审查确定进口货物的完税价格的估价方法。

① 按照该方法审查确定进口货物的完税价格时，应当使用与该货物具有相同商业水平且进口数量基本一致的类似货物的成交价格。使用上述价格时，应当以客观量化的数据资料，对该货物与类似货物之间由于运输距离和运输方式不同而在成本和其他费用方面产生的差异进行调整。在没有前述的类似货物的成交价格的情况下，可以使用不同商业水平或者不同进口数量的类似货物的成交价格。使用上述价格时，应当以客观量化的数据资料，对因商业水平、进口数量、运输距离和运输方式不同而在价格、成本和其他费用方面产生的差异做出调整。

② 按照该方法审查确定进口货物的完税价格时，应当首先使用同一生产商生产的类似货物的成交价格；没有同一生产商生产和类似货物的成交价格的，可以使用同一生产国或或者地区其他生产商生产的类似货物的成交价格；如果有多个类似货物的成交价格，应当以最低的成交价格为基础审查确定进口货物的完税价格。

上述“类似货物”，是指与进口货物在同一国家或地区生产的，虽然不是在所有方面都相同，但是却具有相似的特征、相似的组成材料、同样的功能，并且在商业中可以互换的货物。

（3）倒扣价格估价方法。倒扣价格估价方法，是指海关以进口货物、相同或者类似进口货物在境内的销售价格为基础，扣除境内发生的有关费用后，审查确定进口货物完税价格的估价方法。该销售价格应当同时符合下列条件：

① 是在该货物进口的同时或者大约同时，将该货物、相同或者类似进口货物在境内

销售的价格；

② 是按照货物进口时的状态销售的价格；

③ 是在境内第一销售环节销售的价格；

④ 是向境内无特殊关系方销售的价格；

⑤ 按照该价格销售的货物合计销售总量最大。

按照倒扣价格估价方法审查确定进口货物完税价格的，下列各项应当扣除：

① 同等级或者同种类货物在境内第一销售环节销售时，通常的利润和一般费用（包括直接费用和间接费用）以及通常支付的佣金；

② 货物运抵境内输入地点起卸后的运输及其相关费用、保险费；

③ 进口关税、进口环节海关代征税及其他国内税。

（4）计算价格估价方法。计算价格估价方法，是指海关以下列各项的总和为基础，审查确定进口货物完税价格的估价方法。

① 生产该货物所使用的料件成本和加工费用；

② 向境内销售同等级或者同种类货物通常的利润和一般费用（包括直接费用和间接费用）；

③ 该货物运抵境内输入地点起卸前的运输及相关费用、保险费。

按照上述规定审查确定进口货物的完税价格时，海关在征得境外生产商同意并且提前通知有关国家或者地区政府后，可以在境外核实该企业提供的有关资料。

（5）合理方法。合理方法，是海关不能根据成交价格估价方法、相同货物成交价格估价方法、类似货物成交价格估价方法、倒扣价格估价方法和计算价格方法确定完税价格时，海关遵循客观、公平、统一的原则，以客观量化的数据资料为基础审查确定进口货物完税价格的估价方法。海关在采用合理方法确定进口货物的完税价格时，不得使用以下价格；

①境内生产的货物在境内销售价格；

②可供选择的价格中较高的价格；

③货物在出口地市场的销售价格；

④以计算价格估价方法规定之外的价值或者费用计算的相同或者类似货物的价格；

⑤出品到第三国或者地区的货物的销售价格；

⑥最低限价或者武断、虚构的价格。

（二）进口货物完税价格中的运输及相关费用、保险费的计算

（1）进口货物的运输及相关费用，应当按照由买方实际支付或者应当支付的费用计算。如果进口货物的运输及其相关费用无法确定的，海关应当按照该货物进口同期的正常运输成本审查确定。

（2）运输工具作为进口货物，利用自身动力进境的，海关在审查确定税价格时，不再另行计入运输及其相关费用。

（3）进口货物的保险费，应当按照实际支付的费用计算。如果进口货物的保险费无法确定或者未实际发生，海关应当按照“货价加运费”两者总额的3%计算保险费，其计算公式如下：

保险费=（货价+运费）×3%

（4）邮运进口的货物，应当以邮费作为运输及其相关费用、保险费。

（三）出口货物的完税价格

1. 以成交价格为基础的完税价格

出口货物的完税价格，由海关以该货物的成交价格为基础审查确定，并且应当包括货物运至我国境内输出地点装载前的运输及其相关费用、保险费。

出口货物的成交价格，是指该货物出口销售时，卖方为出口该货物应当向买方直接收取和间接收取的价款总额。下列税收、费用不计入出口货物的完税价格：

（1）出口关税；

（2）在货物价款中单独列明的货物运至我国境内输出地点装载后的运输及其相关费用、保险费。

2. 出口货物海关估价方法

出口货物的成交价格不能确定时，海关经了解有关情况，并且与纳税义务人进行价格磋商后，依次以下列价格审查确定该货物的完税价格：

（1）同时或者大约同时向同一国家或者地区出口的相同货物的成交价格；

（2）同时或者大约同时向同一国家或者地区出口的类似货物的成交价格；

（3）根据境内生产相同或者类似货物的成本、利润和一般费用（包括直接费用和间接费用）、境内发生的运输及其相关费用、保险费计算所得的价格；

（4）按照合理方法估定的价格。

三、应纳税额的计算

（一）从价税应纳税额的计算

关税税额=应税进（出）口货物数量×单位完税价格×税率

（二）从量税应纳税额的计算

关税税额=应税进（出）口货物数量×单位货物税额

（三）复合税应纳税额的计算

关税税额=应税进（出）口货物数量×单位货物税额+应税进（出）口货物数量×单位完税价格×税率

（四）滑准税应纳税额的计算

关税税额=应税进（出）口货物数量×单位完税价格×滑准税税率

【例 5-1】某商场进口一批高档美容修饰类化妆品。该批货物在国外的买价 100 万元，货物运抵我国入关前发生的运输费、保险费和其他费用分别为 10 万元、6 万元、4 万元。货物报关后，该商场按规定缴纳了进口环节的增值税和消费税并取得了海关开具的缴款书。从海关将该批化妆品运往商场所在地取得增值税专用发票，注明运输费用 5 万元、增值税进项税额 0.55 万元，该批化妆品当月在国内全部销售，取得不含税销售额 500 万元（假定化妆品进口关税税率 20%，增值税税率 17%，消费税税率 15%）。

要求：计算该批化妆品进中环节应缴纳的关税、增值税、消费税和国内销售环节应缴纳的增值税。

关税完税价格＝100+10+6+4＝120（万元）

应缴纳进口关税＝120×20%＝24（万元）

进口环节的组成计税价格＝（120+24）÷（1-15%）＝169.41（万元）

进口环节应缴纳增值税＝169.41×17%＝28.80（万元）

进口环节应缴纳消费税＝169.41×15%＝25.41（万元）

国内销售环节应缴纳增值税＝500×17%-0.55-28.80＝55.65（万元）

四、跨境电子商务零售进口税收政策

自2016年4月8日起，跨境电子商务零售进口商品按照货物征收关税和进口环节增值税、消费税，购买跨境电子商务零售进口商品的个人作为纳税义务人，实际交易价格(包括货物零售价格、运费和保险费）作为完税价格，电子商务企业、电子商务交易平台企业或物流企业可作为代收代缴义务人。

（一）适用范围

跨境电子商务零售进口税收政策适用于从其他国家或地区进口的、《跨境电子商务零售进口商品清单》范围内以下商品：

（1）所有通过与海关联网的电子商务交易平台交易，能够实现交易、支付、物流电子信息“三单”比对的跨境电子商务零售进口商品；

（2）未通过与海关联网的电子商务平台交易，但快递、邮政企业能够统一提供交易、支付、物流等电子信息，并承诺承担相应法律责任进境的跨境电子商务零售进口商品。

不属于跨境电子商务零售进口的个人物品以及无法进供交易、支付、物流等电子信息的跨境电子商务零售进口商品，按现行规定执行。

（二）计征限额

跨境电子商务零售进口商品的单次交易限值为人民币2 000元，个人年度交易限值为人民币20 000元。在限值以内进口的跨境电子商务零售进口商品，关税税率暂设为0%；进口环节增值税、消费税取消免征税额，暂按法定应纳税额的70%征收。超过单次限值、累加后超过个人年度限值的单次交易，以及完税价格超过2 000元限值的单个不可分割商品，均按照一般贸易方式全额征税。

（三）计征规定

跨境电子商务零售进口商品自海关放行之日起30日内退货的，可申请退税，并相应调整个人年度交易总额。

跨境电子商务零售进口商品购买人（订购人）的身份信息应进行认证；未进行认证的购买人（订购人）身份信息应与付款人一致。

《跨境电子商务零售进口商品清单》由财政部等有关部门另行公布。

第五节　税收优惠

关税减免是对某些纳税人和征税对象给予鼓励和照顾的一种特殊调节手段。保证关税政策兼顾普遍性和特殊性、原则性和灵活性。因此，关税减免是贯彻国家关税政策的一项重要措施。关税减免分为法定减免税、特定减免税和临时减免税。根据《海关法》规定，除法定减免税外的其他减免税均由国务院决定。减征关税在我国加入世界贸易组织之前以税则规定税率为基准，在我国加入世界贸易组织之后以最惠国税率或者普通税率为基准。

一、法定减免税

法定减免税是税法中明确列出的减税或免税。符合税法规定可予减免税的进出口货物，纳税义务人无须提出申请，海关可按规定直接予以减免税。海关对法定减免税货物一般不进行后续管理。

我国《海关法》和《进出口关税条例》明确规定，下列货物、物品予以减免关税：

（1）关税税额在人民币50元以下的一票货物，可免征关税。

（2）无商业价值的广告品和货样，可免征关税。

（3）外国政府，国际组织无偿赠送的物资，可免征关税。

（4）进出境运输工具转载的途中必需的燃料、物料和饮食用品，可予免税。

（5）在海关放行前损失的货物，可免征关税。

（6）在海关放行前遭受损坏的货物，可以根据海关认定的受损程度减征关税。

（7）我国缔结或者参加的国际条约规定减征、免征关税的货物、物品，按照规定予以减免关税。

（8）法律规定减征、免征关税的其他货物、物品。

二、特定减免税

特定减免税也称政策性减免税。在法定减免税之外，国家按照国际通行规则和我国实际情况，制定发布的有关进出口货物减免关税政策，称为特定或政策性减免税。特定减免税货物一般有地区、企业和用途限制，海关需要进行后续管理，也需要进行减免税统计。

（一）科教用品

为了有利于我国科研，教育事业发展，推动科教兴国战略的实施，经国务院批准，财政部、海关总署、国家税务总局制定了《科学研究和教学用品免征进口税收规定》，对科学研究机构和学校，以科学研究和教学为目的，在合理数量范围内进口国内不能生产或者性能不能满足需要的科学和教学用品，免征进口关税和进口环节增值税、消费税。该规定对享受该优惠的科研机构和学校资格、类别以及免税的物品都作了明确规定。

（二）残疾人专用品

为了支持残疾人的康复工作，经国务院批准，海关总署发布了《残疾人专用品免征进口税收暂行规定》，对规定的残疾人个人专用品，免征进口关税和进口环节增值税、消费税；对康复、福利机构、假肢厂和荣誉军人康复医院进口国内不能生产的、该规定明确的残疾人专用品，免征进口关税和进口环节增值税。该规定对可以免税的残疾人专用品种类和品名作了明确规定。

（三）慈善捐赠物资

为了促进慈善事业的健康发展，支持慈善事业发挥扶贫济困积极作用，经国务院批准，财政部、国家税务总局、海关总署发布了《慈善捐赠物资免征进口税收暂行办法》。

对境外自然人、法人或者其他组织等境外捐赠人，无偿向国务院有关部门和各省、自治区、直辖市人民政府，中国红十字会总会、中华宋庆龄基金会和中国癌症基金会，以及经民政部或省级民政部门登记注册且被评定为5A级的以人道救助和发展慈善事业为宗旨的社会团体或基金会等受赠人捐赠的直接用于慈善事业的物资，免征进口关税和进口环节增值税。所称慈善事业是指非营利的慈善救助等社会慈善和福利事业，包括以捐赠财产方式自愿开展的扶贫济困、扶助老幼病残等困难群体，促进教育、科学、文化、卫生、体育等事业发展，防治污染和其他公害，保护和改善环境等慈善活动。该办法对可以免税的捐赠物资种类和品名作了明确规定。

其他还有加工贸易产品，边境贸易进口物资等的减免关税规定。

三、临时减免税

临时减免税是指以上法定和特定减免税以外的其他减免税，即由国务院根据《海关法》对某个单位、某类商品、某个项目或某批进出口货物的特殊情况，给予特别照顾，一案一批，专文下达的减免税。一般有单位、品种、期限、金额或数量等限制，不能比照执行。

我国已加入世界贸易组织，为了遵循统一、规范、公平、公开的原则，有利于统一税法、公平税负、平等竞争，国家严格控制减免税，一般不办理个案临时性减免税，对特定减免税也在逐步规范、清理，对不符合国际惯例的税收优惠政策将逐步予以废止。

第六节　征收管理

一、关税缴纳

进口货物的纳税义务人应当运输工具申报进境之日起14日内，出口货物的纳税义务人除海关特准的外，应当在货物运抵海关监管区后，装货在24小时以前，向货物的进出境地海关申报，海关根据税则归类和完税价格计算应缴纳的关税和进口环节代征税，并填发税款缴款书。纳税义务人应当自海关填发税款书之日起15日内，向指定银行缴纳税款。如关税缴款期限届满日遇星期六、星期日等休息日或者法定节假日，则关税缴纳期限顺延至休息日或者法定节假日之后的第一个工作日。为方便纳税义务人，经申请且海关同意，进（出）口货物的纳税义务人可以在设有海关的指运地（启动地）办理海关申请报、纳税手续。

关税纳税义务人因不可抗力或者在国家税收政策调整的情形下，不能按期缴纳税款的，经依法提供税款担保后，可以延期缴纳税款，但最长不得超过6个月。

二、关税的强制执行

纳税义务人未在关税缴纳期限内缴纳税款，即构成关税滞纳。为保证海关征收关税决定的有效执行和国家财政收入的及时入库，《海关法》赋予海关对滞纳关税义务人强制执行的权利。强制措施主要有两类：

1. 征收关税滞纳金。

滞纳金自关税缴纳期限届满滞纳之日起，至纳税义务人缴纳关税之日止，按滞纳税款万分之五的比例按日征收，周末或法定节假日不予扣除。具体计算公式为：

关税滞纳金金额=滞纳关税税率×滞纳金征收比率×滞纳天数

2. 强制征收。

强纳税义务人自缴纳税款期限届满之日起 3 个月仍未缴纳税款，经直属海关关长或者其授权的隶属海关关长批准，海关可以采取强制扣缴、变价抵缴等强制措施。强制扣缴即海关书面通知纳税义务人开户银行或者其他金融机构从其存款中扣缴税款。变价抵缴即海关将纳税义务人的应税货物依法变卖，或者扣留并依法变卖其价值相当于应纳税款的货物或者其他财产，以变卖所得抵缴税款。

三、关税退还

关税退还是关税纳税义务人按海关核定的税额缴纳税后，因某种原因的出现，海关将实际征收多于应当征收的税额（称为溢征关税）退还给原纳税义务人的一种行政行为。根据《海关法》和《进出口关税条例》的规定，海关多征的税款，海关发现后应当立即退还；纳税义务人发现多缴税款的，自缴纳税款之日起 1 年内，可以以书面形式要求海关退还多缴的税款并加算银行同期活期存款利息；海关应当自受理退税申请之日起 30 日内查实并通知纳税义务人办理退还手续。此外，有下列情形之一的，纳税义务人自缴纳税款之日起 1 年内，可以申请退还关税，并应当以书面形式向海关说明理由，提供原缴款凭证及相关资料：

（1）已征进口关税的货物，因品质或者规格原因，原状退货复运出境的；

（2）已征出口关税的货物，因品质或者规格原因，原状退货复运进境，并已重新缴纳因出口而退还的国内环节有关税收的；

（3）已征出口关税的货物，因故未装运出口，申报退关的。

海关应当自受理退税申请之日起 30 日内查实并通知纳税义务人办理退还手续；纳税义务人应当自收到通知之日起 3 个月内办理有关退税手续。前述第（1）项和第（2）项规定强调的是，“因货物品质或者规格原因，原状复运进境或者出境的”。如果属于其他原因且不能以原状复运进境或者出境，不能退税。

四、关税补征和追征

补征和追征是海关在关税义务人按海关核定的税额缴纳关税后，发现实际征收税额少于应当征收的税额（称为短征关税）时，责令纳税义务人补缴所差税款的一种行政行为。海关法根据短征关税的原因，将海关征收原短征关税的行为分为补征和追征两种。由于纳税人违反海关规定造成短征关税的，称为追征；非因纳税人违反海关规定造成短征关税的，称为补征。区分关税追征和补征的目的是区别不同情况适用不同的征收时效，超过时效规定的期限，海关就丧失了追补关税的权力。

根据《海关法》和《进出口关税条例》的规定，进出境货物和物品放行后，海关发现少征或者漏征税款，应当自缴纳税款或者货物、物品放行之日起 1 年内，向纳税义务人补征税款；因纳税义务人违反规定而造成少征或者漏征的税款，海关可以自纳税人缴纳税款或者货物、物品放行之日起3年以内追征，并从缴纳税款或者货物、物品放行之日起按日加收少征或者漏征税款万分之五的滞纳金；海关发现其监管货物因纳税义务人违反规定造成少征或者漏征税款的，应当自纳税义务人应缴纳税款之日起3年内追征税款，并从应缴纳税款之日起按日加收少征或者漏征税款万分之五的滞纳金。

五、关税纳税争议的处理

为了保护纳税人合法权益，我国《海关法》和《进出口关税条例》都规定了纳税义务人对海关确定的进出口货物的征税、减税、补税或者退税等有异议时，有提出申诉的权利。在纳税义务人同海关发生纳税争议时，可以向海关申请复议，但同时应当在规定期限内按海关核定的税额缴纳关税，逾期则构成滞纳，海关有权按规定采取强制执行措施。

纳税争议的内容一般为进出境货物和物品的纳税义务人对海关在原产地认定、税则归类、税率或汇率适用、完税价格确定、关税减征、免征、追征、补征和退还等征税行为是否合法或适当，是否侵害了纳税义务人的合法权益，而对海关征收关税的行为表示异议。

纳税争议的申诉程序：纳税义务人自海关填发税款缴款书之日起60日内，向原征税海关的上一级海关提出复议申请。逾期申请复议的，海关不予受理。海关行政复议机关应当自受理复议申请之日起60日内做出复议决定，并以复议决定书的形式正式答复纳税义务人纳税义务人对海关复议决定仍然不服的，可以自收到复议决定书之日起15日内，向人民法院提起诉讼。

思考练习题

一、思考题

1. 什么是关税？
2. 关税有哪些种类？
3. 关税的完税价格有哪些规定？
4. 关税有哪些优惠政策？
5. 关税的征收管理有哪些规定？

二、练习题

1. 某进出口公司从美国进口一批货物，货物以离岸价格成交，成交价折合人民币1 500万元（包括单独计价并经海关审查属实的向境外采购代理人支付的买方佣金20万元，但不包括因使用该货物而向境外支付的软件费30万元、向卖方支付佣金10万元），另外支付货物运抵我国港口前的运费、保险费等60万元。假设该货物适用的关税税率为20%、消费税税率为10%、增值税税率为17%。

要求：分别计算进口环节应缴纳的关税、消费税和增值税。

2. 某进出口公司从A国进口货物一批，成交价（离岸价）折合人民币8 000万元

(包括单独计价并经海关审查属实的货物进口后装配调试费用 60 万元，向境外采购代理人支付的买方佣金 50 万元)。另支付运费 180 万元，保险费 90 万元。货物运抵我国口岸后，该公司在未经批准缓税的情况下，于海关填发税款缴纳凭证的次日起第 28 天才缴纳税款。假设该货物关税税率为 30%，增值税税率 17%，消费税税率 5%。

要求：分别计算该公司应缴纳的关税、关税滞纳金、增值税和消费税。

第六章　资　源　税

内容提要：本章介绍了资源税的纳税人、征税范围、税目和税率；资源税的计税依据、应纳税额的计算；以及进出口环节资源税的处理和征收管理。学习本章时，主要掌握资源税征税范围、计税依据和应纳税额的计算方法。

第一节　资源税基本原理

一、资源税的概念

资源税是以各种应税自然资源为课税对象、为了调节资源级差收入并体现国有资源有偿使用而征收的一种税。资源税在理论上可区分为对绝对矿租课征的一般资源税和对级差矿租课征的级差资源税，体现在税收政策上就叫做“普遍征收，级差调节”。我国资源税是对在我国境内从事应税矿产品开采和生产盐的单位和个人课征的一种税，属于对自然资源占用课税的范畴。

对资源占用行为课税不仅为当今许多国家广泛采用，而且具有十分悠久的历史。我国周代的“山泽之赋”就是对伐木、采矿、狩猎、捕鱼、煮盐等开发、利用自然资源的生产活动课征的赋税。

二、资源税的发展

中华人民共和国成立后，我国颁布了《全国税政实施要则》，明确了对盐的生产、运销征收盐税。但是，对矿产资源的开采如何课税并没有规定，所以在长达三十多年的时间内我国实行的是资源无偿开采的制度。

1984 年 10 月 1 日，《中华人民共和国资源税条例草案》施行，我国开始对自然资源征税，征收范围仅为原油、天然气、煤炭和铁矿石。

1993 年 12 月国务院发布的《中华人民共和国资源税暂行条例》把盐税并到资源税中，并将资源税征收范围扩大为原油、天然气、煤炭、其他非金属矿原矿、黑色金属矿原矿、有色金属矿原矿和盐 7 种，于 1994 年 1 月 1 日起不再按超额利润征税，而是按矿产品销售量征税，按照“普遍征收、级差调节”的原则，就资源赋税情况、开采条件、资源等级、地理位置等客观条件的差异规定了幅度税额，为每一个课税矿区规定了适用税率。这一规定考虑了资源条件优劣的差别，对级差收益进行了有效调节。

2009 年以来，我国资源税进入了改革阶段。2010 年 6 月新疆资源费改革正式实施，新疆原油天然气资源税费改革从 6 月 1 日起开始施行，原油、天然气资源税由从量计征改为从价计征，税率5%~10%。2011年11月1日 修改后的资源税暂行条例正式实施，纳税人、税目、税率及计征方法上有所调整，资源税的征收在从量计征基础上增加从价定率的计征办法。

2014年10月9日，经国务院批准，财政部、国家税务总局发出《关于实施煤炭资源税改革的通知》。通知自2014年12月1日起，在全国范围实施煤炭资源税改革，同时清理相关收费基金。自2016年7月1日起全面推进资源税改革，资源税的计税依据为应税产品的销售额或销售量，但对经营分散、多为现金交易且难以控管的黏土、砂石按照便利征管原则，仍实行从量定额计征；同时在河北省开征水资源税试点工作，采取水资源费改税方式，将地表水和地下水纳入征税范围，实行从量定额计征，对高耗水行业、超计划用水以及在地下水超采地区取用地下水，适当提高税额标准；并探索逐步将其他自然资源纳入征收范围。

三、资源税的作用

资源税的开征，为构建我国的资源占用课税体系奠定了基础，对于完善我国的税制结构，拓宽税收的调节领域，全面发挥税收的职能作用具有重要意义。

（一）促进企业之间开展平等竞争

我国的资源税属于比较典型的级差资源税，它根据应税产品的品种、质量、存在形式、开采方式以及企业所处地理位置和交通运输条件等客观因素的差异确定差别税率，从而使条件优越者税负较高、反之则税负较低。这种税率设计使资源税能够比较有效地调节由于自然资源条件差异等客观因素给企业带来的级差收入，减少或排除资源条件差异对企业盈利水平的影响，为企业之间开展平等竞争创造有利的外部条件。

（二）促进对自然资源的合理开发利用

通过对开发、利用应税资源的行为课征资源税，体现了国有自然资源有偿占用的原则，从而可以促使纳税人节约、合理地开发和利用自然资源，有利于我国经济可持续发展。

（三）为国家筹集财政资金

资源税虽然以促进平等竞争和保护自然资源为主要课征目的，但就其课征结果而言，仍不失为财政收入的一项重要来源。随着其课征范围的逐渐扩展，资源税的收入规模及其在税收收入总额中所占的比重都相应增加，其财政意义也日渐明显，在为国家筹集财政资金方面发挥着不可忽视的作用。

四、资源税计税方法

由于资源税的课税对象主要为计量单位标准的矿产资源，因此在对资源征税时，往往采用从量定额的征收方法，不仅计算简单，而且便于管理。但是采取定额征收的方法，对于资源开采中的级差收入的征税政策不能体现出来，尤其当资源价格波动比较大时，不能做到随价格提高而相应提高资源税额，不利于资源的合理开采和利用。因此我国现行资源税的计税方法有进一步调整的空间。为了消除定额税的不利影响，在煤炭、原油、天然气等实施从价计征的基础上，从2016年7月1日起，对矿产资源税实施从价计征改革。

第二节 纳税义务人

资源税的纳税义务人是指在中华人民共和国境内开采应税资源的矿产品或者生产盐的单位和个人。

《资源税暂行条例》还规定，收购未税矿产品的单位为资源税的扣缴义务人。规定资源税的扣缴义务人，主要是针对零星、分散、不定期开采的情况，为了加强管理，避免漏税，由扣缴义务人在收购矿产品时代扣代缴资源税。收购未税矿产品的单位是指独立矿山、联合企业和其他单位。

单位是指国有企业、集体企业、私营企业、股份制企业、其他企业和行政单位、事业单位、军事单位、社会团体及其他单位；个人是指人体经营者和其他个人；其他单位和其他个人包括外商投资企业、外国企业及外籍人员。

收购未税矿产品的单位是指独立矿山、联合企业和其他单位。独立矿山是指只有采矿或只有采矿和选矿，独立核算、自负盈亏的单位，其生产的原矿和精矿主要用于对外销售。联合企业是指采矿、选矿、冶炼（或加工）连续生产的企业或采矿、冶炼（或加工）连续生产的企业，其采矿单位，一般是该企业的二级或二级以下核算单位。其他单位也包括收购未税矿产品的个体户在内。

第三节 税目与税率

一、税目

资源税税目包括5大类，在5个税目下面又设有若干个子目。现行资源税的税目及子目主要是根据资源税应税产品和纳税人开采资源的行业特点设置的。

原油，是指开采的天然原油，不包括人造石油。

天然气，是指专门开采或者与原油同时开采的天然气。

煤炭，包括原煤和以未税原煤（即：自采原煤）加工的洗选煤。

金属矿，包含铁矿、金矿、铜矿、铝士矿、铅锌矿、镍矿、锡矿、钨、钼、未列举名称的其他金属矿产品原矿或精矿。

其他非金属矿，包含石墨、硅藻土、高岭土、萤石、石灰石、硫铁矿、磷矿、氯化钾、硫酸钾、井矿盐、湖盐、提取地下卤水晒制的盐、煤层（成）气、海盐、稀土、未列举名称的其他非金属矿产品。

纳税人在开采主矿产品的过程伴采的其他应税矿产品，凡未单独规定适用税额的，一律按主矿产品或视同主矿产品税目征收资源税。

二、税率

资源税采取从价定率或者从量定额的办法计征，分别以应税产品的销售额乘以纳税人具体适用的比例税率或者以应税产品的销售数量乘以纳税人具体适用的定额税率计算，实施“级差调节”的原则。级差调节是指运用资源税对因资源贮存状况、开采条件、资源优劣、地理位置等客观存在的差别而产生的资源级差收入，通过实施差别税率或差别税额进行调节（见表6-1）。

表6-1 **资源税税目税率幅度表**

序号	税目		征税对象	税率幅度
1	金属矿	铁矿	精矿	1%~6%
2		金矿	精矿	1%~4%
3		铜矿	精矿	2%~8%
4		铝土矿	原矿	3%~9%
5		铅锌矿	精矿	2%~6%
6		镍矿	精矿	2%~6%
7		锡矿	精矿	2%~6%
8		未列举名称的其他金属矿产品	原矿或精矿	税率不超过20%
9	非金属矿	石墨	精矿	3%~10%
10		硅藻土	精矿	1%~6%
11		高岭土	原矿	1%~6%
12		萤石	精矿	1%~6%
13		石灰石	原矿	1%~6%
14		硫铁矿	精矿	1%~6%
15		磷矿	原矿	3%~8%
16		氯化钾	精矿	3%~8%
17		硫酸钾	精矿	6%~12%
18		井矿盐	氯化钠初级产品	1%~6%
19		湖盐	氯化钠初级产品	1%~6%
20		提取地下卤水晒制的盐	氯化钠初级产品	3%~15%
21		煤层（成）气	原矿	1%~2%
22		黏土、砂石	原矿	每吨或立方米0.1元~5元
23		未列举名称的其他非金属矿产品	原矿或精矿	从量税率每吨或立方米不超过30元；从价税率不超过20%
24	海盐		氯化钠初级产品	1%~5%
25	原油			6%~10%

续表

序号	税　目		征税对象	税率幅度
26	天然气			6%～10%
27	煤炭			2%～10%

注：1. 铝土矿包括耐火级矾土、研磨级矾土等高铝黏土。

2. 氯化钠初级产品是指井矿盐、湖盐原盐、提取地下卤水晒制的盐和海盐原盐，包括固体和液体形态的初级产品。

3. 海盐是指海水晒制的盐，不包括提取地下卤水晒制的盐。

4. 轻稀土按地区执行不同的适用税率，其中，内蒙古为11.5%，四川为9.5%，山东为7.5%。

中重稀土资源税适用税率为27%。

钨资源适用税率为6.5%。

钼资源税适用税率为11%。

对表6-1中列举名称的资源品目，由省级人民政府在规定的税率幅度内提出具体适用税率建议，报财政部、国家税务总局确定核准。对未列举名称的其他金属和非金属矿产品，按照从价计征为主、从量计征为辅的原则，由省级人民政府根据实际情况确定具体税目和适用税率，报财政部、国家税务总局备案。

各省级人民政府要结合当前矿产企业实际生产经营情况，遵循改革前后税费平移原则，充分考虑企业负担能力来确定本地区资源税适用税率。测算具体适用税率时，要充分考虑本地区资源禀赋、企业承受能力和清理收费基金等因素，按照改革前后税费平移原则，以近几年企业缴纳资源税、矿产资源补偿费金额（铁矿石开采企业缴纳资源税金额按40%税额标准测算）和矿产品市场价格水平为依据确定。一个矿种原则上设定一档税率，少数资源条件差异较大的矿种可按不同资源条件、不同地区设定两档税率。

纳税人开采或者生产不同税目应税产品的，应当分别核算不同税目产品的销售额或者销售数量；未分别核算或者不能准确提供不同税目应税产品的销售额或者销售数量的，从高适用税率。

三、扣缴义务人适用的税率

收购未税矿产品的单位或中外合作开采油气田作业者为资源税的扣缴义务人，主要是为了加强资源税的征管，适应税源小、零散、不定期开采、易漏税情形。扣缴义务具体包括：

1. 独立矿山、联合企业收购未税矿产品的单位，按照本单位应税产品税额、税率标准，依据收购的数量代扣代缴资源税。

2. 其他收购单位收购的未税矿产品，按税务机关核定的应税产品税额、税率标准，依据收购的数量代扣代缴资源税。

第四节　计 税 依 据

资源税的计税依据为应税产品的销售额或销售量，各税目的征税对象包括原矿、精矿

(或原矿加工品，下同)、金锭、氯化钠初级产品，具体按照表 6-1 所附《资源税税目税率幅度表》相关规定执行。对未列举名称的其他矿产品，省级人民政府可对本地区主要矿产品按矿种设定税目，对其余矿产品按类别设定税目，并按其销售的主要形态（如原矿、精矿）确定征税对象。

一、从价定率征收的计税依据

从价定率征收的计税依据为销售额，它是指纳税人销售应税产品向购买方收取的全部价款和价外费用，不包括增值税销项税额和运杂费用。

运杂费用是指应税产品从坑口或洗选（加工）地到车站、码头或购买方指定地点的运输费用、建设基金以及随运销产生的装卸、仓储、港杂费用。应与销售额分别核算，凡未取得相应凭据或不能与销售额分别核算的，应当一并计征资源税。

纳税人开采应税矿产品由其关联单位对外销售的，按其关联单位的销售额征收资源税。纳税人既有对外销售应税产品，又有将应税产品用于除连续生产应税产品以外的其他方面的，则自用的这部分应税产品按纳税人对外销售应税产品的平均价格计算销售额征收资源税。纳税人将其开采的应税产品直接出口的，按其离岸价格（不含增值税）计算销售额征收资源税。

价外费用，包括价外向购买方收取的手续费、补贴、基金、集资费、返还利润、奖励费、违约金、滞纳金、延期付款利息、赔偿金、代收款项、代垫款项、包装费、包装物租金、储备费、优质费以及其他各种性质的价外收费。但下列项目不包括在内：

1. 同时符合以下条件的代垫运输费用：

(1) 承运部门的运输费用发票开具给购买方的；

(2) 纳税人将该项发票转交给购买方的。

2. 同时符合以下条件代为收取的政府性基金或者行政事业性收费：

(1) 由国务院或者财政部批准设立的政府性基金，由国务院或者省级人民政府及其财政、价格主管部门批准设立的行政事业性收费；

(2) 收取时开具省级以上财政部门印制的财政票据；

(3) 所收款项全额上缴财政。

另外，纳税人以人民币以外的货币结算销售额的，应当折合成人民币计算。其销售额的人民币折合率可以选择销售额发生的当天或者当月 1 日人民币汇率中间价。纳税人应在事先确定采用何种折合率计算方法，确定后 1 年内不得变更。

二、从量定额征收的计税依据

实行从量定额征收的以销售数量为计税依据。销售数量的具体规定为：

1. 销售数量，包括纳税人开采或者生产应税产品的实际销售数量和视同销售的自用数量。

2. 纳税人不能准确提供应税产品销售数量的，以应税产品的产量或者主管税务机关确定的折算比换算成的数量为计征资源税的销售数量。

第五节　应纳税额的计算

资源税的应纳税额，按照从价定率或者从量定额的办法，分别以应税产品的销售额乘以纳税人具体适用的比例税率或者以应税产品的销售数量乘以纳税人具体适用的定额税率计算。

一、从价定率应纳税额的计算

实行从价定率征收的，根据应税产品的销售额和规定的适用税率计算应纳税额，具体计算公式为：

应纳税额＝销售额×适用税率

【例 6-1】 东北某油田 2017 年 5 月销售原油 10 万吨，开具增值税专用发票取得销售额 85 万元，当地油田适用 8%的资源税税率。请计算该油田 5 月应缴纳的资源税。

应纳税额＝85×8%＝6.8（万元）

二、从量定额应纳税额的计算

实行从量定额征收的，根据应税产品的课税数量和规定的单位税额计算应纳税额，具体计算公式为：

应纳税额＝课税数量×单位税额

代扣代缴应纳税额＝收购未税矿产品的数量×适用的单位税额

【例 6-2】 某砂石开采企业 2017 年 5 月销售砂石 5 000 立方米，资源税税率为 2 元/立方米。请计算该企业 5 月应纳资源税税额。

外销砂石应纳税额：

应纳税额＝课税数量×单位税额＝5 000×2＝10 000（元）

三、关于原矿销售额与精矿销售额的换算或折算

为公平原矿与精矿之间的税负，对同一种应税产品。征税对象为精矿的，纳税人销售原矿时，应将原矿销售额换算为精矿销售额缴纳资源税；征税对象为原矿的，纳税人销售自采原矿加工的精矿，应将精矿销售额折算为原矿销售额缴纳资源税。换算比或折算率原则上应通过原矿售价、精矿售价和选矿比计算，也可通过原矿销售额、加工环节平均成本和利润计算。

金矿以标准金锭为征税对象，纳税人销售金原矿、金精矿的，应比照上述规定将其销售额换算为金锭销售额缴纳资源税。

换算比或折算率应按简便可行、公平合理的原则，由省级财税部门确定，并报财政部、国家税务总局备案。

四、已税产品的税务处理

纳税人用已纳资源税的应税产品进一步加工应税产品销售的，不再缴纳资源税。纳税人以未税产品和已税产品混合销售或混合加工为应税产品销售的，应当准确核算已税产品的购进金额，在计算加工后的应税产品销售额时，准予扣减已税产品的购进金额；未分别核算的，一并计算缴纳资源税。

五、煤炭资源税计算方法

（一）计算方法概述

煤炭资源税应纳税额按照原煤或者洗选煤计税销售额乘以适用税率计算。

原煤计税销售额是指纳税人销售原煤向购买方收取的全部价款和价外费用，不包括收取是增值税销项税额以及从坑口到车站、码头或购买方指定地点的运输费用。

洗选煤计税销售额按洗选煤销售额乘以折算率计算。洗选煤销售额是指纳税人销售洗选煤向购买方收取的全部价款和价外费用，包括洗选副产品的销售额，不包括收取的增值税销项税额以及从洗选煤厂到车站、码头或购买方指定地点的运输费用。

在计算煤炭计税销售额时，原煤及洗选煤销售额中包含的运输费用、建设基金以及随运销产生的装卸、仓储、港杂等费用应与煤价分别核算，凡取得相应凭据的，允许在计算煤炭计税销售额时予以扣减。扣减的凭据包括有关发票或者经主管税务机关审核的其他凭据。运输费用明显高于当地市场价格导致应税煤炭产品价格偏低，且无正当理由的，主管税务机关有权合理调整计税价格。

（二）洗选煤折算率计算公式

由省、自治区、直辖市财税部门或其授权地市级财税部门根据煤炭资源区域分布、煤质煤种等情况确定，体现有利于提高煤炭洗选率，促进煤炭清洁利用和环境保护的原则。

洗选煤折算率一经确定，原则上在一个纳税年度内保持相对稳定，但在煤炭市场行情、洗选成本等发生较大变化时可进行调整。

洗选煤折算率计算公式如下：

公式一：洗选煤折算率=（洗选煤平均销售额-洗选环节平均成本-洗选环节平均利润）÷洗选煤平均销售额×100%

洗选煤平均销售额、洗选环节平均成本、洗选环节平均利润可按照上年行业平均水平测算确定。

公式二：洗选煤折算率=原煤平均销售额÷（洗选煤平均销售额×综合回收率）×100%

原煤平均销售额、洗选煤平均销售额可按照上年当地行业平均水平测算确定。

综合回收率=洗选煤数量÷入洗前原煤数量×100%

（三）特殊销售情形

纳税人销售应税煤炭的，在销售环节缴纳资源税。纳税人以自采原煤直接或者经洗选加工后连续生产焦炭、煤气、煤化工、电力及其他煤炭深加工产品的，视同销售。在原煤或者洗选煤移送环节缴纳资源税。

纳税人煤炭开采地与洗选、核算地不在同一行政区域（县级以上）的。煤炭资源税在煤炭开采地缴纳。纳税人在本省、自治区、直辖市范围开采应税煤炭。七纳税地点需要调整的，由省、自治区、直辖市税务机关决定。

纳税人申报原煤或洗选煤销售价格明显偏低且无正当理由的，或者有视同销售应税煤炭行为而无销售价格的，主管税务机关应按下列顺序确定计税价格：

（1）按纳税人最近时期同类原煤或洗选煤的平均销售价格确定。

（2）按其他纳税人最近时期同类原煤或洗选煤的平均销售价格确定。

（3）按组成计税价格确定。

组成计税价格=成本×（1+成本利润率）÷（1-资源税税率）

（4）按其他合理方法确定。

纳税人与其关联企业之间的业务往来，应当按照独立企业之间的业务往来收取或支付价款、费用；不按照独立企业之间的业务往来收取或支付价款、费用，而减少其应纳税收入的，税务机关有权按照《中华人民共和国税收征收管理法》及其实施细则的有关规定进行合理调整。

纳税人以自采原煤或加工的洗选煤连续生产焦煤、煤气、煤化工、电力等产品，自产自用且无法确定应税煤炭移送使用量的，可采取最终产成品的煤耗指标确定用煤量，即：煤电成品的原煤耗用率指标进行确定；其他煤炭连续生产企业可采取其产成品煤耗指标进行确定，或者参照其他合理方法进行确定。

（四）扣减额计算

纳税人将自采原煤与外购原煤（包括煤矸石）进行混合后销售的，应当准确核算外购原煤的数量、单价及运费，在确认计税依据时可以扣减外购相应原煤的购进金额。

计税依据=当期混合原煤销售额-当期用于混售的外购原煤的购进金额

外购原煤的购进金额=外购原煤的购进数量×单价

纳税人将自采原煤连续加工的洗选煤与外购洗选煤进行混合后销售的，比照上述有关规定计算缴纳资源税。

纳税人以自采原煤和外购原煤混合加工洗选煤的，应当准确核算外购原煤的数量、单价及运费，在确认计税依据时可以扣减外购相应原煤的购进金额。

计税依据=当期洗选煤销售额×折算率-当期用于混洗混售的外购原煤的购进金额

外购原煤的购进金额=外购原煤的购进数量×单价

纳税人扣减当期外购原煤或者洗选煤购进额的，应当以增值税专业发票、普通发票或者海关报关单作为扣减凭证。

第六节 税收优惠

资源税贯彻普遍征收、级差调节的原则思想，因此规定的减免税项目比较少。

1. 开采原油过程中用于加热、修井的原油，免税。

2. 纳税人开采或者生产应税产品过程中，因意外事故或者自然灾害等原因遭受重大损失的，有省、自治区、直辖市人民政府酌情决定减税或者免税。

3. 铁矿石资源税减按40%征收资源税。

4. 对鼓励利用的低品位矿、废石、尾矿、废渣、废水、废气等提取的矿产品，由省级人民政府根据实际情况确定是否减税或免税，并制定具体办法。

5. 从2007年1月1日起，对地面抽采煤层气暂不征收资源税，煤气层是指赋存于煤层及其围岩中与煤炭资源伴生的非常规天然气，也称煤矿瓦斯。

6. 自2010年6月1日起，纳税人在新疆开采的原油、天然气，自用于连续生产原油、天然气的，不缴纳资源税；自用于其他方面的，视同销售，依照本规定计算缴纳资源税。

7. 有下列情形之一的，免征或者减征资源税：

（1）油田范围内运输稠油过程中用于加热的原油、天然气，免征资源税。

（2）稠油、高凝油和高含硫天然气资源税减征40%。

稠油，是指地层原油黏度大于或等于50毫帕/秒或原油密度大于或等于0.92克/立方厘米的原油。高凝油，是指凝固点大于40℃的原油。高含硫天然气，是指硫化氢含量大于或等于30克/立方米的天然气。

（3）三次采油资源税减征30%。三次采油，是指二次采油后继续以聚合物驱、三元复合驱、泡沫驱、二氧化碳驱、微生物驱等方式继续采油。

（4）对低丰度油气田资源税暂减征20%。

陆上低丰度油田，是指每平方公里原油可采储量丰度在25万立方米（不含）以下的油田；陆上低丰度气田，是指每平方公里天然气可采储量丰度在2.5亿立方米（不含）以下的气田。

海上低丰度油田，是指每平方公里原油可采储量丰度在60万立方米（不含）以下的油田；海上低丰度气田，是指每平方公里天然气可采储量丰度在6亿立方米（不含）以下的气田。

（5）对深水油气田资源税减征30%。

深水油气田，是指水深超过300米（不含）的油气田。

符合上述减免税规定的原油、天然气划分不清的，一律不予减免资源税；同时符合上述两项及两项以上减税规定的，只能选择其中一项执行，不能叠加适用。

财政部和国家税务总局根据国家有关规定及实际情况的变化适时对适时政策进行调整。

（6）对实际开采年限在15年以上的衰竭期矿山开采的矿产资源，资源税减征30%。

衰竭期矿山是指剩余可采储量下降到原设计可采储量的20%（含）以下或剩余服务年限不超过5年的矿山，以开采企业下属的单个矿山为单位确定。

（7）对依法在建筑物下、铁路下、水体下通过充填开采方式采出的矿产资源，资源税减征50%。

充填开采是指随着回采工作面的推进，向采空区或离层带等空间充填废石、尾矿、废渣、建筑废料以及专用充填合格材料等采出矿产品的开采方法。

对鼓励利用的低品位矿、废石、尾矿、废渣、废水、废气等提取的矿产品，由省级人民政府根据实际情况确定是否给予减税或免税。

为了促进共伴生矿的综合利用，纳税人开采销售共伴生矿，共伴生矿与主矿产品销售额分开核算的，对共伴生矿暂不计征资源税；没有分开核算的，共伴生矿按主矿产品的税目和适用税率计征资源税。财政部、国家税务总局另有规定，从其规定。

8. 出口应税产品不退（免）资源税的规定。

资源税规定仅对在中国境内开采或生产应税产品的单位和个人征收，进口的矿产品和盐不征收资源税。由于对进口应税产品不征收资源税，相应的，对出口应税产品也不免征或退还已纳资源税。

第七节　征收管理

一、征税义务发生时间

1. 纳税人销售应税产品，其纳税义务发生时间为：

（1）纳税人采取分期收款结算方式的，其纳税义务发生时间，为销售合同规定的收款日期的当天。

（2）纳税人采取预收货款结算方式的，其纳税义务发生时间，为发出应税产品的当天。

（3）纳税人采取其他方式结算的，其纳税义务发生时间，为收讫销售款或者取得索取销售款凭据的当天。

2. 纳税人自产自用应税产品的纳税义务发生时间，为移送使用应税产品的当天。

3. 扣缴义务人代扣代缴税款的纳税义务发生时间，为支付首笔货款或首次开具支付货款凭据的当天。

二、纳税期限

1. 纳税期限是纳税人发生纳税义务后缴纳税款的期限，资源税的纳税期限为1日、3日、5日、10日、15日或者1个月，纳税人的纳税期限由主管税务机关根据实际情况具体核定。不能按固定期限计算纳税的，可以按次计算纳税。

2. 纳税人以1个月为一期纳税的，自期满之日起10日内申报纳税；以1日、3日、5日、10日或者15日为一期纳税的，自期满之日起5日内预缴税款，于次月1日起10日内申报纳税并结清上月税款。

三、纳税环节和纳税地点

1. 资源税在应税产品的销售或自用环节计算缴纳。以自采原矿加工精矿产品的，在原矿移送使用时不缴纳资源税，在精矿销售或自用时缴纳资源税。

2. 纳税人以自采原矿加工金锭的，在金锭销售或自用时缴纳资源税。纳税人销售自采原矿或者自采原矿加工的金精矿、粗金，在原矿或者金精矿、粗金销售时缴纳资源税，在移送使用时不缴纳资源税。

3. 以应税产品投资、分配、抵债、赠与、以物易物等，视同销售，依照本通知有关规定计算缴纳资源税。

4. 纳税人应当向矿产品的开采地或盐的生产地缴纳资源税。纳税人在本省、自治区、直辖市范围开采或者生产应税产品，其纳税地点需要调整的，由省级地方税务机关决定。

5. 如果纳税人应纳的资源税属于跨省开采，其下属生产单位与核算单位不在同一省、自治区、直辖市的，对其开采或者生产的应税产品，一律在开采地或者生产地纳税。实行从量计征的应税产品，其应纳税款一律由独立核算的单位按照每个开采地或者生产地的销售量及适用税率计算划拨；实行从价计征的应税产品，其应纳税款一律由独立核算的单位按照每个开采地或者生产地的销售量、单位销售价格及适用税率计算划拨。

6. 扣缴义务人代扣代缴的资源税，应当向收购地主管税务机关缴纳。

思考练习题

一、思考题

1. 我国为何要进行水资源税改革？

2. 资源税有何经济效应？

二、练习题

1. 某铜矿山 3 月份销售铜矿 5 000 吨，开具增值税专用发票，取得不含税销售额 5 万元；按规定铜矿税率为 5%，请计算该矿山 3 月份应纳资源税。

2. 某油田 5 月份生产原油 20 万吨，其中 12 万吨用于外销，取得不含税销售额 60 000 万元，5 万吨移送所属化工厂进行加工提炼，1 万吨用于加热和修井，1 万吨用于职工食堂和浴室，还有 1 万吨待销售。另外在采油过程中还同时回收天然气 4 千万立方米并销售，取得不含税销售额 1 000 元。请计算该油田 5 月应缴纳多少资源税（原油税率 5%，天然气税率 6%）。

3. 某省一独立核算的的煤炭企业，下属一生产单位在外省。2016 年该企业开采原煤 340 万吨（其中含省外生产单位开采的 60 万吨），当年销售原煤 300 万吨（其中含省外生产单位开采的 50 万吨），取得不含税销售额 1 200 万元。已知原煤资源税税率为 5%，计算 2016 年该企业在本省应缴纳的资源税。

第七章 土地增值税

内容提要：本章介绍了土地增值税的定义、纳税义务人、征税范围和税率的规定；应纳税额的计算方法；优惠政策和征收管理的规定。学习本章时，主要掌握土地增值税应纳税额的计算方法和征收管理的规定。

第一节 土地增值税基本原理

一、土地增值税概念

土地增值税是对有偿转让国有土地使用权及地上建筑物和其他附着物产权，取得增值收入的单位和个人征收的一种税。

土地属于不动产，对土地课税是一种古老的税收形式，也是当代各国普遍征收的一种财产税。有些国家和地区将土地单列出来征收，如土地税、地价税、农地税、未开发土地税、荒地税、城市土地税、土地登记税、土地转让税、土地增值税、土地租金税、土地发展税，等等。有些国家和地区鉴于土地与地面的房屋、建筑物及其他附着物的密不可分性，对土地征税往往未予单独列名，而统称为房地产税、不动产税、财产税等。

1949年中华人民共和国成立以来，我国对土地、房屋等不动产的征税制度比较薄弱，先后开征过的税种如契税、城市房地产税、房产税、城镇土地使用税等，但这些税种都不属于对土地增值额或土地收益额的征税。1993年12月13日国务院发布了《中华人民共和国土地增值税暂行条例》（以下简称《土地增值税暂行条例》），从1994年1月1日起开征土地增值税。1995年1月27日财政部又颁布《中华人民共和国土地增值税暂行条例实施细则》（以下简称《土地增值税暂行条例实施细则》），进一步细化了土地增值税征收管理办法。

二、我国土地增值税的特点

（一）以转让房地产的增值额为计税依据

增值额为纳税人转让房地产的收入，减除税法规定准予扣除的项目金额后的余额。土地增值税的增值额与增值税的增值额有所不同，土地增值税的增值额以征税对象的全部销售收入额扣除与其相关的成本、费用、税金及其他项目金额后的余额，与会计核算中计算会计利润的方法基本相似。增值税的增值额只扣除与其销售额直接相关的进货成本价格。

（二）征税面比较广

凡在我国境内转让房地产并取得收入的单位和个人，除税法规定免税的外，均应依照土地增值税条例规定缴纳土地增值税。换言之，凡发生应税行为的单位和个人，不论其经济性质，也不分内、外资企业或中、外籍人员，无论专营或兼营房地产业务，均有缴纳土地增值税的义务。

（三）实行超率累进税率

土地增值税的税率是以转让房地产增值率的高低为依据来确认，按照累进原则设计，实行分级计税。增值率是以收入总额扣除相关项目金额后的余额再除以扣除项目合计金额，增值率高的，税率高、多纳税；增值率低的，税率低、少纳税。

（四）实行按次征收

土地增值税在房地产发生转让的环节，实行按次征收，每发生一次转让行为，就应根据每次取得的增值额征一次税。

三、土地增值税的作用

（一）增强国家对房地产开发和房地产交易市场的调控

改革开放前，我国土地管理制度一直采取行政划拨方式，不允许进行土地买卖，既没有地产交易行为，更不存在地产交易市场。实践证明，这种土地管理制度不利于提高土地资源的使用效益。改革开放后，对土地使用管理制度逐步实行了改革，打破了无偿使用，不准买卖的老规定，确立了有偿使用，允许转让使用权的政策和制度。新的土地使用政策和管理制度的实施，从根本上促进了我国房地产开发和房地产交易市场的发展。这对于合理配置土地资源，提高土地使用效益，增加政府财政收入，改善城市基础设施和人民生活居住条件，以及带动国民经济相关产业的发展，都产生了积极作用。

但是，由于有关土地管理的各项制度还有待完善，对土地及房地产市场的管理也有待改进，我国在房地产业发展中也出现了一些问题。主要是：搞房地产开发过热，一度炒买炒卖房地产的投机盛行，房地产价格上涨过猛，投入房地产的资金规模过大，国家土地资源浪费较严重，国有土地资源收益流失过多，也影响和危害了国民经济的健康协调发展，而且也造成了社会分配不公。

在这种情况下，我国决定借鉴世界上一些国家和地区的有益做法，开征土地增值税，利用税收杠杆对房地产业的开发、经营和房地产市场进行适当调控，以保护房地产业和房地产市场的健康发展，控制投资规模，促进土地资源的合理利用，调节部分单位和个人通过炒买炒卖房地产取得的高额收入。

（二）有利于国家抑制炒买炒卖土地获取暴利的行为

土地收益主要来源于土地的增值。一是自然增值，即由于土地资源是有限的，而随着经济建设的发展，生产和生活建设用地扩大，土地资源相对发生紧缺，导致土地价格上升。这是土地增值的主要因素。二是投资增值，即投入资金开发建造，把“生地”变为“熟地”，建成适用于各种生产、生活、商业用设施，形成土地增值。土地资源属国家所有，国家为土地的完整而不受侵犯投入了巨额资金，国家应参与土地增值收益分配，并取得较大份额。同时对房地产开发者投资、开发房地产应取得的合理收益，应当予以保护，使其能够得到一定的回报，以促进房地产业的正常发展。然而有些地区单纯出于招商引资或急于求成搞建设，盲目开发并竞相压低国家土地批租价格，给炒买炒卖者留下空间，致使国家土地增值收益流失严重，极大地损害了国家利益。统一对土地增值收益征税，有利于堵住这方面的漏洞，减少国家土地资源增值收益的流失，遏制投机者牟取暴利的行为，保护房地产正当开发者的合法权益，维护国家整体利益。

（三）增加国家财政收入为经济建设积累资金

1993年底以前，我国涉及房地产交易市场的税费，主要有营业税、企业所得税、个人所得税、契税、土地增值费等。1994年1月1日起对土地增值收益征收土地增值税，增加了国家财政收入的新财源。分税制财政体制实施后，土地增值税收入属于地方政府的财政收入，为地方政府积累经济建设资金起到了积极的作用。

第二节 纳税义务人

土地增值税的纳税义务人为转让国有土地使用权、地上的建筑及其附着物（以下简称转让房地产）并取得收入的单位和个人。单位包括各类企业、事业单位、国家机关和社会团体及其他组织。个人包括个体经营者。

第三节 征 税 范 围

一、征税范围

根据《土地增值税暂行条例》及其实施细则的规定，土地增值税的征税范围包括：

（一）转让国有土地使用权

这里所说的"国有土地"，是指按国家法律规定属于国家所有的土地。

（二）地上的建筑物及其附着物连同国有土地使用权一并转让

这里所说的"地上的建筑物"，是指建于土地上的一切建筑物，包括地上地下的各种附属设施。这里所说的"附着物"，是指附着于土地上的不能移动或一经移动即遭损坏的物品。

二、若干具体情况的判定

（一）以出售方式转让国有土地使用权、地上的建筑物及附着物

1. 出售国有土地使用权的。这种情况是指土地使用者通过出让方式，向政府缴纳了土地出让金，有偿受让土地使用权后，仅对土地进行通水、通电、通路和平整地面等土地开发，不进行房产开发，即所谓"将生地变熟地"，然后直接将空地出售出去。这属于国有土地使用权的有偿转让，应纳入土地增值税的征税范围。

2. 取得国有土地使用权后进行房屋开发建造然后出售的。这种情况即是一般所说的房地产开发。虽然这种行为通常被称作卖房，但按照国家有关房地产法律和法规的规定，卖房的同时，土地使用权也随之发生转让。由于这种情况既发生了产权的转让又取得了收入，所以应纳入土地增值税的征税范围。

3. 存量房地产的买卖。这种情况是指已经建成并已投入使用的房地产，其房屋所有

人将房屋产权和土地使用权一并转让给其他单位和个人。这种行为按照国家有关的房地产法律和法规，应当到有关部门办理房产产权和土地使用权的转移变更手续；原土地使用权属于无偿划拨的，还应到土地管理部门补交土地出让金。这种情况既发生了产权的转让又取得了收入，应纳入土地增值税的征税范围。

（二）以继承、赠与方式转让房地产

这种情况因其只发生房地产产权的转让，没有取得相应的收入，属于无偿转让房地产的行为，所以不能将其纳入土地增值税的征税范围。这里又可分为两种情况：

1. 房地产的继承。房地产的继承是指房产的原产权所有人、依照法律规定取得土地使用权的土地使用人死亡以后，由其继承人依法承受死者房产产权和土地使用权的民事法律行为。这种行为虽然发生了房地产的权属变更，但作为房产产权、土地使用权的原所有人（即被继承人）并没有因为权属的转让而取得任何收入。因此，这种房地产的继承不属于土地增值税的征税范围。

2. 房地产的赠与。房地产的赠与是指房产所有人、土地使用权所有人将自己所拥有的房地产无偿地交给其他人的民事法律行为。但这里的“赠与”仅指以下情况：

（1）房产所有人、土地使用权所有人将房屋产权、土地使用权赠与直系亲属或承担直接赡养义务人的。

（2）房产所有人、土地使用权所有人通过中国境内非营利的社会团体、国家机关将房屋产权、土地使用权赠与教育、民政和其他社会福利、公益事业的。

上述社会团体是指中国青少年发展基金会、希望工程基金会、宋庆龄基金会、减灾委员会、中国红十字会、中国残疾人联合会、全国老年基金会、老区促进会以及经民政部门批准成立的其他非营利的公益性组织。

房地产的赠与虽发生了房地产的权属变更，但作为房产所有人、土地使用权的所有人并没有因为权属的转让而取得任何收入。因此，房地产的赠与不属于土地增值税的征税范围。

（三）房地产的出租

房地产的出租是指房产的产权所有人、依照法律规定取得土地使用权的土地使用人，将房产、土地使用权租赁给承租人使用，由承租人向出租人支付租金的行为。房地产的出租，出租人虽取得了收入，但没有发生房产产权、土地使用权的转让。因此，不属于土地增值税的征税范围。

（四）房地产的抵押

房地产的抵押是指房地产的产权所有人、依法取得土地使用权的土地使用人作为债务人或第三人向债权人提供不动产作为清偿债务的担保而不转移权属的法律行为。这种情况由于房产的产权、土地使用权在抵押期间产权并没有发生权属的变更，房产的产权所有人、土地使用权人仍能对房地产行使占有、使用、收益等权利，房产的产权所有人、土地使用权人虽然在抵押期间取得了一定的抵押贷款，但实际上这些贷款在抵押期满后是要连本带利偿还给债权人的。因此，对房地产的抵押，在抵押期间不征收土地增值税。待抵押期满后，视该房地产是否转移占有而确定是否征收土地增值税。对于以房地产抵债而发生房地产权属转让的，应列入土地增值税的征税范围。

（五）房地产的交换

这种情况是指一方以房地产与另一方的房地产进行交换的行为。由于这种行为既发生了房产产权、土地使用权的转移，交换双方又取得了实物形态的收入，按《土地增值税暂行条例》规定，它属于土地增值税的征税范围。但对个人之间互换自有居住用房地产的，经当地税务机关核实，可以免征土地增值税。

（六）以房地产进行投资、联营

对于以房地产进行投资、联营的，投资、联营的一方以土地（房地产）作价入股进行投资或作为联营条件，将房地产转让到所投资、联营的企业中时，暂免征收土地增值税。对投资、联营企业将上述房地产再转让的，应征收土地增值税。

（七）合作建房

对于一方出地，一方出资金，双方合作建房，建成后按比例分房自用的，暂免征收土地增值税；建成后转让的，应征收土地增值税。

（八）企业兼并转让房地产

在企业兼并中，对被兼并企业将房地产转让到兼并企业中的，暂免征收土地增值税。

（九）房地产的代建房行为

这种情况是指房地产开发公司代客户进行房地产的开发，开发完成后向客户收取代建收入的行为。对于房地产开发公司而言，虽然取得了收入，但没有发生房地产权属的转移，其收入属于劳务收入性质，故不属于土地增值税的征税范围。

（十）房地产的重新评估

这主要是指国有企业在清产核资时对房地产进行重新评估而使其升值的情况。这种情况下，房地产虽然有增值，但其既没有发生房地产权属的转移，房产产权、土地使用权人也未取得收入，所以不属于土地增值税的征税范围。

第四节 税 率

土地增值税实行四级超率累进税率：

1. 增值额未超过扣除项目金额50%的部分，税率为30%。
2. 增值额超过扣除项目金额50%、未超过扣除项目金额100%的部分，税率为40%。
3. 增值额超过扣除项目金额100%、未超过扣除项目金额200%的部分，税率为50%。
4. 增值额超过扣除项目金额200%的部分，税率为60%。

上述所列四级超率累进税率，每级“增值额未超过扣除项目金额”的比例，均包括本比例数。超率累进税率见表7-1。

表7-1 土地增值税四级超率累进税率表

级数	增值额与扣除项目金额的比例	税率（%）	速算扣除系数（%）
1	不超过50%的部分	30	0
2	超过50%至100%的部分	40	5

续表

级数	增值额与扣除项目金额的比例	税率（%）	速算扣除系数（%）
3	超过100%至200%的部分	50	15
4	超过200%的部分	60	35

第五节 应税收入与扣除项目

一、应税收入的确定

根据《土地增值税暂行条例》及其实施细则的规定，纳税人转让房地产取得的应税收入，应包括转让房地产的全部价款及有关的经济收益。从收入的形式来看，包括货币收入、实物收入和其他收入。

（一）货币收入

货币收入是指纳税人转让房地产而取得的现金、银行存款、支票、银行本票、汇票等各种信用票据和国库券、金融债券、企业债券、股票等有价证券。这些类型的收入其实质都是转让方因转让土地使用权、房屋产权而向取得方收取的价款。货币收入一般比较容易确定。

（二）实物收入

实物收入是指纳税人转让房地产而取得的各种实物形态的收入，如钢材、水泥等建材，房屋、土地等不动产等。实物收入的价值不太容易确定，一般要对这些实物形态的财产进行估价。

（三）其他收入

其他收入是指纳税人转让房地产而取得的无形资产收入或具有财产价值的权利，如专利权、商标权、著作权、专有技术使用权、土地使用权、商誉权等。这种类型的收入比较少见，其价值需要进行专门的评估。

二、扣除项目的确定

计算土地增值税应纳税额，并不是直接对转让房地产所取得的收入征税，而是要对收入额减除国家规定的各项扣除项目金额后的余额计算征税（这个余额就是纳税人在转让房地产中获取的增值额）。因此，要计算增值额，首先必须确定扣除项目。税法准予纳税人从转让收入额中减除的扣除项目包括如下几项：

（一）取得土地使用权所支付的金额

取得土地使用权所支付的金额包括两方面的内容：

1. 纳税人为取得土地使用权所支付的地价款。如果是以协议、招标、拍卖等出让方式取得土地使用权的，地价款为纳税人所支付的土地出让金；如果是以行政划拨方式取得土地使用权的，地价款为按照国家有关规定补交的土地出让金；如果是以转让方式取得土地使用权的，地价款为向原土地使用权人实际支付的地价款。

2. 纳税人在取得土地使用权时按国家统一规定缴纳的有关费用。它系指纳税人在取得土地使用权过程中为办理有关手续，按国家统一规定缴纳的有关登记、过户手续费。

（二）房地产开发成本

房地产开发成本是指纳税人房地产开发项目实际发生的成本，包括土地的征用及拆迁补偿费、前期工程费、建筑安装工程费、基础设施费、公共配套设施费、开发间接费用等。

1. 土地征用及拆迁补偿费。包括土地征用费、耕地占用税、劳动力安置费及有关地上、地下附着物拆迁补偿的净支出、安置动迁用房支出等。

2. 前期工程费。包括规划、设计、项目可行性研究和水文、地质、勘察、测绘、“三通一平”等支出。

3. 建筑安装工程费。指以出包方式支付给承包单位的建筑安装工程费，以自营方式发生的建筑安装工程费。

4. 基础设施费。包括开发小区内道路、供水、供电、供气、排污、排洪、通信、照明、环卫、绿化等工程发生的支出。

5. 公共配套设施费。包括不能有偿转让的开发小区内公共配套设施发生的支出。

6. 开发间接费用。指直接组织、管理开发项目发生的费用，包括工资、职工福利费、折旧费、修理费、办公费、水电费、劳动保护费、周转房摊销等。

（三）房地产开发费用

房地产开发费用是指与房地产开发项目有关的销售费用、管理费用和财务费用。根据现行财务会计制度的规定，这三项费用作为期间费用，直接计入当期损益，不按成本核算对象进行分摊。故作为土地增值税扣除项目的房地产开发费用，不按纳税人房地产开发项目实际发生的费用进行扣除，而按《土地增值税暂行条例实施细则》的标准进行扣除。

《土地增值税暂行条例实施细则》规定，财务费用中的利息支出，凡能够按转让房地产项目计算分摊并提供金融机构证明的，允许据实扣除，但最高不能超过按商业银行同类同期贷款利率计算的金额。其他房地产开发费用，按《土地增值税暂行条例实施细则》第七条（一）、（二）项规定（即取得土地使用权所支付的金额和房地产开发成本，下同）计算的金额之和的5%以内计算扣除。凡不能按转让房地产项目计算分摊利息支出或不能提供金融机构证明的，房地产开发费用按《土地增值税暂行条例实施细则》第七条（一）、（二）项规定计算的金额之和的10%以内计算扣除。计算扣除的具体比例，由各省、自治区、直辖市人民政府规定。

上述规定的具体含义是：

1. 纳税人能够按转让房地产项目计算分摊利息支出，并能提供金融机构的贷款证明的，其允许扣除的房地产开发费用为：利息+（取得土地使用权所支付的金额+房地产开发成本）×5%以内（注：利息最高不能超过按商业银行同类同期贷款利率计算的金额）。

2. 纳税人不能按转让房地产项目计算分摊利息支出或不能提供金融机构贷款证明的，其允许扣除的房地产开发费用为：（取得土地使用权所支付的金额+房地产开发成本）×10%以内。

全部使用自有资金，没有利息支出的，按照以上方法扣除。上述具体适用的比例按省级人民政府此前规定的比例执行。

3. 房地产开发企业既向金融机构借款，又有其他借款的，其房地产开发费用计算扣除时不能同时适用上述1、2项所述两种办法。

4. 土地增值税清算时，已经计入房地产开发成本的利息支出，应调整至财务费用中计算扣除。

此外，财政部、国家税务总局还对扣除项目金额中利息支出的计算问题作了两点专门规定：一是利息的上浮幅度按国家的有关规定执行，超过上浮幅度的部分不允许扣除；二是对于超过贷款期限的利息部分和加罚的利息不允许扣除。

（四）与转让房地产有关的税金

与转让房地产有关的税金是指在转让房地产时缴纳的营业税、城市维护建设税、印花税。因转让房地产缴纳的教育费附加，也可视同税金予以扣除。

需要明确的是，房地产开发企业按照《施工、房地产开发企业财务制度》有关规定，其在转让时缴纳的印花税因列入管理费用中，故在此不允许单独再扣除。其他纳税人缴纳的印花税（按产权转移书据所载金额的5‰（贴花））允许在此扣除。

（五）其他扣除项目

对从事房地产开发的纳税人可按《土地增值税暂行条例实施细则》第七条（一）、（二）项规定计算的金额之和，加计20%的扣除。在此，应特别指出的是：此条优惠只适用于从事房地产开发的纳税人，除此之外的其他纳税人不适用。这样规定，目的是为了抑制炒买炒卖房地产的投机行为，保护正常开发投资者的积极性。

（六）旧房及建筑物的评估价格

旧房及建筑物的评估价格是指在转让已使用的房屋及建筑物时，由政府批准设立的房地产评估机构评定的重置成本价乘以成新度折扣率后的价格。评估价格须经当地税务机关确认。

重置成本价的含义是：对旧房及建筑物，按转让时的建材价格及人工费用计算，建造同样面积、同样层次、同样结构、同样建设标准的新房及建筑物所需花费的成本费用。成新度折扣率的含义是：按旧房的新旧程度作一定比例的折扣。例如，一幢房屋已使用近10年，建造时的造价为1 000万元，按转让时的建材及人工费用计算，建同样的新房需花费4 000万元，该房有六成新，则该房的评估价格为：4 000×60%＝2 400（万元）。

纳税人转让旧房及建筑物，凡不能取得评估价格，但能提供购房发票的，经当地税务部门确认，根据《土地增值税暂行条例》第六条第（一）、（三）项规定的扣除项目的金额（即：取得土地使用权所支付的金额、新建房及配套设施的成本、费用，或者旧房及建筑物的评估价格），可按发票所载金额并从购买年度起至转让年度止每年加计5%计算扣除。计算扣除项目时“每年”按购房发票所载日期起至售房发票开具之日止，每满12个月计1年；超过1年，未满12个月但超过6个月的，可以视同为1年。

对纳税人购房时缴纳的契税，凡能提供契税完税凭证的，准予作为“与转让房地产有关的税金”予以扣除，但不作为加计5%的基数。

对于转让旧房及建筑物，既没有评估价格，又不能提供购房发票的，地方税务机关可以根据《中华人民共和国税收征收管理法》第三十五条的规定，实行核定征收。

第六节　应纳税额的计算

一、增值额的确定

土地增值税纳税人转让房地产所取得的收入减除规定的扣除项目金额后的余额，为增值额。

增值额是土地增值税的本质所在。由于计算土地增值税是以增值额与扣除项目金额的比率大小按相适用的税率累进计算征收的，增值额与扣除项目金额的比率越大，适用的税率越高，缴纳的税款越多，因此，准确核算增值额是很重要的。当然，准确核算增值额，还需要有准确的房地产转让收入额和扣除项目的金额。在实际房地产交易活动中，有些纳税人由于不能准确提供房地产转让价格或扣除项目金额，致使增值额不准确，直接影响应纳税额的计算和缴纳。

二、应纳税额的计算方法

土地增值税按照纳税人转让房地产所取得的增值额和规定的税率计算征收。土地增值税的计算公式是：

应纳税额＝∑（每级距的土地增值额×适用税率）

但在实际工作中，分步计算比较繁琐，一般可以采用速算扣除法计算。即：计算土地增值税税额，可按增值额乘以适用的税率减去扣除项目金额乘以速算扣除系数的简便方法计算。计算公式是：

应纳税额＝增值额×适用税率－扣除项目金额×速算扣除系数

【例 7-1】 2016 年 8 月，某房地产开发公司转让写字楼一栋，共取得转让收入 5 000 万元。已知该公司为取得土地使用权而支付的地价款和相关税费为 500 万元；房地产开发成本为 1 500 万元；房地产开发费用中的利息支出为 120 万元（能够按转让房地产项目计算分摊并提供金融机构证明），比银行同类同期贷款利率计算的利息多出 10 万元。公司所在地政府规定的其他房地产开发费用的扣除比例为 5%。转让环节可以扣除的各项税费合计 275 万元。（注：营业税税率为 5%，城市维护建设税税率 7%，教育费附加征收率 3%）

该公司转让写字楼应缴纳的土地增值税计算如下：

（1）确定转让房地产的收入为 5 000 万元。

（2）取得土地使用权所支付的金额为 500 万元；

（3）房地产开发成本为 1 500 万元；

（4）房地产的开发费用＝（120－10）＋（500+1 500）×5%＝210 万元

（5）与转让房地产有关的税金＝5 000×5%×（1+7%+3%）＝275 万元

（6）从事房地产开发的加计扣除金额＝（500+1 500）×20%＝400 万元

（7）转让房地产的增值额＝5 000－（500+1 500+210+275+400）＝5 000－2 885＝2 115

万元

（8）增值额与扣除项目金额的比率 = 2 115÷2 885×100% = 73.3%

（9）应纳的土地增值税税额 = 2 115×40% - 2 885×5% = 701.75 万元

【例 7-2】 某工业企业转让一幢 10 年前建造的厂房，取得收入 1 100 万元，10 年前该房造价为 500 万元，无偿取得土地使用权。如果按现行市场价的材料、人工费计算，建造同样的房子需 1 000 万元，该房子为 6 成新，转让时向政府补缴土地出让金 200 万元，支付相关税费共计 70 万。计算该企业转让旧厂房应缴纳的土地增值税额。

该企业转让旧厂房应缴纳的土地增值税计算如下：:

（1）评估价格 = 1 000×60% = 600（万元）

（2）允许扣除的出让金 200 万元、相关税金 70 万元

（3）扣除项目金额合计 = 600+200+70 = 870（万元）

（4）增值额 = 1 100 - 870 = 230（万元）

（5）增值率 = 230÷870×100% = 26.44%

（6）应缴纳土地增值税 = 230×30% - 870×0 = 69（万元）

第七节 税收优惠

一、建造普通标准住宅的税收优惠

纳税人建造普通标准住宅出售，增值额未超过扣除项目金额 20%的，免征土地增值税。

这里所说的“普通标准住宅”，是按所在地一般民用住宅标准建造的居住用住宅。高级公寓、别墅、度假村等不属于普通标准住宅。普通标准住宅与其他住宅的具体划分界限，2005 年 5 月 31 日以前由各省、自治区、直辖市人民政府规定。2005 年 6 月 1 日起，普通标准住宅应同时满足：住宅小区建筑容积率在 1.0 以上；单套建筑面积在 120 平方米以下；实际成交价格低于同级别土地上住房平均交易价格 1.2 倍以下。各省、自治区、直辖市要根据实际情况，制定本地区享受优惠政策普通住房的具体标准。允许单套建筑面积和价格标准适当浮动，但向上浮动的比例不得超过上述标准的 20%。纳税人建造普通标准住宅出售，增值额未超过扣除项目金额 20%的，免征土地增值税；增值额超过扣除项目金额 20%的，应就其全部增值额按规定计税。

对于纳税人既建普通标准住宅又搞其他房地产开发的，应分别核算增值额。不分别核算增值额或不能准确核算增值额的，其建造的普通标准住宅不能适用这一免税规定。

二、国家征用收回的房地产的税收优惠

因国家建设需要依法征用、收回的房地产，免征土地增值税。

这里所说的“因国家建设需要依法征用、收回的房地产”，是因城市实施规划、国家建设的需要而被政府批准征用的房产或收回的土地使用权。因城市实施规划、国家建设的需要而搬迁，由纳税人自行转让原房地产的，比照有关规定免征土地增值税。

三、个人转让房地产的税收优惠

个人因工作调动或改善居住条件而转让原自用住房，经向税务机关申报核准，凡居住满5年或5年以上的，免予征收土地增值税；居住满3年未满5年的，减半征收土地增值税。居住未满3年的，按规定计征土地增值税。

第八节　征 收 管 理

一、土地增值税的申报缴纳

根据土地增值税暂行条例规定，纳税人应自转让房地产合同签订之日起七日内，向房地产所在地的主管税务机关办理纳税申报，同时向税务机关提交房屋及建筑物产权、土地使用权证书、土地转让、房产买卖合同、房地产评估报告及其他与转让房地产有关的资料，然后在税务机关核定的期限内缴纳土地增值税。

二、纳税地点

土地增值税的纳税人应向房地产所在地主管税务机关办理纳税申报，并在税务机关核定的期限内缴纳土地增值税。

这里所说的“房地产所在地”，是指房地产的坐落地。纳税人转让的房地产坐落在两个或两个以上地区的，应按房地产所在地分别申报纳税。

在实际工作中，纳税地点的确定又可分为以下两种情况：

1. 纳税人是法人的。当转让的房地产坐落地与其机构所在地或经营所在地一致时，则在办理税务登记的原管辖税务机关申报纳税即可；如果转让的房地产坐落地与其机构所在地或经营所在地不一致时，则应在房地产坐落地所管辖的税务机关申报纳税。

2. 纳税人是自然人的。当转让的房地产坐落地与其居住所在地一致时，则在住所所在地税务机关申报纳税；当转让的房地产坐落地与其居住所在地不一致时，在办理过户手续所在地的税务机关申报纳税。

三、房地产开发企业土地增值税清算

为了加强土地增值税征收管理，规范土地增值税清算工作，根据《税收征收管理法》及其实施细则、《土地增值税暂行条例》及其实施细则等规定，制定《土地增值税清算管理规程》（以下简称《规程》）。自2009年6月1日起施行，各省（自治区、直辖市、计划单列市）税务机关可结合本地实际，对本规程进行进一步细化。

（一）开发项目的前期管理

主管税务机关应加强房地产开发项目的日常税收管理，实施项目管理。管理工作应从纳税人取得土地使用权开始，按项目分别建立档案、设置台账，对纳税人项目立项、规划设计、施工、预售、竣工验收、工程结算、项目清盘等房地产开发全过程情况实行跟踪监控，做到税务管理与纳税人项目开发同步。

同时，主管税务机关对纳税人项目开发期间的会计核算工作应当积极关注，对纳税人分期开发项目或者同时开发多个项目的，应督促纳税人根据清算要求按不同期间和不同项目合理归集有关收入、成本、费用。有条件的地区，主管税务机关可结合发票管理规定，对纳税人分期开发项目或者同时开发多个项目的，实施项目专用票据管理措施。

(二) 土地增值税的清算受理

1. 纳税人符合下列条件之一的，应进行土地增值税的清算。

(1) 房地产开发项目全部竣工、完成销售的；

(2) 整体转让未竣工决算房地产开发项目的；

(3) 直接转让土地使用权的。

2. 对符合以下条件之一的，主管税务机关可要求纳税人进行土地增值税清算。

(1) 已竣工验收的房地产开发项目，已转让的房地产建筑面积占整个项目可售建筑面积的比例在85%以上，或该比例虽未超过85%，但剩余的可售建筑面积已经出租或自用的；

(2) 取得销售（预售）许可证满三年仍未销售完毕的；

(3) 纳税人申请注销税务登记但未办理土地增值税清算手续的；

(4) 省（自治区、直辖市、计划单列市）税务机关规定的其他情况。

对前款所列第（3）项情形，应在办理注销登记前进行土地增值税清算。

对于符合上述清算条件应进行土地增值税清算的项目，纳税人应当在满足条件之日起90日内到主管税务机关办理清算手续。对于符合上述税务机关可要求纳税人进行土地增值税清算的项目，由主管税务机关确定是否进行清算；对于确定需要进行清算的项目，由主管税务机关下达清算通知，纳税人应当在收到清算通知之日起90日内办理清算手续。

应进行土地增值税清算的纳税人或经主管税务机关确定需要进行清算的纳税人，在上述规定的期限内拒不清算或不提供清算资料的，主管税务机关可依据《税收征收管理法》有关规定处理。

3. 纳税人清算土地增值税时应提供的清算资料。

(1) 土地增值税清算表及其附表（参考表见附件，各地可根据本地实际情况制定)。

(2) 房地产开发项目清算说明，主要内容应包括房地产开发项目立项、用地、开发、销售、关联方交易、融资、税款缴纳等基本情况及主管税务机关需要了解的其他情况。

(3) 项目竣工决算报表、取得土地使用权所支付的地价款凭证、国有土地使用权出让合同、银行贷款利息结算通知单、项目工程合同结算单、商品房购销合同统计表、销售明细表、预售许可证等与转让房地产的收入、成本和费用有关的证明资料。主管税务机关需要相应项目记账凭证的，纳税人还应提供记账凭证复印件。

(4) 纳税人委托税务中介机构审核鉴证的清算项目，还应报送中介机构出具的《土地增值税清算税款鉴证报告》。

4. 主管税务机关收到纳税人清算资料后，对符合清算条件的项目，且报送的清算资料完备的，予以受理；对纳税人符合清算条件、但报送的清算资料不全的，应要求纳税人在规定限期内补报，纳税人在规定的期限内补齐清算资料后，予以受理；对不符合清算条件的项目，不予受理。上述具体期限由各省、自治区、直辖市、计划单列市税务机关确定。主管税务机关已受理的清算申请，纳税人无正当理由不得撤销。

5. 主管税务机关按规定进行项目管理时，对符合税务机关可要求纳税人进行清算情形的，应当做出评估，并经分管领导批准，确定何时要求纳税人进行清算的时间。对确定暂不通知清算的，应继续做好项目管理，每年做出评估，及时确定清算时间并通知纳税人办理清算。

6. 主管税务机关受理纳税人清算资料后，应在一定期限内及时组织清算审核。具体期限由各省、自治区、直辖市、计划单列市税务机关确定。

(三) 清算审核方法

清算审核包括案头审核、实地审核。案头审核是指对纳税人报送的清算资料进行数据、逻辑审核，重点审核项目归集的一致性、数据计算准确性等。实地审核是指在案头审核的基础上，通过对房地产开发项目实地查验等方式，对纳税人申报情况的客观性、真实性、合理性进行审核。

1. 清算审核时，应审核房地产开发项目是否以国家有关部门审批、备案的项目为单位进行清算；对于分期开发的项目，是否以分期项目为单位清算；对同项目中的不同类型房地产（如普通住宅和非普通住宅）是否分别计算增值额、增值率，缴纳土地增值税。

2. 审核收入情况时，应结合销售发票、销售合同（含房管部门网上备案登记资料）、商品房销售（预售）许可证、房产销售分户明细表及其他有关资料，重点审核销售明细表、房地产销售面积与项目可售面积的数据关联性，以核实计税收入；对销售合同所载商品房面积与有关部门实际测量面积不一致，而发生补、退房款的收入调整情况进行审核；对销售价格进行评估，审核有无价格明显偏低情况。

必要时，主管税务机关可通过实地查验，确认有无少计、漏计事项，确认有无将开发产品用于职工福利、奖励、对外投资、分配给股东或投资人、抵偿债务、换取其他单位和个人的非货币性资产等情况。

3. 非直接销售和自用房地产的收入确定。

(1) 房地产开发企业将开发产品用于职工福利、奖励、对外投资、分配给股东或投资人、抵偿债务、换取其他单位和个人的非货币性资产等，发生所有权转移时应视同销售房地产，其收入按下列方法和顺序确认：

①按本企业在同一地区、同一年度销售的同类房地产的平均价格确定；

②由主管税务机关参照当地当年、同类房地产的市场价格或评估价值确定。

(2) 房地产开发企业将开发的部分房地产转为企业自用或用于出租等商业用途时，如果产权未发生转移，不征收土地增值税，在税款清算时不列收入，不扣除相应的成本和费用。

根据国税函［2007］645 号未办理土地使用权证转让土地有关税收问题规定，土地使用者转让、抵押或置换土地，无论其是否取得了该土地的使用权属证书，无论其在转让、抵押或置换土地过程中是否与对方当事人办理了土地使用权属证书变更登记手续，只要土地使用者享有占有、使用、收益或处分该土地的权利，且有合同等证据表明其实质转让、抵押或置换了土地并取得了相应的经济利益，土地使用者及其对方当事人应当依照税法规定缴纳营业税、土地增值税和契税等相关税收。

4. 土地增值税扣除项目审核的内容包括：

（1）取得土地使用权所支付的金额。

（2）房地产开发成本，包括：土地征用及拆迁补偿费、前期工程费、建筑安装工程费、基础设施费、公共配套设施费、开发间接费用。

（3）房地产开发费用。

（4）与转让房地产有关的税金。

（5）国家规定的其他扣除项目。

5. 审核扣除项目是否符合下列要求：

（1）在土地增值税清算中，计算扣除项目金额时，其实际发生的支出应当取得但未取得合法凭据的不得扣除。

（2）扣除项目金额中所归集的各项成本和费用，必须是实际发生的。

（3）扣除项目金额应当准确地在各扣除项目中分别归集，不得混淆。

（4）扣除项目金额中所归集的各项成本和费用必须是在清算项目开发中直接发生的或应当分摊的。

（5）纳税人分期开发项目或者同时开发多个项目的，或者同一项目中建造不同类型房地产的，应按照受益对象，采用合理的分配方法，分摊共同的成本费用。

（6）对同一类事项，应当采取相同的会计政策或处理方法。会计核算与税务处理规定不一致的，以税务处理规定为准。

6. 审核取得土地使用权支付金额和土地征用及拆迁补偿费时应当重点关注：

（1）同一宗土地有多个开发项目，是否予以分摊，分摊办法是否合理、合规，具体金额的计算是否正确。

（2）是否存在将房地产开发费用计入取得土地使用权支付金额以及土地征用及拆迁补偿费的情形。

（3）拆迁补偿费是否实际发生，尤其是支付给个人的拆迁补偿款、拆迁（回迁）合同和签收花名册或签收凭证是否一一对应。

7. 审核前期工程费、基础设施费时应当重点关注：

（1）前期工程费、基础设施费是否真实发生，是否存在虚列情形。

（2）是否将房地产开发费用计入前期工程费、基础设施费。

（3）多个（或分期）项目共同发生的前期工程费、基础设施费，是否按项目合理分摊。

8. 审核公共配套设施费时应当重点关注：

（1）公共配套设施的界定是否准确，公共配套设施费是否真实发生，有无预提的公共配套设施费情况。

（2）是否将房地产开发费用计入公共配套设施费。

（3）多个（或分期）项目共同发生的公共配套设施费，是否按项目合理分摊。

9. 审核建筑安装工程费时应当重点关注：

（1）发生的费用是否与决算报告、审计报告、工程结算报告、工程施工合同记载的内容相符。

(2) 房地产开发企业自购建筑材料时，自购建材费用是否重复计算扣除项目。

(3) 参照当地当期同类开发项目单位平均建安成本或当地建设部门公布的单位定额成本，验证建筑安装工程费支出是否存在异常。

(4) 房地产开发企业采用自营方式自行施工建设的，还应当关注有无虚列、多列施工人工费、材料费、机械使用费等情况。

(5) 建筑安装发票是否在项目所在地税务机关开具。

10. 审核开发间接费用时应当重点关注：

(1) 是否存在将企业行政管理部门（总部）为组织和管理生产经营活动而发生的管理费用计入开发间接费用的情形。

(2) 开发间接费用是否真实发生，有无预提开发间接费用的情况，取得的凭证是否合法有效。

11. 审核利息支出时应当重点关注：

(1) 是否将利息支出从房地产开发成本中调整至开发费用。

(2) 分期开发项目或者同时开发多个项目的，其取得的一般性贷款的利息支出，是否按照项目合理分摊。

(3) 利用闲置专项借款对外投资取得收益，其收益是否冲减利息支出。

12. 代收费用的审核。

对于县级以上人民政府要求房地产开发企业在售房时代收的各项费用，审核其代收费用是否计入房价并向购买方一并收取；当代收费用计入房价时，审核有无将代收费用计入加计扣除以及房地产开发费用计算基数的情形。

13. 依据国税发［2006］187号规定，房地产开发企业开发建造的与清算项目配套的居委会和派出所用房、会所、停车场（库）、物业管理场所、变电站、热力站、水厂、文体场馆、学校、幼儿园、托儿所、医院、邮电通信等公共设施，按以下原则处理：

(1) 建成后产权属于全体业主所有的，其成本、费用可以扣除；

(2) 建成后无偿移交给政府、公用事业单位用于非营利性社会公共事业的，其成本、费用可以扣除；

(3) 建成后有偿转让的，应计算收入，并准予扣除成本、费用。

(4) 房地产开发企业销售已装修的新房屋，其装修费用可以计入房地产开发成本。房地产开发企业的预提费用，除另有规定外，不得扣除。

14. 关联方交易行为的审核。

在审核收入和扣除项目时，应重点关注关联企业交易是否按照公允价值和营业常规进行业务往来。

应当关注企业大额应付款余额，审核交易行为是否真实。

15. 纳税人委托中介机构审核鉴证的清算项目，主管税务机关应当采取适当方法对有关鉴证报告的合法性、真实性进行审核。对纳税人委托中介机构审核鉴证的清算项目，主管税务机关未采信或部分未采信鉴证报告的，应当告知其理由。

16. 土地增值税清算审核结束，主管税务机关应当将审核结果书面通知纳税人，并确定办理补、退税期限。

（四）核定征收

在土地增值税清算过程中，发现纳税人符合核定征收条件的，应按核定征收方式对房地产项目进行清算。

1. 在土地增值税清算中符合以下条件之一的，可实行核定征收。

（1）依照法律、行政法规的规定应当设置但未设置账簿的；

（2）擅自销毁账簿或者拒不提供纳税资料的；

（3）虽设置账簿，但账目混乱或者成本资料、收入凭证、费用凭证残缺不全，难以确定转让收入或扣除项目金额的；

（4）符合土地增值税清算条件，企业未按照规定的期限办理清算手续，经税务机关责令限期清算，逾期仍不清算的；

（5）申报的计税依据明显偏低，又无正当理由的。

2. 符合上述核定征收条件的，由主管税务机关发出核定征收的税务事项告知书后，税务人员对房地产项目开展土地增值税核定征收核查，经主管税务机关审核合议，通知纳税人申报缴纳应补缴税款或办理退税。

3. 对于分期开发的房地产项目，各期清算的方式应保持一致。

（五）其他

在土地增值税清算时未转让的房地产，清算后销售或有偿转让的，纳税人应按规定进行土地增值税的纳税申报，扣除项目金额按清算时的单位建筑面积成本费用乘以销售或转让面积计算。

单位建筑面积成本费用＝清算时的扣除项目总金额÷清算的总建筑面积

土地增值税清算资料应按照档案化管理的要求，妥善保存。

思考练习题

一、思考题

1. 什么是土地增值税？

2. 土地增值税征税范围有哪些具体规定？

3. 计算增值税额时有哪些扣除项目？

4. 土地增值税有哪些优惠政策？

5. 土地增值的征收管理有何规定？

二、练习题

1. 某房地产开发公司2013年度内新建一幢商品房并将其出售，共计取得收入8 000万元。已知该公司建造此楼的房地产开发成本为2 000万元，为取得该幢商品房的土地使用权支付的金额为800万元。由于种种原因，该公司不能提供准确的建房利息支出情况，其房地产开发费用按该公司所在省规定可按取得土地使用权支付的金额与房地产开发成本之和的10%计算扣除。转让房地产可扣除的各项税费合计400万元。转让房地产适用的营业税税率为 5%，城建税税率为 7%，教育费附加征收率为 3%。

要求：计算该公司出售商品房应缴纳的土地增值税。

2. 某工厂将其 10 年前建造的旧厂房连同周围的占地（有使用权）一并转让给另一家生产企业，共计取得转让收入 5 000 万元。该厂在建设上述厂房时，支付的地价款和按国家统一规定交纳的有关费用合计为 1 200 万元。经当地房地产评估中心评估，并经税务机关认可的厂房重置价为 3 000 万元，成新度折扣率为 60%。转让旧房支付的可以扣除的各项税费合计 250 万元。转让旧房适用的营业税税率为 5%，城建税税率为 7%，教育费附加征收率为 3%。

要求：计算该厂转让旧厂房及土地使用权应纳的土地增值税。

3. 某房地产开发公司于 2012 年 1 月受让一宗土地使用权，根据转让合同支付转让方地价款 6 000 万元，当月办好土地使用权权属证书。2012 年 2 月至 2013 年 3 月中旬该房地产开发公司将受让土地 70%（其余 30% 尚未使用）的面积开发建造一栋写字楼。在开发过程中，根据建筑承包合同支付给建筑公司的劳务费和材料费共计 5 800 万元；发生的利息费用为 300 万元，不高于同期银行贷款利率并能提供金融机构的证明。2013 年 3 月下旬该公司将开发建造的写字楼总面积的 20% 转为公司的固定资产并用于对外出租，其余部分对外销售。2013 年 4~6 月该公司取得租金收入共计 60 万元，销售部分全部售完，共计取得销售收入 14 000 万元。该公司在写字楼开发和销售过程中，共计发生管理费用 800 万元、销售费用 400 万元。（说明：该公司适用的城市维护建设税税率为 7%：教育费附加征收率为 3%；契税税率为 3%；其他开发费用扣除比例为 5%。）

要求：计算该房地产开发公司销售写字楼应缴纳的土地增值税。

第八章 房产税、城镇土地使用税和耕地占用税

内容提要：本章介绍了房产税、城镇土地使用税和耕地占用税的征税范围，应纳税额的计算方法，税收优惠政策和征收管理。学习本章时，主要掌握房产税、城镇土地使用税和耕地占用税的计算方法和优惠政策。

第一节 房产税

一、房产税基本原理

（一）房产税的概念

房产税是以房屋为征税对象，按照房屋的计税余值或租金收入，向产权所有人征收的一种财产税。

房产税在我国是一个古老的税种，最早始于周代。新中国成立后，中央人民政府政务院颁布的《全国税政实施要则》中，把房产税列为全国开征的一个独立税种。1984 年进行工商税制全面改革，重新恢复对房产征税。1986 年 9 月 15 日，国务院正式发布了《中华人民共和国房产税暂行条例》（以下简称《房产税暂行条例》），从当年 10 月 1 日开始施行。各省、自治区、直辖市人民政府根据暂行条例规定，先后制定了施行细则。至此，房产税又在全国范围内全面征收。

（二）房产税的特点

1. 房产税属于财产税中的个别财产税

财产税按征收方式分类，可分为一般财产税与个别财产税。一般财产税也称综合财产税，是对纳税人拥有的财产综合课征的税收。个别财产税，也称特种财产税，是对纳税人所有的土地、房屋、资本或其他财产分别课征的税收。我国现行房产税属于个别财产税。

2. 区别房屋的经营使用方式规定征税办法

拥有房屋的单位和个人，既可以自己使用房屋和出典，又可以把房屋用于出租。房产税根据纳税人经营形式不同，确定对房屋征税可以按房产计税余值征收，又可以按租金收入征收，使其符合纳税人的经营特点，便于平衡税收负担和征收管理。

二、纳税义务人与征税对象

（一）纳税义务人

房产税以在征税范围内的房屋产权所有人为纳税人。其中：

1. 产权属国家所有的，由经营管理单位纳税；产权属集体和个人所有的，由集体单

位和个人纳税。

所称单位，包括国有企业、集体企业、私营企业、股份制企业、外商投资企业、外国企业以及其他企业和事业单位、社会团体、国家机关、军队以及其他单位；所称个人，包括个体工商户以及其他个人。

2. 产权出典的，由承典人依照房产余值缴纳房产税。所谓产权出典，是指产权所有人将房屋、生产资料等的产权，在一定期限内典当给他人使用，而取得资金的一种融资业务。这种业务大多发生于出典人急需用款，但又想保留产权回赎权的情况。承典人向出典人交付一定的典价之后，在质典期内即获抵押物品的支配权，并可转典。产权的典价一般要低于卖价。出典人在规定期间内须归还典价的本金和利息，方可赎回出典房屋等的产权。由于在房屋出典期间，产权所有人已无权支配房屋，因此，税法规定由对房屋具有支配权的承典人为纳税人。

3. 产权所有人、承典人不在房屋所在地的，由房产代管人或者使用人纳税。

4. 产权未确定及租典纠纷未解决的，亦由房产代管人或者使用人纳税。所谓租典纠纷，是指产权所有人在房产出典和租赁关系上，与承典人、租赁人发生各种争议，特别是权利和义务的争议悬而未决的。此外还有一些产权归属不清的问题，也都属于租典纠纷。对租典纠纷尚未解决的房产，规定由代管人或使用人为纳税人，主要目的在于加强征收管理，保证房产税及时入库。

5. 无租使用其他单位房产的问题。无租使用其他单位房产的应税单位和个人，依照房产余值代缴纳房产税。

自 2009 年 1 月 1 日起，外商投资企业、外国企业和组织以及外籍个人，依照《房产税暂行条例》缴纳房产税。

（二）征税对象

房产税的征税对象是房产。所谓房产，是指有屋面和围护结构（有墙或两边有柱），能够遮风避雨，可供人们在其中生产、学习、工作、娱乐、居住或贮藏物资的场所。

房地产开发企业建造的商品房，在出售前，不征收房产税；但对出售前房地产开发企业已使用或出租、出借的商品房应按规定征收房产税。

三、征税范围

房产税的征税范围为：城市、县城、建制镇和工矿区。

1. 城市是指国务院批准设立的市。
2. 县城是指县人民政府所在地的地区。
3. 建制镇是指经省、自治区、直辖市人民政府批准设立的建制镇。
4. 工矿区是指工商业比较发达、人口比较集中、符合国务院规定的建制镇标准但尚未设立建制镇的大中型工矿企业所在地。开征房产税的工矿区须经省、自治区、直辖市人民政府批准。

房产税的征税范围不包括农村，这主要是为了减轻农民的负担。因为农村的房屋，除农副业生产用房外，大部分是农民居住用房。对农村房屋不纳入房产税征税范围，有利于农业发展，繁荣农村经济，有利于社会稳定。

四、计税依据与税率

(一) 计税依据

房产税的计税依据是房产的计税价值或房产的租金收入。按照房产计税价值征税的，称为从价计征；按照房产租金收入计征的，称为从租计征。

1. 从价计征

《房产税暂行条例》规定，房产税依照房产原值一次减除10%~30%后的余值计算缴纳。各地扣除比例由当地省、自治区、直辖市人民政府确定。

(1) 房产原值是指纳税人按照会计制度规定，在账簿“固定资产”科目中记载的房屋原价。因此，凡按会计制度规定在账簿中记载有房屋原价的，应以房屋原价按规定减除一定比例后作为房产余值计征房产税；没有记载房屋原价的，按照上述原则，并参照同类房屋确定房产原值，按规定计征房产税。

值得注意的是：自2009年1月1日起，对依照房产原值计税的房产，不论是否记载在会计账簿固定资产科目中，均应按照房屋实际价格确定原值。房屋原值应根据国家有关会计制度规定进行核算。对纳税人未按国家会计制度规定核算并记载的，应按规定予以调整或重新评估。

(2) 房产原值应包括与房屋不可分割的各种附属设备或一般不单独计算价值的配套设施。主要有：暖气、卫生、通风、照明、煤气等设备；各种管线，如蒸汽、压缩空气、石油、给水排水等管道及电力、电信、电缆导线；电梯、升降机、过道、晒台等。属于房屋附属设备的水管、下水道、暖气管、煤气管等应从最近的探视井或三通管起，计算原值；电灯网、照明线从进线盒连接管起，计算原值。

(3) 纳税人对原有房屋进行改建、扩建的，要相应增加房屋的原值。

房产余值是房产的原值减除规定比例后的剩余价值。

此外，还应注意以下三个问题：

①对投资联营的房产，在计征房产税时应予以区别对待。对于以房产投资联营，投资者参与投资利润分红，共担风险的，按房产余值作为计税依据计征房产税；对以房产投资，收取固定收入，不承担联营风险的，实际是以联营名义取得房产租金，应根据《房产税暂行条例》的有关规定由出租方按租金收入计缴房产税。

②自2009年12月1日起，融资租赁的房产，由承租人自融资租赁合同约定开始日的次月起依照房产余值缴纳房产税。合同未约定开始日的，由承租人自合同签订的次月起依照房产余值缴纳房产税。

(4) 房屋附属设备和配套设施的计税规定。

从2006年1月1日起，房屋附属设备和配套设施计征房产税按以下规定执行：

①凡以房屋为载体，不可随意移动的附属设备和配套设施，如给排水、采暖、消防、中央空调、电气及智能化楼宇设备等，无论在会计核算中是否单独记账与核算，都应计入房产原值，计征房产税。

②对于更换房屋附属设备和配套设施的，在将其价值计入房产原值时，可扣减原来相应设备和设施的价值；对附属设备和配套设施中易损坏、需要经常更换的零配件，更新后

不再计入房产原值。

（5）居民住宅区内业主共有的经营性房产缴纳房产税。

从2007年1月1日起，对居民住宅区内业主共有的经营性房产，由实际经营（包括自营和出租）的代管人或使用人缴纳房产税。其中自营的，依照房产原值减除10%至30%后的余值计征，没有房产原值或不能将业主共有房产与其他房产的原值准确划分开的，由房产所在地地方税务机关参照同类房产核定房产原值；出租的，依照租金收入计征。

2. 从租计征

《房产税暂行条例》规定，房产出租的，以房产租金收入为房产税的计税依据。

所谓房产的租金收入，是房屋产权所有人出租房产使用权所得的报酬，包括货币收入和实物收入。

如果是以劳务或者其他形式为报酬抵付房租收入的，应根据当地同类房产的租金水平，确定一个标准租金额从租计征。

纳税人对个人出租房屋的租金收入申报不实或申报数与同一地段同类房屋的租金收入相比明显不合理的，税务部门可以按照《税收征收管理法》的有关规定，采取科学合理的方法核定其应纳税款。具体办法由各省、自治区、直辖市地方税务机关结合当地实际情况制定。

（二）税率

我国现行房产税采用的是比例税率。由于房产税的计税依据分为从价计征和从租计征两种形式，所以房产税的税率也有两种：一种是按房产原值一次减除10%~30%后的余值计征的，税率为1.2%；另一种是按房产出租的租金收入计征的，税率为12%。从2001年1月1日起，对个人按市场价格出租的居民住房可暂减按4%的税率征收房产税。

五、应纳税额的计算

房产税的计税依据有两种，与之相适应的应纳税额计算也分为两种：一是从价计征的计算；二是从租计征的计算。

（一）从价计征的计算

从价计征是按房产的原值减除一定比例后的余值计征，其计算公式为：

应纳税额=应税房产原值×（1-扣除比例）×1.2%

如前所述，房产原值是“固定资产”科目中记载的房屋原价；减除一定比例是省、自治区、直辖市人民政府规定的10%~30%的减除比例；计征的适用税率为1.2%。

【例8-1】某企业的经营用房原值为6 000万元，按照当地规定允许减除30%后余值计税，适用税率为1.2%。请计算其应纳房产税税额。

应纳税额=6 000×（1-30%）×1.2%=50.4（万元）

（二）从租计征的计算

从租计征是按房产的租金收入计征，其计算公式为：

应纳税额=租金收入×12%（或4%）

【例8-2】某公司出租房屋3间，年租金收入为50 000元，适用税率为12%。请计算其应纳房产税税额。

$$应纳税额 = 50\ 000 \times 12\% = 6\ 000\ (元)$$

六、税收优惠

房产税的税收优惠是根据国家政策需要和纳税人的负担能力制定的。由于房产税属地方税，因此给予地方一定的减免权限，有利于地方因地制宜处理问题。目前，房产税的税收优惠政策主要有：

1. 国家机关、人民团体、军队自用的房产免征房产税。但上述免税单位的出租房产以及非自身业务使用的生产、营业用房，不属于免税范围。

这里的“人民团体”，是指经国务院授权的政府部门批准设立或登记备案并由国家拨付行政事业费的各种社会团体。

这里的“自用的房产”，是指这些单位本身的办公用房和公务用房。

2. 由国家财政部门拨付事业经费的单位，如学校、医疗卫生单位、托儿所、幼儿园、敬老院、文化、体育、艺术这些实行全额或差额预算管理的事业单位所有的，本身业务范围内使用的房产免征房产税。

为了鼓励事业单位经济自立，由国家财政部门拨付事业经费的单位，其经费来源实行自收自支后，从事业单位实行自收自支的年度起，免征房产税 3 年。事业单位自用的房产，是指这些单位本身的业务用房。

上述单位所属的附属工厂、商店、招待所等不属于单位公务、业务的用房，应照章纳税。

3. 宗教寺庙、公园、名胜古迹自用的房产免征房产税。

宗教寺庙自用的房产，是指举行宗教仪式等的房屋和宗教人员使用的生活用房屋。

公园、名胜古迹自用的房产，是指供公共参观游览的房屋及其管理单位的办公用房屋。

宗教寺庙、公园、名胜古迹中附设的营业单位，如影剧院、饮食部、茶社、照相馆等所使用的房产及出租的房产，不属于免税范围，应照章纳税。

4. 个人所有非营业用的房产免征房产税。

个人所有的非营业用房，主要是指居民住房，不分面积多少，一律免征房产税（试点地区除外）。

对个人拥有的营业用房或者出租的房产，不属于免税房产，应照章纳税。

5. 对行使国家行政管理职能的中国人民银行总行（含国家外汇管理局）所属分支机构自用的房产，免征房产税。

6. 经财政部批准免税的其他房产。

这类免税房产，情况特殊，范围较小，是根据实际情况确定的。主要有：

（1）损坏不堪使用的房屋和危险房屋，经有关部门鉴定，在停止使用后，可免征房产税。

（2）纳税人因房屋大修导致连续停用半年以上的，在房屋大修期间免征房产税，免征税额由纳税人在申报缴纳房产税时自行计算扣除，并在申报表附表或备注栏中作相应说明。

纳税人房屋大修停用半年以上需要免征房产税的，应在房屋大修前向主管税务机关报送相关的证明材料，包括大修房屋的名称、坐落地点、产权证编号、房产原值、用途、房屋大修的原因、大修合同及大修的起止时间等信息和资料，以备税务机关查验。具体报送材料由各省、自治区、直辖市和计划单列市地方税务局确定。

(3) 在基建工地为基建工地服务的各种工棚、材料棚、休息棚和办公室、食堂、茶炉房、汽车房等临时性房屋，在施工期间，一律免征房产税。但工程结束后，施工企业将这种临时性房屋交还或估价转让给基建单位的，应从基建单位接收的次月起，照章纳税。

(4) 为鼓励利用地下人防设施，暂不征收房产税。

(5) 从 1988 年 1 月 1 日起，对房管部门经租的居民住房，在房租调整改革之前收取租金偏低的，可暂缓征收房产税。对房管部门经租的其他非营业用房，是否给予照顾，由各省、自治区、直辖市根据当地具体情况按税收管理体制的规定办理。

(6) 从 2001 年 1 月 1 日起，对按政府规定价格出租的公有住房和廉租住房，包括企业和自收自支事业单位向职工出租的单位自有住房，房管部门向居民出租的公有住房，落实私房政策中带户发还产权并以政府规定租金标准向居民出租的私有住房等，暂免征收房产税。

(7) 对邮政部门坐落在城市、县城、建制镇、工矿区范围内的房产，应当依法征收房产税；对坐落在城市、县城、建制镇、工矿区范围以外的尚在县邮政局内核算的房产，在单位财务账中划分清楚的，从 2001 年 1 月 1 日起不再征收房产税。

除上面提到的可以免纳房产税的情况以外，如纳税人确有困难的，可由省、自治区、直辖市人民政府确定，定期减征或者免征房产税。

(8) 向居民供热并向居民收取采暖费的供热企业暂免征收房产税。“供热企业”包括专业供热企业、兼营供热企业、单位自供热及为小区居民供热的物业公司等，不包括从事热力生产但不直接向居民供热的企业。

对于免征房产税的“生产用房”，是指上述企业为居民供热所使用的厂房。对既向居民供热，又向非居民供热的企业，可按向居民供热收取的收入占其总供热收入的比例划分征免税界限；对于兼营供热的企业，可按向居民供热收取的收入占其生产经营总收入的比例划分征免税界限。

七、征收管理

(一) 纳税义务发生时间

1. 纳税人将原有房产用于生产经营，从生产经营之月起缴纳房产税。

2. 纳税人自行新建房屋用于生产经营，从建成之次月起缴纳房产税。

3. 纳税人委托施工企业建设的房屋，从办理验收手续之次月起缴纳房产税。

4. 纳税人购置新建商品房，自房屋交付使用之次月起缴纳房产税。

5. 纳税人购置存量房，自办理房屋权属转移、变更登记手续，房地产权属登记机关签发房屋权属证书之次月起，缴纳房产税。

6. 纳税人出租、出借房产，自交付出租、出借房产之次月起，缴纳房产税。

7. 房地产开发企业自用、出租、出借本企业建造的商品房，自房屋使用或交付之次月起，缴纳房产税。

8. 自2009年1月1日起，纳税人因房产的实物或权利状态发生变化而依法终止房产税纳税义务的，其应纳税款的计算应截止到房产的实物或权利状态发生变化的当月末。

（二）纳税期限

房产税实行按年计算、分期缴纳的征收方法，具体纳税期限由省、自治区、直辖市人民政府确定。

（三）纳税地点

房产税在房产所在地缴纳。房产不在同一地方的纳税人，应按房产的坐落地点分别向房产所在地的税务机关纳税。

第二节 城镇土地使用税

一、城镇土地使用税基本原理

（一）城镇土地使用税概念

城镇土地使用税是以城镇土地为征税对象，对拥有土地使用权的单位和个人征收的一种税。

开征城镇土地使用税，有利于通过经济手段，加强对土地的管理，变土地的无偿使用为有偿使用，促进合理、节约使用土地，提高土地使用效益；有利于适当调节不同地区，不同地段之间的土地级差收入，促进企业加强经济核算，理顺国家与土地使用者之间的分配关系。

（二）城镇土地使用税的特点

1. 征税对象是国有土地

我国宪法明确规定，城镇土地的所有权归国家，单位和个人对占用的土地只有使用权而无所有权。国家既可以凭借财产权力对土地使用人获取的收益进行分配，又可以凭借政治权力对土地使用者进行征税。开征城镇土地使用税，实质上是运用国家政治权力，将纳税人获取的本应属于国家的土地收益集中到国家手中。农业土地因属于集体所有，故未纳入征税范围。

2. 征税范围广

现行城镇土地使用税对在我国境内使用土地的单位和个人征收，征税范围较广的土地使用税，将在筹集地方财政资金、调节土地使用和收益分配方面，发挥积极作用。

3. 实行差别幅度税额

开征城镇土地使用税的目的之一，在于调节土地的级差收入，而级差收入的产生主要取决于土地的位置。占有土地位置优越的纳税人可以节约运输和流通费用，扩大销售和经营规模，取得额外经济收益。为了有利于体现国家政策，城镇土地使用税实行差别幅度税额。对不同城镇适用不同税额，对同一城镇的不同地段，根据市政建设状况和经济繁荣程度也确定不等的负担水平。

二、纳税义务人

在城市、县城、建制镇、工矿区范围内使用土地的单位和个人，为城镇土地使用税（以下简称土地使用税）的纳税人。

所称单位，包括国有企业、集体企业、私营企业、股份制企业、外商投资企业、外国企业以及其他企业和事业单位、社会团体、国家机关、军队以及其他单位；所称个人，包括个体工商户以及其他个人。

城镇土地使用税的纳税人通常包括以下几类：

1. 拥有土地使用权的单位和个人。

2. 拥有土地使用权的单位和个人不在土地所在地的，其土地的实际使用人和代管人为纳税人。

3. 土地使用权未确定或权属纠纷未解决的，其实际使用人为纳税人。

4. 土地使用权共有的，共有各方都是纳税人，由共有各方分别纳税。

几个人或几个单位共同拥有一块土地的使用权，这块土地的城镇土地使用税的纳税人应是对这块土地拥有使用权的每一个人或每一个单位。他们应以其实际使用的土地面积占总面积的比例，分别计算缴纳土地使用税。例如，某城市的甲与乙共同拥有一块土地的使用权，这块土地面积为 1 500 平方米，甲实际使用 1/3，乙实际使用 2/3，则甲应是其所占的土地 500 平方米（1 500×1/3）的城镇土地使用税的纳税人，乙是其所占的土地 1 000 平方米（1 500×2/3）的城镇土地使用税的纳税人。

三、征税范围

城镇土地使用税的征税范围，包括在城市、县城、建制镇和工矿区内的国家所有和集体所有的土地。

上述城市、县城、建制镇和工矿区分别按以下标准确认：

1. 城市是指经国务院批准设立的市。

2. 县城是指县人民政府所在地。

3. 建制镇是指经省、自治区、直辖市人民政府批准设立的建制镇。

4. 工矿区是指工商业比较发达，人口比较集中，符合国务院规定的建制镇标准，但尚未设立建制镇的大中型工矿企业所在地，工矿区须经省、自治区、直辖市人民政府批准。

上述城镇土地使用税的征税范围中，城市的土地包括市区和郊区的土地，县城的土地是指县人民政府所在地的城镇的土地，建制镇的土地是指镇人民政府所在地的土地。

建立在城市、县城、建制镇和工矿区以外的工矿企业则不需缴纳城镇土地使用税。

5. 自 2009 年 1 月 1 日起，公园、名胜古迹内的索道公司经营用地，应按规定缴纳城镇土地使用税。

6. 自 2009 年 12 月 1 日起，对在城镇土地使用税征税范围内单独建造的地下建筑用地，按规定征收城镇土地使用税。其中，已取得地下土地使用权证的，按土地使用权证确认的土地面积计算应征税款；未取得地下土地使用权证或地下土地使用权证上未标明土地面积的，按地下建筑垂直投影面积计算应征税款。

对上述地下建筑用地暂按应征税款的50%征收城镇土地使用税。

四、应纳税额的计算

（一）计税依据

城镇土地使用税以纳税人实际占用的土地面积为计税依据，土地面积计量标准为每平方米。即税务机关根据纳税人实际占用的土地面积，按照规定的税额计算应纳税额，向纳税人征收土地使用税。

纳税人实际占用的土地面积按下列办法确定：

1. 由省、自治区、直辖市人民政府确定的单位组织测定土地面积的，以测定的面积为准。

2. 尚未组织测量，但纳税人持有政府部门核发的土地使用证书的，以证书确认的土地面积为准。

3. 尚未核发土地使用证书的，应由纳税人申报土地面积，据以纳税，待核发土地使用证以后再作调整。

（二）税率

城镇土地使用税采用定额税率，即采用有幅度的差别税额，按大、中、小城市和县城、建制镇、工矿区分别规定每平方米土地使用税年应纳税额。具体标准如下：

1. 大城市1.5元至30元；

2. 中等城市1.2元至24元；

3. 小城市0.9元至18元；

4. 县城、建制镇、工矿区0.6元至12元。

大、中、小城市以公安部门登记在册的非农业正式户口人数为依据，按照国务院颁布的《城市规划条例》中规定的标准划分。人口在50万以上者为大城市；人口在20万至50万之间者为中等城市；人口在20万以下者为小城市。城镇土地使用税税率表见表8-1。

表8-1 **城镇土地使用税税率表**

级别	人口	每平方米税额（元）
大城市	50万以上	1.5~30
中等城市	20万~50万	1.2~24
小城市	20万以下	0.9~18
县城、建制镇、工矿区		0.6~12

各省、自治区、直辖市人民政府可根据市政建设情况和经济繁荣程度在规定税额幅度内，确定所辖地区的适用税额幅度。经济落后地区，土地使用税的适用税额标准可适当降低，但降低额不得超过上述规定最低税额的30%。经济发达地区的适用税额标准可以适当提高，但须报财政部批准。

土地使用税规定幅度税额主要考虑到我国各地区存在着悬殊的土地级差收益，同一地区内不同地段的市政建设情况和经济繁荣程度也有较大的差别。把土地使用税税额定为幅度税额，拉开档次，而且每个幅度税额的差距规定为20倍。这样，各地政府在划分本辖区不同地段的等级，确定适用税额时，有选择余地，便于具体划分和确定。幅度税额还可以调节不同地区、不同地段之间的土地级差收益，尽可能地平衡税负。

（三）应纳税额的计算方法

城镇土地使用税的应纳税额可以通过纳税人实际占用的土地面积乘以该土地所在地段的适用税额求得。其计算公式为：

全年应纳税额＝实际占用应税土地面积（平方米）×适用税额

【例8-3】设在某城市的一家企业使用土地面积为30 000平方米，经税务机关核定，该土地为应税土地，每平方米年税额为5元。请计算其全年应纳的土地使用税税额。

全年应纳土地使用税税额＝30 000×5＝150 000（元）

五、税收优惠

（一）法定免缴土地使用税的优惠

1. 国家机关、人民团体、军队自用的土地。

这部分土地是指这些单位本身的办公用地和公务用地。如国家机关、人民团体的办公楼用地，军队的训练场用地等。

2. 由国家财政部门拨付事业经费的单位自用的土地。

这部分土地是指这些单位本身的业务用地。如学校的教学楼、操场、食堂等占用的土地。

3. 宗教寺庙、公园、名胜古迹自用的土地。

宗教寺庙自用的土地，是指举行宗教仪式等的用地和寺庙内的宗教人员生活用地。

公园、名胜古迹自用的土地，是指供公共参观游览的用地及其管理单位的办公用地。

以上单位的生产、经营用地和其他用地，不属于免税范围，应按规定缴纳土地使用税，如公园、名胜古迹中附设的营业单位如影剧院、饮食部、茶社、照相馆等使用的土地。

4. 市政街道、广场、绿化地带等公共用地。

5. 直接用于农、林、牧、渔业的生产用地。

这部分土地是指直接从事于种植养殖、饲养的专业用地，不包括农副产品加工场地和生活办公用地。

6. 经批准开山填海整治的土地和改造的废弃土地，从使用的月份起免缴土地使用税5年至10年。

具体免税期限由各省、自治区、直辖市地方税务局在《城镇土地使用税暂行条例》规定的期限内自行确定。

7. 对非营利性医疗机构、疾病控制机构和妇幼保健机构等卫生机构自用的土地，免征城镇土地使用税。对营利性医疗机构自用的土地自2000年起免征城镇土地使用税3年。

8. 企业办的学校、医院、托儿所、幼儿园，其用地能与企业其他用地明确区分的，免征城镇土地使用税。

9. 免税单位无偿使用纳税单位的土地（如公安、海关等单位使用铁路、民航等单位的土地），免征城镇土地使用税。纳税单位无偿使用免税单位的土地，纳税单位应照章缴纳城镇土地使用税。纳税单位与免税单位共同使用、共有使用权土地上的多层建筑，对纳税单位可按其占用的建筑面积占建筑总面积的比例计征城镇土地使用税。

10. 对行使国家行政管理职能的中国人民银行总行（含国家外汇管理局）所属分支机构自用的土地，免征城镇土地使用税。

11. 为了体现国家的产业政策，支持重点产业的发展，对石油、电力、煤炭等能源用地，民用港口、铁路等交通用地和水利设施用地，三线调整企业、盐业、采石场、邮电等一些特殊用地划分了征免税界限和给予政策性减免税照顾。具体规定如下：

（1）对企业的铁路专用线、公路等用地，在厂区以外、与社会公用地段未加隔离的，暂免征收城镇土地使用税。

（2）对企业厂区以外的公共绿化用地和向社会开放的公园用地，暂免征收城镇土地使用税。

（3）对火电厂厂区围墙外的灰场、输灰管、输油（气）管道、铁路专用线用地、水源用地以及热电厂供热管道用地免征城镇土地使用税；厂区围墙外的其他用地，应照章征税。电力项目建设期间纳税有困难的，由省、自治区、直辖市税务局审核后，报国家税务总局批准减免。对供电部门的输电线路用地、变电站用地，免征城镇土地使用税。

（4）对水利设施及其管护用地（如水库库区、大坝、堤防、灌渠、泵站等用地），免征土地使用税；其他用地，如生产、办公、生活用地，应照章征收城镇土地使用税。对兼有发电的水利设施用地征免城镇土地使用税问题，比照电力行业征免土地使用税的有关规定办理。

（5）对机场飞行区（包括跑道、滑行道、停机坪、安全带、夜航灯光区）用地，场内外通信导航设施用地和飞行区四周排水防洪设施用地，免征城镇土地使用税。机场道路，区分为场内、场外道路，场内道路用地免征城镇土地使用税。

（6）中国石油天然气总公司所属单位下列油气生产建设用地暂免征收城镇土地使用税：石油地质勘探、钻井、井下作业、油田地面工程等施工临时用地；各种采油（气）井、注水（气）井、水源井用地；油田内办公、生活区以外的公路、铁路专用线及输油（气、水）管道用地；石油长输管线用地；通信、输变电线路用地；在城市、县城、建制镇以外工矿区内的下列油气生产、生活用地，也暂免征收城镇土地使用税。具体包括：与各种采油（气）井相配套的地面设施用地，包括油气采集、计量、接转、储运、装卸、综合处理等各种场所的用地；与注水（气）井相配套的地面设施用地，包括配水、取水、转水以及供气、配气、压气等各种场所用地；供（配）电、供排水、消防、防洪排涝、防风、防沙等设施用地；职工和家属居住的简易房屋、活动板房、野营房、帐篷等用地。

（7）对煤炭企业的矸石山、排土场用地，防排水沟用地，矿区办公、生活区以外的公路、铁路专用线及轻便道和输变电线路用地，炸药库库房外安全区用地，向社会开放的公园及公共绿化带用地，暂免征收城镇土地使用税。对煤炭企业的塌陷地、荒山，在利用之前，暂缓征收城镇土地使用税。对煤炭企业的报废矿井占地，经煤炭企业申请，当地税务机关审核，可以暂免征收城镇土地使用税。

（8）对矿山的采矿场、排土场、尾矿库、炸药库的安全区、采区运矿及运岩公路、尾矿输送管道及回水系统用地，免征城镇土地使用税。对矿山企业采掘地下矿造成的塌陷地以及荒山占地，在利用之前，暂免征收城镇土地使用税。

（9）港口的码头（即泊位，包括岸边码头、伸入水中的浮码头、堤岸、堤坝、栈桥等）用地，免征城镇土地使用税。对港口的露天堆货场用地，原则上应征收城镇土地使用税，企业纳税确有困难的，可由省、自治区、直辖市地方税务局根据其实际情况给予定期减征或免征城镇土地使用税的照顾。

（10）对盐场的盐滩、盐矿的矿井用地，暂免征收城镇土地使用税。

（11）中国海洋石油总公司及其所属公司下列用地，暂免征收城镇土地使用税：导管架、平台组块等海上结构物建造用地；码头用地；输油气管线用地；通信天线用地；办公、生活区以外的公路、铁路专用线、机场用地。

（12）建材行业的石灰厂、水泥厂、大理石厂、砂石厂等企业的采石场、排土场地，炸药库的安全区用地以及采区运岩公路。

在城镇土地使用税征收范围内，利用林场土地兴建度假村等休闲娱乐场所的，其经营、办公和生活用地，应按规定征收城镇土地使用税。

（13）对林业系统所属林区的育林地、运材道、防火道、防火设施用地，免征城镇土地使用税。林业系统的森林公园、自然保护区，可以比照公园免征土地使用税。

（14）自2007年1月1日起，在城镇土地使用税征收范围内经营采摘、观光农业的单位和个人，其直接用于采摘、观光的种植、养殖、饲养的土地，根据《中华人民共和国城镇土地使用税暂行条例》第六条中“直接用于农、林、牧、渔业的生产用地”的规定，免征城镇土地使用税。

（15）从2007年9月10日起，对核电站的核岛、常规岛、辅助厂房和通讯设施用地（不包括地下线路用地），生活、办公用地按规定征收城镇土地使用税，其他用地免征城镇土地使用税。对核电站应税土地在基建期内减半征收城镇土地使用税。

（二）省、自治区、直辖市地方税务局确定减免土地使用税的优惠

1. 个人所有的居住房屋及院落用地。

2. 房产管理部门在房租调整改革前经租的居民住房用地。

3. 免税单位职工家属的宿舍用地。

4. 民政部门举办的安置残疾人占一定比例的福利工厂用地。

5. 集体和个人办的各类学校、医院、托儿所、幼儿园用地。

6. 对基建项目在建期间使用的土地，原则上应照章征收城镇土地使用税。但对有些基建项目，特别是国家产业政策扶持发展的大型基建项目，其占地面积大，建设周期长，在建期间又没有经营收入，为照顾其实际情况，对纳税人纳税确有困难的，可由各省、自治区、直辖市地方税务局根据具体情况予以免征或减征土地使用税。

7. 城镇内的集贸市场（农贸市场）用地，按规定应征收城镇土地使用税。为了促进集贸市场的发展及照顾各地的不同情况，各省、自治区、直辖市地方税务局可根据具体情况自行确定对集贸市场用地征收或者免征城镇土地使用税。

8. 房地产开发公司建造商品房的用地，原则上应按规定计征城镇土地使用税。但在商品房出售之前纳税确有困难的，其用地是否给予缓征或减征、免征照顾，可由各省、自治区、直辖市地方税务局根据从严的原则结合具体情况确定。

9. 原房管部门代管的私房，落实政策后，有些私房产权已归还给房主，但由于各种原因，房屋仍由原住户居住，并且住户仍是按照房管部门在房租调整改革之前确定的租金标准向房主缴纳租金。对这类房屋用地，房主缴纳土地使用税确有困难的，可由各省、自治区、直辖市地方税务局根据实际情况，给予定期减征或免征城镇土地使用税的照顾。

10. 对于各类危险品仓库、厂房所需的防火、防爆、防毒等安全防范用地，可由各省、自治区、直辖市地方税务局确定，暂免征收城镇土地使用税。

11. 企业搬迁后原场地不使用的、企业范围内荒山等尚未利用的土地，免征城镇土地使用税。免征税额由企业在申报缴纳城镇土地使用税时自行计算扣除，并在申报表附表或备注栏中作相应说明。

对搬迁后原场地不使用的和企业范围内荒山等尚未利用的土地，凡企业申报暂免征收城镇土地使用税的，应事先向土地所在地的主管税务机关报送有关部门的批准文件或认定书等相关证明材料，以备税务机关查验。具体报送材料由各省、自治区、直辖市和计划单列市地方税务局确定。

企业按上述规定暂免征收城镇土地使用税的土地开始使用时，应从使用的次月起自行计算和申报缴纳城镇土地使用税。

12. 经贸仓库、冷库均属于征税范围，因此不宜一律免征城镇土地使用税。对纳税确有困难的企业，可根据《中华人民共和国城镇土地使用税暂行条例》第七条的规定，向企业所在地的地方税务机关提出减免税申请，由省、自治区、直辖市地方税务局审核后，报国家税务总局批准，享受减免城镇土地使用税的照顾。

13. 对房产管理部门在房租调整改革前经租的居民住房用地，考虑到在房租调整改革前，房产管理部门经租居民住房收取的租金标准一般较低，许多地方纳税确有困难的实际情况而确定的一项临时性照顾措施。房租调整改革后，房产管理部门经租的居民住房用地（不论是何时经租的），都应缴纳城镇土地使用税。至于房租调整改革后，有的房产管理部门按规定缴纳城镇土地使用税确有实际困难的，可按税收管理体制的规定，报经批准后再给予适当的减征或免征土地使用税的照顾。

14. 考虑到中国物资储运总公司所属物资储运企业的经营状况，对中国物资储运总公司所属的物资储运企业的露天货场、库区道路、铁路专用线等非建筑用地征免城镇土地使用税问题，可由省、自治区、直辖市地方税务局按照下述原则处理：对经营情况好、有负税能力的企业，应恢复征收城镇土地使用税；对经营情况差、纳税确有困难的企业，可在授权范围内给予适当减免城镇土地使用税的照顾。

15. 向居民供热并向居民收取采暖费的供热企业暂免征收城镇土地使用税。“供热企业”包括专业供热企业、兼营供热企业、单位自供热及为小区居民供热的物业公司等，不包括从事热力生产但不直接向居民供热的企业。

对于免征城镇土地使用税的“生产占地”，是指上述企业为居民供热所使用的土地。对既向居民供热，又向非居民供热的企业，可按向居民供热收取的收入占其总供热收入的比例划分征免税界限；对于兼营供热的企业，可按向居民供热收取的收入占其生产经营总收入的比例划分征免税界限。

六、征收管理

（一）纳税期限

城镇土地使用税实行按年计算、分期缴纳的征收方法，具体纳税期限由省、自治区、直辖市人民政府确定。

（二）纳税义务发生时间

1. 纳税人购置新建商品房，自房屋交付使用之次月起，缴纳城镇土地使用税。

2. 纳税人购置存量房，自办理房屋权属转移、变更登记手续，房地产权属登记机关签发房屋权属证书之次月起，缴纳城镇土地使用税。

3. 纳税人出租、出借房产，自交付出租、出借房产之次月起，缴纳城镇土地使用税。

4. 以出让或转让方式有偿取得土地使用权的，应由受让方从合同约定交付土地时间的次月起缴纳城镇土地使用税；合同未约定交付时间的，由受让方从合同签订的次月起缴纳城镇土地使用税。

5. 纳税人新征用的耕地，自批准征用之日起满 1 年时开始缴纳土地使用税。

6. 纳税人新征用的非耕地，自批准征用次月起缴纳土地使用税。

7. 自 2009 年 1 月 1 日起，纳税人因土地的权利发生变化而依法终止城镇土地使用税纳税义务的，其应纳税款的计算应截止到土地权利发生变化的当月末。

（三）纳税地点和征收机构

城镇土地使用税在土地所在地缴纳。

纳税人使用的土地不属于同一省、自治区、直辖市管辖的，由纳税人分别向土地所在地的税务机关缴纳土地使用税；在同一省、自治区、直辖市管辖范围内，纳税人跨地区使用的土地，其纳税地点由各省、自治区、直辖市地方税务局确定。

土地使用税由土地所在地的地方税务机关征收，其收入纳入地方财政预算管理。土地使用税征收工作涉及面广，政策性较强，在税务机关负责征收的同时，还必须注意加强同国土管理、测绘等有关部门的联系，及时取得土地的权属资料，沟通情况，共同协作把征收管理工作做好。

第三节　耕地占用税

一、耕地占用税基本原理

（一）耕地占用税的概念

耕地占用税是对占用耕地建房或从事其他非农业建设的单位和个人，就其实际占用的耕地面积征收的一种税，它属于对特定土地资源占用课税。现行耕地占用税的基本法规，是2007年12月1日国务院重新颁布的《中华人民共和国耕地占用税暂行条例》。

（二）耕地占用税的特点

耕地占用税作为一个出于特定目的、对特定的土地资源课征的税种，与其他税种相比，具有比较鲜明的特点，主要表现在：

1. 兼具资源税与特定行为税的性质。

耕地占用税以占用农用耕地建房或从事其他非农用建设的行为为征税对象，以约束纳税人占用耕地的行为、促进土地资源的合理运用为课征目的，除具有资源占用税的属性外，还具有明显的特定行为税的特点。

2. 采用地区差别税率。

耕地占用税采用地区差别税率，根据不同地区的具体情况，分别制定差别税额，以适应我国地域辽阔、各地区之间耕地质量差别较大、人均占有耕地面积相差悬殊的具体情况，具有因地制宜的特点。

3. 在占用耕地环节一次性课征。

耕地占用税在纳税人获准占用耕地的环节征收，除对获准占用耕地后超过两年未使用者须加征耕地占用税外，此后不再征收耕地占用税。因而，耕地占用税具有一次性征收的特点。

4. 税收收入专用于耕地开发与改良。

耕地占用税收入按规定应用于建立发展农业专项基金，主要用于开展宜耕土地开发和改良现有耕地之用，因此，具有“取之于地、用之于地”的补偿性特点。

二、纳税义务人

耕地占用税的纳税义务人，是占用耕地建房或从事非农业建设的单位和个人。

所称单位，包括国有企业、集体企业、私营企业、股份制企业、外商投资企业、外国企业以及其他企业和事业单位、社会团体、国家机关、军队以及其他单位；所称个人，包括个体工商户以及其他个人。

三、征税范围

耕地占用税的征税范围包括纳税人为建房或从事其他非农业建设而占用的国家所有和集体所有的耕地。

所谓“耕地”是指种植农业作物的土地，包括菜地、园地。其中，园地包括花圃、苗圃、茶园、果园、桑园和其他种植经济林木的土地。

占用鱼塘及其他农用土地建房或从事其他非农业建设，也视同占用耕地，必须依法征收耕地占用税。占用已开发从事种植、养殖的滩涂、草场、水面和林地等从事非农业建设，由省、自治区、直辖市本着有利于保护土地资源和生态平衡的原则，结合具体情况确定是否征收耕地占用税。

此外，在占用之前三年内属于上述范围的耕地或农用土地，也视为耕地。

四、应纳税额的计算

（一）计税依据

耕地占用税以纳税人占用耕地的面积为计税依据，以每平方米为计量单位。

（二）税率

由于在我国的不同地区之间人口和耕地资源的分布极不均衡，有些地区人烟稠密，耕地资源相对匮乏；而有些地区则人烟稀少，耕地资源比较丰富。各地区之间的经济发展水平也有很大差异。考虑到不同地区之间客观条件的差别以及与此相关的税收调节力度和纳税人负担能力方面的差别，耕地占用税在税率设计上采用了地区差别定额税率。税率规定如下（见表 8-2）：

表 8-2　**各省、自治区、直辖市耕地占用税平均税额表**

地　区	每平方米平均税额
上海	45
北京	40
天津	35
江苏、浙江、福建、广东	30
辽宁、湖北、湖南	25
河北、安徽、江西、山东、河南、重庆、四川	22.5
广西、海南、贵州、云南、陕西	20
山西、吉林、黑龙江	17.5
内蒙古、西藏、甘肃、青海、宁夏、新疆	12.5

1. 人均耕地不超过 1 亩的地区（以县级行政区域为单位，下同），每平方米 10 元至 50 元；
2. 人均耕地超过 1 亩但不超过 2 亩的地区，每平方米 8~40 元；
3. 人均耕地超过 2 亩但不超过 3 亩的地区，每平方米 6~30 元；
4. 人均耕地超过 3 亩以上的地区，每平方米 5~25 元。

经济特区、经济技术开发区和经济发达、人均耕地特别少的地区，适用税额可以适当提高，但最多不得超过上述规定税额的 50%。

（三）税额计算

耕地占用税以纳税人实际占用的耕地面积为计税依据，以每平方米土地为计税单位，按适用的定额税率计税。其计算公式为：

应纳税额=实际占用耕地面积（平方米）×适用定额税率

【例 8-4】假设某市一家企业新占用 20 000 平方米耕地用于工业建设，所占耕地适用的定额税率为 20 元/平方米。计算该企业应纳的耕地占用税。

应纳税额=20 000 平方米×20 元/平方米=400 000 元

五、税收优惠

（一）免征耕地占用税

1. 军事设施占用耕地。

2. 学校、幼儿园、养老院、医院占用耕地。

（二）减征耕地占用税

1. 铁路线路、公路线路、飞机场跑道、停机坪、港口、航道占用耕地，减按每平方米 2 元的税额征收耕地占用税。

根据实际需要，国务院财政、税务主管部门商国务院有关部门并报国务院批准后，可以对前款规定的情形免征或者减征耕地占用税。

2. 农村居民占用耕地新建住宅，按照当地适用税额减半征收耕地占用税。

农村烈士家属、残疾军人、鳏寡孤独以及革命老根据地、少数民族聚居区和边远贫困山区生活困难的农村居民，在规定用地标准以内新建住宅缴纳耕地占用税确有困难的，经所在地乡（镇）人民政府审核，报经县级人民政府批准后，可以免征或者减征耕地占用税。

免征或者减征耕地占用税后，纳税人改变原占地用途，不再属于免征或者减征耕地占用税情形的，应当按照当地适用税额补缴耕地占用税。

六、征收管理

耕地占用税由地方税务机关负责征收。土地管理部门在通知单位或者个人办理占用耕地手续时，应当同时通知耕地所在地同级地方税务机关。获准占用耕地的单位或者个人应当在收到土地管理部门的通知之日起 30 日内缴纳耕地占用税。土地管理部门凭耕地占用税完税凭证或者免税凭证和其他有关文件发放建设用地批准书。

纳税人临时占用耕地，应当依照本条例的规定缴纳耕地占用税。纳税人在批准临时占用耕地的期限内恢复所占用耕地原状的，全额退还已经缴纳的耕地占用税。

占用林地、牧草地、农田水利用地、养殖水面以及渔业水域滩涂等其他农用地建房或者从事非农业建设的，比照本条例的规定征收耕地占用税。建设直接为农业生产服务的生产设施占用前款规定的农用地的，不征收耕地占用税。

思 考 题

1. 什么是房产税？

2. 房产税有哪些主要规定？

3. 什么是城镇土地使用税？
4. 城镇土地使用税有哪些主要规定？
5. 什么是耕地占用税？
6. 耕地占用税有哪些主要规定？

第九章　车辆购置税、车船税和船舶吨税

内容提要：本章介绍了车辆购置税、车船税和船舶吨税的征税范围，应纳税额的计算方法，税收优惠政策和征收管理。学习本章时主要掌握车辆购置税、车船税和船舶吨税的征税范围和应纳税额的计算方法。

第一节　车辆购置税

一、车辆购置税基本原理

（一）车辆购置税的概念

车辆购置税是以在中国境内购置规定车辆为课税对象、在特定的环节向车辆购置者征收的一种税。就其性质而言，属于直接税的范畴。

车辆购置税是2001年1月1日在我国开征的新税种，是在原交通部门收取的车辆购置附加费的基础上，通过“费改税”方式改革而来的。车辆购置税基本保留了原车辆附加费的特点。

（二）车辆购置税的特点

车辆购置税除具有税收的共同特点外，还有其自身独立的特点：

1. 征收范围单一

作为财产税的车辆购置税，是以购置的特定车辆为课税对象，而不是对所有的财产或消费财产征税，范围窄，是一种特种财产税。

2. 征收环节单一

车辆购置税实行一次课征制，它不是在生产、经营和消费的每一环节实行道道征收，而只是在退出流通进入消费领域的特定环节征收。

3. 税率单一

车辆购置税只确定一个统一比例税率征收，税率具有不随课税对象数额变动的特点，计征简便、负担稳定，有利于依法治税。

4. 征收方法单一

车辆购置税根据纳税人购置应税车辆的计税价格实行从价计征，以价格为计税标准，课税与价值直接发生关系，价值高者多征税，价值低者少征税。

二、纳税义务人

车辆购置税的纳税人是指在我国境内购置应税车辆的单位和个人。其中购置是指购买

使用行为、进口使用行为、受赠使用行为、自产自用行为、获奖使用行为以及以拍卖、抵债、走私、罚没等方式取得并使用的行为，这些行为都属于车辆购置税的应税行为。

车辆购置税的纳税人具体是指：

所称单位，包括国有企业、集体企业、私营企业、股份制企业、外商投资企业、外国企业以及其他企业，事业单位、社会团体、国家机关、部队以及其他单位。

所称个人，包括个体工商户及其他个人，既包括中国公民又包括外国公民。

三、征税对象与征税范围

车辆购置税以列举的车辆作为征税对象，未列举的车辆不纳税。其征税范围包括汽车、摩托车、电车、挂车、农用运输车，具体规定如下：

1. 汽车：包括各类汽车

2. 摩托车

(1) 轻便摩托车：最高设计时速不大于 50km/h，发动机汽缸总排量不大于 $50cm^3$ 的两个或三个车轮的机动车；

(2) 二轮摩托车：最高设计车速大于 50km/h，或发动机汽缸总排量大于 $50cm^3$ 的两个车轮的机动车；

(3) 三轮摩托车：最高设计车速大于 50km/h，发动机汽缸总排量大于 $50cm^3$，空车质量不大于 400kg 的三个车轮的机动车。

3. 电车

(1) 无轨电车：以电能为动力，由专用输电电缆供电的轮式公共车辆；

(2) 有轨电车：以电能为动力，在轨道上行驶的公共车辆。

4. 挂车

(1) 全挂车：无动力设备，独立承载，由牵引车辆牵引行驶的车辆；

(2) 半挂车：无动力设备，与牵引车共同承载，由牵引车辆牵引行驶的车辆。

5. 农用运输车

(1) 三轮农用运输车：柴油发动机，功率不大于 7.4kW，载重量不大于 500kg，最高车速不大于 40km/h 的三个车轮的机动车；

(2) 四轮农用运输车：柴油发动机，功率不大于 28kW，载重量不大于 1 500kg，最高车速不大于 50km/h 的四个车轮的机动车。

为了体现税法的统一性、固定性、强制性和法律的严肃性特征，车辆购置税征收范围的调整，由国务院决定，其他任何部门、单位和个人无权擅自扩大或缩小车辆购置税的征税范围。

四、税率与计税依据

(一) 税率

车辆购置税实行统一比例税率，税率为 10%。

(二) 计税依据

车辆购置税以应税车辆为课税对象，考虑到我国车辆市场供求的矛盾，价格差异变化，计量单位不规范以及征收车辆购置附加费的做法，实行从价定率、价外征收的方法计算应纳税额，应税车辆的价格即计税价格就成为车辆购置税的计税依据。但是，由于应税车辆购置的来源不同，应税行为的发生不同，计税价格的组成也就不一样。车辆购置税的计税依据有以下几种情况：

1. 购买自用应税车辆计税依据的确定

纳税人购买自用的应税车辆的计税依据为纳税人购买应税车辆而支付给销售方的全部价款和价外费用（不含增值税）。

购买的应税自用车辆包括购买自用的国产应税车辆和购买自用的进口应税车辆，如从国内汽车市场、汽车贸易公司购买自用的进口应税车辆。

价外费用是指销售方价外向购买方收取的手续费、基金、违约金、包装费、运输费、保管费、代垫款项、代收款项和其他各种性质的价外收费，但不包括增值税税款。

2. 进口自用应税车辆计税依据的确定

纳税人进口自用的应税车辆以组成计税价格为计税依据，组成计税价格的计算公式为：

组成计税价格=关税完税价格+关税+消费税

进口自用的应税车辆是指纳税人直接从境外进口或委托代理进口自用的应税车辆，即非贸易方式进口自用的应税车辆。而且进口自用的应税车辆的计税依据，应根据纳税人提供的、经海关审查确认的有关完税证明资料确定。

3. 其他自用应税车辆计税依据的确定

现行政策规定，纳税人自产、受赠、获奖和以其他方式取得并自用的应税车辆的计税依据，凡不能或不能准确提供车辆价格的，由主管税务机关依国家税务总局核定的、相应类型的应税车辆的最低计税价格确定。因此，纳税人自产自用、受赠使用、获奖使用和以其他方式取得并自用的应税车辆一般以国家税务总局核定的最低计税价格为计税依据。

4. 最低计税价格作为计税依据的确定

现行车辆购置税条例规定："纳税人购买自用或者进口自用应税车辆，申报的计税价格低于同类型应税车辆的最低计税价格，又无正当理由的，按照最低计税价格征收车辆购置税"。也就是说，纳税人购买和自用的应税车辆，首先应分别按前述计税价格、组成计税价格来确定计税依据。当申报的计税价格偏低，又无正当理由的，应以最低计税价格作为计税依据。实际工作中，通常是当纳税人申报的计税价格等于或高于最低计税价格时，按申报的价格计税；当纳税人申报的计税价格低于最低计税价格时，按最低计税价格计税。

最低计税价格由国家税务总局依据全国市场的平均销售价格制定。根据纳税人购置应税车辆的不同情况，国家税务总局对以下几种特殊情形应税车辆的最低计税价格规定如下：

（1）对已缴纳并办理了登记注册手续的车辆，其底盘和发动机同时发生更换，其最低计税价格按同类型新车最低计税价格的70%计算。

（2）免税、减税条件消失的车辆，其最低计税价格的确定方法为：

最低计税价格=同类型新车最低计税价格×［1-（已使用年限÷规定使用年限）］×

100%

其中，规定使用年限为：国产车辆按10年计算；进口车辆按15年计算。超过使用年限的车辆，不再征收车辆购置税。

（3）非贸易渠道进口车辆的最低计税价格，为同类型新车最低计税价格。

车辆购置税的计税依据和应纳税额应使用统一货币单位计算。纳税人以外汇结算应税车辆价款的，按照申报纳税之日中国人民银行公布的人民币基准汇价，折合成人民币计算应纳税额。

五、车辆购置税应纳税额的计算

车辆购置税实行从价定率的方法计算应纳税额，计算公式为：

应纳税额=计税依据×税率

由于应税车辆的来源、应税行为的发生以及计税依据组成的不同，因而，车辆购置税应纳税额的计算方法也有区别。

（一）购买自用应税车辆应纳税额的计算

在应纳税额的计算当中，应注意以下费用的计税规定：

1. 购买者随购买车辆支付的工具件和零部件价款应作为购车价款的一部分，并入计税依据中征收车辆购置税。

2. 支付的车辆装饰费应作为价外费用并入计税依据中计税。

3. 代收款项应区别征税。凡使用代收单位（受托方）票据收取的款项，应视作代收单位价外收费，购买者支付的价费款，应并入计税依据中一并征税；凡使用委托方票据收取，受托方只履行代收义务和收取代收手续费的款项，应按其他税收政策规定征税。

4. 销售单位开给购买者的各种发票金额中包含增值税税款，因此，计算车辆购置税时，应换算为不含增值税的计税价格。

5. 购买者支付的控购费，是政府部门的行政性收费，不属于销售者的价外费用范围，不应并入计税价格计税。

6. 销售单位开展优质销售活动所开票收取的有关费用，应属于经营性收入，企业在代理过程中按规定支付给有关部门的费用，企业已作经营性支出列支核算，其收取的各项费用并在一张发票上难以划分的，应作为价外收入计算征税。

【例9-1】赵某2016年9月份，从某汽车销售公司购买一辆小轿车，支付了包含增值税税款在内的金额为234 000元，另支付代收临时牌照费468元、代收保险费5 850元，支付购买工具件和零配件价款3 510元，车辆装饰费3 042元。所支付的款项均由该汽车有限公司开具“机动车销售统一发票”和有关票据。请计算宋某应纳车辆购置税。

（1）计税依据=（292 500+468+5 850+3 510+3 042）÷（1+17%）=211 000（元）

（2）应纳税额=211 000×10%=21 100（元）

（二）进口自用应税车辆应纳税额的计算

纳税人进口自用的应税车辆应纳税额的计算公式为：

应纳税额=（关税完税价格+关税+消费税）×税率

【例9-2】某外贸进出口公司2016年8月份，从国外进口10辆宝马公司生产的某型号小轿车。该公司报关进口这批小轿车时，经报关地海关对有关报关资料的审查，确定关税完税价格为每辆200 000元人民币，海关按关税政策规定每辆征收了关税60 000元，并按消费税、增值税有关规定分别代征了每辆小轿车的进口消费税32 000元和增值税49 640元。由于联系业务需要，该公司将一辆小轿车留在本单位使用。根据以上资料，计算应纳车辆购置税。

（1）计税依据＝200 000+60 000+32 000＝292 000（元）

（2）应纳税额＝292 000×10%＝29 200（元）

（三）其他自用应税车辆应纳税额的计算

纳税人自产自用、受赠使用、获奖使用和以其他方式取得并自用应税车辆的，凡不能取得该型车辆的购置价格，或者低于最低计税价格的，以国家税务总局核定的最低计税价格作为计税依据计算征收车辆购置税：

应纳税额＝最低计税价格×税率

【例9-3】某客车制造厂将自产的一辆某型号的小客车，用于本厂后勤服务，该厂在办理车辆上牌落籍前，出具该车的发票，注明金额75 000元，并按此金额向主管税务机关申报纳税。经审核，国家税务总局对该同类型车辆核定的不含增值税的最低计税价格为95 000元。计算该车应纳车辆购置税。

应纳税额＝95 000×10%＝9 500（元）

（四）特殊情形下自用应税车辆应纳税额的计算

1. 减税、免税条件消失车辆应纳税额的计算。

对减税、免税条件消失的车辆，纳税人应按现行规定，在办理车辆过户手续前或者办理变更车辆登记注册手续前向税务机关缴纳车辆购置税。

应纳税额＝同类型新车最低计税价格×［1-（已使用年限÷规定使用年限）］×100%×税率

2. 未按规定纳税车辆应补税额的计算。

纳税人未按规定纳税的，应按现行政策规定的计税价格，区分情况分别确定征税。不能提供购车发票和有关购车证明资料的，检查地税务机关应按同类型应税车辆的最低计税价格征税；如果纳税人回落籍地后提供的购车发票金额与支付的价外费用之和高于核定的最低计税价格的，落籍地主管税务机关还应对其差额计算补税。

应纳税额＝最低计税价格×税率

六、税收优惠

（一）车辆购置税减免税规定

我国车辆购置税实行法定减免，减免税范围的具体规定是：

1. 外国驻华使馆、领事馆和国际组织驻华机构及其外交人员自用车辆免税；

2. 中国人民解放军和中国人民武装警察部队列入军队武器装备订货计划的车辆免税；

3. 设有固定装置的非运输车辆免税；

4. 有国务院规定予以免税或者减税的其他情形的，按照规定免税或减税。

根据现行政策规定，上述“其他情形”的车辆，目前主要有以下几种：

（1）防汛部门和森林消防部门用于指挥、检查、调度、报汛（警）、联络的设有固定装置的指定型号的车辆；

（2）回国服务的留学人员用现汇购买1辆自用国产小汽车；

（3）长期来华定居专家1辆自用小汽车。

（二）车辆购置税的退税

纳税人已经缴纳车辆购置税但在办理车辆登记手续前，因下列原因需要办理退还车辆购置税的，由纳税人申请，征收机构审查后办理退还车辆购置税手续。

1. 公安机关车辆管理机构不予办理车辆登记注册手续的，凭公安机关车辆管理机构出具的证明办理退税手续。

2. 因质量等原因发生退回所购车辆的，凭经销商的退货证明办理退税手续。

七、征收管理

根据2006年1月1日开始试行的《车辆购置税征收管理办法》，车辆购置税的征收规定如下：

（一）纳税申报

车辆购置税实行一车一申报制度。纳税人在办理纳税申报时应如实填写《车辆购置税纳税申报表》，同时提供车主身份证明、车辆价格证明、车辆合格证明及税务机关要求提供的其他资料的原件和复印件，经车购办审核后，由税务机关保存有关复印件。

（二）纳税环节

车辆购置税的征税环节为使用环节，即最终消费环节。具体而言，纳税人应当在向公安机关等车辆管理机构办理车辆登记注册手续前，缴纳车辆购置税。

（三）纳税地点

纳税人购置应税车辆，应当向车辆登记注册地的主管税务机关申报纳税；购置不需办理车辆登记注册手续的应税车辆，应当向纳税人所在地主管税务机关申报纳税。车辆登记注册地是指车辆的上牌落籍地或落户地。

（四）纳税期限

纳税人购买自用的应税车辆，自购买之日起60日内申报纳税；进口自用的应税车辆，应当自进口之日起60日内申报纳税；自产、受赠、获奖和以其他方式取得并自用的应税车辆，应当自取得之日起60日内申报纳税。

这里的“购买之日”是指纳税人购车发票上注明的销售日期；“进口之日”是指纳税人报关进口的当天。

（五）车辆购置税的缴税管理

1. 车辆购置税的缴税方法

车辆购置税税款缴纳方法主要有以下几种：

（1）自报核缴。即由纳税人自行计算应纳税额、自行填报纳税申报表有关资料，向主管税务机关申报，经税务机关审核后，开具完税证明，由纳税人持完税凭证向当地金库或金库经收处缴纳税款。

（2）集中征收缴纳。包括两种情况：一是由纳税人集中向税务机关统一申报纳税。它适用于实行集中购置应税车辆的单位缴纳和经批准实行代理制经销商的缴纳。二是由税务机关集中报缴税款。即在纳税人向实行集中征收的主管税务机关申报缴纳税款，税务机关开具完税凭证后，由税务机关填写汇总缴款书，将税款集中缴入当地金库或金库经收处。它适用于税源分散、税额较少、税务部门实行集中征收管理的地区。

(3) 代征、代扣、代收。即扣缴义务人按税法规定代扣代缴、代收代缴税款，税务机关委托征收单位代征税款的征收方式。它适用于税务机关委托征收或纳税人依法受托征收税款。

2. 车辆购置税的缴税管理

(1) 税款缴纳方式。纳税人在申报纳税时，税款的缴纳方式主要有：现金支付、支票、信用卡和电子结算及委托银行代收、银行划转等方式。

(2) 完税凭证及使用要求。税务机关在征收车辆购置税时，应根据纳税人税款缴纳方式的不同，分别使用税收通用完税凭证、税收转账专用完税凭证和税收通用缴款书三种税票，即纳税人以现金方式向税务机关缴纳车辆购置税的，由主管税务机关开具《税收通用完税凭证》；纳税人以支票、信用卡和电子结算方式缴纳及税务机关委托银行代收税款的，由主管税务机关开具《税收转账专用完税证》；纳税人从其银行存款户直接划转税款的，由主管税务机关开具《税收通用缴款书》。

(六) 车辆购置税的退税制度

1. 已经缴纳车辆购置税的车辆，发生下列情形之一的，纳税人应到车购办申请退税：

(1) 因质量原因，车辆被退回生产企业或者经销商的；

(2) 应当办理车辆登记注册的车辆，公安机关车辆管理机构不予办理车辆登记注册的。

2. 纳税人在车购办申请办理退税手续时，应如实填写《车辆购置税退税申请表》，并提供生产企业或经销商开具的退车证明和退车的发票以及完税证明的正本和副本、公安机关车辆管理机构出具的注销车辆号牌证明。

3. 退税款的计算。因质量原因，车辆被退回生产企业或者经销商的，自纳税人办理纳税申报之日起，按已缴税款每满1年扣减10%计算退税额，未满一年的按已缴纳税款额退税；对公安机关车辆管理机构不予办理车辆登记注册手续的车辆。退还全部已缴纳税款。

第二节 车 船 税

车船税是以车船为征税对象，向拥有车船的单位和个人征收的一种税。

一、车船税基本原理

(一) 车船税的征收历史

中华人民共和国成立后，中央人民政府政务院于1951年9月颁布了《车船使用牌照税暂行条例》，在全国部分地区开征。1973年简化税制、合并税种时，把对国营企业和集体企业征收的车船使用牌照税并入工商税。自此，车船使用牌照税只对不缴纳工商税的单位、个人及外侨征收，征税范围大大缩小。1984年10月国务院决定恢复对车船征税，因原税名“车船使用牌照税”不太确定，实际工作中往往误认为是对牌照征税，因此，改名为车船使用税。1986年9月15日，国务院发布了《中华人民共和国车船使用税暂行条例》，从1986年10月1日起在全国施行。各省、自治区、直辖市人民政府根据此规定，先后制定了施行细则。2006年12月29日国务院颁布了《中华人民共和国车船税暂行条例》，并于2007年1月1日实施。现行《中华人民共和国车船税法》已由中华人民共和国第十一届全国人民代表大会常务委员会第十九次会议于2011年2月25日通过，自2012年1月1日起施行。

（二）车船税的作用

1. 为地方政府筹集财政资金

开征车船税，能够将分散在车船人手中的部分资金集中起来，增加地方财源，增加地方财政政府的财政收入。

2. 有利于车船的管理与合理配置

随着经济发展，社会拥有车船的数量急剧增加，开征车船税后，购置、使用车船越多，应缴纳的车船税越多，促使纳税人加强对自己拥有的车船管理和核算，改善资源配置，合理使用车船。

3. 有利于调节财富差异

在国外，车船税属于对不动产的征税范围，这类税收除了筹集地方财政收入外，另一重要功能是对个人拥有的财产或财富（如轿车、游艇等）进行调节，缓解财富分配不公。随着我国经济增长，部分先富起来的个人拥有私人轿车、游艇及其他车船的情况将会日益增加，我国征收车船税的财富再分配作用亦会更加重要。

二、车船税的税制要素

（一）纳税义务人

车船税的纳税义务人，是指在中华人民共和国境内，车辆、船舶（以下简称车船）的所有人或者管理人。

（二）课税对象

1. 依法应当在车船登记管理部门登记的机动车辆和船舶；

2. 依法不需要在车船登记管理部门登记的在单位内部场所行驶或者作业的机动车辆和船舶。

临时入境的外国车船和香港特别行政区、澳门特别行政区、台湾地区的车船，不征收车船税。

税额确定原则省、自治区、直辖市人民政府根据车船税法所附《车船税税目税额表》确定车辆具体适用税额，应当遵循以下原则：

1. 乘用车依排气量从小到大递增税额；

2. 客车按照核定载客人数20人以下和20人（含）以上两档划分，递增税额。

3. 省、自治区、直辖市人民政府确定的车辆具体适用税额，应当报国务院备案。

（三）税目与税率

详见表9-1、表9-2。

表 9-1 **车船税税目税额表**

税目		计税单位	年基准税额	备注
乘用车按发动机汽缸容量(排气量)分档]	1.0升（含）以下的	每辆	60元至360元	核定载客人数9人（含）以下
	1.0升以上至1.6升（含）		300元至540元	
	1.6升以上至2.0升（含）		360元至660元	
	2.0升以上至2.5升（含）		660元至1 200元	
	2.5升以上至3.0升（含）		1 200元至2 400元	
	3.0升以上至4.0升（含）		2 400元至3 600元	
	4.0升以上的		3 600元至5 400元	
商用车	客车	每辆	480元至1 440元	核定载客人数9人，包括电车
	货车	整备质量每吨	16元至120元	包括半挂牵引车、三轮汽车和低速载货汽车等
挂车		整备质量每吨	按照货车税额的50%计算	
其他车辆	专用作业车	整备质量每吨	16元至120元	不包括拖拉机
	轮式专用机械车		16元至120元	
摩托车		每辆	36元至180元	
船舶	机动船舶	净吨位每吨	3元至6元	拖船、非机动驳船分别按照机动船舶税额的50%计算
	游艇	艇身长度每米	600元至2 000元	

表 9-2 **车辆、船舶的含义**

乘用车	指在设计和技术特性上主要用于载运乘客及随身行李，核定载客人数包括驾驶员在内不超过9人的汽车
商用车	指除乘用车外，在设计和技术特性上用于载运乘客、货物的汽车，划分为客车和货车
半挂牵引车	指装备有特殊装置用于牵引半挂车的商用车
挂车	指就其设计和技术特性需由汽车或者拖拉机牵引，才能正常使用的一种无动力的道路车辆
三轮汽车	指最高设计车速不超过每小时50公里，具有三个车轮的货车

续表

低速载货汽车	指以柴油机为动力，最高设计车速不超过每小时70公里，具有四个车轮的货车
专用作业车	指在其设计和技术特性上用于特殊工作的车辆
轮式专用机械车	指有特殊结构和专门功能，装有橡胶车轮可以自行行驶，最高设计车速大于每小时20公里的轮式工程机械车
摩托车	指无论采用何种驱动方式，最高设计车速大于每小时50公里，或者使用内燃机，其排量大于50毫升的两轮或者三轮车辆
船舶	指各类机动、非机动船舶以及其他水上移动装置，但是船舶上装备的救生艇筏和长度小于5米的艇筏除外
	机动船舶是指用机器推进的船舶
	拖船是指专门用于拖（推）动运输船舶的专业作业船舶
	非机动驳船，是指在船舶登记管理部门登记为驳船的非机动船舶
	游艇是指具备内置机械推进动力装置，长度在90米以下，主要用于游览观光、休闲娱乐、水上体育运动等活动，并应当具有船舶检验证书和适航证书的船舶

车船税法和本条例所涉及的排气量、整备质量、核定载客人数、净吨位、千瓦、艇身长度，以车船登记管理部门核发的车船登记证书或者行驶证所载数据为准。

依法不需要办理登记的车船和依法应当登记而未办理登记或者不能提供车船登记证书、行驶证的车船，以车船出厂合格证明或者进口凭证标注的技术参数、数据为准；不能提供车船出厂合格证明或者进口凭证的，由主管税务机关参照国家相关标准核定，没有国家相关标准的参照同类车船核定。

（四）税收优惠

下列车船免征车船税：

1. 捕捞、养殖渔船；捕捞、养殖渔船，是指在渔业船舶登记管理部门登记为捕捞船或者养殖船的船舶。

2. 军队、武装警察部队专用的车船；军队、武装警察部队专用的车船，是指按照规定在军队、武装警察部队车船登记管理部门登记，并领取军队、武警牌照的车船。

3. 警用车船；是指公安机关、国家安全机关、监狱、劳动教养管理机关和人民法院、人民检察院领取警用牌照的车辆和执行警务的专用船舶。

4. 依照法律规定应当予以免税的外国驻华使领馆、国际组织驻华代表机构及其有关人员的车船。

5. 对节约能源、使用新能源的车船可以减征或者免征车船税；节约能源、使用新能源的车船可以免征或者减半征收车船税。免征或者减半征收车船税的车船的范围，由国务院财政、税务主管部门商国务院有关部门制订，报国务院批准。

6. 对受严重自然灾害影响纳税困难以及有其他特殊原因确需减税、免税的，可以减征或者免征车船税。具体办法由国务院规定，并报全国人民代表大会常务委员会备案。对受地震、洪涝等严重自然灾害影响纳税困难以及其他特殊原因确需减免税的车船，可以在一定期限内减征或者免征车船税。具体减免期限和数额由省、自治区、直辖市人民政府确定，报国务院备案。

7. 省、自治区、直辖市人民政府根据当地实际情况，可以对公共交通车船，农村居民拥有并主要在农村地区使用的摩托车、三轮汽车和低速载货汽车定期减征或者免征车船税。

8. 按照规定缴纳船舶吨税的机动船舶，自车船税法实施之日起 5 年内免征车船税。

依法不需要在车船登记管理部门登记的机场、港口、铁路站场内部行驶或者作业的车船，自车船税法实施之日起 5 年内免征车船税。

三、车船税的征税管理

车船税由地方税务机关负责征收。

（一）代扣代缴

从事机动车第三者责任强制保险业务的保险机构为机动车车船税的扣缴义务人，应当在收取保险费时依法代收车船税，并出具代收税款凭证。

机动车车船税扣缴义务人在代收车船税时，应当在机动车交通事故责任强制保险的保险单以及保费发票上注明已收税款的信息，作为代收税款凭证。

已完税或者依法减免税的车辆，纳税人应当向扣缴义务人提供登记地的主管税务机关出具的完税凭证或者减免税证明。

扣缴义务人已代收代缴车船税的，纳税人不再向车辆登记地的主管税务机关申报缴纳车船税。没有扣缴义务人的，纳税人应当向主管税务机关自行申报缴纳车船税。

（二）纳税地点

车船税的纳税地点为车船的登记地或者车船税扣缴义务人所在地。依法不需要办理登记的车船，车船税的纳税地点为车船的所有人或者管理人所在地。

（三）纳税期限

车船税纳税义务发生时间为取得车船所有权或者管理权的当月。车船税按年申报，分月计算，一次性缴纳。纳税年度为公历 1 月 1 日至 12 月 31 日。具体申报纳税期限由省、自治区、直辖市人民政府规定。购置的新车船，购置当年的应纳税额自纳税义务发生的当月起按月计算。应纳税额为年应纳税额除以 12 再乘以应纳税月份数。车船税法所称取得车船所有权或者管理权的当月，应当以购买车船的发票或者其他证明文件所载日期的当月为准。

在一个纳税年度内，已完税的车船被盗抢、报废、灭失的，纳税人可以凭有关管理机关出具的证明和完税凭证，向纳税所在地的主管税务机关申请退还自被盗抢、报废、灭失月份起至该纳税年度终了期间的税款。

已办理退税的被盗抢车船失而复得的，纳税人应当从公安机关出具相关证明的当月起计算缴纳车船税。

已缴纳车船税的车船在同一纳税年度内办理转让过户的，不另纳税，也不退税。

第三节　船舶吨税

现行船舶吨税的规范是 2011 年 11 月 23 日，国务院第 182 次常务会议通过并公布的《中华人民共和国船舶吨税暂行条例》，自 2012 年 1 月 1 日起施行。1952 年 9 月 16 日经政务院财政经济委员会批准，于 1952 年 9 月 29 日海关总署发布的《中华人民共和国海关船舶吨税暂行办法》同时废止。

一、征税范围、税率

（一）征税范围

自中华人民共和国境外港口进入境内港口的船舶（以下简称“应税船舶”），应当缴纳船舶吨税（以下简称“吨税”）。吨税的税目、税率依照《吨税税目、税率表》执行。

（二）税率

吨税设置优惠税率和普通税率。中华人民共和国国籍的应税船舶，船籍国（地区）与中华人民共和国签订含有相互船舶税费最惠国待遇条款的条约或者协定的应税船舶，适用优惠税率。其他应税船舶，适用普通税率。《吨税税目、税率表》（见表 9-3）的调整，由国务院决定。

表 9-3　**吨税税目、税率表**

税目（按船舶净吨位划分）	税率（元/净吨）						备注
	普通税率（按执照期限划分）			优惠税率（按执照期限划分）			
	1 年	90 日	30 日	1 年	90 日	30 日	
不超过 2 000 净吨	12.6	4.2	2.1	9.0	3.0	1.5	拖船和非机动驳船分别按相同净吨位船舶税率的 50%计征税款
超过 2 000 净吨，但不超过 10 000 净吨	24.0	8.0	4.0	17.4	5.8	2.9	
超过 10 000 净吨，但不超过 50 000 净吨	27.6	9.2	4.6	19.8	6.6	3.3	
超过 50 000 净吨	31.8	10.6	5.3	22.8	7.0	3.8	

注：拖船，是指专门用于拖（推）动运输船舶的专业作业船舶，拖船按照发动机功率每千瓦折合净吨位 0.67 吨；非机动驳船，是指在船舶管理部门登记为驳船的非机动船舶。

二、应纳税额的计算

吨税按照船舶净吨位和吨税执照期限征收，应纳税额按照船舶净吨位乘以适用税率计算。净吨位，是指由船籍国（地区）政府授权签发的船舶吨位证明书上标明的净吨位。计算公式为：

应纳税额=船舶净吨位×定额税率

应税船舶在进入港口办理入境手续时，应当向海关申报纳税领取吨税执照，或者交验吨税执照。应税船舶负责人在每次申报纳税时，可以按照《吨税税目、税率表》选择申领一种期限的吨税执照。应税船舶负责人缴纳吨税或者提供担保后，海关按照其申领的执照期限填发吨税执照。

应税船舶负责人申领吨税执照时，应当向海关提供下列文件：

(1) 船舶国籍证书或者海事签发的船舶国籍证书收存证明；

(2) 船舶吨位证明。

应税船舶在吨税执照期限内，因税目税率调整或者船籍改变而导致适用税率变化的，吨税执照继续有效。应税船舶在离开港口办理出境手续时，应当交验吨税执照。

【例 9-4】2017 年 6 月 20 日，B 国某运输公司一艘货轮驶入我国某港口，该货轮净吨位为 30 000 吨，货轮负责人已向我国该海关领取了吨税执照，在港口停留期限为 30 天，B 国已与我国签订有相互给予船舶税费最惠国待遇条款。请计算该货轮负责人应向我国海关缴纳的船舶吨税。

(1) 根据船舶吨税的相关规定，该货轮应享受优惠税率，每净吨位为 3.3 元。

(2) 应缴纳船舶吨税 = 30 000×3.3 = 99 000（元）

三、税收优惠

(一) 直接优惠

下列船舶免征吨税：

1. 应纳税额在人民币 50 元以下的船舶；

2. 自境外以购买、受赠、继承等方式取得船舶所有权的初次进口到港的空载船舶；

3. 吨税执照期满后 24 小时内不上下客货的船舶；

4. 非机动船舶（不包括非机动驳船），是指自身没有动力装置，依靠外力驱动的船舶；

5. 捕捞、养殖渔船，是指在中华人民共和国渔业船舶管理部门登记为捕捞船或者养殖船的船舶；

6. 避难、防疫隔离、修理、终止运营或者拆解，并不上下客货的船舶；

7. 军队、武装警察部队专用或者征用的船舶；

8. 依照法律规定应当予以免税的外国驻华使领馆、国际组织驻华代表机构及其有关人员的船舶；

9. 国务院规定的其他船舶。

上述 5~8 项优惠，应当提供海事部门、渔业船舶管理部门或者卫生检疫部门等部门、机构出具的具有法律效力的证明文件或者使用关系证明文件，申明免税理由。

(二) 延期优惠

在吨税执照期限内，应税船舶发生下列情形之一的，海关按照实际发生的天数批注延长吨税执照期限：

1. 避难、防疫隔离、修理，并不上下客货；

2. 军队、武装警察部队征用；

3. 应税船舶因不可抗力在未设立海关地点停泊的，船舶负责人应当立即向附近海关报告，并在不可抗力原因消除后，向海关申报纳税。

上述船舶，应当提供海事部门、船舶管理部门或者卫生检疫部门等部门、机构出具的具有法律效力的证明文件或者使用关系证明文件，申明延长吨税执照期限的依据和理由。

四、征收管理

1. 吨税由海关负责征收。海关征收吨税应当制发缴款凭证。

2. 吨税纳税义务发生时间为应税船舶进入港口的当日。

3. 应税船舶在吨税执照期满后尚未离开港口的，应当申领新的吨税执照，自上一次执照期满的次日起续缴吨税。

4. 应税船舶负责人应当自海关填发吨税缴款凭证之日起 15 日内向指定银行缴清税款。

未按期缴清税款的，自滞纳税款之日起，按日加收滞纳税款 0.5‰的滞纳金。

5. 应税船舶到达港口前，经海关核准先行申报并办结出入境手续的，应税船舶负责人应当向海关提供与其依法履行吨税缴纳义务相适应的担保；应税船舶到达港口后，向海关申报纳税。

下列财产、权利可以用于担保：

（1）人民币、可自由兑换货币；

（2）汇票、本票、支票、债券、存单；

（3）银行、非银行金融机构的保函；

（4）海关依法认可的其他财产、权利。

6. 应税船舶在吨税执照期限内，因修理导致净吨位变化的，吨税执照继续有效。应税船舶办理出入境手续时，应当提供船舶经过修理的证明文件。

因船籍改变而导致适用税率变化的，应税船舶在办理出入境手续时，应当提供船籍改变的证明文件。

7. 吨税执照在期满前毁损或者遗失的，应当向原发照海关书面申请核发吨税执照副本，不再补税。

8. 海关发现少征或者漏征税款的，应当自应税船舶应当缴纳税款之日起 1 年内，补征税款。但因应税船舶违反规定造成少征或者漏征税款的，海关可以自应当缴纳税款之日起 3 年内追征税款，并自应当缴纳税款之日起按日加征少征或者漏征税款 0.5‰的滞纳金。

海关发现多征税款的，应当立即通知应税船舶办理退还手续，并加算银行同期活期存款利息。

应税船舶发现多缴税款的，可以自缴纳税款之日起 1 年内以书面形式要求海关退还多缴的税款并算银行同期活期存款利息；海关应当自受理退款申请之日起 30 日内查实并通知应税船舶办理退还手续。

应税船舶应当自收到退税通知之日起 30 日内办理有关退还手续。

9. 应税船舶有下列行为之一的，由海关责令限期改正，处 2 000 元以上 3 万元以下罚款；不缴或者少缴应纳税款的，处不缴或者少缴税款 50%以上 5 倍以下的罚款，但罚款不得低于2 000元：

(1) 未按照规定申报纳税、领取吨税执照的；

(2) 未按照规定交验吨税执照及其他证明文件的。

10. 吨税税款、滞纳金、罚款以人民币计算。

思 考 题

1. 什么是车辆购置税？
2. 车辆购置税有哪些主要规定？
3. 什么是车船税？
4. 车船税有哪些主要规定？
5. 什么是船舶吨税？
6. 船舶吨税有哪些主要规定？

第十章　印花税、契税和环境保护税

内容提要：本章介绍了印花税、契税和环境保护税的征税范围，应纳税额的计算，税收优惠政策和征收管理。学习本章时，应主要掌握印花税、契税和环境保护税的征税范围，应纳税额的计算，税收优惠政策。

第一节　印　花　税

一、印花税基本原理

（一）印花税的概念

印花税是以经济活动和经济交往中，书立、领受应税凭证的行为为征税对象征收的一种税。印花税因其采用在应税凭证上粘贴印花税票的方法缴纳税款而得名。

印花税最早产生于1624年的荷兰，现在已是世界各国普遍开征的一个税种。中华人民共和国成立前，北洋政府和国民政府也先后颁布过《印花税法》，开征过印花税。中华人民共和国成立后，中央人民政府政务院于1950年发布了《印花税暂行条例》，在全国范围内开征印花税；1958年简化税制时，经全国人民代表大会常务委员会通过，将印花税并入工商统一税，印花税不再单设税种征收，直至经济体制改革以前。

（二）印花税的特点

1. 征税范围广

印花税的征税对象是经济活动和经济交往中书立、领受应税凭证的行为，其征税范围十分广泛，主要表现在两个方面：一是涉及的应税行为广泛，包括书立和领受应税凭证的行为，这些行为在经济生活中是经常发生的；二是涉及的应税凭证范围广泛，包括各类经济合同、营业账簿、权利许可证照等，这些凭证在经济生活中被广泛地使用着。

2. 税负从轻

印花税税负较轻，主要表现在其税率或税额明显低于其他税种，最低比例税率为应税凭证所载金额的万分之零点五，一般都为万分之几或千分之几；定额税率是每件应税凭证5元。

3. 自行贴花纳税

印花税的纳税方法完全不同于其他税种，它采取纳税人自行计算应纳税额、自行购买印花税票、自行贴花、自行在每枚税票的骑缝处盖戳注销或画销的纳税方法。

4. 多缴不退不抵

印花税条例规定，凡多贴印花税票者，不得申请退税或者抵用。这与其他税种多缴税款可以申请退税或抵缴的规定也不相同。

二、纳税义务人

印花税的纳税义务人，是在中国境内书立、使用、领受印花税法所列举的凭证并应依法履行纳税义务的单位和个人。

所称单位和个人，是指国内各类企业、事业、机关、团体、部队以及中外合资企业、合作企业、外资企业、外国公司和其他经济组织及其在华机构等单位和个人。

上述单位和个人，按照书立、使用、领受应税凭证的不同，可以分别确定为立合同人、立据人、立账簿人、领受人和使用人五种。

（一）立合同人

指合同的当事人。所谓当事人，是指对凭证有直接权利义务关系的单位和个人，但不包括合同的担保人、证人、鉴定人。各类合同的纳税人是立合同人。各类合同，包括购销、加工承揽、建设工程承包、财产租赁、货物运输、仓储保管、借款、财产保险、技术合同或者具有合同性质的凭证。

所称合同，是指根据原《中华人民共和国经济合同法》、《中华人民共和国涉外经济合同法》和其他有关合同法规订立的合同。所称具有合同性质的凭证，是指具有合同效力的协议、契约、合约、单据、确认书及其他各种名称的凭证。

《中华人民共和国合同法》1999 年 10 月 1 日起施行，《中华人民共和国经济合同法》、《中华人民共和国涉外经济合同法》、《中华人民共和国技术合同法》同时废止。有关合同的法律依据可参考《中华人民共和国合同法》的规定。

当事人的代理人有代理纳税的义务，他与纳税人负有同等的税收法律义务和责任。

（二）立据人

产权转移书据的纳税人是立据人。是指土地、房屋权属转移过程中买卖双方的当事人。

（三）立账簿人

营业账簿的纳税人是立账簿人。所谓立账簿人，指设立并使用营业账簿的单位和个人。例如，企业单位因生产、经营需要，设立了营业账簿，该企业即为纳税人。

（四）领受人

权利、许可证照的纳税人是领受人。领受人，是指领取或接受并持有该项凭证的单位和个人。例如，某人因其发明创造，经申请依法取得国家专利机关颁发的专利证书，该人即为纳税人。

（五）使用人

在国外书立、领受，但在国内使用的应税凭证，其纳税人是使用人。

（六）各类电子应税凭证的签订人

即以电子形式签订的各类应税凭证的当事人。

值得注意的是，对应税凭证，凡由两方或两方以上当事人共同书立的，其当事人各方都是印花税的纳税人，应各就其所持凭证的计税金额履行纳税义务。

三、税目与税率

(一) 税目

印花税的税目，指印花税法明确规定的应当纳税的项目，它具体划定了印花税的征税范围。一般地说，列入税目的就要征税，未列入税目的就不征税。印花税共有13个税目，即：

1. 购销合同

包括供应、预购、采购、购销结合及协作、调剂、补偿、贸易等合同。此外，还包括出版单位与发行单位之间订立的图书、报纸、期刊和音像制品的应税凭证，例如订购单、订数单等。还包括发电厂与电网之间、电网与电网之间（国家电网公司系统、南方电网公司系统内部各级电网互供电量除外）签订的购售电合同。但是，电网与用户之间签订的供用电合同不属于印花税列举征税的凭证，不征收印花税。

2. 加工承揽合同

包括加工、定做、修缮、修理、印刷、广告、测绘、测试等合同。

3. 建设工程勘察设计合同。包括勘察、设计合同

4. 建筑安装工程承包合同

包括建筑、安装工程承包合同。承包合同，包括总承包合同、分包合同和转包合同。

5. 财产租赁合同

包括租赁房屋、船舶、飞机、机动车辆、机械、器具、设备等合同，还包括企业、个人出租门店、柜台等签订的合同。

6. 货物运输合同

包括民用航空、铁路运输、海上运输、公路运输和联运合同，以及作为合同使用的单据。

7. 仓储保管合同

包括仓储、保管合同，以及作为合同使用的仓单、栈单等。

8. 借款合同

银行及其他金融组织与借款人（不包括银行同业拆借）所签订的合同，以及只填开借据并作为合同使用、取得银行借款的借据。银行及其他金融机构经营的融资租赁业务，是一种以融物方式达到融资目的的业务，实际上是分期偿还的固定资金借款，因此融资租赁合同也属于借款合同。

9. 财产保险合同

包括财产、责任、保证、信用保险合同，以及作为合同使用的单据。财产保险合同，分为企业财产保险、机动车辆保险、货物运输保险、家庭财产保险和农牧业保险五大类。“家庭财产两全保险”属于家庭财产保险性质，其合同在财产保险合同之列，应照章纳税。

10. 技术合同

包括技术开发、转让、咨询、服务等合同，以及作为合同使用的单据。

技术转让合同，包括专利申请权转让、专利实施许可和非专利技术转让。

技术咨询合同，是当事人就有关项目的分析、论证、预测和调查订立的技术合同。但一般的法律、会计、审计等方面的咨询不属于技术咨询，其所立合同不贴印花。

技术服务合同，是当事人一方委托另一方就解决有关特定技术问题，如为改进产品结构、改良工艺流程、提高产品质量、降低产品成本、保护资源环境、实现安全操作、提高经济效益等提出实施方案，进行实施指导所订立的技术合同，包括技术服务合同、技术培训合同和技术中介合同。但不包括以常规手段或者为生产经营目的进行一般加工、修理、修缮、广告、印刷、测绘、标准化测试，以及勘察、设计等所书立的合同。

11. 产权转移书据

包括财产所有权和版权、商标专用权、专利权、专有技术使用权等转移书据和土地使用权出让合同、土地使用权转让合同、商品房销售合同等权力转移合同。

所称产权转移书据，是指单位和个人产权的买卖、继承、赠与、交换、分割等所立的书据。“财产所有权”转换书据的征税范围，是指经政府管理机关登记注册的动产、不动产的所有权转移所立的书据，以及企业股权转让所立的书据，并包括个人无偿赠送不动产所签订的“个人无偿赠与不动产登记表”。当纳税人完税后，税务机关（或其他征收机关）应在纳税人印花税完税凭证上加盖“个人无偿赠与”印章。

12. 营业账簿

指单位或者个人记载生产经营活动的财务会计核算账簿。营业账簿按其反映内容的不同，可分为记载资金的账簿和其他账簿。

记载资金的账簿，是指反映生产经营单位资本金数额增减变化的账簿。其他账簿，是指除上述账簿以外的有关其他生产经营活动内容的账簿，包括日记账簿和各明细分类账簿。

但是，对金融系统营业账簿，要结合金融系统财务会计核算的实际情况进行具体分析。凡银行用以反映资金存贷经营活动、记载经营资金增减变化、核算经营成果的账簿，如各种日记账、明细账和总账都属于营业账簿，应按照规定缴纳印花税；银行根据业务管理需要设置的各种登记簿，如空白重要凭证登记簿、有价单证登记簿、现金收付登记簿等，其记载的内容与资金活动无关，仅用于内部备查，属于非营业账簿，均不征收印花税。

13. 权利、许可证照

包括政府部门发给的房屋产权证、工商营业执照、商标注册证、专利证、土地使用证。

（二）税率

印花税的税率设计，遵循税负从轻、共同负担的原则。所以，税率比较低；凭证的当事人，即对凭证有直接权利与义务关系的单位和个人均应就其所持凭证依法纳税。

印花税的税率有两种形式，即比例税率和定额税率。

1. 比例税率

在印花税的13个税目中，各类合同以及具有合同性质的凭证（含以电子形式签订的各类应税凭证）、产权转移书据、营业账簿中记载资金的账簿，适用比例税率。

印花税的比例税率分为4个档次，分别是0.05‰、0.3‰、0.5‰、1‰。

(1) 适用0.05‰税率的为“借款合同”;

(2) 适用0.3‰税率的为“购销合同”、“建筑安装工程承包合同”、“技术合同”;

(3) 适用0.5‰税率的是“加工承揽合同”、“建筑工程勘察设计合同”、“货物运输合同”、“产权转移书据”、“营业账簿”税目中记载资金的账簿;

(4) 适用1‰税率的为“财产租赁合同”、“仓储保管合同”、“财产保险合同”;

(5)“股权转让书据”适用1‰税率，包括A股和B股。

2. 定额税率

在印花税的13个税目中，“权利、许可证照”和“营业账簿”税目中的其他账簿，适用定额税率，均为按件贴花，税额为5元。这样规定，主要是考虑到上述应税凭证比较特殊，有的是无法计算金额的凭证，例如权利、许可证照；有的是虽记载有金额，但以其作为计税依据又明显不合理的凭证，例如其他账簿。采用定额税率，便于纳税人缴纳，便于税务机关征管。印花税税目税率表见表10-1。

表10-1　**印花税税目税率表**

税目	范围	税率	纳税人	说明
1. 购销合同	包括供应、预购、采购、购销结合及协作、调剂、补偿、易货等合同	按购销金额0.3‰贴花	立合同人	
2. 加工承揽合同	包括加工、定做、修缮、修理、印刷广告、测绘、测试等合同	按加工或承揽收入0.5‰贴花	立合同人	
3. 建设工程勘察设计合同	包括勘察、设计合同	按收取费用0.5‰贴花	立合同人	
4. 建筑安装工程承包合同	包括建筑、安装工程承包合同	按承包金额0.3‰贴花	立合同人	
5. 财产租赁合同	包括租赁房屋、船舶、飞机、机动车辆、机械、器具、设备等合同	按租赁金额1‰贴花，税额不足1元，按1元贴花	立合同人	
6. 货物运输合同	包括民用航空运输、铁路运输、海上运输、内河运输、公路运输和联运合同	按运输费用0.5‰贴花	立合同人	单据作为合同使用的，按合同贴花
7. 仓储保管合同	包括仓储、保管合同	按仓储保管费用1‰贴花	立合同人	仓单或栈单作为合同使用的，按合同贴花
8. 借款合同	银行及其他金融组织和借款人（不包括银行同业拆借）所签订的借款合同	按借款金额0.05‰贴花	立合同人	单据作为合同使用的，按合同贴花

续表

税目	范围	税率	纳税人	说明
9. 财产保险合同	包括财产、责任、保证、信用等保险合同	按收取保险费1‰贴花	立合同人	单据作为合同使用的，按合同贴花
10. 技术合同	包括技术开发、转让、咨询、服务等合同	按所记载金额0.3‰贴花	立合同人	
11. 产权转移书据	包括财产所有权和版权、商标专用权、专利权、专有技术使用权等转移书据、土地使用权出让合同、土地使用权转让合同、商品房销售合同	按所记载金额0.5‰贴花	立据人	
12. 营业账簿	生产经营用账册	记载资金的账簿，按实收资本和资本公积的合计金额0.5‰贴花；其他账簿按件贴花5元	立账簿人	
13. 权利、许可证照	包括政府部门发给的房屋产权证、工商营业执照、商标注册证、专利证、土地使用证	按件贴花5元	领受人	

四、应纳税额的计算

（一）计税依据的一般规定

印花税的计税依据为各种应税凭证上所记载的计税金额。具体规定为：

1. 购销合同的计税依据为合同记载的购销金额。

2. 加工承揽合同的计税依据是加工或承揽收入的金额。具体规定：

（1）对于由受托方提供原材料的加工、定做合同，凡在合同中分别记载加工费金额和原材料金额的，应分别按“加工承揽合同”、“购销合同”计税，两项税额相加数，即为合同应贴印花；若合同中未分别记载，则应就全部金额依照加工承揽合同计税贴花。

（2）对于由委托方提供主要材料或原料，受托方只提供辅助材料的加工合同，无论加工费和辅助材料金额是否分别记载，均以辅助材料与加工费的合计数，依照加工承揽合同计税贴花。对委托方提供的主要材料或原料金额不计税贴花。

3. 建设工程勘察设计合同的计税依据为收取的费用。

4. 建筑安装工程承包合同的计税依据为承包金额。

5. 财产租赁合同的计税依据为租赁金额；经计算，税额不足1元的，按1元贴花。

6. 货物运输合同的计税依据为取得的运输费金额（即运费收入），不包括所运货物的金额、装卸费和保险费等。

7. 仓储保管合同的计税依据为收取的仓储保管费用。

8. 借款合同的计税依据为借款金额。针对实际借贷活动中不同的借款形式，税法规定了不同的计税方法：

（1）凡是一项信贷业务既签订借款合同，又一次或分次填开借据的，只以借款合同所载金额为计税依据计税贴花；凡是只填开借据并作为合同使用的，应以借据所载金额为计税依据计税贴花。

（2）借贷双方签订的流动资金周转性借款合同，一般按年（期）签订，规定最高限额，借款人在规定的期限和最高限额内随借随还。为避免加重借贷双方的负担，对这类合同只以其规定的最高限额为计税依据，在签订时贴花一次，在限额内随借随还不签订新合同的，不再另贴印花。

（3）对借款方以财产作抵押，从贷款方取得一定数量抵押贷款的合同，应按借款合同贴花；在借款方因无力偿还借款而将抵押财产转移给贷款方时，应再就双方书立的产权书据，按产权转移书据的有关规定计税贴花。

（4）对银行及其他金融组织的融资租赁业务签订的融资租赁合同，应按合同所载租金总额，暂按借款合同计税。

（5）在贷款业务中，如果贷方系由若干银行组成的银团，银团各方均承担一定的贷款数额。借款合同由借款方与银团各方共同书立，各执一份合同正本。对这类合同借款方与贷款银团各方应分别在所执的合同正本上，按各自的借款金额计税贴花。

（6）在基本建设贷款中，如果按年度用款计划分年签订借款合同，在最后一年按总概算签订借款总合同，且总合同的借款金额包括各个分合同的借款金额的，对这类基建借款合同，应按分合同分别贴花，最后签订的总合同，只就借款总额扣除分合同借款金额后的余额计税贴花。

9. 财产保险合同的计税依据为支付（收取）的保险费，不包括所保财产的金额。

10. 技术合同的计税依据为合同所载的价款、报酬或使用费。为了鼓励技术研究开发，对技术开发合同，只就合同所载的报酬金额计税，研究开发经费不作为计税依据。单对合同约定按研究开发经费一定比例作为报酬的，应按一定比例的报酬金额贴花。

11. 产权转移书据的计税依据为所载金额。

12. 营业账簿税目中记载资金的账簿的计税依据为“实收资本”与“资本公积”两项的合计金额。实收资本，包括现金、实物、无形资产和材料物资。现金按实际收到或存入纳税人开户银行的金额确定。实物，指房屋、机器等，按评估确认的价值或者合同、协议约定的价格确定。无形资产和材料物资，按评估确认的价值确定。

资本公积，包括接受捐赠、法定财产重估增值、资本折算差额、资本溢价等。如果是实物捐赠，则按同类资产的市场价格或有关凭据确定。

其他账簿的计税依据为应税凭证件数。

13. 权利、许可证照的计税依据为应税凭证件数。

（二）计税依据的特殊规定

1. 上述凭证以“金额”、“收入”、“费用”作为计税依据的，应当全额计税，不得作任何扣除。

2. 同一凭证，载有两个或两个以上经济事项而适用不同税目税率，如分别记载金额的，应分别计算应纳税额，相加后按合计税额贴花；如未分别记载金额的，按税率高的计税贴花。

3. 按金额比例贴花的应税凭证，未标明金额的，应按照凭证所载数量及国家牌价计算金额；没有国家牌价的，按市场价格计算金额，然后按规定税率计算应纳税额。

4. 应税凭证所载金额为外国货币的，应按照凭证书立当日国家外汇管理局公布的外汇牌价折合成人民币，然后计算应纳税额。

5. 应纳税额不足1角的，免纳印花税；1角以上的，其税额尾数不满5分的不计，满5分的按1角计算。

6. 有些合同，在签订时无法确定计税金额，如技术转让合同中的转让收入，是按销售收入的一定比例收取或是按实现利润分成的；财产租赁合同，只是规定了月（天）租金标准而无租赁期限的。对这类合同，可在签订时先按定额5元贴花，以后结算时再按实际金额计税，补贴印花。

7. 应税合同在签订时纳税义务即已产生，应计算应纳税额并贴花。所以，不论合同是否兑现或是否按期兑现，均应贴花。

对已履行并贴花的合同，所载金额与合同履行后实际结算金额不一致的，只要双方未修改合同金额，一般不再办理完税手续。

8. 对有经营收入的事业单位，凡属由国家财政拨付事业经费，实行差额预算管理的单位，其记载经营业务的账簿，按其他账簿定额贴花，不记载经营业务的账簿不贴花；凡属经费来源实行自收自支的单位，其营业账簿，应对记载资金的账簿和其他账簿分别计算应纳税额。

跨地区经营的分支机构使用的营业账簿，应由各分支机构于其所在地计算贴花。对上级单位核拨资金的分支机构，其记载资金的账簿按核拨的账面资金额计税贴花，其他账簿按定额贴花；对上级单位不核拨资金的分支机构，只就其他账簿按件定额贴花。为避免对同一资金重复计税贴花，上级单位记载资金的账簿，应按扣除拨给下属机构资金数额后的其余部分计税贴花。

9. 商品购销活动中，采用以货换货方式进行商品交易签订的合同，是反映既购又销双重经济行为的合同。对此，应按合同所载的购、销合计金额计税贴花。合同未列明金额的，应按合同所载购、销数量依照国家牌价或者市场价格计算应纳税额。

10. 施工单位将自己承包的建设项目，分包或者转包给其他施工单位所签订的分包合同或者转包合同，应按新的分包合同或转包合同所载金额计算应纳税额。这是因为印花税是一种具有行为税性质的凭证税，尽管总承包合同已依法计税贴花，但新的分包或转包合同是一种新的凭证，又发生了新的纳税义务。

11. 对股票交易征收印花税，始于深圳和上海两地证券交易的不断发展。现行印花税法规定，股份制试点企业向社会公开发行的股票，因购买、继承、赠与所书立的股权转让书据，均依书立时证券市场当日实际成交价格计算的金额，由立据双方当事人分别按1‰的税率缴纳印花税。

12. 对国内各种形式的货物联运，凡在起运地统一结算全程运费的，应以全程运费作为计税依据，由起运地运费结算双方缴纳印花税；凡分程结算运费的，应以分程的运费作为计税依据，分别由办理运费结算的各方缴纳印花税。

对国际货运，凡由我国运输企业运输的，不论在我国境内、境外起运或中转分程运输，我国运输企业所持的一份运费结算凭证，均按本程运费计算应纳税额；托运方所持的一份运费结算凭证，按全程运费计算应纳税额。由外国运输企业运输进出口货物的，外国运输企业所持的一份运费结算凭证免纳印花税；托运方所持的一份运费结算凭证应缴纳印花税。国际货运运费结算凭证在国外办理的，应在凭证转回我国境内时按规定缴纳印花税。

必须明确的是，印花税票为有价证券，其票面金额以人民币为单位，分为1角、2角、5角、1元、2元、5元、10元、50元、100元9种。

（三）应纳税额的计算方法

纳税人的应纳税额，根据应纳税凭证的性质，分别按比例税率或者定额税率计算，其计算公式为：

应纳税额=应税凭证计税金额（或应税凭证件数）×适用税率

【例10-1】 某企业2013年8月开业，当年发生以下有关业务事项：领受房屋产权证、工商营业执照、土地使用证各1件；与其他企业订立转移专用技术使用权书据1份，所载金额为200万元；订立产品购销合同1份，所载金额为500万元；订立借款合同1份，所载金额为800万元；企业记载资金的账簿，“实收资本”、“资本公积”为1 000万元；其他营业账簿20本。试计算该企业当年应缴纳的印花税税额。

（1）企业领受权利、许可证照应纳税额

$$应纳税额=3×5=15（元）$$

（2）企业订立产权转移书据应纳税额

$$应纳税额=2\ 000\ 000×0.5‰=1\ 000（元）$$

（3）企业订立购销合同应纳税额

$$应纳税额=5\ 000\ 000×0.3‰=1\ 500（元）$$

（4）企业订立借款合同应纳税额

$$应纳税额=8\ 000\ 000×0.05‰=400（元）$$

（5）企业记载资金的账簿

$$应纳税额=10\ 000\ 000×0.5‰=5\ 000（元）$$

（6）企业其他营业账簿应纳税额

$$应纳税额=20×5=100（元）$$

（7）当年企业应纳印花税税额

$$15+1\ 000+1\ 500+400+5\ 000+100=8\ 015（元）$$

五、税收优惠

（一）对已缴纳印花税凭证的副本或者抄本免税

凭证的正式签署本已按规定缴纳了印花税，其副本或者抄本对外不发生权利义务关系，只是留存备查。但以副本或者抄本视同正本使用的，则应另贴印花。

（二）对财产所有人将财产赠给政府、社会福利单位、学校所立的书据免税

所谓社会福利单位，是指扶养孤老伤残的社会福利单位。

对上述书据免税，旨在鼓励财产所有人这种有利于发展文化教育事业，造福社会的捐赠行为。

（三）对国家指定的收购部门与村民委员会、农民个人书立的农副产品收购合同免税

由于我国农副产品种类繁多，地区之间差异较大，随着经济发展，国家指定的收购部门也会有所变化。对此，印花税法授权省、自治区、直辖市主管税务机关根据当地实际情况，具体划定本地区“收购部门”和“农副产品”的范围。

（四）对无息、贴息贷款合同免税

无息、贴息贷款合同，是指我国的各专业银行按照国家金融政策发放的无息贷款，以及由各专业银行发放并按有关规定由财政部门或中国人民银行给予贴息的贷款项目所签订的贷款合同。

一般情况下，无息、贴息贷款体现国家政策，满足特定时期的某种需要，其利息全部或者部分是由国家财政负担的，对这类合同征收印花税没有财政意义。

（五）对外国政府或者国际金融组织向我国政府及国家金融机构提供优惠贷款所书立的合同免税

该类合同是就具有援助性质的优惠贷款而成立的政府间协议，对其免税有利于引进和利用外资，以推动我国经济与社会的快速发展。

（六）对房地产管理部门与个人签订的用于生活居住的租赁合同免税

（七）对农牧业保险合同免税

对该类合同免税，是为了支持农村保险事业的发展，减轻农牧业生产的负担。

（八）对特殊货运凭证免税

这类凭证有：

1. 军事物资运输凭证，即附有军事运输命令或使用专用的军事物资运费结算凭证。

2. 抢险救灾物资运输凭证，即附有县级以上（含县级）人民政府抢险救灾物资运输证明文件的运费结算凭证。

3. 新建铁路的工程临管线运输凭证，即为新建铁路运输施工所需物料，使用工程临管线专用的运费结算凭证。

（九）企业改制过程中有关印花税征免规定

1. 资金账簿的印花税

（1）实行公司制改造的企业在改制过程中成立的新企业（重新办理法人登记的），其新启用的资金账簿记载的资金或因企业建立资本纽带关系而增加的资金，凡原已贴花的部分可不再贴花，未贴花的部分和以后新增加的资金按规定贴花。

公司制改造包括国有企业依《中华人民共和国公司法》整体改造成国有独资有限责任公司；企业通过增资扩股或者转让部分产权，实现他人对企业的参股，将企业改造成有限责任公司或股份有限公司；企业以其部分财产和相应债务与他人组建新公司；企业将债务留在原企业，而以其优质财产与他人组建的新公司。

（2）以合并或分立方式成立的新企业，其新启用的资金账簿记载的资金，凡原已贴花的部分可不再贴花，未贴花的部分和以后新增加的资金按规定贴花。

合并包括吸收合并和新设合并。分立包括存续分立和新设分立。

（3）企业债权转股权新增加的资金按规定贴花。

（4）企业改制中经评估增加的资金按规定贴花。

（5）企业其他会计科目记载的资金转为实收资本或资本公积的资金按规定贴花。

2. 各类应税合同的印花税

企业改制前签订但尚未履行完的各类应税合同，改制后需要变更执行主体的，对仅改变执行主体、其余条款未作变动且改制前已贴花的，不再贴花。

3. 产权转移书据的印花税

企业因改制签订的产权转移书据免予贴花。

4. 股权分置试点改革转让的印花税

股权分置改革过程中因非流通股股东向流通股股东支付对价而发生的股权转让，暂免征收印花税。

六、征收管理

（一）纳税办法

印花税的纳税办法，根据税额大小、贴花次数以及税收征收管理的需要，分别采用以下三种纳税办法。

1. 自行贴花办法

这种办法，一般适用于应税凭证较少或者贴花次数较少的纳税人。纳税人书立、领受或者使用印花税法列举的应税凭证的同时，纳税义务即已产生，应当根据应纳税凭证的性质和适用的税目税率，自行计算应纳税额，自行购买印花税票，自行一次贴足印花税票并加以注销或划销，纳税义务才算全部履行完毕。值得注意的是，纳税人购买了印花税票，支付了税款，国家就取得了财政收入。但就印花税来说，纳税人支付了税款并不等于已履行了纳税义务。纳税人必须自行贴花并注销或划销，这样才算完整地完成了纳税义务。这也就是通常所说的“三自”纳税办法。

对已贴花的凭证，修改后所载金额增加的，其增加部分应当补贴印花税票。凡多贴印花税票者，不得申请退税或者抵用。

2. 汇贴或汇缴办法

这种办法，一般适用于应纳税额较大或者贴花次数频繁的纳税人。一份凭证应纳税额超过500元的，应向当地税务机关申请填写缴款书或者完税证，将其中一联粘贴在凭证上或者由税务机关在凭证上加注完税标记代替贴花。这就是通常所说的“汇贴”办法。

同一种类应纳税凭证，需频繁贴花的，纳税人可以根据实际情况自行决定是否采用按期汇总缴纳印花税的方式，汇总缴纳的期限为1个月。采用按期汇总缴纳方式的纳税人应事先告知主管税务机关。缴纳方式一经选定，1年内不得改变。主管税务机关接到纳税人要求按期汇总缴纳印花税的告知后，应及时登记，制定相应的管理办法，防止出现管理漏洞。对采用按期汇总缴纳方式缴纳印花税的纳税人，应加强日常监督、检查。

实行印花税按期汇总缴纳的单位，对征税凭证和免税凭证汇总时，凡分别汇总的，按本期征税凭证的汇总金额计算缴纳印花税；凡确属不能分别汇总的，应按本期全部凭证的实际汇总金额计算缴纳印花税。凡汇总缴纳印花税的凭证，应加注税务机关指定的汇缴戳记、编号并装订成册后，将已贴印花或者缴款书的一联粘附册后，盖章注销，保存备查。

经税务机关核准，持有代售许可证的代售户，代售印花税票取得的税款须专户存储，并按照规定的期限，向当地税务机关结报，或者填开专用缴款书直接向银行缴纳，不得逾期不缴或者挪作他用。代售户领存的印花税票及所售印花税票的税款，如有损失，应负责赔偿。

3. 委托代征办法

这一办法主要是通过税务机关的委托，经由发放或者办理应纳税凭证的单位代为征收印花税税款。税务机关应与代征单位签订代征委托书。所谓发放或者办理应纳税凭证的单位，是指发放权利、许可证照的单位和办理凭证的鉴证、公证及其他有关事项的单位。如按照印花税法规定，工商行政管理机关核发各类营业执照和商标注册证的同时，负责代售印花税票，征收印花税税款，并监督领受单位或个人负责贴花。税务机关委托工商行政管理机关代售印花税票，按代售金额5%的比例支付代售手续费。

印花税法规定，发放或者办理应纳税凭证的单位，负有监督纳税人依法纳税的义务，具体是指对以下纳税事项监督：

（1）应纳税凭证是否已粘贴印花；

（2）粘贴的印花是否足额；

（3）粘贴的印花是否按规定注销。

对未完成以上纳税手续的，应督促纳税人当场完成。

（二）纳税环节

印花税应当在书立或领受时贴花。具体是指在合同签订时、账簿启用时和证照领受时贴花。如果合同是在国外签订，并且不便在国外贴花的，应在将合同带入境时办理贴花纳税手续。

（三）纳税地点

印花税一般实行就地纳税。对于全国性商品物资订货会（包括展销会、交易会等）上所签订合同应纳的印花税，由纳税人回其所在地后及时办理贴花完税手续；对地方主办、不涉及省际关系的订货会、展销会上所签合同的印花税，其纳税地点由各省、自治区、直辖市人民政府自行确定。

（四）管理与处罚

印花税自1988年实施以来，各级地方税务机关不断强化征收管理，因地制宜地制定了有效的征管办法，保证了印花税收入的持续稳步增长。但是，随着我国市场经济的建立和发展以及新《税收征收管理法》的颁布实施，印花税的一些征管规定已不适应实际征管需要，与《税收征收管理法》难以衔接等矛盾也日益突出。为加强印花税的征收管理，堵塞印花税征管漏洞，方便纳税人，保障印花税收入持续、稳定增长，加强印花税的征收管理非常重要。

1. 对印花税应税凭证的管理

各级地方税务机关应加强对印花税应税凭证的管理，要求纳税人统一设置印花税应税凭证登记簿，保证各类应税凭证及时、准确、完整地进行登记；应税凭证数量多或内部多个部门对外签订应税凭证的单位，要求其制定符合本单位实际的应税凭证登记管理办法。有条件的纳税人应指定专门部门、专人负责应税凭证的管理。印花税应税凭证应按照《税收征收管理法实施细则》的规定保存10年。

2. 完善按期汇总缴纳办法

各级地方税务机关应加强对按期汇总缴纳印花税单位的纳税管理，对核准实行汇总缴纳的单位，应发给汇缴许可证，核定汇总缴纳的期限；同时应要求纳税人定期报送汇总缴纳印花税情况报告，并定期对纳税人汇总缴纳印花税情况进行检查。

3. 加强对印花税代售人的管理

各级税务机关应加强对印花税代售人代售税款的管理，根据本地代售情况进行一次清理检查，对代售人违反代售规定的，可视其情节轻重，取消代售资格，发现代售人各种影响印花税票销售的行为要及时纠正。

税务机关要根据本地情况，选择制度比较健全、管理比较规范、信誉比较可靠的单位或个人委托代售印花税票，并应对代售人经常进行业务指导、检查和监督。

4. 核定征收印花税

根据《税收征收管理法》第三十五条规定和印花税的税源特征，为加强印花税征收管理，纳税人有下列情形的，地方税务机关可以核定纳税人印花税计税依据：

（1）未按规定建立印花税应税凭证登记簿，或未如实登记和完整保存应税凭证的；

（2）拒不提供应税凭证，或不如实提供应税凭证致使计税依据明显偏低的；

（3）采用按期汇总缴纳办法的，未按地方税务机关规定的期限报送汇总缴纳印花税情况报告，经地方税务机关责令限期报告，逾期仍不报告的或者地方税务机关在检查中发现纳税人有未按规定汇总缴纳印花税情况的。

地方税务机关核定征收印花税，应向纳税人发放核定征收印花税通知书，注明核定征收的计税依据和规定的税款缴纳期限。

地方税务机关核定征收印花税，应根据纳税人的实际生产经营收入，参考纳税人各期印花税纳税情况及同行业合同签订情况，确定科学合理的数额或比例作为纳税人印花税计税依据。

各级地方税务机关应逐步建立印花税基础资料库，包括：分行业印花税纳税情况、分户纳税资料等，确定科学、合理的评估模型，保证核定征收的及时、准确、公平、合理。

5. 违章处罚

印花税纳税人有下列行为之一的，由税务机关根据情节轻重予以处罚：

（1）在应纳税凭证上未贴或者少贴印花税票的或者已粘贴在应税凭证上的印花税票未注销或者未划销的，由税务机关追缴其不缴或者少缴的税款、滞纳金，并处不缴或者少缴的税款50%以上5倍以下的罚款。

（2）已贴用的印花税票揭下重用造成未缴或少缴印花税的，由税务机关追缴其不缴或者少缴的税款、滞纳金，并处不缴或者少缴的税款50%以上5倍以下的罚款；构成犯罪的，依法追究刑事责任。

(3) 伪造印花税票的，由税务机关责令改正，处以 2 000 元以上 1 万元以下的罚款；情节严重的，处以 1 万元以上 5 万元以下的罚款；构成犯罪的，依法追究刑事责任。

(4) 按期汇总缴纳印花税的纳税人，超过税务机关核定的纳税期限，未缴或少缴印花税款的，由税务机关追缴其不缴或者少缴的税款、滞纳金，并处不缴或者少缴的税款 50%以上 5 倍以下的罚款；情节严重的，同时撤销其汇缴许可证；构成犯罪的，依法追究刑事责任。

(5) 纳税人违反以下规定的，由税务机关责令限期改正，可处以 2 000 元以下的罚款；情节严重的，处以 2 000 元以上 1 万元以下的罚款。

①凡汇总缴纳印花税的凭证，应加注税务机关指定的汇缴戳记，编号并装订成册后，将已贴印花或者缴款书的一联粘附册后，盖章注销，保存备查。

②纳税人对纳税凭证应妥善保存。凭证的保存期限，凡国家已有明确规定的，按规定办；没有明确规定的其余凭证均应在履行完毕后保存 1 年。

(6) 代售户对取得的税款逾期不缴或者挪作他用，或者违反合同将所领印花税票转托他人代售或者转至其他地区销售，或者未按规定详细提供领、售印花税票情况的，税务机关可视其情节轻重，给予警告或者取消其代售资格的处罚。

第二节 契　　税

一、契税基本原理

(一) 契税的概念

契税是以在中华人民共和国境内转移土地、房屋权属为征税对象，向产权承受人征收的一种财产税。

契税在我国有着悠久的历史。它起源于东晋的“估税”，至今已有 1 600 多年的历史。中华人民共和国成立后，政务院于 1950 年 3 月 31 日第 26 次政务会议通过并公布了《契税暂行条例》，废除了旧的契税法制，建立了新的契税制度，取消了契税附加和验税、注册等杂费，降低了税率，减轻了人民的负担。

1997 年 7 月 7 日，国务院重新颁布了《中华人民共和国契税暂行条例》，并于 1997 年 10 月 1 日起施行。

(二) 契税的特点

1. 契税属于财产转移税。它以权属发生转移的土地和房屋为征税对象，具有对财产转移课税性质。

2. 契税由财产承受人纳税。一般税种在税制中确定纳税人，都确定销售者为纳税人，即卖方纳税。对买方征税的主要目的，在于承认不动产转移生效，承受人纳税以后，便可拥有转移过来的不动产的产权或使用权，法律保护纳税人的合法权益。

二、征税对象

契税的征税对象是境内转移的土地、房屋权属。具体包括以下五项内容：

（一）国有土地使用权出让

国有土地使用权出让是指土地使用者向国家交付土地使用权出让费用，国家将国有土地使用权在一定年限内让与土地使用者的行为。

对承受国有土地使用权所应支付的土地出让金，要计征契税。不得因减免土地出让金而减免契税。

（二）土地使用权的转让

土地使用权的转让是指土地使用者以出售、赠与、交换或者其他方式将土地使用权转移给其他单位和个人的行为。土地使用权的转让不包括农村集体土地承包经营权的转移。

（三）房屋买卖

房屋买卖即以货币为媒介，出卖者向购买者过渡房产所有权的交易行为。以下几种特殊情况，视同买卖房屋：

1. 以房产抵债或实物交换房屋

经当地政府和有关部门批准，以房抵债和实物交换房屋，均视同房屋买卖，应由产权承受人，按房屋现值缴纳契税。

例如，甲某因无力偿还乙某债务，而以自有的房产折价抵偿债务。经双方同意，有关部门批准，乙某取得甲某的房屋产权，在办理产权过户手续时，按房产折价款缴纳契税。如以实物（金银首饰等等价物品）交换房屋，应视同以货币购买房屋。

2. 以房产作投资或作股权转让

这种交易业务属房屋产权转移，应根据国家房地产管理的有关规定，办理房屋产权交易和产权变更登记手续，视同房屋买卖，由产权承受方按契税税率计算缴纳契税。

例如，甲某以自有房产，投资于乙某企业。其房屋产权变为乙某企业所有，故产权所有人发生变化，因此，乙某企业在办理产权登记手续后，按甲某入股房产现值（国有企事业房产须经国有资产管理部门评估核价）缴纳契税。如丙某以股份方式购买乙某企业房屋产权，丙某在办理产权登记后，按取得房产买价缴纳契税。

以自有房产作股投入本人独资经营的企业，免纳契税。因为以自有的房地产投入本人独资经营的企业，产权所有人和使用权使用人未发生变化，不需办理房产变更手续，也不办理契税手续。

3. 买房拆料或翻建新房，应照章征收契税

例如，甲某购买乙某房产，不论其目的是取得该房产的建筑材料或是翻建新房，实际构成房屋买卖。甲某应首先办理房屋产权变更手续，并按买价缴纳契税。

（四）房屋赠与

房屋的赠与是指房屋产权所有人将房屋无偿转让给他人所有。其中，将自己的房屋转交给他人的法人和自然人，称作房屋赠与人；接受他人房屋的法人和自然人，称为受赠人。房屋赠与的前提必须是，产权无纠纷，赠与人和受赠人双方自愿。

由于房屋是不动产，价值较大，故法律要求赠与房屋应有书面合同（契约），并到房地产管理机关或农村基层政权机关办理登记过户手续，才能生效。如果房屋赠与行为涉及涉外关系，还需公证处证明和外事部门认证，才能有效。房屋的受赠人要按规定缴纳契税。

(五) 房屋交换

房屋交换是指房屋所有者之间互相交换房屋的行为。

随着经济形势的发展，有些特殊方式转移土地、房屋权属的，也将视同土地使用权转让、房屋买卖或者房屋赠与。一是以土地、房屋权属作价投资、入股；二是以土地、房屋权属抵债；三是以获奖方式承受土地、房屋权属；四是以预购方式或者预付集资建房款方式承受土地、房屋权属。

(六) 承受国有土地使用权支付的土地出让金

对承受国有土地使用权所应支付的土地出让金，要计征契税。不得因减免土地出让金而减免契税。

三、纳税义务人与税率

(一) 纳税义务人

契税的纳税义务人是境内转移土地、房屋权属，承受的单位和个人。境内是指中华人民共和国实际税收行政管辖范围内。土地、房屋权属是指土地使用权和房屋所有权。单位是指企业单位、事业单位、国家机关、军事单位和社会团体以及其他组织。个人是指个体经营者及其他个人，包括中国公民和外籍人员。

(二) 税率

契税实行3%~5%的幅度税率。实行幅度税率是考虑到我国经济发展的不平衡，各地经济差别较大的实际情况。因此，各省、自治区、直辖市人民政府可以在3%~5%的幅度税率规定范围内，按照本地区的实际情况决定。

四、应纳税额的计算

(一) 计税依据

契税的计税依据为不动产的价格。由于土地、房屋权属转移方式不同，定价方法不同，因而具体计税依据视不同情况而决定。

1. 国有土地使用权出让、土地使用权出售、房屋买卖，以成交价格为计税依据。成交价格是指土地、房屋权属转移合同确定的价格，包括承受者应交付的货币、实物、无形资产或者其他经济利益。

2. 土地使用权赠与、房屋赠与，由征收机关参照土地使用权出售、房屋买卖的市场价格核定。

3. 土地使用权交换、房屋交换，为所交换的土地使用权、房屋的价格差额。也就是说，交换价格相等时，免征契税；交换价格不等时，由多交付的货币、实物、无形资产或者其他经济利益的一方缴纳契税。

4. 以划拨方式取得土地使用权，经批准转让房地产时，由房地产转让者补交契税。计税依据为补交的土地使用权出让费用或者土地收益。

为了避免偷、逃税款，税法规定，成交价格明显低于市场价格并且无正当理由的，或者所交换土地使用权、房屋的价格的差额明显不合理并且无正当理由的，征收机关可以参照市场价格核定计税依据。

5. 房屋附属设施征收契税的依据。

(1) 采取分期付款方式购买房屋附属设施土地使用权、房屋所有权的，应按合同规定的总价款计征契税。

(2) 承受的房屋附属设施权属如为单独计价的，按照当地确定的适用税率征收契税；如与房屋统一计价的，适用与房屋相同的契税税率。

6. 个人无偿赠与不动产行为（法定继承人除外），应对受赠人全额征收契税。在缴纳契税时，纳税人须提交经税务机关审核并签字盖章的《个人无偿赠与不动产登记表》，税务机关（或其他征收机关）应在纳税人的契税完税凭证上加盖“个人无偿赠与”印章，在《个人无偿赠与不动产登记表》中签字并将该表格留存。

7. 出让国有土地使用权，契税计税价格为承受人为取得该土地使用权而支付的全部经济利益。对通过“招、拍、挂”程序承受国有土地使用权的，应按照土地成交总价款计征契税，其中的土地前期开发成本不得扣除。

(二) 应纳税额的计算方法

契税采用比例税率。当计税依据确定以后，应纳税额的计算比较简单。应纳税额的计算公式为：

$$应纳税额=计税依据\times税率$$

【例 10-2】 居民甲有两套住房，将一套出售给居民乙，成交价格为 500 000 元；将另一套两室住房与居民丙交换成两处一室住房，并支付给丙换房差价款 100 000 元。试计算甲、乙、丙相关行为应缴纳的契税（假定税率为 4%）。

(1) 甲应缴纳契税 = 100 000×4% = 4 000（元）

(2) 乙应缴纳契税 = 500 000×4% = 20 000（元）

(3) 丙不缴纳契税。

五、税收优惠

(一) 契税优惠的一般规定

1. 国家机关、事业单位、社会团体、军事单位承受土地、房屋用于办公、教学、医疗、科研和军事设施的，免征契税。

2. 城镇职工按规定第一次购买公有住房，免征契税。

此外，财政部、国家税务总局规定：自 2000 年 11 月 29 日起，对各类公有制单位为解决职工住房而采取集资建房方式建成的普通住房，或由单位购买的普通商品住房，经当地县以上人民政府房改部门批准、按照国家房改政策出售给本单位职工的，如属职工首次购买住房，均可免征契税。

自 2010 年 10 月 1 日起，对个人购买 90 平方米及以下且属家庭唯一住房的普通住房，减按 1%税率征收契税。面积为 90 平方米以上的，减按 1. 5%的税率征收契税。

3. 因不可抗力灭失住房而重新购买住房的，酌情减免。不可抗力是指自然灾害、战争等不能预见、不可避免，并不能克服的客观情况。

4. 土地、房屋被县级以上人民政府征用、占用后，重新承受土地、房屋权属的，由省级人民政府确定是否减免。

5. 承受荒山、荒沟、荒丘、荒滩土地使用权，并用于农、林、牧、渔业生产的，免征契税。

6. 经外交部确认，依照我国有关法律规定以及我国缔结或参加的双边和多边条约或协定，应当予以免税的外国驻华使馆、领事馆、联合国驻华机构及其外交代表、领事官员和其他外交人员承受土地、房屋权属。

（二）企业事业单位改制重组的契税政策

为了支持企业、事业单位改革，促进国民经济持续、健康发展，现就企业、事业单位改制重组等涉及的契税政策如下：

1. 企业公司制改造

（1）非公司制企业，按照《中华人民共和国公司法》的规定，整体改建为有限责任公司（含国有独资公司）或股份有限公司，有限责任公司整体改建为股份有限公司，股份有限公司整体改建为有限责任公司的，对改建后的公司承受原企业土地、房屋权属，免征契税。上述所称整体改建是指不改变原企业的投资主体，并承继原企业权利、义务的行为。

（2）非公司制国有独资企业或国有独资有限责任公司，以其部分资产与他人组建新公司，且该国有独资企业（公司）在新设公司中所占股份超过50%的，对新设公司承受该国有独资企业（公司）的土地、房屋权属，免征契税。

（3）国有控股公司以部分资产投资组建新公司，且该国有控股公司占新公司股份超过85%的，对新公司承受该国有控股公司土地、房屋权属，免征契税。上述所称国有控股公司，是指国家出资额占有限责任公司资本总额超过50%，或国有股份占股份有限公司股本总额超过50%的公司。

2. 公司股权（股份）转让

在股权（股份）转让中，单位、个人承受公司股权（股份），公司土地、房屋权属不发生转移，不征收契税。

3. 公司合并

两个或两个以上的公司，依据法律规定、合同约定，合并为一个公司，且原投资主体存续的，对其合并后的公司承受原合并各方的土地、房屋权属，免征契税。

4. 公司分立

公司依照法律规定、合同约定分设为两个或两个以上与原公司投资主体相同的公司，对派生方、新设方承受原企业土地、房屋权属，免征契税。

5. 企业出售

国有、集体企业整体出售，被出售企业法人予以注销，并且买受人按照《中华人民共和国劳动法》等国家有关法律法规政策妥善安置原企业全部职工，与原企业全部职工签订服务年限不少于3年的劳动用工合同的，对其承受所购企业的土地、房屋权属，免征契税；与原企业超过30%的职工签订服务年限不少于3年的劳动用工合同的，减半征收契税。

6. 企业破产

企业依照有关法律、法规规定实施破产，债权人（包括破产企业职工）承受破产企业抵偿债务的土地、房屋权属，免征契税；对非债权人承受破产企业土地、房屋权属，凡按照《中华人民共和国劳动法》等国家有关法律法规政策妥善安置原企业全部职工，与原企业全部职工签订服务年限不少于3年的劳动用工合同的，对其承受所购企业的土地、房屋权属，免征契税；与原企业超过30%的职工签订服务年限不少于3年的劳动用工合同的，减半征收契税。

7. 债权转股权

经国务院批准实施债权转股权的企业，对债权转股权后新设立的公司承受原企业的土地、房屋权属，免征契税。

8. 资产划转

对承受县级以上人民政府或国有资产管理部门按规定进行行政性调整、划转国有土地、房屋权属的单位，免征契税。

同一投资主体内部所属企业之间土地、房屋权属的划转，包括母公司与其全资子公司之间，同一公司所属全资子公司之间，同一自然人与其设立的个人独资企业、一人有限公司之间土地、房屋权属的划转，免征契税。

9. 事业单位改制

事业单位按照国家有关规定改制为企业的过程中，投资主体没有发生变化的，对改制后的企业承受原事业单位土地、房屋权属，免征契税。投资主体发生变化的，改制后的企业按照《中华人民共和国劳动法》等有关法律法规妥善安置原事业单位全部职工，与原事业单位全部职工签订服务年限不少于三年劳动用工合同的，对其承受原事业单位的土地、房屋权属，免征契税；与原事业单位超过30%的职工签订服务年限不少于三年劳动用工合同的，减半征收契税。

10. 其他相关规定

以出让方式或国家作价出资（入股）方式承受原改制重组企业、事业单位划拨用地的，不属上述规定的免税范围，对承受方应按规定征收契税。

上述企业、公司是指依照中华人民共和国有关法律法规设立并在中国境内注册的企业、公司。该规定执行期限为2015年1月1日至2017年12月31日。

六、征收管理

（一）纳税义务发生时间

契税的纳税义务发生时间是纳税人签订土地、房屋权属转移合同的当天，或者纳税人取得其他具有土地、房屋权属转移合同性质凭证的当天。

（二）纳税期限

纳税人应当自纳税义务发生之日起10日内，向土地、房屋所在地的契税征收机关办理纳税申报，并在契税征收机关核定的期限内缴纳税款。

（三）纳税地点

契税在土地、房屋所在地的征收机关缴纳。

（四）征收管理

纳税人办理纳税事宜后，征收机关应向纳税人开具契税完税凭证。纳税人持契税完税凭证和其他规定的文件材料，依法向土地管理部门、房产管理部门办理有关土地、房屋的权属变更登记手续。土地管理部门和房产管理部门应向契税征收机关提供有关资料，并协助契税征收机关依法征收契税。

自1997年《中华人民共和国契税暂行条例》实施以来，各级征收机关在国土部门、房管部门的协作配合下，积极探索契税征收方式，不断加强征收管理，促进了契税收入的持续快速增长。征收机关直接征收契税比委托其他单位代征契税效率高。为此，国家税务总局决定，各级征收机关要在2004年12月31日前停止代征委托，直接征收契税。有关规定如下：

1. 要建立健全直接征收的管理制度。各地征收机关应按照方便纳税人的原则，结合本地实际设置申报窗口，根据国家税务总局有关规定，制定、完善征管工作规程，建立、健全征收岗位责任制度。

2. 要及时终止委托代征。现委托其他单位代征契税的征收机关，应根据本地实际确定停止代征的日期并通知代征单位，及时办理票款结报手续，2005年1月1日之后，各级征收机关一律不得委托其他单位代征契税。

3. 要规范减免管理程序。征收机关应按照国家税务总局制定的《关于耕地占用税契税减免管理办法》（国税发［2004］99号），统筹考虑征收管理和减免管理问题，规范契税减免申报程序，做好契税减免管理工作。

4. 要争取政府和相关部门的理解与支持。各级征收机关应积极向本地人民政府汇报情况，说明直接征收契税的财政意义，争取对直接征收契税的理解与支持。根据契税法规和相关政策协调与国土部门、房管部门的工作关系，确保“先税后征”，有效控制税源。

第三节 环境保护税

一、环境保护税的概念和作用

环境保护税是指在中华人民共和国领域和中华人民共和国管辖的其他海域，直接向环境排放应税污染物的企业事业单位和其他生产经营者征收的一种税。

应税污染物，是指环境保护法所附《环境保护税税目税额表》、《应税污染物和当量值表》规定的大气污染物、水污染物、固体废物和噪声。

征收环境保护税的目的是为了保护和改善环境，减少污染物排放，推进生态文明建设。

二、纳税义务人和征税范围

（一）纳税义务人

在中华人民共和国领域和中华人民共和国管辖的其他海域，直接向环境排放应税污染物的企业事业单位和其他生产经营者为环境保护税的纳税人。应当依照环境保护税法规定缴纳环境保护税。

（二）征税范围

环境保护税的征税范围是指规定应税污染物，环境保护税法所附《环境保护税税目税额表》、《应税污染物和当量值表》规定的大气污染物、水污染物、固体废物和噪声为征税范围。

有下列情形之一的，不属于直接向环境排放污染物，不缴纳相应污染物的环境保护税：

1. 企业事业单位和其他生产经营者向依法设立的污水集中处理、生活垃圾集中处理场所排放应税污染物的。但依法设立的城乡污水集中处理、生活垃圾集中处理场所超过国家和地方规定的排放标准向环境排放应税污染物的，应当缴纳环境保护税。

2. 企业事业单位和其他生产经营者在符合国家和地方环境保护标准的设施、场所贮存或者处置固体废物的。但企业事业单位和其他生产经营者贮存或者处置固体废物不符合国家和地方环境保护标准的，应当缴纳环境保护税。

三、税目和税率

环境保护税的税目、税额，依照环境保护税法所附《环境保护税税目税额表》执行。

应税大气污染物和水污染物的具体适用税额的确定和调整，由省、自治区、直辖市人民政府统筹考虑本地区环境承载能力、污染物排放现状和经济社会生态发展目标要求，在环境保护税法所附《环境保护税税目税额表》规定的税额幅度内提出，报同级人民代表大会常务委员会决定，并报全国人民代表大会常务委员会和国务院备案。环境保护税税目、税额表，见表 10-2。

表 10-2　**环境保护税税目、税额表**

税目		计税单位	税额	备注
大气污染物		每污染当量	1.2~12 元	
水污染物		每污染当量	1.4~14 元	
固体废物	煤矸石	每吨	5 元	
	尾矿	每吨	15 元	
	危险废物	每吨	1 000 元	
	冶炼渣、粉煤灰、炉渣、其他固体废物（含半固态、液态废物）	每吨	25 元	
噪声	工业噪声	超标 1~3 分贝	每月 350 元	
		超标 4~6 分贝	每月 700 元	
		超标 7~9 分贝	每月 1 400 元	
		超标 10~12 分贝	每月 2 800 元	
		超标 13~5 分贝	每月 5 600 元	
		超标 16 分贝以上	每月 11 200 元	

四、计税依据和应纳税额计算方法

（一）计税依据

1. 应税污染物的计税依据，按照下列方法确定：

（1）应税大气污染物按照污染物排放量折合的污染当量数确定；

（2）应税水污染物按照污染物排放量折合的污染当量数确定；

（3）应税固体废物按照固体废物的排放量确定；

（4）应税噪声按照超过国家规定标准的分贝数确定。

污染当量，是指根据污染物或者污染排放活动对环境的有害程度以及处理的技术经济性，衡量不同污染物对环境污染的综合性指标或者计量单位。同一介质相同污染当量的不同污染物，其污染程度基本相当。

2. 应税大气污染物、水污染物的污染当量数，以该污染物的排放量除以该污染物的污染当量值计算。每种应税大气污染物、水污染物的具体污染当量值，依照环境保护法所附《应税污染物和当量值表》执行。

3. 每一排放口或者没有排放口的应税大气污染物，按照污染当量数从大到小排序，对前三项污染物征收环境保护税。

每一排放口的应税水污染物，按照环境保护法所附《应税污染物和当量值表》，区分第一类水污染物和其他类水污染物，按照污染当量数从大到小排序，对第一类水污染物按照前五项征收环境保护税，对其他类水污染物按照前三项征收环境保护税。

省、自治区、直辖市人民政府根据本地区污染物减排的特殊需要，可以增加同一排放口征收环境保护税的应税污染物项目数，报同级人民代表大会常务委员会决定，并报全国人民代表大会常务委员会和国务院备案。

4. 应税大气污染物、水污染物、固体废物的排放量和噪声的分贝数，按照下列方法和顺序计算：

（1）纳税人安装使用符合国家规定和监测规范的污染物自动监测设备的，按照污染物自动监测数据计算；

（2）纳税人未安装使用污染物自动监测设备的，按照监测机构出具的符合国家有关规定和监测规范的监测数据计算；

（3）因排放污染物种类多等原因不具备监测条件的，按照国务院环境保护主管部门规定的排污系数、物料衡算方法计算；

排污系数，是指在正常技术经济和管理条件下，生产单位产品所应排放的污染物量的统计平均值。

物料衡算，是指根据物质质量守恒原理对生产过程中使用的原料、生产的产品和产生的废物等进行测算的一种方法。

（4）不能按照上述第（1）项至第（3）项规定的方法计算的，按照省、自治区、直辖市人民政府环境保护主管部门规定的抽样测算的方法核定计算。

（二）应纳税额计算方法

1. 应税大气污染物的应纳税额为污染当量数乘以具体适用税额；

2. 应税水污染物的应纳税额为污染当量数乘以具体适用税额；

3. 应税固体废物的应纳税额为固体废物排放量乘以具体适用税额；

4. 应税噪声的应纳税额为超过国家规定标准的分贝数对应的具体适用税额。

五、税收减免

1. 下列情形，暂予免征环境保护税：

(1) 农业生产（不包括规模化养殖）排放应税污染物的；

(2) 机动车、铁路机车、非道路移动机械、船舶和航空器等流动污染源排放应税污染物的；

(3) 依法设立的城乡污水集中处理、生活垃圾集中处理场所排放相应应税污染物，不超过国家和地方规定的排放标准的；

(4) 纳税人综合利用的固体废物，符合国家和地方环境保护标准的；

(5) 国务院批准免税的其他情形。

前款第五项免税规定，由国务院报全国人民代表大会常务委员会备案。

2. 纳税人排放应税大气污染物或者水污染物的浓度值低于国家和地方规定的污染物排放标准 30%的，减按 75%征收环境保护税。纳税人排放应税大气污染物或者水污染物的浓度值低于国家和地方规定的污染物排放标准 50%的，减按 50%征收环境保护税。

六、征收管理

(一) 征管单位

1. 环境保护税由税务机关依照《中华人民共和国税收征收管理法》和环境保护税法的有关规定征收管理。

2. 环境保护主管部门依照环境保护法和有关环境保护法律法规的规定负责对污染物的监测管理。

3. 县级以上地方人民政府应当建立税务机关、环境保护主管部门和其他相关单位分工协作工作机制，加强环境保护税征收管理，保障税款及时足额入库。

4. 环境保护主管部门和税务机关应当建立涉税信息共享平台和工作配合机制。

5. 环境保护主管部门应当将排污单位的排污许可、污染物排放数据、环境违法和受行政处罚情况等环境保护相关信息，定期交送税务机关。

6. 税务机关应当将纳税人的纳税申报、税款入库、减免税额、欠缴税款以及风险疑点等环境保护税涉税信息，定期交送环境保护主管部门。

(二) 纳税义务发生时间和申报期限

1. 纳税义务发生时间为纳税人排放应税污染物的当日。

2. 环境保护税按月计算，按季申报缴纳。不能按固定期限计算缴纳的，可以按次申报缴纳。

纳税人按季申报缴纳的，应当自季度终了之日起 15 日内，向税务机关办理纳税申报并缴纳税款。纳税人按次申报缴纳的，应当自纳税义务发生之日起 15 日内，向税务机关办理纳税申报并缴纳税款。

（三）申报地点

1. 纳税人应当向应税污染物排放地的税务机关申报缴纳环境保护税。

2. 纳税人申报缴纳时，应当向税务机关报送所排放应税污染物的种类、数量，大气污染物、水污染物的浓度值，以及税务机关根据实际需要要求纳税人报送的其他纳税资料。

3. 纳税人应当依法如实办理纳税申报，对申报的真实性和完整性承担责任。

4. 税务机关应当将纳税人的纳税申报数据资料与环境保护主管部门交送的相关数据资料进行比对。

5. 税务机关发现纳税人的纳税申报数据资料异常或者纳税人未按照规定期限办理纳税申报的，可以提请环境保护主管部门进行复核，环境保护主管部门应当自收到税务机关的数据资料之日起 15 日内向税务机关出具复核意见。税务机关应当按照环境保护主管部门复核的数据资料调整纳税人的应纳税额。

（四）其他管理

1. 依照环境保护法第十条第四项的规定核定计算污染物排放量的，由税务机关会同环境保护主管部门核定污染物排放种类、数量和应纳税额。

2. 纳税人从事海洋工程向中华人民共和国管辖海域排放应税大气污染物、水污染物或者固体废物，申报缴纳环境保护税的具体办法，由国务院税务主管部门会同国务院海洋主管部门规定。

3. 纳税人和税务机关、环境保护主管部门及其工作人员违反环境保护法规定的，依照《中华人民共和国税收征收管理法》、《中华人民共和国环境保护法》和有关法律法规的规定追究法律责任。

4. 各级人民政府应当鼓励纳税人加大环境保护建设投入，对纳税人用于污染物自动监测设备的投资予以资金和政策支持。

5. 环境保护法，自 2018 年 1 月 1 日起施行。依照环境保护法规定征收环境保护税，不再征收排污费。

思 考 题

1. 什么是印花税？
2. 印花税有何征税范围？
3. 印花税有哪些优惠政策？
4. 什么是契税？
5. 契税有哪些优惠政策？
6. 什么是环境保护税？
7. 环境保护税有哪些主要规定？

第十一章　企业所得税

内容提要：本章介绍了企业所得税的概念、征税对象和纳税义务人，应税收入和扣除项目及标准的确认，应纳税额的计算方法，税收优惠政策，企业重组，关联企业纳税的特别调整，以及企业所得税的征收和管理。学习本章时，主要掌握纳税人的划分、应税收入和扣除项目及标准的确认、应纳税额的计算方法和优惠政策的规定。

第一节　企业所得税基本原理

一、企业所得税的概念

企业所得税是对我国境内的企业和其他取得收入的组织的生产经营所得和其他所得征收的所得税。其中，企业分为居民企业和非居民企业。居民企业是指依法在中国境内成立，或者依照外国（地区）法律成立但实际管理机构在中国境内的企业；非居民企业是指依照外国（地区）法律成立且实际管理机构不在中国境内，但在中国境内设立机构、场所的，或者在中国境内未设立机构、场所，但有来源于中国境内所得的企业。

二、我国企业所得税的制度演变

（一）中华人民共和国成立后至改革开放前的企业所得税制度

在1949年首届全国税务会议上，通过了统一全国税收政策的基本方案，其中包括对企业所得和个人所得征税的办法。1950年，政务院发布了《全国税政实施要则》，规定全国设置14种税收，其中涉及对所得征税的有工商业税（所得税部分）、存款利息所得税和薪给报酬所得税3种税收。

1958年和1973年我国进行了两次重大的税制改革，其核心是简化税制，其中的工商业税（所得税部分）主要还是对集体企业征收，国营企业只征一道工商税，不征所得税。在这个阶段，各项税收收入占财政收入的比重有所提高，占50%左右，但国营企业上缴的利润仍是国家财政收入主要来源之一。

（二）改革开放后的企业所得税制度

1. 1978年至1982年的企业所得税制度

1980年9月，第五届全国人民代表大会第三次会议通过了《中华人民共和国中外合资经营企业所得税法》并公布施行。企业所得税税率确定为30%，另按应纳所得税额附征10%的地方所得税。1981年12月，第五届全国人民代表大会第四次会议通过了《中华人民共和国外国企业所得税法》，实行20%至40%的5级超额累进税率，另按应纳税的所得额附征10%的地方所得税。

2. 1983年至1990年的企业所得税制度

1983年国务院决定在全国试行国营企业“利改税”，即将中华人民共和国成立后实行了30多年的国营企业向国家上缴利润的制度改为缴纳企业所得税的制度。

1984年9月，国务院发布了《中华人民共和国国营企业所得税条例（草案）》和《国营企业调节税征收办法》。国营企业所得税的纳税人为实行独立经济核算的国营企业，大中型企业实行55%的比例税率，小型企业等适用10%至55%的8级超额累进税率。国营企业调节税的纳税人为大中型国营企业，税率由财税部门商企业主管部门核定。

1985年4月，国务院发布了《中华人民共和国集体企业所得税暂行条例》，实行10%至55%的8级超额累进税率，原来对集体企业征收的工商税（所得税部分）同时停止执行。

1988年6月，国务院发布了《中华人民共和国私营企业所得税暂行条例》，税率为35%。

3. 1991年至今的企业所得税制度

1991年4月，第七届全国人民代表大会将《中华人民共和国中外合资经营企业所得税法》与《中华人民共和国外国企业所得税法》合并，制定了《中华人民共和国外商投资企业和外国企业所得税法》，并于同年7月1日起施行。

1993年12月13日，国务院将《中华人民共和国国营企业所得税条例（草案）》、《国营企业调节税征收办法》、《中华人民共和国集体企业所得税暂行条例》和《中华人民共和国私营企业所得税暂行条例》，进行整合制定了《中华人民共和国企业所得税暂行条例》，自1994年1月1日起施行。上述改革标志着中国的所得税制度改革向着法制化、科学化和规范化的方向迈出了重要的步伐。

2007年3月16日，全国人民代表大会通过了《中华人民共和国企业所得税法》（以下简称《企业所得税法》），并于2008年1月1日开始实行。从此内外资企业实行统一的企业所得税法。

第二节 纳税义务人、征税对象与税率

一、纳税义务人

企业所得税的纳税义务人是指在中华人民共和国境内的企业和其他取得收入的组织。《企业所得税法》第一条规定，除个人独资企业、合伙企业不适用企业所得税法外，凡在我国境内，企业和其他取得收入的组织（以下统称企业）为企业所得税的纳税人，依照本法规定缴纳企业所得税。

企业所得税的纳税人分为居民企业和非居民企业，这是根据企业纳税义务范围的宽窄进行的分类方法，不同的企业在向中国政府缴纳所得税时，纳税义务不同。把企业分为居民企业和非居民企业，是为了更好地保障我国税收管辖权的有效行使。

（一）居民企业

居民企业是指依法在中国境内成立，或者依照外国（地区）法律成立但实际管理机构在中国境内的企业。这里的企业包括国有企业、集体企业、私营企业、联营企业、股份制企业，外商投资企业、外国企业以及有生产、经营所得和其他所得的其他组织。其中，实际管理机构，是指对企业的生产经营、人员、账务、财产等实施实质性全面管理和控制的机构。

（二）非居民企业

非居民企业是指依照外国（地区）法律成立且实际管理机构不在中国境内，但在中国境内设计机构、场所的，或者在中国境内未设立机构、场所，但有来源于中国境内所得的企业。

上述所称机构、场所，是指在中国境内从事生产经营活动的机构、场所，包括：

1. 管理机构、营业机构、办事机构；
2. 工厂、农场、开采自然资源的场所；
3. 提供劳务的场所；
4. 从事建筑、安装、装配、修理、勘探等工程作业的场所；
5. 其他从事生产经营活动的机构、场所。

非居民企业委托营业代理人在中国境内从事生产经营活动的，包括委托单位或者个人经常代其签订合同，或者储存、交付货物等，该营业代理人视为非居民企业在中国境内设立的机构、场所。

二、征税对象

企业所得税的征税对象是指企业的生产经营所得、其他所得和清算所得。

（一）居民企业的征税对象

居民企业应就来源于中国境内、境外的所得作为征税对象。所得，包括销售货物所得、提供劳务所得、转让财产所得、股息红利等权益性投资所得、利息所得、租金所得、特许权使用费所得、接受捐赠所得和其他所得。

（二）非居民企业的征税对象

非居民企业在中国境内设立机构、场所的，应当就其所设机构、场所取得的来源于中国境内的所得，以及发生在中国境外但与其所设机构、场所有实际联系的所得，缴纳企业所得税。非居民企业在中国境内未设立机构、场所的，或者虽设立机构、场所但取得的所得与其所设机构、场所没有实际联系的，应当就其来源于中国境内的所得缴纳企业所得税。

上述所称实际联系，是指非居民企业在中国境内设立的机构、场所拥有的据以取得所得的股权、债权，以及拥有、管理、控制据以取得所得的财产。

（三）所得来源的确定

1. 销售货物所得，按照交易活动发生地确定。
2. 提供劳务所得，按照劳务发生地确定。
3. 转让财产所得。

(1) 不动产转让所得按照不动产所在地确定。

(2) 动产转让所得按照转让动产的企业或者机构、场所所在地确定。

(3) 权益性投资资产转让所得按照被投资企业所在地确定。

4. 股息、红利等权益性投资所得，按照分配所得的企业所在地确定。

5. 利息所得、租金所得、特许权使用费所得，按照负担、支付所得的企业或者机构、场所所在地确定，或者按照负担、支付所得的个人的住所地确定。

6. 其他所得，由国务院财政、税务主管部门确定。

三、税率

企业所得税实行比例税率。比例税率简便易行，透明度高，不会因征税而改变企业间收入分配比例，有利于促进效率的提高。现行规定是：

(一) 基本税率为25%

适用于居民企业和在中国境内设有机构、场所且所得与机构、场所有关联的非居民企业。

(二) 低税率为20%

适用于在中国境内未设立机构、场所的，或者虽设立机构、场所但取得的所得与其所设机构、场所没有实际联系的非居民企业。但实际征税时适用10%的税率（在第八节税收优惠中有介绍）。

第三节 应纳税所得额的计算

应纳税所得额是企业所得税的计税依据，按照企业所得税法的规定，应纳税所得额为企业每一个纳税年度的收入总额，减除不征税收入、免税收入、各项扣除以及允许弥补的以前年度亏损后的余额。基本公式为：

应纳税所得额=收入总额-不征税收入-免税收入-各项扣除-以前年度亏损

企业应纳税所得额的计算以权责发生制为原则，属于当期的收入和费用，不论款项是否收付，均作为当期的收入和费用；不属于当期的收入和费用，即使款项已经在当期收付，均不作为当期的收入和费用。应纳税所得额的正确计算直接关系到国家财政收入和企业的税收负担，并且同成本、费用核算关系密切。因此，企业所得税法对应纳税所得额计算作了明确规定。主要内容包括收入总额、扣除范围和标准、资产的税务处理、亏损弥补等。

一、收入总额

企业的收入总额包括以货币形式和非货币形式从各种来源取得的收入，具体有：销售货物收入，提供劳务收入，转让财产收入，股息、红利等权益性投资收益，利息收入，租金收入，特许权使用费收入，接受捐赠收入，其他收入。

企业取得收入的货币形式，包括现金、存款、应收账款、应收票据、准备持有至到期的债券投资以及债务的豁免等；纳税人以非货币形式取得的收入，包括固定资产、生物资产、无形资产、股权投资、存货、不准备持有至到期的债券投资、劳务以及有关权益等，这些非货币资产应当按照公允价值确定收入额，公允价值是指按照市场价格确定的价值。收入的具体构成为：

（一）一般收入的确认

1. 销售货物收入。是企业销售商品、产品、原材料、包装物、低值易耗品以及其他存货取得的收入。

2. 劳务收入。是企业从事建筑安装、修理修配、交通运输、仓储租赁、金融保险、邮电通信、咨询经纪、文化体育、科学研究、技术服务、教育培训、餐饮住宿、中介代理、卫生保健、社区服务、旅游、娱乐、加工以及其他劳务服务活动取得的收入。

3. 转让财产收入。是企业转让固定资产、生物资产、无形资产、股权、债权等财产取得的收入。

4. 股息、红利等权益性投资收益。是企业因权益性投资从被投资方取得的收入。股息、红利等权益性投资收益，除国务院财政、税务主管部门另有规定外，按照被投资方作出利润分配决定的日期确认收入的实现。

5. 利息收入。是企业将资金提供他人使用但不构成权益性投资，或者因他人占用本企业资金取得的收入，包括存款利息、贷款利息、债券利息、欠款利息等收入。利息收入，按照合同约定的债务人应付利息的日期确认收入的实现。

6. 租金收入。是企业提供固定资产、包装物或者其他有形资产的使用权取得的收入。租金收入，按照合同约定的承租人应付租金的日期确认收入的实现。

7. 特许权使用费收入。是企业提供专利权、非专利技术、商标权、著作权以及其他特许权的使用权取得的收入。特许权使用费收入，按照合同约定的特许权使用人应付特许权使用费的日期确认收入的实现。

8. 接受捐赠收入。是企业接受的来自其他企业、组织或者个人无偿给予的货币性资产、非货币性资产。接受捐赠收入，按照实际收到捐赠资产的日期确认收入的实现。

9. 其他收入。是企业取得的除以上收入外的其他收入，包括企业资产溢余收入、逾期未退包装物押金收入、确实无法偿付的应付款项、已作坏账损失处理后又收回的应收款项、债务重组收入、补贴收入、违约金收入、汇兑收益等。

（二）特殊收入的确认

1. 以分期收款方式销售货物的，按照合同约定的收款日期确认收入的实现；

2. 企业受托加工制造大型机械设备、船舶、飞机，以及从事建筑、安装、装配工程业务或者提供其他劳务等，持续时间超过 12 个月的，按照纳税年度内完工进度或者完成的工作量确认收入的实现。

3. 采取产品分成方式取得收入的，按照企业分得产品的日期确认收入的实现，其收入额按照产品的公允价值确定。

4. 企业发生非货币性资产交换，以及将货物、财产、劳务用于捐赠、偿债、赞助、集资、广告、样品、职工福利或者利润分配等用途的，应当视同销售货物、转让财产或者提供劳务，但国务院财政、税务主管部门另有规定的除外。

5. 采用售后回购方式销售商品的，销售的商品按售价确认收入，回购的商品作为购进商品处理。有证据表明不符合销售收入确认条件的，如以销售商品方式进行融资，收到的款项应确认为负债，回购价格大于原售价的，差额应在回购期间确认为利息费用。

6. 关于租金收入确认，根据《中华人民共和国企业所得税法实施条例》（以下简称《企业所得税法实施条例》）第十九条的规定，企业提供固定资产、包装物或者其他有形资产的使用权取得的租金收入，应按交易合同或协议规定的承租人应付租金的日期确认收入的实现。其中，如果交易合同或协议中规定租赁期限跨年度，且租金提前一次性支付的，根据《企业所得税法实施条例》第九条规定的收入与费用配比原则，出租人可对上述已确认的收入，在租赁期内，分期均匀计入相关年度收入。

7. 企业转让股权收入，应于转让协议生效、且完成股权变更手续时，确认收入的实现。转让股权收入扣除为取得该股权所发生的成本后，为股权转让所得。企业在计算股权转让所得时，不得扣除被投资企业未分配利润等股东留存收益中按该项股权所可能分配的金额。

8. 关于股息、红利等权益性投资收益收入确认，企业权益性投资取得股息、红利等收入，应以被投资企业股东会或股东大会作出利润分配或转股决定的日期，确定收入的实现。

被投资企业将股权（票）溢价所形成的资本公积转为股本的，不作为投资方企业的股息、红利收入，投资方企业也不得增加该项长期投资的计税基础。

（三）处置资产收入的确认

根据《企业所得税法实施条例》第二十五条规定，企业处置资产的所得税处理按以下规定执行：该规定自2008年1月1日起执行，对2008年1月1日以前发生的处置资产，2008年1月1日以后尚未进行税务处理的，也按该规定执行。

1. 企业发生下列情形的处置资产，除将资产转移至境外以外，由于资产所有权属在形式和实质上均不发生改变，可作为内部处置资产，不视同销售确认收入，相关资产的计税基础延续计算。

（1）将资产用于生产、制造、加工另一产品；

（2）改变资产形状、结构或性能；

（3）改变资产用途（如，自建商品房转为自用或经营）；

（4）将资产在总机构及其分支机构之间转移；

（5）上述两种或两种以上情形的混合；

（6）其他不改变资产所有权属的用途。

2. 企业将资产移送他人的下列情形，因资产所有权属已发生改变而不属于内部处置资产，应按规定视同销售确定收入。

（1）用于市场推广或销售；

（2）用于交际应酬；

（3）用于职工奖励或福利；

（4）用于股息分配；

（5）用于对外捐赠；

（6）其他改变资产所有权属的用途。

3. 企业发生第2条规定情形时，属于企业自制的资产，应按企业同类资产同期对外销售价格确定销售收入；属于外购的资产，可按购入时的价格确定销售收入。

（四）相关收入实现的确认

除企业所得税法及实施条例前述收入的规定外，企业销售收入的确认，必须遵循权责发生制原则和实质重于形式原则。

1. 企业销售商品同时满足下列条件的，应确认收入的实现：

（1）商品销售合同已经签订，企业已将商品所有权相关的主要风险和报酬转移给购货方；

（2）企业对已售出的商品既没有保留通常与所有权相联系的继续管理权，也没有实施有效控制；

（3）收入的金额能够可靠地计量；

（4）已发生或将发生的销售方的成本能够可靠地核算。

2. 符合上款收入确认条件，又采取下列商品销售方式的，应按下列规定确认收入实现时间：

（1）销售商品采用托收承付方式的，在办妥托收手续时确认收入。

（2）销售商品采取预收款方式的，在发出商品时确认收入。

（3）销售商品需要安装和检验的，在购买方接受商品以及安装和检验完毕时确认收入。如果安装程序比较简单，可在发出商品时确认收入。

（4）销售商品采用支付手续费方式委托代销的，在收到代销清单时确认收入。

3. 采用售后回购方式销售商品的，销售的商品按售价确认收入，回购的商品作为购进商品处理。有证据表明不符合销售收入确认条件的，如以销售商品方式进行融资，收到的款项应确认为负债，回购价格大于原售价的，差额应在回购期间确认为利息费用。

4. 销售商品以旧换新的，销售商品应当按照销售商品收入确认条件确认收入，回收的商品作为购进商品处理。

5. 企业为促进商品销售而在商品价格上给予的价格扣除属于商业折扣，商品销售涉及商业折扣的，应当按照扣除商业折扣后的金额确定销售商品收入金额。

债权人为鼓励债务人在规定的期限内付款而向债务人提供的债务扣除属于现金折扣，销售商品涉及现金折扣的，应当按扣除现金折扣前的金额确定销售商品收入金额，现金折扣在实际发生时作为财务费用扣除。

企业因售出商品的质量不合格等原因而在售价上给的减让属于销售折让；企业因售出商品质量、品种不符合要求等原因而发生的退货属于销售退回。企业已经确认销售收入的售出商品发生销售折让和销售退回，应当在发生当期冲减当期销售商品收入。

6. 企业在各个纳税期末，提供劳务交易的结果能够可靠估计的，应采用完工进度（完工百分比）法确认提供劳务收入。

（1）提供劳务交易的结果能够可靠估计，是指同时满足下列条件：

①收入的金额能够可靠地计量；

②交易的完工进度能够可靠地确定；

③交易中已发生和将发生的成本能够可靠地核算。

（2）企业提供劳务完工进度的确定，可选用下列方法：

①已完工作的测量；

②已提供劳务占劳务总量的比例；

③发生成本占总成本的比例。

（3）企业应按照从接受劳务方已收或应收的合同或协议价款确定劳务收入总额，根据纳税期末提供劳务收入总额乘以完工进度扣除以前纳税年度累计已确认提供劳务收入后的金额，确认为当期劳务收入；同时，按照提供劳务估计总成本乘以完工进度扣除以前纳税期间累计已确认劳务成本后的金额，结转为当期劳务成本。

（4）下列提供劳务满足收入确认条件的，应按规定确认收入：

①安装费。应根据安装完工进度确认收入。安装工作是商品销售附带条件的，安装费在确认商品销售实现时确认收入。

②宣传媒介的收费。应在相关的广告或商业行为出现于公众面前时确认收入。广告的制作费，应根据制作广告的完工进度确认收入。

③软件费。为特定客户开发软件的收费，应根据开发的完工进度确认收入。

④服务费。包含在商品售价内可区分的服务费，在提供服务的期间分期确认收入。

⑤艺术表演、招待宴会和其他特殊活动的收费。在相关活动发生时确认收入。收费涉及几项活动的，预收的款项应合理分配给每项活动，分别确认收入。

⑥会员费。申请入会或加入会员，只允许取得会籍，所有其他服务或商品都要另行收费的，在取得该会员费时确认收入。申请入会或加入会员后，会员在会员期内不再付费就可得到各种服务或商品，或者以低于非会员的价格销售商品或提供服务的，该会员费应在整个受益期内分期确认收入。

⑦特许权费。属于提供设备和其他有形资产的特许权费，在交付资产或转移资产所有权时确认收入；属于提供初始及后续服务的特许权费，在提供服务时确认收入。

⑧劳务费。长期为客户提供重复的劳务收取的劳务费，在相关劳务活动发生时确认收入。

7. 企业以买一赠一等方式组合销售本企业商品的，不属于捐赠，应将总的销售金额按各项商品的公允价值的比例来分摊确认各项的销售收入。

二、不征税收入和免税收入

国家为了扶持和鼓励某些特殊的纳税人和特定的项目，或者避免因征税影响企业的正常经营，对企业取得的某些收入予以不征税或免税的特殊政策，以减轻企业的负担，促进经济的协调发展。或准予抵扣应纳税所得额，或者是对专项用途的资金作为非税收入处理，减轻企业的税负，增加企业可用资金。

（一）不征税收入

1. 财政拨款。是各级人民政府对纳入预算管理的事业单位、社会团体等组织拨付的财政资金，但国务院和国务院财政、税务主管部门另有规定的除外。

2. 依法收取并纳入财政管理的行政事业性收费、政府性基金，是指依照法律法规等有关规定，按照国务院规定程序批准，在实施社会公共管理，以及在向公民、法人或者其他组织提供特定公共服务过程中，向特定对象收取并纳入财政管理的费用。政府性基金，是企业依照法律、行政法规等有关规定，代政府收取的具有专项用途的财政资金。具体规定如下：

（1）企业按照规定缴纳的、由国务院或财政部批准设立的政府性基金以及由国务院和省、自治区、直辖市人民政府及其财政、价格主管部门批准设立的行政事业性收费，准予在计算应纳税所得额时扣除。企业缴纳的不符合上述第（1）条审批管理权限设立的基金、收费，不得在计算应纳税所得额时扣除。

（2）企业收取的各种基金、收费，应计入企业当年收入总额。

（3）对企业依照法律、法规及国务院有关规定收取并上缴财政的政府性基金和行政事业性收费，准予作为不征税收入，于上缴财政的当年在计算应纳税所得额时从收入总额中减除；未上缴财政的部分，不得从收入总额中减除。

3. 国务院规定的其他不征税收入，是企业取得的，由国务院财政、税务主管部门规定专项用途并经国务院批准的财政性资金。财政性资金，是企业取得的来源于政府及其有关部门的财政补助、补贴、贷款贴息，以及其他各类财政专项资金，包括直接减免的增值税和即征即退、先征后退、先征后返的各种税收，但不包括企业按规定取得的出口退税款。

（1）企业取得的各类财政性资金，除属于国家投资和资金使用后要求归还本金的以外，均应计入企业当年收入总额。国家投资是指国家以投资者身份投入企业、并按有关规定相应增加企业实收资本（股本）的直接投资。

（2）对企业取得的由国务院财政、税务主管部门规定专项用途并经国务院批准的财政性资金，准予作为不征税收入，在计算应纳税所得额时从收入总额中减除。

（3）纳入预算管理的事业单位、社会团体等组织按照核定的预算和经费报领关系收到的由财政部门或上级单位拨入的财政补助收入，准予作为不征税收入，在计算应纳税所得额时从收入总额中减除，但国务院和国务院财政、税务主管部门另有规定的除外。

值得注意的是：企业的不征税收入用于支出所形成的费用，不得在计算应纳税所得额时扣除；企业的不征税收入用于支出所形成的资产，其计算的折旧、摊销不得在计算应纳税所得额时扣除。

（二）免税收入

1. 国债利息收入。为鼓励企业积极购买国债，支援国家建设，税法规定，企业因购买国债所得的利息收入，免征企业所得税。

2. 符合条件的居民企业之间的股息、红利等权益性收益。是居民企业直接投资于其他居民企业取得的投资收益。

3. 在中国境内设立机构、场所的非居民企业从居民企业取得与该机构、场所有实际联系的股息、红利等权益性投资收益。该收益不包括连续持有居民企业公开发行并上市流通的股票不足 12 个月取得的投资收益。

4. 符合条件的非营利组织的收入。符合条件的非营利组织是指：

（1）依法履行非营利组织登记手续；

（2）从事公益性或者非营利性活动；

(3) 取得的收入除用于与该组织有关的、合理的支出外，全部用于登记核定或者章程规定的公益性或者非营利性事业；

(4) 财产及其孳生息不用于分配；

(5) 按照登记核定或者章程规定，该组织注销后的剩余财产用于公益性或者非营利性目的，或者由登记管理机关转赠给与该组织性质、宗旨相同的组织，并向社会公告；

(6) 投入人对投入该组织的财产不保留或者享有任何财产权利；

(7) 工作人员工资福利开支控制在规定的比例内，不变相分配该组织的财产；

(8) 国务院财政、税务主管部门规定的其他条件。

企业所得税法第二十六条第4项所称符合条件的非营利组织的收入，不包括非营利组织从事营利性活动取得的收入，但国务院财政、税务主管部门另有规定的除外。

三、扣除原则和范围

（一）税前扣除项目的原则

企业申报的扣除项目和金额要真实、合法。所谓真实是指能提供证明有关支出确属已经实际发生；合法是指符合国家税法的规定，若其他法规规定与税收法规规定不一致，应以税收法规的规定为标准。除税收法规另有规定外，税前扣除一般应遵循以下原则：

1. 权责发生制原则。是企业费用应在发生的所属期扣除，而不是在实际支付时确认扣除。

2. 配比原则。是企业发生的费用应当与收入配比扣除。除特殊规定外，企业发生的费用不得提前或滞后申报扣除。

3. 相关性原则。企业可扣除的费用从性质和根源上必须与取得应税收入直接相关。

4. 确定性原则。即企业可扣除的费用不论何时支付，其金额必须是确定的。

5. 合理性原则。符合生产经营活动常规，应当计入当期损益或者有关资产成本的必要和正常的支出。

（二）扣除项目的范围

企业所得税法规定，企业实际发生的与取得收入有关的、合理的支出，包括成本、费用、税金、损失和其他支出，准予在计算应纳税所得额时扣除。在实际中，计算应纳税所得额时还应注意三方面的内容：(1) 企业发生的支出应当区分收益性支出和资本性支出。收益性支出在发生当期直接扣除；资本性支出应当分期扣除或者计入有关资产成本，不得在发生当期直接扣除。(2) 企业的不征税收入用于支出所形成的费用或者财产，不得扣除或者计算对应的折旧、摊销扣除。(3) 除企业所得税法和本条例另有规定外，企业实际发生的成本、费用、税金、损失和其他支出，不得重复扣除。

1. 成本

成本是企业在生产经营活动中发生的销售成本、销货成本、业务支出以及其他耗费，即企业销售商品（产品、材料、下脚料、废料、废旧物资等）、提供劳务、转让固定资产、无形资产（包括技术转让）的成本。

企业必须将经营活动中发生的成本合理划分为直接成本和间接成本。直接成本是可直接计入有关成本计算对象或劳务的经营成本中的直接材料、直接人工等。间接成本是指多个部门为同一成本对象提供服务的共同成本，或者同一种投入可以制造、提供两种或两种以上的产品或劳务的联合成本。

直接成本可根据有关会计凭证、记录直接计入有关成本计算对象或劳务的经营成本中。间接成本必须根据与成本计算对象之间的因果关系、成本计算对象的产量等，以合理的方法分配计入有关成本计算对象中。

2. 费用

费用是指企业每一个纳税年度为生产、经营商品和提供劳务等所发生的销售（经营）费用、管理费用和财务费用。已经计入成本的有关费用除外。

销售费用是应由企业负担的为销售商品而发生的费用，包括广告费、运输费、装卸费、包装费、展览费、保险费、销售佣金（能直接认定的进口佣金调整商品进价成本）、代销手续费、经营性租赁费及销售部门发生的差旅费、工资、福利费等费用。

管理费用是企业的行政管理部门为管理组织经营活动提供各项支援性服务而发生的费用。

财务费用是企业筹集经营性资金而发生的费用，包括利息净支出、汇总净损失、金融机构手续费以及其他非资本化支出。

3. 税金

税金是企业发生的除企业所得税和允许抵扣的增值税以外的企业缴纳的各项税金及其附加。即企业按规定缴纳的消费税、城市维护建设税、关税、资源税、土地增值税、房产税、车船税、土地使用税、印花税、教育费附加等产品销售税金及附加。这些已纳税金准予税前扣除。准许扣除的税金有两种方式：一是在发生当期扣除；二是在发生当期计入相关资产的成本，在以后各期分摊扣除。

4. 损失

损失是企业在生产经营活动中发生的固定资产和存货的盘亏、毁损、报废损失，转让财产损失，呆账损失，坏账损失，自然灾害等不可抗力因素造成的损失以及其他损失。

企业发生的损失，减除责任人赔偿和保险赔款后的余额，依照国务院财政、税务主管部门的规定扣除。

企业已经作为损失处理的资产，在以后纳税年度又全部收回或者部分收回时，应当计入当期收入。

5. 扣除的其他支出

这是指除成本、费用、税金、损失外，企业在生产经营活动中发生的与生产经营活动有关的、合理的支出。

（三）扣除项目及其标准

在计算应纳税所得额时，下列项目可按照实际发生额或规定的标准扣除。

1. 工资、薪金支出

企业发生的合理的工资、薪金支出准予据实扣除。工资、薪金支出是企业每一纳税年度支付给本企业任职或与其有雇佣关系的员工的所有现金或非现金形式的劳动报酬，包括基本工资、奖金、津贴、补贴、年终加薪、加班工资，以及与任职或者是受雇有关的其他支出。

“合理工资薪金”，是企业按照股东大会、董事会、薪酬委员会或相关管理机构制订的工资薪金制度规定实际发放给员工的工资薪金。税务机关在对工资薪金进行合理性确认时，可按以下原则掌握：

(1) 企业制订了较为规范的员工工资薪金制度。

(2) 企业所制订的工资薪金制度符合行业及地区水平。

(3) 企业在一定时期所发放的工资薪金是相对固定的，工资薪金的调整是有序进行的。

(4) 企业对实际发放的工资薪金，已依法履行了代扣代缴个人所得税义务。

(5) 有关工资薪金的安排，不以减少或逃避税款为目的。

(6) 属于国有性质的企业，其工资薪金，不得超过政府有关部门给予的限定数额；超过部分，不得计入企业工资薪金总额，也不得在计算企业应纳税所得额时扣除。

(7) 企业因雇用季节工、临时工、实习生、返聘离退休人员以及接受外部劳务派遣用工所实际发生的费用，应区分为工资薪金支出和职工福利费支出，并按《企业所得税法》规定在企业所得税前扣除。其中属于工资薪金支出的，准予计入企业工资薪金总额的基数，作为计算其他各项相关费用扣除的依据。

2. 职工福利费、工会经费、职工教育经费

企业发生的职工福利费、工会经费、职工教育经费按标准扣除，未超过标准的按实际数扣除，超过标准的只能按标准扣除。

(1) 企业发生的职工福利费支出，不超过工资薪金总额14%的部分准予扣除。

企业职工福利费，包括以下内容：

①尚未实行分离办社会职能的企业，其内设福利部门所发生的设备、设施和人员费用，包括职工食堂、职工浴室、理发室、医务所、托儿所、疗养院等集体福利部门的设备、设施及维修保养费用和福利部门工作人员的工资薪金、社会保险费、住房公积金、劳务费等。

②为职工卫生保健、生活、住房、交通等所发放的各项补贴和非货币性福利，包括企业向职工发放的因公外地就医费用、未实行医疗统筹企业职工医疗费用、职工供养直系亲属医疗补贴、供暖费补贴、职工防暑降温费、职工困难补贴、救济费、职工食堂经费补贴、职工交通补贴等。

③按照其他规定发生的其他职工福利费，包括丧葬补助费、抚恤费、安家费、探亲假路费等。

值得注意的是：企业发生的职工福利费，应该单独设置账册，进行准确核算。没有单独设置账册准确核算的，税务机关应责令企业在规定的期限内进行改正。逾期仍未改正的，税务机关可对企业发生的职工福利费进行合理的核定。

(2) 企业拨缴的工会经费，不超过工资薪金总额2%的部分准予扣除。

(3) 除国务院财政、税务主管部门另有规定外，企业发生的职工教育经费支出，不超过工资薪金总额2.5%的部分准予扣除，超过部分准予结转以后纳税年度扣除。

自2015年1月1日起，高新技术企业发生的职工教育经费支出，不超过工资薪金总额8%的部分，准予在计算应纳税所得额时扣除，超过部分准予在以后纳税年度结转扣

除。

软件生产企业发生的职工教育经费中的职工培训费用，可以全额在企业所得税前扣除。软件生产企业应准确划分职工教育经费中的职工培训费支出，对于不能准确划分的，以及准确划分后职工教育经费中扣除职工培训费用的余额，一律按照《企业所得税法实施条例》第四十二条规定的比例扣除。

上述计算职工福利费、工会经费、职工教育经费的“工资薪金总额”，是企业按照上述第1条规定实际发放的工资薪金总和，不包括企业的职工福利费、职工教育经费、工会经费以及养老保险费、医疗保险费、失业保险费、工伤保险费、生育保险费等社会保险费和住房公积金。

3. 社会保险费

（1）企业依照国务院有关主管部门或者省级人民政府规定的范围和标准为职工缴纳的“五险一金”，即基本养老保险费、基本医疗保险费、失业保险费、工伤保险费、生育保险费等基本社会保险费和住房公积金，准予扣除。

（2）企业为投资者或者职工支付的补充养老保险费、补充医疗保险费，在国务院财政、税务主管部门规定的范围和标准内，准予扣除。企业依照国家有关规定为特殊工种职工支付的人身安全保险费和符合国务院财政、税务主管部门规定可以扣除的商业保险费准予扣除。

（3）企业参加财产保险，按照规定缴纳的保险费，准予扣除。企业为投资者或者职工支付的商业保险费，不得扣除。

4. 利息费用

企业在生产、经营活动中发生的利息费用，按下列规定扣除。

（1）非金融企业向金融企业借款的利息支出、金融企业的各项存款利息支出和同业拆借利息支出、企业经批准发行债券的利息支出可据实扣除。

（2）非金融企业向非金融企业借款的利息支出，不超过按照金融企业同期同类贷款利率计算的数额的部分可据实扣除，超过部分不许扣除。

（3）在计算应纳税所得额时，企业实际支付给关联方的利息支出，不超过以下规定比例和税法及其实施条例有关规定计算的部分，准予扣除，超过的部分不得在发生当期和以后年度扣除。

①企业实际支付给关联方的利息支出，除符合下面第②条规定外，其接受关联方债权性投资与其权益性投资比例为：

金融企业，为5∶1；其他企业，为2∶1。

②企业如果能够按照税法及其实施条例的有关规定提供相关资料，并证明相关交易活动符合独立交易原则的；或者该企业的实际税负不高于境内关联方的，其实际支付给境内关联方的利息支出，在计算应纳税所得额时准予扣除。

③企业同时从事金融业务和非金融业务，其实际支付给关联方的利息支出，应按照合理方法分开计算；没有按照合理方法分开计算的，一律按前述第①条有关其他企业的比例计算准予税前扣除的利息支出。

④企业自关联方取得的不符合规定的利息收入应按照有关规定缴纳企业所得税。

(4) 企业向自然人借款的利息支出在企业所得税税前的扣除。

①企业向股东或其他与企业有关联关系的自然人借款的利息支出，应根据《企业所得税法》第四十六条及《财政部、国家税务总局关于企业关联方利息支出税前扣除标准有关税收政策问题的通知》（财税［2008］121号）规定的条件，计算企业所得税扣除额。

②企业向除①规定以外的内部职工或其他人员借款的利息支出，其借款情况同时符合以下条件的，其利息支出在不超过按照金融企业同期同类贷款利率计算的数额的部分，准予扣除。

条件1：企业与个人之间的借贷是真实、合法、有效的，并且不具有非法集资目的或其他违反法律、法规的行为；

条件2：企业与个人之间签订了借款合同。

(5) 企业投资者投资未到位发生利息支出的扣除问题，根据《国家税务总局关于企业投资者投资未到位而发生的利息支出企业所得税前扣除问题的批复》（国税函［2009］312号），企业投资者在规定期限内未缴足其应缴资本额的，该企业对外借款所发生的利息，相当于投资者实缴资本额与在规定期限内应缴资本额的差额应计付的利息，其不属于企业合理的支出，应由企业投资者负担，不得在计算企业应纳税所得额时扣除。

具体计算不得扣除的利息，应以企业一个年度内每一账面实收资本与借款余额保持不变的期间作为一个计算期，每一计算期内不得扣除的借款利息按该期间借款利息发生额乘以该期间企业未缴足的注册资本占借款总额的比例计算。公式为：

企业每一计算期不得扣除的借款利息=该期间借款利息额×该期间未缴足注册资本额÷该期间借款额

企业一个年度内不得扣除的借款利息总额为该年度内每一计算期不得扣除的借款利息额之和。

5. 借款费用

(1) 企业在生产经营活动中发生的合理的不需要资本化的借款费用，准予扣除。

(2) 企业为购置、建造固定资产、无形资产和经过12个月以上的建造才能达到预定可销售状态的存货发生借款的，在有关资产购置、建造期间发生的合理的借款费用，应予以资本化，作为资本性支出计入有关资产的成本；有关资产交付使用后发生的借款利息，可在发生当期扣除。

(3) 企业通过发行债券、取得贷款、吸收保户储金等方式融资而发生的合理的费用支出，符合资本化条件的，应计入相关资产成本；不符合资本化条件的，应作为财务费用，准予在企业所得税前据实扣除。

6. 汇兑损失

企业在货币交易中，以及纳税年度终了时将人民币以外的货币性资产、负债按照期末即期人民币汇率中间价折算为人民币时产生的汇兑损失，除已经计入有关资产成本以及与向所有者进行利润分配相关的部分外，准予扣除。

7. 业务招待费

(1) 企业发生的与生产经营活动有关的业务招待费支出，按照发生额的60%扣除，但最高不得超过当年销售（营业）收入的5‰。当年销售（营业）收入还包括《企业所得税法实施条例》第25条规定的视同销售（营业）收入额。

（2）对从事股权投资业务的企业（包括集团公司总部、创业投资企业等），其从被投资企业所分配的股息、红利以及股权转让收入，可以按规定的比例计算业务招待费扣除限额。

（3）企业在筹建期间，发生的与筹办活动有关的业务招待费支出，可按实际发生额的60%计入企业筹办费，并按有关规定在税前扣除。

8. 广告费和业务宣传费

（1）企业发生的符合条件的广告费和业务宣传费支出，除国务院财政、税务主管部门另有规定外，不超过当年销售（营业）收入15%的部分，准予扣除；超过部分，准予结转以后纳税年度扣除。

（2）自2011年1月1日起至2015年12月31日止，对化妆品制造与销售、医药制造和饮料制造（不含酒类制造，下同）企业发生的广告费和业务宣传费支出，不超过当年销售（营业）收入30%的部分，准予扣除；超过部分，准予在以后纳税年度结转扣除。

（3）烟草企业的烟草广告费和业务宣传费支出，一律不得在计算应纳税所得额时扣除。

（4）企业在筹建期间，发生的广告费和业务宣传费，可按实际发生额计入企业筹办费，并按有关规定在税前扣除。

9. 环境保护专项资金

企业依照法律、行政法规有关规定提取的用于环境保护、生态恢复等方面的专项资金，准予扣除。上述专项资金提取后改变用途的，不得扣除。

10. 保险费

企业参加财产保险，按照规定缴纳的保险费，准予扣除。

11. 租赁费

企业根据生产经营活动的需要租入固定资产支付的租赁费，按照以下方法扣除：

（1）以经营租赁方式租入固定资产发生的租赁费支出，按照租赁期限均匀扣除。经营性租赁是指所有权不转移的租赁。

（2）以融资租赁方式租入固定资产发生的租赁费支出，按照规定构成融资租入固定资产价值的部分应当提取折旧费用，分期扣除。融资租赁是指在实质上转移与一项资产所有权有关的全部风险和报酬的一种租赁。

12. 劳动保护费

企业发生的合理的劳动保护支出，准予扣除。

企业根据其工作性质和特点，由企业统一制作并要求员工工作时统一着装所发生的工作服饰费用，根据《实施条例》第二十七条的规定，可以作为企业合理的支出给予税前扣除。

13. 公益性捐赠支出

公益性捐赠，是指企业通过公益性社会团体、公益性群众团体或者县级（含县级）以上人民政府及其部门，用于《中华人民共和国公益事业捐赠法》规定的公益事业的捐赠。

企业发生的公益性捐赠支出，不超过年度利润总额12%的部分，准予扣除；超过年度利润总额12%的部分，准予以后3年内在计算应纳税所得额时结转扣除。年度利润总额，是指企业依照国家统一会计制度的规定计算的年度会计利润。

(1) 用于公益事业的捐赠支出，是指《中华人民共和国公益事业捐赠法》规定的向公益事业的捐赠支出，具体范围包括：

①救助灾害、救济贫困、扶助残疾人等困难的社会群体和个人的活动；

②教育、科学、文化、卫生、体育事业；

③环境保护、社会公共设施建设；

④促进社会发展和进步的其他社会公共和福利事业。

企事业单位、社会团体以及其他组织捐赠住房作为廉租住房的视同公益性捐赠按上述规定执行。

(2) 公益性社会团体，是指同时符合下列条件的基金会、慈善组织等社会团体：

①依法登记，具有法人资格；

②以发展公益事业为宗旨，且不以营利为目的；

③全部资产及其增值为该法人所有；

④收益和营运结余主要用于符合该法人设立目的的事业；

⑤终止后的剩余财产不归属任何个人或者营利组织；

⑥不经营与其设立目的无关的业务；

⑦有健全的财务会计制度；

⑧捐赠者不以任何形式参与社会团体财产的分配；

⑨国务院财政、税务主管部门会同国务院民政部门等登记管理部门规定的其他条件。

(3) 公益性社会团体和县级以上人民政府及其组成部门和直属机构在接受捐赠时，捐赠资产的价值，按以下原则确认：

①接受捐赠的货币性资产，应当按照实际收到的金额计算；

②接受捐赠的非货币性资产，应当以其公允价值计算。捐赠方在向公益性社会团体和县级以上人民政府及其组成部门和直属机构捐赠时，应当提供注明捐赠非货币性资产公允价值的证明，如果不能提供上述证明，公益性社会团体和县级以上人民政府及其组成部门和直属机构不得向其开具公益性捐赠票据。

(4) 公益性社会团体和县级以上人民政府及其组成部门和直属机构在接受捐赠时，应按照行政管理级次分别使用由财政部或省、自治区、直辖市财政部门印制的公益性捐赠票据，并加盖本单位的印章；对个人索取捐赠票据的，应予以开具。

新设立的基金会在申请获得捐赠税前扣除资格后，原始基金的捐赠人可凭捐赠票据依法享受税前扣除。

14. 有关资产的费用

企业转让各类固定资产发生的费用，允许扣除。企业按规定计算的固定资产折旧费、无形资产和长期待摊费用的摊销费，准予扣除。

15. 总机构分摊的费用

非居民企业在中国境内设立的机构、场所，就其中国境外总机构发生的与该机构、场所生产经营有关的费用，能够提供总机构出具的费用汇集范围、定额、分配依据和方法等证明文件，并合理分摊的，准予扣除。

16. 资产损失

企业当期发生的固定资产和流动资产盘亏、毁损净损失，由其提供清查盘存资料经主管税务机关审核后，准予扣除；企业因存货盘亏、毁损、报废等原因不得从销项税金中抵扣的进项税金，应视同企业财产损失，准予与存货损失一起在所得税前按规定扣除。

17. 依照有关法律、行政法规和国家有关税法规定准予扣除的其他项目

如会员费、合理的会议费、差旅费、违约金、诉讼费用等。

18. 手续费及佣金支出

（1）企业发生与生产经营有关的手续费及佣金支出，不超过以下规定计算限额以内的部分，准予扣除；超过部分，不得扣除。

①保险企业：财产保险企业按当年全部保费收入扣除退保金等后余额的15%（含本数，下同）计算限额；人身保险企业按当年全部保费收入扣除退保金等后余额的10%计算限额。

②其他企业：按与具有合法经营资格中介服务机构或个人（不含交易双方及其雇员、代理人和代表人等）所签订服务协议或合同确认的收入金额的5%计算限额。

（2）企业应与具有合法经营资格中介服务企业或个人签订代办协议或合同，并按国家有关规定支付手续费及佣金。除委托个人代理外，企业以现金等非转账方式支付的手续费及佣金不得在税前扣除。企业为发行权益性证券支付给有关证券承销机构的手续费及佣金不得在税前扣除。

（3）企业不得将手续费及佣金支出计入回扣、业务提成、返利、进场费等费用。

19. 投资企业撤回或减少投资。

投资企业从被投资企业撤回或减少投资，其取得的资产中，相当于初始出资的部分，应确认为投资收回；相当于被投资企业累计未分配利润和累计盈余公积按减少实收资本比例计算的部分，应确认为股息所得；其余部分确认为投资资产转让所得。

被投资企业发生的经营亏损，由被投资企业按规定结转弥补；投资企业不得调整减低其投资成本，也不得将其确认为投资损失。

20. 关于以前年度发生应扣未扣支出的税务处理

根据《中华人民共和国税收征收管理法》的有关规定，对企业发现以前年度实际发生的、按照税收规定应在企业所得税前扣除而未扣除或者少扣除的支出，企业做出专项申报及说明后，准予追补至该项目发生年度计算扣除，但追补确认期限不得超过5年。

企业由于上述原因多缴的企业所得税税款，可以在追补确认年度企业所得税应纳税款中抵扣，不足抵扣的，可以向以后年度递延抵扣或申请退税。

亏损企业追补确认以前年度未在企业所得税前扣除的支出，或盈利企业经过追补确认后出现亏损的，应首先调整该项支出所属年度的亏损额，然后再按照弥补亏损的原则计算以后年度多缴的企业所得税款，并按前款规定处理。

21. 关于税前扣除规定与企业实际会计处理之间的税务处理

根据《企业所得税法》第二十一条规定，对企业依据财务会计制度规定，并实际在财务会计处理上已确认的支出，凡没有超过《企业所得税法》和有关税收法规规定的税前扣除范围和标准的，可按企业实际会计处理确认的支出，在企业所得税前扣除，计算其应纳税所得额。

四、不得扣除的项目

在计算应纳税所得额时，下列支出不得扣除：

1. 向投资者支付的股息、红利等权益性投资收益款项。

2. 企业所得税税款。

3. 税收滞纳金，是指纳税人违反税收法规，被税务机关处以的滞纳金。

4. 罚金、罚款和被没收财物的损失，是纳税人违反国家有关法律、法规规定，被有关部门处以的罚款，以及被司法机关处以的罚金和被没收财物。

5. 超过规定标准的捐赠支出。

6. 赞助支出，是企业发生的与生产经营活动无关的各种非广告性质支出。

7. 未经核定的准备金支出，是不符合国务院财政、税务主管部门规定的各项资产减值准备、风险准备等准备金支出。

2008 年 1 月 1 日以前计提的各类准备金余额，除财政部和国家税务总局核准计提的准备金可以税前扣除外，其他行业、企业计提的各项资产减值准备、风险准备等准备金均不得税前扣除。

8. 企业之间支付的管理费、企业内营业机构之间支付的租金和特许权使用费，以及非银行企业内营业机构之间支付的利息，不得扣除。

9. 与取得收入无关的其他支出。

五、亏损弥补

亏损指企业依照企业所得税法和暂行条例的规定，将每一纳税年度的收入总额减除不征税收入、免税收入和各项扣除后小于零的数额。税法规定，企业某一纳税年度发生的亏损可以用下一年度的所得弥补，下一年度的所得不足以弥补的，可以逐年延续弥补，但最长不得超过 5 年。而且，企业在汇总计算缴纳企业所得税时，其境外营业机构的亏损不得抵减境内营业机构的盈利。

企业筹办期间不计算为亏损年度，企业自开始生产经营的年度，为开始计算企业亏损的年度。企业从事生产经营之前进行筹办活动期间发生的筹办费用支出，不得计算为档期的亏损，企业可以在开始经营之日的当年一次性扣除，也可以按照税法有关长期待摊费用的税务处理规定处理，但一经选定，不得改变。

税务机关对企业以前年度纳税情况进行检查时调增的应纳税所得额，凡企业以前年度发生亏损、且该亏损属于企业所得税法规定允许弥补的，应允许调增的应纳税所得额弥补该亏损。

弥补该亏损后仍有余额的，按照企业所得税法规定计算缴纳企业所得税。对检查调增的应纳税所得额应根据其情节，依照《中华人民共和国税收征收管理法》有关规定进行处理或处罚。

第四节 资产的税务处理

资产是由于资本投资而形成的财产，对于资本性支出以及无形资产受让、开办、开发费用，不允许作为成本、费用从纳税人的收入总额中作一次性扣除，只能采取分次计提折旧或分次摊销的方式予以扣除。即纳税人经营活动中使用的固定资产的折旧费用、无形资产和长期待摊费用的摊销费用可以扣除。税法规定，纳入税务处理范围的资产形式主要有固定资产、生物资产、无形资产、长期待摊费用、投资资产、存货等，均以历史成本为计税基础。历史成本是企业取得该项资产时实际发生的支出。企业持有各项资产期间资产增值或者减值，除国务院财政、税务主管部门规定可以确认损益外，不得调整该资产的计税基础。

一、固定资产的税务处理

固定资产是企业为生产产品、提供劳务、出租或者经营管理而持有的、使用时间超过12个月的非货币性资产，包括房屋、建筑物、机器、机械、运输工具以及其他与生产经营活动有关的设备、器具、工具等。

（一）固定资产计税基础

1. 外购的固定资产，以购买价款和支付的相关税费以及直接归属于使该资产达到预定用途发生的其他支出为计税基础；

2. 自行建造的固定资产，以竣工结算前发生的支出为计税基础；

3. 融资租入的固定资产，以租赁合同约定的付款总额和承租人在签订租赁合同过程中发生的相关费用为计税基础，租赁合同未约定付款总额的，以该资产的公允价值和承租人在签订租赁合同过程中发生的相关费用为计税基础；

4. 盘盈的固定资产，以同类固定资产的重置完全价值为计税基础；

5. 通过捐赠、投资、非货币性资产交换、债务重组等方式取得的固定资产，以该资产的公允价值和支付的相关税费为计税基础；

6. 改建的固定资产，除已足额提取折旧的固定资产和租入的固定资产以外的其他固定资产，以改建过程中发生的改建支出增加计税基础。

（二）固定资产折旧的范围

在计算应纳税所得额时，企业按照规定计算的固定资产折旧，准予扣除。下列固定资产不得计算折旧扣除：

1. 房屋、建筑物以外未投入使用的固定资产；

2. 以经营租赁方式租入的固定资产；

3. 以融资租赁方式租出的固定资产；

4. 已足额提取折旧仍继续使用的固定资产；

5. 与经营活动无关的固定资产；

6. 单独估价作为固定资产入账的土地；

7. 其他不得计算折旧扣除的固定资产。

（三）固定资产折旧的计提方法

1. 企业应当自固定资产投入使用月份的次月起计算折旧；停止使用的固定资产，应当自停止使用月份的次月起停止计算折旧。

2. 企业应当根据固定资产的性质和使用情况，合理确定固定资产的预计净残值。固定资产的预计净残值一经确定，不得变更。

3. 固定资产按照直线法计算的折旧，准予扣除。

4. 企业对房屋、建筑物固定资产在未足额提取折旧前进行改扩建的，如属于推倒重置的，该资产原值减除提取折旧后的净值，应并入重置后的固定资产计税成本，并在该固定资产投入使用后的次月起，按照税法规定的折旧年限，一并计提折旧；如属于提升功能、增加面积的，该固定资产的改扩建支出，并入该固定资产计税基础，并从改扩建完工投入使用后的次月起，重新按税法规定的该固定资产折旧年限计提折旧，如该改扩建后的固定资产尚可使用的年限低于税法规定的最低年限的，可以按尚可使用的年限计提折旧。

（四）固定资产折旧的计提年限

除国务院财政、税务主管部门另有规定外，固定资产计算折旧的最低年限如下：

1. 房屋、建筑物，为 20 年；

2. 飞机、火车、轮船、机器、机械和其他生产设备，为 10 年；

3. 与生产经营活动有关的器具、工具、家具等，为 5 年；

4. 飞机、火车、轮船以外的运输工具，为 4 年；

5. 电子设备，为 3 年。

从事开采石油、天然气等矿产资源的企业，在开始商业性生产前发生的费用和有关固定资产的折耗、折旧方法，由国务院财政、税务主管部门另行规定。

（五）固定资产折旧的企业所得税处理的其他规定

1. 企业固定资产会计折旧年限如果短于税法规定的最低折旧年限，其按会计折旧年限计提的折旧高于按税法规定的最低折旧年限计提的折旧部分，应调增当期应纳税所得额；企业固定资产会计折旧年限已期满且会计折旧已提足，但税法规定的最低折旧年限尚未到期且税收折旧尚未足额扣除，其未足额扣除的部分准予在剩余的税收折旧年限继续按规定扣除。

2. 企业固定资产会计折旧年限如果长于税法规定的最低折旧年限，其折旧应按会计折旧年限计算扣除，税法另有规定除外。

3. 企业按会计规定提取的固定资产减值准备，不得税前扣除，其折旧仍按税法确定的固定资产计税基础计算扣除。

4. 企业按税法规定实行加速折旧的，其按加速折旧办法计算的折旧额可全额在税前扣除。

对有关固定资产加速折旧企业所得税政策问题，规定如下：

（1）对生物药品制造业，专用设备制造业，铁路、船舶、航空航天和其他运输设备制造业，计算机、通信和其他电子设备制造业，仪器仪表制造业，信息传输、软件和信息技术服务业等 6 个行业的企业 2014 年 1 月 1 日后新购进的固定资产，可缩短折旧年限或采取加速折旧的方法。

对上述 6 个行业的小型微利企业 2014 年 1 月 1 日后新购进的研发和生产经营共用的仪器、设备，单位价值不超过 100 万元的，允许一次性计入当期成本费用在计算应纳税所得额时扣除，不再分年度计算折旧；单位价值超过 100 万元的，可缩短折旧年限或采取加速折旧的方法。

（2）对所有行业企业 2014 年 1 月 1 日后新购进的专门用于研发的仪器、设备，单位价值不超过 100 万元的，允许一次性计入当期成本费用在计算应纳税所得额时扣除，不再分年度计算折旧；单位价值超过 100 万元的，可缩短折旧年限或采取加速折旧的方法。

（3）对所有行业企业持有的单位价值不超过 5000 元的固定资产，允许一次性计入当期成本费用在计算应纳税所得额时扣除，不再分年度计算折旧。

5. 石油天然气开采企业在计提油气资产折耗（折旧）时，由于会计与税法规定计算方法不同导致的折耗（折旧）差异，应按税法规定进行纳税调整。

（六）关于重点领域行业固定资产加速折旧的规定

财税［2015］106 号文件对有关固定资产加速折旧企业所得税政策问题做出了进一步的完善：

① 对轻工、纺织、机械、汽车等四个领域重点行业的企业 2015 年 1 月 1 日后新购进的固定资产，可由企业选择缩短折旧年限或采取加速折旧的方法。

② 对上述行业的小型微利企业 2015 年 1 月 1 日后新购进的研发和生产经营共用的仪器、设备，单位价值不超过 100 万元的，允许一次性计入当期成本费用在计算应纳税所得额时扣除，不再分年度计算折旧；单位价值超过 100 万元的，可由企业选择缩短折旧年限或采取加速折旧的方法。

③企业按本规定缩短折旧年限的，最低折旧年限不得低于企业所得税法实施条例第六十条规定折旧年限的 60%；采取加速折旧方法的，可采取双倍余额递减法或者年数总和法。

按照企业所得税法及其实施条例有关规定，企业根据自身生产经营需要，也可选择不实行加速折旧政策。

④ 该规定自 2015 年 1 月 1 日起执行。2015 年前 3 季度按该规定未能计算办理的，统一在 2015 年第 4 季度预缴申报时享受优惠或 2015 年度汇算清缴时办理。

二、生物资产的税务处理

生物资产是指有生命的动物和植物。生物资产分为消耗性生物资产、生产性生物资产和公益性生物资产。消耗性生物资产，是为出售而持有的、或在将来收获为农产品的生物资产，包括生长中的农田作物、蔬菜、用材林以及存栏待售的牲畜等。生产性生物资产，是指为产出农产品、提供劳务或出租等目的而持有的生物资产，包括经济林、薪炭林、产畜和役畜等。公益性生物资产，是指以防护、环境保护为主要目的的生物资产，包括防风固沙林、水土保持林和水源涵养林等。

（一）生物资产的计税基础

生产性生物资产按照以下方法确定计税基础：

1. 外购的生产性生物资产，以购买价款和支付的相关税费为计税基础；

2. 通过捐赠、投资、非货币性资产交换、债务重组等方式取得的生产性生物资产，以该资产的公允价值和支付的相关税费为计税基础。

（二）生物资产的折旧方法和折旧年限

生产性生物资产按照直线法计算的折旧，准予扣除。企业应当自生产性生物资产投入使用月份的次月起计算折旧；停止使用的生产性生物资产，应当自停止使用月份的次月起停止计算折旧。

企业应当根据生产性生物资产的性质和使用情况，合理确定生产性生物资产的预计净残值。生产性生物资产的预计净残值一经确定，不得变更。

生产性生物资产计算折旧的最低年限如下：

1. 林木类生产性生物资产，为 10 年；

2. 畜类生产性生物资产，为 3 年。

三、无形资产的税务处理

无形资产是指企业长期使用、但没有实物形态的资产，包括专利权、商标权、著作权、土地使用权、非专利技术、商誉等。

（一）无形资产的计税基础

无形资产按照以下方法确定计税基础：

1. 外购的无形资产，以购买价款和支付的相关税费以及直接归属于使该资产达到预定用途发生的其他支出为计税基础；

2. 自行开发的无形资产，以开发过程中该资产符合资本化条件后至达到预定用途前发生的支出为计税基础；

3. 通过捐赠、投资、非货币性资产交换、债务重组等方式取得的无形资产，以该资产的公允价值和支付的相关税费为计税基础。

（二）无形资产摊销的范围

在计算应纳税所得额时，企业按照规定计算的无形资产摊销费用，准予扣除。

下列无形资产不得计算摊销费用扣除：

1. 自行开发的支出已在计算应纳税所得额时扣除的无形资产；

2. 自创商誉；

3. 与经营活动无关的无形资产；

4. 其他不得计算摊销费用扣除的无形资产。

（三）无形资产的摊销方法及年限

无形资产的摊销，采取直线法计算。无形资产的摊销年限不得低于 10 年。作为投资或者受让的无形资产，有关法律规定或者合同约定了使用年限的，可以按照规定或者约定的使用年限分期摊销。外购商誉的支出，在企业整体转让或者清算时，准予扣除。

四、长期待摊费用的税务处理

长期待摊费用是指企业发生的应在 1 个年度以上或几个年度进行摊销的费用。在计算应纳税所得额时，企业发生的下列支出作为长期待摊费用，按照规定摊销的，准予扣除。

1. 已足额提取折旧的固定资产的改建支出；

2. 租入固定资产的改建支出；

3. 固定资产的大修理支出；

4. 其他应当作为长期待摊费用的支出。

企业的固定资产修理支出可在发生当期直接扣除。企业的固定资产改良支出，如果有关固定资产尚未提足折旧，可增加固定资产价值；如有关固定资产已提足折旧，可作为长期待摊费用，在规定的期间内平均摊销。

固定资产的改建支出，指改变房屋或者建筑物结构、延长使用年限等发生的支出。已足额提取折旧的固定资产的改建支出，按照固定资产预计尚可使用年限分期摊销；租入固定资产的改建支出，按照合同约定的剩余租赁期限分期摊销；改建的固定资产延长使用年限的，除已足额提取折旧的固定资产、租入固定资产的改建支出外，其他的固定资产发生改建支出，应当适当延长折旧年限。

大修理支出，按照固定资产尚可使用年限分期摊销。

企业所得税法所指固定资产的大修理支出，是同时符合下列条件的支出：

（1）修理支出达到取得固定资产时的计税基础50%以上；

（2）修理后固定资产的使用年限延长2年以上。

其他应当作为长期待摊费用的支出，自支出发生月份的次月起，分期摊销，摊销年限不得低于3年。

五、存货的税务处理

存货是企业持有以备出售的产品或者商品、处在生产过程中的在产品、在生产或者提供劳务过程中耗用的材料和物料等。

（一）存货的计税基础

存货按照以下方法确定成本：

1. 通过支付现金方式取得的存货，以购买价款和支付的相关税费为成本；

2. 通过支付现金以外的方式取得的存货，以该存货的公允价值和支付的相关税费为成本；

3. 生产性生物资产收获的农产品，以产出或者采收过程中发生的材料费、人工费和分摊的间接费用等必要支出为成本。

（二）存货的成本计算方法

企业使用或者销售的存货的成本计算方法，可以在先进先出法、加权平均法、个别计价法中选用一种。计价方法一经选用，不得随意变更。

企业转让以上资产，在计算企业应纳税所得额时，资产的净值允许扣除。其中，资产的净值是指有关资产、财产的计税基础减除已经按照规定扣除的折旧、折耗、摊销、准备金等后的余额。

除国务院财政、税务主管部门另有规定外，企业在重组过程中，应当在交易发生时确认有关资产的转让所得或者损失，相关资产应当按照交易价格重新确定计税基础。

六、投资资产的税务处理

投资资产是指企业对外进行权益性投资和债权性投资而形成的资产。

（一）投资资产的成本

投资资产按以下方法确定投资成本：

1. 通过支付现金方式取得的投资资产，以购买价款为成本；

2. 通过支付现金以外的方式取得的投资资产，以该资产的公允价值和支付的相关税费为成本。

（二）投资资产成本的扣除方法

企业对外投资期间，投资资产的成本在计算应纳税所得额时不得扣除，企业在转让或者处置投资资产时，投资资产的成本准予扣除。

（三）企业混合性投资业务企业所得税处理

1. 企业混合性投资业务，是兼具权益和债权双重特性的投资业务。同时符合下列条件的混合性投资业务，按本公告进行企业所得税处理：

（1）被投资企业接受投资后，需要按投资合同或协议约定的利率定期支付利息（或定期支付保底利息、固定利润、固定股息）；

（2）有明确的投资期限或特定的投资条件，并在投资期满或者满足特定投资条件后，被投资企业需要赎回投资或偿还本金；

（3）投资企业对被投资企业净资产不拥有所有权；

（4）投资企业不具有选举权和被选举权；

（5）投资企业不参与被投资企业日常生产经营活动。

2. 符合本第1项规定的混合性投资业务，按下列规定进行企业所得税处理：

（1）对于被投资企业支付的利息，投资企业应于被投资企业应付利息的日期，确认收入的实现并计入当期应纳税所得额；被投资企业应于应付利息的日期，确认利息支出，并按税法和《国家税务总局关于企业所得税若干问题的公告》（2011年第34号）第一条的规定，进行税前扣除。

（2）对于被投资企业赎回的投资，投资双方应于赎回时将赎价与投资成本之间的差额确认为债务重组损益，分别计入当期应纳税所得额。

（四）非货币资产投资的所得税规定

财税［2014］116号文对非货币性资产投资涉及的企业所得税政策问题进一步加以明确，有关规定如下：

非货币性资产，是指现金、银行存款、应收账款、应收票据以及准备持有至到期的债券投资等货币性资产以外的资产。

非货币性资产投资，限于以非货币性资产出资设立新的居民企业，或将非货币性资产注入现存的居民企业。

1. 居民企业（以下简称企业）以非货币性资产对外投资确认的非货币性资产转让所得，可在不超过5年期限内，分期均匀计入相应年度的应纳税所得额，按规定计算缴纳企业所得税。

2. 企业以非货币性资产对外投资，应对非货币性资产进行评估并按评估后的公允价值扣除计税基础后的余额，计算确认非货币性资产转让所得。

企业以非货币性资产对外投资，应于投资协议生效并办理股权登记手续时，确认非货币性资产转让收入的实现。

3. 企业以非货币性资产对外投资而取得被投资企业的股权，应以非货币性资产的原计税成本为计税基础，加上每年确认的非货币性资产转让所得，逐年进行调整。

被投资企业取得非货币性资产的计税基础，应按非货币性资产的公允价值确定。

4. 企业在对外投资 5 年内转让上述股权或投资收回的，应停止执行递延纳税政策，并就递延期内尚未确认的非货币性资产转让所得，在转让股权或投资收回当年的企业所得税年度汇算清缴时，一次性计算缴纳企业所得税；企业在计算股权转让所得时，可按第 3 条规定将股权的计税基础一次调整到位。

企业在对外投资 5 年内注销的，应停止执行递延纳税政策，并就递延期内尚未确认的非货币性资产转让所得，在注销当年的企业所得税年度汇算清缴时，一次性计算缴纳企业所得税。

5. 企业发生非货币性资产投资，符合《财政部 国家税务总局关于企业重组业务企业所得税处理若干问题的通知》（财税［2009］59 号）等文件规定的特殊性税务处理条件的，也可选择按特殊性税务处理规定执行。该规定 2014 年 1 月 1 日起执行，该规定发布前尚未处理的非货币性资产投资，符合该文规定的可按该文执行。

七、税法规定与会计规定差异的处理

税法规定与会计规定差异的处理是指企业在财务会计核算中与税法规定不一致的，应当依照税法规定予以调整。即企业在平时进行会计核算时，可以按会计制度的有关规定进行账务处理，但在申报纳税时，对税法规定和会计制度规定有差异的，要按税法规定进行纳税调整。

1. 企业不能提供完整、准确的收入及成本、费用凭证，不能正确计算应纳税所得额的，由税务机关核定其应纳税所得额。

2. 企业依法清算时，以其清算终了后的清算所得为应纳税所得额，按规定缴纳企业所得税。所谓清算所得，是企业的全部资产可变现价值或者交易价格减除资产净值、清算费用以及相关税费等后的余额。

投资方企业从被清算企业分得的剩余资产，其中相当于从被清算企业累计未分配利润和累计盈余公积中应当分得的部分，应当确认为股息所得；剩余资产减除上述股息所得后的余额，超过或者低于投资成本的部分，应当确认为投资资产转让所得或者损失。

3. 企业应纳税所得额是根据税收法规计算出来的，它在数额上与依据财务会计制度计算的利润总额往往不一致。因此，税法规定：对企业按照有关财务会计规定计算的利润总额，要按照税法的规定进行必要调整后，才能作为应纳税所得额计算缴纳所得税。

第五节 企业重组的所得税处理

一、企业重组的概念

企业重组，是企业在日常经营活动以外发生的法律结构或经济结构重大改变的交易，包括企业法律形式改变、债务重组、股权收购、资产收购、合并、分立等。

企业法律形式改变，是企业注册名称、住所以及企业组织形式等的简单改变，但符合本通知规定其他重组的类型除外。

债务重组，是在债务人发生财务困难的情况下，债权人按照其与债务人达成的书面协议或者法院裁定书，就其债务人的债务作出让步的事项。

股权收购，是一家企业（以下称为收购企业）购买另一家企业（以下称为被收购企业）的股权，以实现对被收购企业控制的交易。收购企业支付对价的形式包括股权支付、非股权支付或两者的组合。

资产收购，是一家企业（以下称为受让企业）购买另一家企业（以下称为转让企业）实质经营性资产的交易。受让企业支付对价的形式包括股权支付、非股权支付或两者的组合。

合并，是一家或多家企业（以下称为被合并企业）将其全部资产和负债转让给另一家现存或新设企业（以下称为合并企业），被合并企业股东换取合并企业的股权或非股权支付，实现两个或两个以上企业的依法合并。

分立，是一家企业（以下称为被分立企业）将部分或全部资产分离转让给现存或新设的企业（以下称为分立企业），被分立企业股东换取分立企业的股权或非股权支付，实现企业的依法分立。

股权支付，是企业重组中购买、换取资产的一方支付的对价中，以本企业或其控股企业的股权、股份作为支付的形式。

非股权支付，是以本企业的现金、银行存款、应收款项、本企业或其控股企业股权和股份以外的有价证券、存货、固定资产、其他资产以及承担债务等作为支付的形式。

自 2008 年 1 月 1 日起，企业发生上述重组事项的，按下列相关规定进行所得税处理：

二、企业重组的一般性税务处理方法

1. 企业由法人转变为个人独资企业、合伙企业等非法人组织，或将登记注册地转移至中华人民共和国境外（包括港澳台地区），应视同企业进行清算、分配，股东重新投资成立新企业。企业的全部资产以及股东投资的计税基础均应以公允价值为基础确定。

企业发生其他法律形式简单改变的，可直接变更税务登记，除另有规定外，有关企业所得税纳税事项（包括亏损结转、税收优惠等权益和义务）由变更后企业承继，但因住所发生变化而不符合税收优惠条件的除外。

2. 企业债务重组，相关交易应按以下规定处理：

（1）以非货币资产清偿债务，应当分解为转让相关非货币性资产、按非货币性资产

公允价值清偿债务两项业务，确认相关资产的所得或损失。

（2）发生债权转股权的，应当分解为债务清偿和股权投资两项业务，确认有关债务清偿所得或损失。

（3）债务人应当按照支付的债务清偿额低于债务计税基础的差额，确认债务重组所得；债权人应当按照收到的债务清偿额低于债权计税基础的差额，确认债务重组损失。

（4）债务人的相关所得税纳税事项原则上保持不变。

3. 企业股权收购、资产收购重组交易，相关交易应按以下规定处理：

（1）被收购方应确认股权、资产转让所得或损失。

（2）收购方取得股权或资产的计税基础应以公允价值为基础确定。

（3）被收购企业的相关所得税事项原则上保持不变。

4. 企业合并，当事各方应按下列规定处理：

（1）合并企业应按公允价值确定接受被合并企业各项资产和负债的计税基础。

（2）被合并企业及其股东都应按清算进行所得税处理。

（3）被合并企业的亏损不得在合并企业结转弥补。

5. 企业分立，当事各方应按下列规定处理：

（1）被分立企业对分立出去资产应按公允价值确认资产转让所得或损失。

（2）分立企业应按公允价值确认接受资产的计税基础。

（3）被分立企业继续存在时，其股东取得的对价应视同被分立企业分配进行处理。

（4）被分立企业不再继续存在时，被分立企业及其股东都应按清算进行所得税处理。

（5）企业分立相关企业的亏损不得相互结转弥补。

三、企业重组的特殊性税务处理方法

（一）适用特殊性税务处理的条件

企业重组同时符合下列条件的，适用特殊性税务处理规定：

1. 具有合理的商业目的，且不以减少、免除或者推迟缴纳税款为主要目的。

2. 被收购、合并或分立部分的资产或股权比例符合本通知规定的比例。

3. 企业重组后的连续 12 个月内不改变重组资产原来的实质性经营活动。

4. 重组交易对价中涉及股权支付金额符合本通知规定比例。

5. 企业重组中取得股权支付的原主要股东，在重组后连续 12 个月内，不得转让所取得的股权。

（二）企业重组符合上述特殊性税务处理条件的，交易各方对其交易中的股权支付部分，可以按以下规定进行特殊性税务处理：

1. 企业债务重组确认的应纳税所得额占该企业当年应纳税所得额 50%以上，可以在 5 个纳税年度的期间内，均匀计入各年度的应纳税所得额。

企业发生债权转股权业务，对债务清偿和股权投资两项业务暂不确认有关债务清偿所得或损失，股权投资的计税基础以原债权的计税基础确定。企业的其他相关所得税事项保持不变。

2. 股权收购，收购企业购买的股权不低于被收购企业全部股权的 75%，且收购企业在该股权收购发生时的股权支付金额不低于其交易支付总额的 85%，可以选择按以下规定处理：

（1）被收购企业的股东取得收购企业股权的计税基础，以被收购股权的原有计税基础确定。

（2）收购企业取得被收购企业股权的计税基础，以被收购股权的原有计税基础确定。

（3）收购企业、被收购企业的原有各项资产和负债的计税基础和其他相关所得税事项保持不变。

3. 资产收购，受让企业收购的资产不低于转让企业全部资产的 75%，且受让企业在该资产收购发生时的股权支付金额不低于其交易支付总额的 85%，可以选择按以下规定处理：

（1）转让企业取得受让企业股权的计税基础，以被转让资产的原有计税基础确定。

（2）受让企业取得转让企业资产的计税基础，以被转让资产的原有计税基础确定。

4. 企业合并，企业股东在该企业合并发生时取得的股权支付金额不低于其交易支付总额的 85%，以及同一控制下且不需要支付对价的企业合并，可以选择按以下规定处理：

（1）合并企业接受被合并企业资产和负债的计税基础，以被合并企业的原有计税基础确定。

（2）被合并企业合并前的相关所得税事项由合并企业承继。

（3）可由合并企业弥补的被合并企业亏损的限额 = 被合并企业净资产公允价值 × 截至合并业务发生当年年末国家发行的最长期限的国债利率。

（4）被合并企业股东取得合并企业股权的计税基础，以其原持有的被合并企业股权的计税基础确定。

5. 企业分立，被分立企业所有股东按原持股比例取得分立企业的股权，分立企业和被分立企业均不改变原来的实质经营活动，且被分立企业股东在该企业分立发生时取得的股权支付金额不低于其交易支付总额的 85%，可以选择按以下规定处理：

（1）分立企业接受被分立企业资产和负债的计税基础，以被分立企业的原有计税基础确定。

（2）被分立企业已分立出去资产相应的所得税事项由分立企业承继。

（3）被分立企业未超过法定弥补期限的亏损额可按分立资产占全部资产的比例进行分配，由分立企业继续弥补。

（4）被分立企业的股东取得分立企业的股权（以下简称“新股”），如需部分或全部放弃原持有的被分立企业的股权（以下简称“旧股”），“新股”的计税基础应以放弃“旧股”的计税基础确定。如不需放弃“旧股”，则其取得“新股”的计税基础可从以下两种方法中选择确定：直接将“新股”的计税基础确定为零；或者以被分立企业分立出去的净资产占被分立企业全部净资产的比例先调减原持有的“旧股”的计税基础，再将调减的计税基础平均分配到“新股”上。

6. 重组交易各方按上述 1 至 5 项规定对交易中股权支付暂不确认有关资产的转让所得或损失的，其非股权支付仍应在交易当期确认相应的资产转让所得或损失，并调整相应资产的计税基础。

非股权支付对应的资产转让所得或损失=（被转让资产的公允价值-被转让资产的计税基础）×（非股权支付金额÷被转让资产的公允价值）

【例 11-1】 甲公司共有股权 10 000 万股，为了将来有更好的发展，将 80%的股权让乙公司收购，然后成为乙公司的子公司。假定收购日甲公司每股资产的计税基础为 8 元，每股资产的公允价值为 10 元。在收购对价中乙公司以股权形式支付 72 000 万元，以银行存款支付 8 000 万元。

甲公司取得非股权支付额对应的资产转让所得计算如下：

（80 000-64 000）×（8 000÷80 000）= 16 000×10%

=1 600（万元）

（三）企业发生涉及中国境内与境外之间（包括港澳台地区）的股权和资产收购交易，除应符合上述“（一）适用特殊性税务处理的条件”规定的条件外，还应同时符合下列条件，才可选择适用特殊性税务处理规定：

1. 非居民企业向其 100%直接控股的另一非居民企业转让其拥有的居民企业股权，没有因此造成以后该项股权转让所得预提税负担变化，且转让方非居民企业向主管税务机关书面承诺在 3 年（含 3 年）内不转让其拥有受让方非居民企业的股权；

2. 非居民企业向与其具有 100%直接控股关系的居民企业转让其拥有的另一居民企业股权；

3. 居民企业以其拥有的资产或股权向其 100%直接控股的非居民企业进行投资；

4. 财政部、国家税务总局核准的其他情形。

上述第 3 项所指的居民企业以其拥有的资产或股权向其 100%直接控股关系的非居民企业进行投资，其资产或股权转让收益如选择特殊性税务处理，可以在 10 个纳税年度内均匀计入各年度应纳税所得额。

（四）在企业吸收合并中，合并后的存续企业性质及适用税收优惠的条件未发生改变的，可以继续享受合并前该企业剩余期限的税收优惠，其优惠金额按存续企业合并前一年的应纳税所得额（亏损计为零）计算。

在企业存续分立中，分立后的存续企业性质及适用税收优惠的条件未发生改变的，可以继续享受分立前该企业剩余期限的税收优惠，其优惠金额按该企业分立前一年的应纳税所得额（亏损计为零）乘以分立后存续企业资产占分立前该企业全部资产的比例计算。

（五）企业在重组发生前后连续 12 个月内分步对其资产、股权进行交易，应根据实质重于形式原则将上述交易作为一项企业重组交易进行处理。

（六）企业发生符合上述规定的特殊性重组条件并选择特殊性税务处理的，当事各方应在该重组业务完成当年企业所得税年度申报时，向主管税务机关提交书面备案资料，证明其符合各类特殊性重组规定的条件。企业未按规定书面备案的，一律不得按特殊重组业务进行税务处理。

第六节 税收优惠

税收优惠指国家运用税收政策在税收法律、行政法规中规定对某一部分特定企业和课税对象给予减轻或免除税收负担的一种措施。税法规定的企业所得税的税收优惠方式包括免税、减税、加计扣除、加速折旧、减计收入、税额抵免等。

一、免征与减征优惠

企业的下列所得，可以免征、减征企业所得税。企业如果从事国家限制和禁止发展的项目，不得享受企业所得税优惠。

（一）从事农、林、牧、渔业项目的所得

企业从事农、林、牧、渔业项目的所得，包括免征和减征两部分。

1. 企业从事下列项目的所得，免征企业所得税：

（1）蔬菜、谷物、薯类、油料、豆类、棉花、麻类、糖料、水果、坚果的种植；

（2）农作物新品种的选育；

（3）中药材的种植；

（4）林木的培育和种植；

（5）牲畜、家禽的饲养；

（6）林产品的采集；

（7）灌溉、农产品初加工、兽医、农技推广、农机作业和维修等农、林、牧、渔服务业项目；

（8）远洋捕捞。

2. 企业从事下列项目的所得，减半征收企业所得税：

（1）花卉、茶以及其他饮料作物和香料作物的种植；

（2）海水养殖、内陆养殖。

（二）从事国家重点扶持的公共基础设施项目投资经营的所得

企业所得税法所称国家重点扶持的公共基础设施项目，是指《公共基础设施项目企业所得税优惠目录》规定的港口码头、机场、铁路、公路、电力、水利等项目。

企业从事国家重点扶持的公共基础设施项目的投资经营的所得，自项目取得第一笔生产经营收入所属纳税年度起，第 1 年至第 3 年免征企业所得税，第 4 年至第 6 年减半征收企业所得税。

企业承包经营、承包建设和内部自建自用本条规定的项目，不得享受本条规定的企业所得税优惠。

（三）从事符合条件的环境保护、节能节水项目的所得

环境保护、节能节水项目的所得，自项目取得第一笔生产经营收入所属纳税年度起，第 1 年至第 3 年免征企业所得税，第 4 年至第 6 年减半征收企业所得税。

符合条件的环境保护、节能节水项目，包括公共污水处理、公共垃圾处理、沼气综合开发利用、节能减排技术改造、海水淡化等。项目的具体条件和范围由国务院财政、税务主管部门商国务院有关部门制订，报国务院批准后公布施行。

但是以上规定享受减免税优惠的项目，在减免税期限内转让的，受让方自受让之日起，可以在剩余期限内享受规定的减免税优惠；减免税期限届满后转让的，受让方不得就该项目重复享受减免税优惠。

(四) 符合条件的技术转让所得

企业所得税法所称符合条件的技术转让所得免征、减征企业所得税，是一个纳税年度内，居民企业转让技术所有权所得不超过500万元的部分，免征企业所得税；超过500万元的部分，减半征收企业所得税。

技术转让所得=技术转让收入-技术转让成本-相关税费

技术转让收入是当事人履行技术转让合同后获得的价款，不包括销售或转让设备、仪器、零部件、原材料等非技术性收入。不属于与技术转让项目密不可分的技术咨询、技术服务、技术培训等收入，不得计入技术转让收入。

技术转让成本是转让的无形资产的净值，即该无形资产的计税基础减除在资产使用期间按照规定计算的摊销扣除额后的余额。

相关税费是技术转让过程中实际发生的有关税费，包括除企业所得税和允许抵扣的增值税以外的各项税金及其附加、合同签订费用、律师费等相关费用及其他支出。

享受技术转让所得减免企业所得税优惠的企业，应单独计算技术转让所得，并合理分摊企业的期间费用；没有单独计算的，不得享受技术转让所得企业所得税优惠。

二、高新技术企业优惠

1. 国家需要重点扶持的高新技术企业减按15%的税率征收企业所得税。

国家需要重点扶持的高新技术企业，指拥有核心自主知识产权，并同时符合下列6个方面条件的企业：

(1) 拥有核心自主知识产权。

(2) 产品（服务）属于《国家重点支持的高新技术领域》规定的范围。

(3) 研究开发费用占销售收入的比例不低于规定比例。

(4) 高新技术产品（服务）收入占企业总收入的比例不低于规定比例。这是指高新技术产品（服务）收入占企业当年总收入的60%以上。

(5) 科技人员占企业职工总数的比例不低于规定比例。这是指具有大学专科以上学历的科技人员占企业当年职工总数的30%以上，其中研发人员占企业当年职工总数的10%以上。

(6) 高新技术企业认定管理办法规定的其他条件。《国家重点支持的高新技术领域》和高新技术企业认定管理办法由国务院科技、财政、税务主管部门商国务院有关部门制订，报国务院批准后公布施行。

2. 经济特区和上海浦东新区新设立高新技术企业过渡性税收优惠。

(1) 对经济特区和上海浦东新区内在2008年1月1日（含）之后完成登记注册的国家需要重点扶持的高新技术企业（以下简称新设高新技术企业），在经济特区和上海浦东新区内取得的所得，自取得第一笔生产经营收入所属纳税年度起，第一年至第二年免征企业所得税，第三年至第五年按照25%的法定税率减半征收企业所得税。

(2) 经济特区和上海浦东新区内新设高新技术企业同时在经济特区和上海浦东新区以外的地区从事生产经营的，应当单独计算其在经济特区和上海浦东新区内取得的所得，并合理分摊企业的期间费用；没有单独计算的，不得享受企业所得税优惠。

（3）经济特区和上海浦东新区内新设高新技术企业在按照本通知的规定享受过渡性税收优惠期间，由于复审或抽查不合格而不再具有高新技术企业资格的，从其不再具有高新技术企业资格年度起，停止享受过渡性税收优惠；以后再次被认定为高新技术企业的，不得继续享受或者重新享受过渡性税收优惠。

3. 符合条件的集成电路封装、测试企业以及集成电路关键专用材料生产企业、集成电路专用设备生产企业，在2017年（含2017年）前实现获利的，自获利年度起，第一年至第二年免征企业所得税，第三年至第五年按照25%的法定税率减半征收企业所得税，并享受至期满为止；2017年前未实现获利的，自2017年起计算优惠期，享受至期满为止。

三、有限合伙制创业投资企业法人合伙人企业所得税优惠

该优惠自2015年10月1日起实施。

1. 有限合伙制创业投资企业是指依照《中华人民共和国合伙企业法》、《创业投资企业管理暂行办法》（国家发展和改革委员会令第39号）和《外商投资创业投资企业管理规定》（外经贸部、科技部、工商总局、税务总局、外汇管理局令2003年第2号）设立的专门从事创业投资活动的有限合伙企业。

2. 有限合伙制创业投资企业的法人合伙人，是指依照《中华人民共和国企业所得税法》及其实施条例以及相关规定，实行查账征收企业所得税的居民企业。

3. 有限合伙制创业投资企业采取股权投资方式投资于未上市的中小高新技术企业满2年（24个月）的，其法人合伙人可按照对未上市中小高新技术企业投资额的70%抵扣该法人合伙人从该有限合伙制创业投资企业分得的应纳税所得额，当年不足抵扣的，可以在以后纳税年度结转抵扣。

所称满2年是指2015年10月1日起，有限合伙制创业投资企业投资于未上市中小高新技术企业的实缴投资满2年，同时，法人合伙人对该有限合伙制创业投资企业的实缴出资也应满2年。

如果法人合伙人投资于多个符合条件的有限合伙制创业投资企业，可合并计算其可抵扣的投资额和应分得的应纳税所得额。当年不足抵扣的，可结转以后纳税年度继续抵扣；当年抵扣后有结余的，应按照企业所得税法的规定计算缴纳企业所得税。

4. 有限合伙制创业投资企业的法人合伙人对未上市中小高新技术企业的投资额，按照有限合伙制创业投资企业对中小高新技术企业的投资额和合伙协议约定的法人合伙人占有限合伙制创业投资企业的出资比例计算确定。其中，有限合伙制创业投资企业对中小高新技术企业的投资额按实缴投资额计算；法人合伙人占有限合伙制创业投资企业的出资比例按法人合伙人对有限合伙制创业投资企业的实缴出资额占该有限合伙制创业投资企业的全部实缴出资额的比例计算。

四、小型微利企业优惠

小型微利企业减按20%的税率征收企业所得税。小型微利企业的条件如下：

1. 工业企业，年度应纳税所得额不超过30万元，从业人数不超过100人，资产总额不超过3 000万元。

2. 其他企业，年度应纳税所得额不超过30万元，从业人数不超过80人，资产总额不超过1 000万元。

上述“从业人数”包括与企业建立劳动关系的职工人数和企业接受的劳动派遣用工人数。按企业全年平均从业人数计算，“资产总额”按企业全年的季度平均值确定。年度中间开业或者终止经营活动的，以实际经营期作为一个纳税年度确定相关指标。年初和年末的资产总额平均计算。

小型微利企业是指从事国际非限制或禁止行业，企业的全部生产经营活动产生的所得均负有我国企业所得税纳税义务的企业。仅就来源于我国所得负有我国纳税义务的非居民企业，不适用上述规定。

为了进一步支持小型微利企业发展，自2017年1月1日至2019年12月31日，将小型微利企业的年应纳税所得额上限由30万元提高至50万元，对年应纳税所得额低于50万元（含50万元）的小型微利企业，其所得减按50%计入应纳税所得额，按20%的税率缴纳企业所得税。

自2015年10月1日起至2017年12月31日，对年应纳税所得额在20万元到30万元（含30万元）之间的小型微利企业，其所得减按50%计入应纳税所得额，按20%的税率缴纳企业所得税。

五、加计扣除优惠

加计扣除优惠包括以下两项内容：

（一）研究开发费

研究开发费是指企业为开发新技术、新产品、新工艺发生的研究开发费用，未形成无形资产计入当期损益的，在按照规定据实扣除的基础上，按照研究开发费用的50%加计扣除；形成无形资产的，按照无形资产成本的150%摊销。2017年5月2日，财政部、税务总局和科技部制定下发了《关于提高科技型中小企业研究开发费用税前加计扣除比例的通知》，明确了提高科技型中小企业研究开发费用税前加计扣除比例的政策。科技型中小企业开展研发活动中实际发生的研发费用，未形成无形资产计入当期损益的，在按规定据实扣除的基础上，在2017年1月1日至2019年12月31日期间，再按照实际发生额的75%在税前加计扣除；形成无形资产的，按照无形资产成本的175%在税前摊销。从2008年1月1日起，可以加计扣除的研究开发费按下列相关规定执行：

1. 研究开发费是指从事规定范围内的研究开发活动发生的相关费用。研究开发活动是指企业为获得科学与技术（不包括人文、社会科学）新知识，创造性运用科学技术新知识，或实质性改进技术、工艺、产品（服务）而持续进行的具有明确目标的研究开发活动。

创造性运用科学技术新知识，或实质性改进技术、工艺、产品（服务），是指企业通过研究开发活动在技术、工艺、产品（服务）方面的创新取得了有价值的成果，对本地区（省、自治区、直辖市或计划单列市）相关行业的技术、工艺领先具有推动作用，不包括企业产品（服务）的常规性升级或对公开的科研成果直接应用等活动（如直接采用公开的新工艺、材料、装置、产品、服务或知识等）。

2. 企业从事《国家重点支持的高新技术领域》和国家发展改革委员会等部门公布的《当前优先发展的高技术产业化重点领域指南（2007年度）》规定项目的研究开发活动，其在一个纳税年度中实际发生的下列费用支出，允许在计算应纳税所得额时按照规定实行加计扣除。

(1) 新产品设计费、新工艺规程制定费以及与研发活动直接相关的技术图书资料费、资料翻译费。

(2) 从事研发活动直接消耗的材料、燃料和动力费用。

(3) 在职直接从事研发活动人员的工资、薪金、奖金、津贴、补贴。

(4) 专门用于研发活动的仪器、设备的折旧费或租赁费。

(5) 专门用于研发活动的软件、专利权、非专利技术等无形资产的摊销费用。

(6) 专门用于中间试验和产品试制的模具、工艺装备开发及制造费。

(7) 勘探开发技术的现场试验费。

(8) 研发成果的论证、评审、验收费用。

3. 对企业共同合作开发的项目，凡符合上述条件的，由合作各方就自身承担的研发费用分别按照规定计算加计扣除。

4. 对企业委托给外单位进行开发的研发费用，凡符合上述条件的，由委托方按照规定计算加计扣除，受托方不得再进行加计扣除。

对委托开发的项目，受托方应向委托方提供该研发项目的费用支出明细情况，否则，该委托开发项目的费用支出不得实行加计扣除。

5. 企业根据财务会计核算和研发项目的实际情况，对发生的研发费用进行收益化或资本化处理的，可按下述规定计算加计扣除：

(1) 研发费用计入当期损益未形成无形资产的，允许再按其当年研发费用实际发生额的50%，直接抵扣当年的应纳税所得额。

(2) 研发费用形成无形资产的，按照该无形资产成本的150%在税前摊销。除法律另有规定外，摊销年限不得低于10年。

6. 法律、行政法规和国家税务总局规定不允许企业所得税前扣除的费用和支出项目，均不允许计入研究开发费用。

7. 企业未设立专门的研发机构或企业研发机构同时承担生产经营任务的，应对研发费用和生产经营费用分开进行核算，准确、合理地计算各项研究开发费用支出，对划分不清的，不得实行加计扣除。

(二) 企业安置残疾人员所支付的工资

企业安置残疾人员所支付工资费用的加计扣除，指企业安置残疾人员的，在按照支付给残疾职工工资据实扣除的基础上，按照支付给残疾职工工资的100%加计扣除。残疾人员的范围适用《中华人民共和国残疾人保障法》的有关规定。企业安置国家鼓励安置的其他就业人员所支付的工资的加计扣除办法，由国务院另行规定。

六、创投企业优惠

创业投资企业从事国家需要重点扶持和鼓励的创业投资，可以按投资额的一定比例抵扣应纳税所得额。

创投企业优惠指创业投资企业采取股权投资方式投资于未上市的中小高新技术企业2年（24个月）以上的，可以按照其投资额的70%在股权持有满2年的当年抵扣该创业投资企业的应纳税所得额；当年不足抵扣的，可以在以后纳税年度结转抵扣。

投资于未上市的中小高新技术企业2年以上的，包括发生在2008年1月1日以前满2年的投资；所称中小高新技术企业是指按照《高新技术企业认定管理办法》（国科发火［2008］172号）和《高新技术企业认定管理工作指引》（国科发火［2008］362号）取得高新技术企业资格，且年销售额和资产总额均不超过2亿元、从业人数不超过500人的企业，其中2007年底前已取得高新技术企业资格的，在其规定有效期内不需重新认定。

七、加速折旧优惠

企业的固定资产由于技术进步等原因，确需加速折旧的，可以缩短折旧年限或者采取加速折旧的方法。可采用以上折旧方法的固定资产是指：

1. 由于技术进步，产品更新换代较快的固定资产；

2. 常年处于强震动、高腐蚀状态的固定资产。

采取缩短折旧年限方法的，最低折旧年限不得低于规定折旧年限的60%；采取加速折旧方法的，可以采取双倍余额递减法或者年数总和法。

八、减计收入优惠

减计收入优惠企业综合利用资源，生产符合国家产业政策规定的产品所取得的收入，可以在计算应纳税所得额时减计收入。

综合利用资源指企业以《资源综合利用企业所得税优惠目录》规定的资源作为主要原材料，生产国家非限制和禁止并符合国家和行业相关标准的产品取得的收入，减按90%计入收入总额。

上述所称原材料占生产产品材料的比例不得低于《资源综合利用企业所得税优惠目录》规定的标准。

九、税额抵免优惠

税额抵免，指企业购置并实际使用《环境保护专用设备企业所得税优惠目录》、《节能节水专用设备企业所得税优惠目录》和《安全生产专用设备企业所得税优惠目录》规定的环境保护、节能节水、安全生产等专用设备的，该专用设备的投资额的10%可以从企业当年的应纳税额中抵免；当年不足抵免的，可以在以后5个纳税年度结转抵免。

享受前款规定的企业所得税优惠的企业，应当实际购置并自身实际投入使用前款规定的专用设备；企业购置上述专用设备在5年内转让、出租的，应当停止享受企业所得税优惠，并补缴已经抵免的企业所得税税款。转让的受让方可以按照该专用设备投资额的10%抵免当年企业所得税应纳税额；当年应纳税额不足抵免的，可以在以后5个纳税年度结转抵免。

企业所得税优惠目录，由国务院财政、税务主管部门商国务院有关部门制订，报国务院批准后公布施行。

企业同时从事适用不同企业所得税待遇的项目的，其优惠项目应当单独计算所得，并合理分摊企业的期间费用；没有单独计算的，不得享受企业所得税优惠。

自 2008 年 1 月 1 日起，停止执行企业购买国产设备投资抵免企业所得税的政策。

十、民族自治地方的优惠

民族自治地方的自治机关对本民族自治地方的企业应缴纳的企业所得税中属于地方分享的部分，可以决定减征或者免征。自治州、自治县决定减征或者免征的，须报省、自治区、直辖市人民政府批准。企业所得税法所称民族自治地方，指依照《中华人民共和国民族区域自治法》的规定，实行民族区域自治的自治区、自治州、自治县。对民族自治地方内国家限制和禁止行业的企业，不得减征或者免征企业所得税。

民族自治地方在新税法实施前已经按照《财政部 国家税务总局海关总署关于西部大开发税收优惠政策问题的通知》（财税［2001］202 号）第二条第 2 款有关减免税规定批准享受减免企业所得税（包括减免中央分享企业所得税的部分）的，自 2008 年 1 月 1 日起计算，对减免税期限在 5 年以内（含 5 年）的，继续执行至期满后停止；对减免税期限超过 5 年的，从第六年起按现行税法第二十九条规定执行。

十一、非居民企业优惠

非居民企业减按 10%的税率征收企业所得税。这里的非居民企业指在中国境内未设立机构、场所的，或者虽设立机构、场所但取得的所得与其所设机构、场所没有实际联系的企业。该类非居民企业取得下列所得免征企业所得税。

1. 外国政府向中国政府提供贷款取得的利息所得；

2. 国际金融组织向中国政府和居民企业提供优惠贷款取得的利息所得；

3. 经国务院批准的其他所得。

十二、其他有关行业的优惠

（一）关于进一步鼓励软件产业和集成电路产业发展企业所得税的优惠政策

1. 集成电路线宽小于 0.8 微米（含）的集成电路生产企业，经认定后，在 2017 年 12 月 31 日前自获利年度起计算优惠期，第一年至第二年免征企业所得税，第三年至第五年按照 25%的法定税率减半征收企业所得税，并享受至期满为止。

2. 集成电路线宽小于 0.25 微米或投资额超过 80 亿元的集成电路生产企业，经认定后，减按 15%的税率征收企业所得税，其中经营期在 15 年以上的，在 2017 年 12 月 31 日前自获利年度起计算优惠期，第一年至第五年免征企业所得税，第六年至第十年按照 25%的法定税率减半征收企业所得税，并享受至期满为止。

3. 我国境内新办的集成电路设计企业和符合条件的软件企业，经认定后，在 2017 年 12 月 31 日前自获利年度起计算优惠期，第一年至第二年免征企业所得税，第三年至第五年按照 25%的法定税率减半征收企业所得税，并享受至期满为止。

4. 国家规划布局内的重点软件企业和集成电路设计企业，如当年未享受免税优惠的，可减按10%的税率征收企业所得税。

5. 符合条件的软件企业按照《财政部国家税务总局关于软件产品增值税政策的通知》（财税［2011］100号）规定取得的即征即退增值税款，由企业专项用于软件产品研发和扩大再生产并单独进行核算，可以作为不征税收入，在计算应纳税所得额时从收入总额中减除。

6. 集成电路设计企业和符合条件软件企业的职工培训费用，应单独进行核算并按实际发生额在计算应纳税所得额时扣除。

7. 企业外购的软件，凡符合固定资产或无形资产确认条件的，可以按照固定资产或无形资产进行核算，其折旧或摊销年限可以适当缩短，最短可为2年（含）。

8. 集成电路生产企业的生产设备，其折旧年限可以适当缩短，最短可为3年（含）。

集成电路生产企业，指以单片集成电路、多芯片集成电路、混合集成电路制造为主营业务并同时符合下列条件的企业：

（1）依法在中国境内成立并经认定取得集成电路生产企业资质的法人企业；

（2）签订劳动合同关系且具有大学专科以上学历的职工人数占企业当年月平均职工总人数的比例不低于40%，其中研究开发人员占企业当年月平均职工总数的比例不低于20%；

（3）拥有核心关键技术，并以此为基础开展经营活动，且当年度的研究开发费用总额占企业销售（营业）收入（主营业务收入与其他业务收入之和，下同）总额的比例不低于5%；其中，企业在中国境内发生的研究开发费用金额占研究开发费用总额的比例不低于60%；

（4）集成电路制造销售（营业）收入占企业收入总额的比例不低于60%；

（5）具有保证产品生产的手段和能力，并获得有关资质认证（包括ISO质量体系认证、人力资源能力认证等）；

（6）具有与集成电路生产相适应的经营场所、软硬件设施等基本条件。

《集成电路生产企业认定管理办法》由发展改革委、工业和信息化部、财政部、税务总局会同有关部门另行制定。

（二）关于鼓励证券投资基金发展的优惠政策

1. 对证券投资基金从证券市场中取得的收入，包括买卖股票、债券的差价收入，股权的股息、红利收入，债券的利息收入及其他收入，暂不征收企业所得税。

2. 对投资者从证券投资基金分配中取得的收入，暂不征收企业所得税。

3. 对证券投资基金管理人运用基金买卖股票、债券的差价收入，暂不征收企业所得税。

十三、西部大开发的税收优惠

1. 适用范围

本政策的适用范围包括重庆市、四川省、贵州省、云南省、西藏自治区、陕西省、甘肃省、宁夏回族自治区、青海省、新疆维吾尔自治区、新疆生产建设兵团、内蒙古自治区和广西壮族自治区（上述地区统称“西部地区”）。湖南省湘西土家族苗族自治州、湖北省恩施土家族苗族自治州、吉林省延边朝鲜族自治州，可以比照西部地区的税收优惠政策执行。

2. 具体内容

（1）对设在西部地区国家鼓励类产业的内资企业，在 2011 年 1 月 1 日至 2020 年 12 月 31 日，减按 15%的税率征收企业所得税。国家鼓励类产业的内资企业是指以《当前国家重点鼓励发展的产业、产品和技术目录（2000 年修订）》中规定的产业项目为主营业务，其主营业务收入占企业总收入 70%以上的企业。

收入达到比例的，实行企业自行申请，税务机关审核的管理办法。经税务机关审核确认后，企业方可减按 15%税率缴纳企业所得税。企业未按规定提出申请或未经税务机关审核确认的，不得享受上述税收优惠政策。

（2）经省级人民政府批准，民族自治地方的内资企业可以定期减征或免征企业所得税；凡减免税款涉及中央收入 100 万元（含 100 万元）以上的，需报国家税务总局批准。

（3）对在西部地区新办交通、电力、水利、邮政、广播电视企业，上述项目业务收入占企业总收入 70%以上的，可以享受企业所得税如下优惠政策：内资企业自开始生产经营之日起，第一年至第二年免征企业所得税，第三年至第五年减半征收企业所得税。

新办交通企业指投资新办从事公路、铁路、航空、港口、码头运营和管道运输的企业。新办电力企业是指投资新办从事电力运营的企业。新办水利企业是指投资新办从事江河湖泊综合治理、防洪除涝、灌溉、供水、水资源保护、水力发电、水土保持、河道疏浚、河海堤防建设等开发水利、防治水害的企业。新办邮政企业指投资新办从事邮政运营的企业。新办广播电视企业是指投资新办从事广播电视运营的企业。

上述企业同时符合本规定条件的，第三年至第五年减半征收企业所得税时，按 15%税率计算出应纳所得税额后减半执行。

上述所称企业，指投资主体自建、运营上述项目的企业，单纯承揽上述项目建设的施工企业不得享受两年免征，三年减半征收企业所得税的政策。

3. 对实行汇总（合并）纳税企业，应当将西部地区的成员企业与西部地区以外的成员企业分开，分别汇总（合并）申报纳税，分别适用税率。

第七节　应纳税额的计算

一、居民企业应纳税额的计算

居民企业应缴纳所得税额等于应纳税所得额乘以适用税率，基本计算公式为：

应纳税额＝应纳税所得额×适用税率－减免税额－抵免税额

根据计算公式可以看出，应纳税额的多少，取决于应纳税所得额和适用税率两个因素。在实际过程中，应纳税所得额的计算一般有两种方法。

（一）直接计算法

在直接计算法下，企业每一纳税年度的收入总额减除不征税收入、免税收入、各项扣除以及允许弥补的以前年度亏损后的余额为应纳税所得额。计算公式与前述相同，即为：

应纳税所得额＝收入总额－不征税收入－免税收入－各项扣除金额－弥补亏损

（二）间接计算法

在间接计算法下，是在会计利润总额的基础上加或减按照税法规定调整的项目金额后，即为应纳税所得额。计算公式为：

应纳税所得额＝会计利润总额±纳税调整项目金额

税收调整项目金额包括两方面的内容，一是企业的财务会计处理和税收规定不一致的应予以调整的金额；二是企业按税法规定准予扣除的税收金额。

【例 11-2】某企业为居民企业，2016 年发生经营业务如下：

（1）取得产品销售收入 4 000 万元；

（2）发生产品销售成本 2 600 万元；

（3）发生销售费用 770 万元（其中广告费 650 万元）；管理费用 480 万元（其中业务招待费 25 万元）；财务费用 60 万元；

（4）销售税金 160 万元（含增值税 120 万元）；

（5）营业外收入 80 万元，营业外支出 50 万元（含通过公益性社会团体向贫困山区捐款 30 万元，支付税收滞纳金 6 万元）；

（6）计入成本、费用中的实发工资总额 200 万元、拨缴职工工会经费 5 万元、发生职工福利费 31 万元、发生职工教育经费 7 万元。

要求：计算该企业 2016 年度实际应纳的企业所得税。

（1）会计利润总额＝4 000－2 600－770－480－60－40+80－50＝80（万元）

（2）广告费和业务宣传费调增所得额＝650－4 000×15%＝650－600＝50（万元）

（3）业务招待费调增所得额＝25－25×60%＝25－15＝10（万元）

4 000×5‰＝20（万元）>25×60%＝15（万元）

（4）捐赠支出应调增所得额＝30－80×12%＝20. 4（万元）

（5）工会经费应调增所得额＝5－200×2%＝1（万元）

（6）职工福利费应调增所得额＝31－200×14%＝3（万元）

（7）职工教育经费应调增所得额＝7－200×2. 5%＝2（万元）

（8）应纳税所得额＝80+50+10+20. 4+6+1+3+2＝172. 4（万元）

（9）2016 年应缴企业所得税＝172. 4×25%＝43. 1（万元）

【例 11-3】某工业企业为居民企业，2016 年发生经营业务如下：

全年取得产品销售收入为 5 600 万元，发生产品销售成本 4 020 万元；其他业务收入 800 万元，其他业务成本 660 万元；取得购买国债的利息收入 40 万元；缴纳非增值税销售税金及附加 300 万元；发生销售费用 210 万元；发生的管理费用 760 万元，其中新技术的研究开发费用为 60 万元、业务招待费用 70 万元；取得直接投资其他居民企业的权益性收益 30 万元（已在投资方所在地按 15%的税率缴纳了所得税）；取得营业外收入 100 万元，发生营业外支出 250 万元（其中含公益捐赠 48 万元）。

要求：计算该企业 2016 年应纳的企业所得税。

（1）利润总额 = 5 600 - 4 020 + 800 - 660 + 40 - 300 - 210 - 760 + 30 + 100 - 250 = 370（万元）

（2）国债利息收入免征企业所得税，应调减所得额 40 万元。

（3）技术开发费调减所得额 = 60×50% = 30（万元）

（4）按实际发生业务招待费的 60% 计算 = 70×60% = 42（万元）

按销售（营业）收入的 5‰计算 =（5 600 + 800）×5‰ = 32（万元）

按照规定税前扣除限额应为 32 万元，实际应调增应纳税所得额 = 70 - 32 = 38（万元）

（5）取得直接投资其他居民企业的权益性收益属于免税收入，应调减应纳税所得额 30 万元。

（6）捐赠扣除标准 = 370×12% = 44. 4（万元）

实际捐赠额 48 万元大于扣除标准 44. 4 万元，应调增所得额 = 48 - 44. 4 = 3. 6（万元）。

（7）应纳税所得额 = 370 - 40 - 30 + 38 - 30 + 3. 6 = 311. 6（万元）

（8）该企业 2016 年应缴纳企业所得税 = 311. 6×25% = 77. 9（万元）

二、境外所得抵扣税额的计算

企业取得的下列所得已在境外缴纳的所得税税额，可以从其当期应纳税额中抵免，抵免限额为该项所得依照本法规定计算的应纳税额；超过抵免限额的部分，可以在以后 5 个年度内，用每年度抵免限额抵免当年应抵税额后的余额进行抵补：

1. 居民企业来源于中国境外的应税所得；

2. 非居民企业在中国境内设立机构、场所，取得发生在中国境外但与该机构、场所有实际联系的应税所得。

居民企业从其直接或者间接控制的外国企业分得的来源于中国境外的股息、红利等权益性投资收益，外国企业在境外实际缴纳的所得税税额中属于该项所得负担的部分，可以作为该居民企业的可抵免境外所得税税额，在企业所得税税法规定的抵免限额内抵免。

上述所称直接控制，指居民企业直接持有外国企业 20% 以上股份。

上述所称间接控制，指居民企业以间接持股方式持有外国企业 20% 以上股份，具体认定办法由国务院财政、税务主管部门另行制定。

已在境外缴纳的所得税税额，指企业来源于中国境外的所得依照中国境外税收法律以及相关规定应当缴纳并已经实际缴纳的企业所得税性质的税款。企业依照企业所得税法的规定抵免企业所得税税额时，应当提供中国境外税务机关出具的税款所属年度的有关纳税凭证。

抵免限额，指企业来源于中国境外的所得，依照企业所得税法和本条例的规定计算的应纳税额。除国务院财政、税务主管部门另有规定外，该抵免限额应当分国（地区）不分项计算，计算公式为：

抵免限额 = 中国境内、境外所得依照企业所得税法和条例规定计算的应纳税总额×来源于某国（地区）的应纳税所得额÷中国境内、境外应纳税所得总额

前述 5 个年度，指从企业取得的来源于中国境外的所得，已经在中国境外缴纳的企业

所得税性质的税额超过抵免限额的当年的次年起连续 5 个纳税年度。

【例 11-4】 某企业 2016 年度境内应纳税所得额为 100 万元，适用 25%的企业所得税税率。另外，该企业分别在 A、B 两国设有分支机构（我国与 A、B 两国已经缔结避免双重征税协定），在 A 国分支机构的应纳税所得额为 50 万元，A 国税率为 20%；在 B 国的分支机构的应纳税所得额为 30 万元，B 国税率为 30%。假设该企业在 A、B 两国所得按我国税法计算的应纳税所得额和按 A、B 两国税法计算的应纳税所得额一致，两个分支机构在 A、B 两国分别缴纳了 10 万元和 9 万元的企业所得税。

要求：计算该企业汇总时在我国应缴纳的企业所得税税额。

(1) 该企业按我国税法计算的境内、境外所得的应纳税额

应纳税额 = (100+50+30) ×25% = 45 (万元)

(2) A、B 两国的扣除限额

A 国扣除限额 = 45× [50÷ (100+50+30)] = 12.5 (万元)

B 国扣除限额 = 45× [30÷ (100+50+30)] = 7.5 (万元)

在 A 国缴纳的所得税为 10 万元，低于扣除限额 12.5 万元，可全额扣除。

在 B 国缴纳的所得税为 9 万元，高于扣除限额 7.5 万元，其超过扣除限额的部分 1.5 万元当年不能扣除。

(3) 汇总时在我国应缴纳的所得税 = 45−10−7.5 = 27.5 (万元)

上述计算过程是根据定义来计算抵免限额的，即根据企业来自国内外的应纳税所得总额，按照我国企业所得税税率计算出应纳税总额。然后再按照来自某一国的应纳税所得额占来自境内外应纳税所得总额的比例来计算可抵扣的限额。从计算结果来看，还可以用来自于某外国的应纳税所得额直接乘以我国企业所得税法规定的税率来计算来自于该国的应纳税所得额可抵扣的限额。这样，本题的计算过程是：

(1) 该企业按我国税法计算的境内、境外所得的应纳税额

应纳税额 = (100+50+30) ×25% = 45 (万元)

(2) A、B 两国的扣除限额

A 国扣除限额 = 50×25% = 12.5 (万元)

B 国扣除限额 = 30×25% = 7.5 (万元)

在 A 国缴纳的所得税为 10 万元，低于扣除限额 12.5 万元，可全额扣除。

在 B 国缴纳的所得税为 9 万元，高于扣除限额 7.5 万元，其超过扣除限额的部分 1.5 万元当年不能扣除。

(3) 汇总时在我国应缴纳的所得税 = 45−10−7.5 = 27.5 (万元)

三、居民企业核定征收应纳税额的计算

为了加强企业所得税征收管理，规范核定征收企业所得税工作，保障国家税款及时足额入库，维护纳税人合法权益，根据《企业所得税法》及其实施条例、《税收征收管理法》及其实施细则的有关规定，核定征收企业所得税的有关规定如下：

(一) 核定征收企业所得税的范围

本办法适用于居民企业纳税人，纳税人具有下列情形之一的，核定征收企业所得税：

1. 依照法律、行政法规的规定可以不设置账簿的；

2. 依照法律、行政法规的规定应当设置但未设置账簿的；

3. 擅自销毁账簿或者拒不提供纳税资料的；

4. 虽设置账簿，但账目混乱或者成本资料、收入凭证、费用凭证残缺不全，难以查账的；

5. 发生纳税义务，未按照规定的期限办理纳税申报，经税务机关责令限期申报，逾期仍不申报的；

6. 申报的计税依据明显偏低，又无正当理由的。

特殊行业、特殊类型的纳税人和一定规模以上的纳税人不适用本办法。上述特定纳税人由国家税务总局另行明确。

（二）核定征收的办法

税务机关应根据纳税人具体情况，对核定征收企业所得税的纳税人，核定应税所得率或者核定应纳所得税额（见表 11-2）。

表 11-2 **应税所得率按下表规定的幅度标准确定**

行　业	应税所得率（%）
农、林、牧、渔业	3~10
制造业	5~15
批发和零售贸易业	4~15
交通运输业	7~15
建筑业	8~20
饮食业	8~25
娱乐业	15~30
其他行业	10~30

1. 具有下列情形之一的，核定其应税所得率：

（1）能正确核算（查实）收入总额，但不能正确核算（查实）成本费用总额的；

（2）能正确核算（查实）成本费用总额，但不能正确核算（查实）收入总额的；

（3）通过合理方法，能计算和推定纳税人收入总额或成本费用总额的。

纳税人不属于以上情形的，核定其应纳所得税额。

2. 税务机关采用下列方法核定征收企业所得税：

（1）参照当地同类行业或者类似行业中经营规模和收入水平相近的纳税人的税负水平核定；

（2）按照应税收入额或成本费用支出额定率核定；

（3）按照耗用的原材料、燃料、动力等推算或测算核定；

（4）按照其他合理方法核定。

采用前款所列一种方法不足以正确核定应纳税所得额或应纳税额的，可以同时采用两种以上的方法核定。采用两种以上方法测算的应纳税额不一致时，可按测算的应纳税额从高核定。

采用应税所得率方式核定征收企业所得税的，应纳所得税额计算公式如下：

①应纳所得税额=应纳税所得额×适用税率

②应纳税所得额=应税收入额×应税所得率

应税收入额=收入总额-不征税收入-免税收入

③应纳税所得额=成本（费用）支出额÷（1-应税所得率）×应税所得率

实行应税所得率方式核定征收企业所得税的纳税人，经营多业的，无论其经营项目是否单独核算，均由税务机关根据其主营项目确定适用的应税所得率。

主营项目应为纳税人所有经营项目中，收入总额或者成本（费用）支出额或者耗用原材料、燃料、动力数量所占比重最大的项目。

纳税人的生产经营范围、主营业务发生重大变化，或者应纳税所得额或应纳税额增减变化达到20%的，应及时向税务机关申报调整已确定的应纳税额或应税所得率。

（三）核定征收企业所得税的管理

1. 主管税务机关应及时向纳税人送达《企业所得税核定征收鉴定表》，及时完成对其核定征收企业所得税的鉴定工作。具体程序如下：

（1）纳税人应在收到《企业所得税核定征收鉴定表》后10个工作日内，填好该表并报送主管税务机关。《企业所得税核定征收鉴定表》一式三联，主管税务机关和县税务机关各执一联，另一联送达纳税人执行。主管税务机关还可根据实际工作需要，适当增加联次备用。

（2）主管税务机关应在受理《企业所得税核定征收鉴定表》后20个工作日内，分类逐户审查核实，提出鉴定意见，并报县税务机关复核、认定。

（3）县税务机关应在收到《企业所得税核定征收鉴定表》后30个工作日内，完成复核、认定工作。

纳税人收到《企业所得税核定征收鉴定表》后，未在规定期限内填列、报送的，税务机关视同纳税人已经报送，按上述程序进行复核认定。

2. 税务机关应在每年6月底前对上年度实行核定征收企业所得税的纳税人进行重新鉴定。重新鉴定工作完成前，纳税人可暂按上年度的核定征收方式预缴企业所得税；重新鉴定工作完成后，按重新鉴定的结果进行调整。

3. 主管税务机关应当分类逐户公示核定的应纳所得税额或应税所得率。主管税务机关应当按照便于纳税人及社会各界了解、监督的原则确定公示地点、方式。

纳税人对税务机关确定的企业所得税征收方式、核定的应纳所得税额或应税所得率有异议的，应当提供合法、有效的相关证据，税务机关经核实认定后调整有异议的事项。

4. 纳税人实行核定应税所得率方式的，按下列规定申报纳税：

（1）主管税务机关根据纳税人应纳税额的大小确定纳税人按月或者按季预缴，年终汇算清缴。预缴方法一经确定，一个纳税年度内不得改变。

（2）纳税人应依照确定的应税所得率计算纳税期间实际应缴纳的税额，进行预缴。

按实际数额预缴有困难的，经主管税务机关同意，可按上一年度应纳税额的1/12或1/4预缴，或者按经主管税务机关认可的其他方法预缴。

(3) 纳税人预缴税款或年终进行汇算清缴时，应按规定填写《中华人民共和国企业所得税月（季）度预缴纳税申报表（B类）》，在规定的纳税申报时限内报送主管税务机关。

5. 纳税人实行核定应纳所得税额方式的，按下列规定申报纳税：

(1) 纳税人在应纳所得税额尚未确定之前，可暂按上年度应纳所得税额的1/12或1/4预缴，或者按经主管税务机关认可的其他方法，按月或按季分期预缴。

(2) 在应纳所得税额确定以后，减除当年已预缴的所得税额，余额按剩余月份或季度均分，以此确定以后各月或各季的应纳税额，由纳税人按月或按季填写《中华人民共和国企业所得税月（季）度预缴纳税申报表（B类）》，在规定的纳税申报期限内进行纳税申报。

(3) 纳税人年度终了后，在规定的时限内按照实际经营额或实际应纳税额向税务机关申报纳税。申报额超过核定经营额或应纳税额的，按申报额缴纳税款；申报额低于核定经营额或应纳税额的，按核定经营额或应纳税额缴纳税款。

6. 对违反本办法规定的行为，按照《税收征收管理法》及其实施细则的有关规定处理。

四、非居民企业应纳税额的计算

对于在中国境内未设立机构、场所的，或者虽设立机构、场所但取得的所得与其所设机构、场所没有实际联系的非居民企业的所得，按照下列方法计算应纳税所得额：

（一）股息、红利等权益性投资收益和利息、租金、特许权使用费所得，以收入全额为应纳税所得额；

（二）转让财产所得，以收入全额减除财产净值后的余额为应纳税所得额；

（三）其他所得，参照前两项规定的方法计算应纳税所得额。

财产净值是指财产的计税基础减除已经按照规定扣除的折旧、折耗、摊销、准备金等后的余额。

具体征收管理规定如下：

1. 扣缴义务人在每次向非居民企业支付或者到期应支付所得时，应从支付或者到期应支付的款项中扣缴企业所得税。

到期应支付的款项，是指支付人按照权责发生制原则应当计入相关成本、费用的应付款项。

扣缴义务人每次代扣代缴税款时，应当向其主管税务机关报送《中华人民共和国扣缴企业所得税报告表》（以下简称扣缴表）及相关资料，并自代扣之日起7日内缴入国库。

2. 扣缴企业所得税应纳税额计算。

扣缴企业所得税应纳税额=应纳税所得额×实际征收率

应纳税所得额的计算，按上述（一）至（三）的规定为标准；实际征收率是指企业所得税法及其实施条例等相关法律法规规定的税率，或者税收协定规定的更低的税率。

3. 扣缴义务人对外支付或者到期应支付的款项为人民币以外货币的，在申报扣缴企业所得税时，应当按照扣缴当日国家公布的人民币汇率中间价，折合成人民币计算应纳税所得额。

4. 因非居民企业拒绝代扣税款的，扣缴义务人应当暂停支付相当于非居民企业应纳税款的款项，并在1日之内向其主管税务机关报告，并报送书面情况说明。

5. 扣缴义务人未依法扣缴或者无法履行扣缴义务的，非居民企业应于扣缴义务人支付或者到期应支付之日起7日内，到所得发生地主管税务机关申报缴纳企业所得税。

第八节　源 泉 扣 缴

一、扣缴义务人

1. 对非居民企业在中国境内未设立机构、场所的，或者虽设立机构、场所但取得的所得与其所设机构、场所没有实际联系的所得应缴纳的所得税，实行源泉扣缴，以支付人为扣缴义务人。税款由扣缴义务人在每次支付或者到期应支付时，从支付或者到期应支付的款项中扣缴。

上述所称支付人，是指依照有关法律规定或者合同约定对非居民企业直接负有支付相关款项义务的单位或者个人。

2. 对非居民企业在中国境内取得工程作业和劳务所得应缴纳的所得税，税务机关可以指定工程价款或者劳务费的支付人为扣缴义务人。

二、扣缴方法

1. 扣缴义务人扣缴税款时，按非居民企业计算方法计算税款。

2. 应当扣缴的所得税，扣缴义务人未依法扣缴或者无法履行扣缴义务的，由企业在所得发生地缴纳。企业未依法缴纳的，税务机关可以从该企业在中国境内其他收入项目的支付人应付的款项中，追缴该企业的应纳税款。

3. 扣缴义务人每次代扣的税款，应当自代扣之日起7日内缴入国库，并向所在地的税务机关报送扣缴企业所得税报告表。

三、税源管理

1. 扣缴义务人与非居民企业首次签订与应税所得有关的业务合同或协议（以下简称合同）的，扣缴义务人应当自合同签订之日起30日内，向其主管税务机关申报办理扣缴税款登记。

2. 扣缴义务人每次与非居民企业签订与应税所得有关的业务合同时，应当自签订合同（包括修改、补充、延期合同）之日起30日内，向其主管税务机关报送《扣缴企业所得税合同备案登记表》、合同复印件及相关资料。文本为外文的应同时附送中文译本。

股权转让交易双方均为非居民企业且在境外交易的，被转让股权的境内企业在依法变更税务登记时，应将股权转让合同复印件报送主管税务机关。

3. 扣缴义务人应当设立代扣代缴税款账簿和合同资料档案，准确记录企业所得税的扣缴情况，并接受税务机关的检查。

四、征收管理

1. 扣缴义务人在每次向非居民企业支付或者到期应支付应税所得时，应从支付或者到期应支付的款项中扣缴企业所得税。到期应支付的款项，是支付人按照权责发生制原则应当计入相关成本、费用的应付款项。

扣缴义务人每次代扣代缴税款时，应当向其主管税务机关报送《中华人民共和国扣缴企业所得税报告表》(以下简称扣缴表)及相关资料。

2. 扣缴企业所得税应纳税额计算。

扣缴企业所得税应纳税额=应纳税所得额×实际征收率

应纳税所得额是指依照企业所得税法第十九条规定（第八节的计算方法）计算的下列应纳税所得额。即：

(1) 股息、红利等权益性投资收益和利息、租金、特许权使用费所得，以收入全额为应纳税所得额，不得扣除税法规定之外的税费支出。

(2) 转让财产所得，以收入全额减除财产净值后的余额为应纳税所得额。

(3) 其他所得，参照前两项规定的方法计算应纳税所得额。

五、股权转让所得的管理

自2008年1月1日起，非居民企业股权转让所得企业所得税管理按以下规定执行。

1. 所称股权转让所得是非居民企业转让中国居民企业的股权（不包括在公开的证券市场上买入并卖出中国居民企业的股票）所取得的所得。

2. 扣缴义务人未依法扣缴或者无法履行扣缴义务的，非居民企业应自合同、协议约定的股权转让之日（如果转让方提前取得股权转让收入的，应自实际取得股权转让收入之日）起7日内，到被转让股权的中国居民企业所在地主管税务机关（负责该居民企业所得税征管的税务机关）申报缴纳企业所得税。非居民企业未按期如实申报的，依照税收征管法有关规定处理。

3. 股权转让所得是指股权转让价减除股权成本价后的差额。

股权转让价是股权转让人就转让的股权所收取的包括现金、非货币资产或者权益等形式的金额。如被持股企业有未分配利润或税后提存的各项基金等，股权转让人随股权一并转让该股东留存收益权的金额，不得从股权转让价中扣除。

股权成本价是股权转让人投资入股时向中国居民企业实际交付的出资金额，或购买该项股权时向该股权的原转让人实际支付的股权转让金额。

4. 在计算股权转让所得时，以非居民企业向被转让股权的中国居民企业投资时或向原投资方购买该股权时的币种计算股权转让价和股权成本价。如果同一非居民企业存在多次投资的，以首次投入资本时的币种计算股权转让价和股权成本价，以加权平均法计算股权成本价；多次投资时币种不一致的，则应按照每次投入资本当日的汇率换算成首次投资时的币种。

5. 境外投资方（实际控制方）间接转让中国居民企业股权，如果被转让的境外控股公司所在国（地区）实际税负低于12.5%或者对其居民境外所得不征所得税的，应自股权转让合同签订之日起30日内，向被转让股权的中国居民企业所在地主管税务机关提供以下资料：

（1）股权转让合同或协议；

（2）境外投资方与其所转让的境外控股公司在资金、经营、购销等方面的关系；

（3）境外投资方所转让的境外控股公司的生产经营、人员、账务、财产等情况；

（4）境外投资方所转让的境外控股公司与中国居民企业在资金、经营、购销等方面的关系；

（5）境外投资方设立被转让的境外控股公司具有合理商业目的的说明；

（6）税务机关要求的其他相关资料。

6. 境外投资方（实际控制方）通过滥用组织形式等安排间接转让中国居民企业股权，且不具有合理的商业目的，规避企业所得税纳税义务的，主管税务机关层报税务总局审核后可以按照经济实质对该股权转让交易重新定性，否定被用作税收安排的境外控股公司的存在。

7. 非居民企业向其关联方转让中国居民企业股权，其转让价格不符合独立交易原则而减少应纳税所得额的，税务机关有权按照合理方法进行调整。

8. 境外投资方（实际控制方）同时转让境内或境外多个控股公司股权的，被转让股权的中国居民企业应将整体转让合同和涉及本企业的分部合同提供给主管税务机关。如果没有分部合同的，被转让股权的中国居民企业应向主管税务机关提供被整体转让的各个控股公司的详细资料，准确划分境内被转让企业的转让价格。如果不能准确划分的，主管税务机关有权选择合理的方法对转让价格进行调整。

9. 非居民企业取得股权转让所得，符合财税［2009］59号文件规定的特殊性重组条件并选择特殊性税务处理的，应向主管税务机关提交书面备案资料，证明其符合特殊性重组规定的条件，并经省级税务机关核准。

六、法律责任

1. 扣缴义务人未按照规定办理扣缴税款登记的，主管税务机关应当按照《税务登记管理办法》第四十五条、四十六条的规定处理。

转让股权的境内企业未依法变更税务登记的，主管税务机关应当按照《税务登记管理办法》第四十二条的规定处理。

2. 扣缴义务人未按规定的期限向主管税务机关报送《扣缴企业所得税合同备案登记表》、合同复印件及相关资料的，未按规定期限向主管税务机关报送扣缴表的，未履行扣缴义务不缴或者少缴已扣税款的、或者应扣未扣税款的，非居民企业未按规定期限申报纳税的、不缴或者少缴应纳税款的，主管税务机关应当按照税收征管法及其实施细则的有关规定处理。

第九节 特别纳税调整

一、特别纳税调整概念

特别纳税调整是指企业与其关联方之间的业务往来，不符合独立交易原则而减少企业或者其关联方应纳税收入或者所得额的，税务机关有权按照合理方法进行调整。企业与其关联方共同开发、受让无形资产，或者共同提供、接受劳务发生的成本，在计算应纳税所得额时应当按照独立交易原则进行分摊。

上述所称关联方指与企业有下列关联关系之一的企业、其他组织或者个人，具体指：

（1）在资金、经营、购销等方面存在直接或者间接的控制关系；

（2）直接或者间接地同为第三者控制；

（3）在利益上具有相关联的其他关系。

上述所称独立交易原则，指没有关联关系的交易各方，按照公平成交价格和营业常规进行业务往来遵循的原则。

（一）关联业务的税务处理

1. 由居民企业，或者由居民企业和中国居民控制的设立在实际税负明显低于25%的税率水平的国家（地区）的企业，并非由于合理的经营需要而对利润不作分配或者减少分配的，上述利润中应归属于该居民企业的部分，应当计入该居民企业的当期收入。所指控制包括：

（1）居民企业或者中国居民直接或者间接单一持有外国企业10%以上有表决权股份，且由其共同持有该外国企业50%以上股份；

（2）居民企业，或者居民企业和中国居民持股比例没有达到第（1）项规定的标准，但在股份、资金、经营、购销等方面对该外国企业构成实质控制。

（3）上述所指的实际税负明显偏低是指实际税负明显低于企业所得税法规定的25%税率的50%。

2. 企业从其关联方接受的债权性投资与权益性投资的比例超过规定标准而发生的利息支出，不得在计算应纳税所得额时扣除。企业间接从关联方获得的债权性投资，包括：

（1）关联方通过无关联第三方提供的债权性投资；

（2）无关联第三方提供的、由关联方担保且负有连带责任的债权性投资；

（3）其他间接从关联方获得的具有负债实质的债权性投资。

前述所称权益性投资，指企业接受的不需要偿还本金和支付利息，投资人对企业净资产拥有所有权的投资。

3. 母子公司间提供服务支付费用有关企业所得税处理

（1）母公司为其子公司（以下简称子公司）提供各种服务而发生的费用，应按照独立企业之间公平交易原则确定服务的价格，作为企业正常的劳务费用进行税务处理。

母子公司未按照独立企业之间的业务往来收取价款的，税务机关有权予以调整。

（2）母公司向其子公司提供各项服务，双方应签订服务合同或协议，明确规定提供服务的内容、收费标准及金额等，凡按上述合同或协议规定所发生的服务费，母公司应作为营业收入申报纳税；子公司作为成本费用在税前扣除。

（3）母公司向其多个子公司提供同类项服务，其收取的服务费可以采取分项签订合同或协议收取；也可以采取服务分摊协议的方式，即，由母公司与各子公司签订服务费用分摊合同或协议，以母公司为其子公司提供服务所发生的实际费用并附加一定比例利润作为向子公司收取的总服务费，在各服务受益子公司（包括盈利企业、亏损企业和享受减免税企业）之间按《中华人民共和国企业所得税法》第四十一条第二款规定合理分摊。

（4）母公司以管理费形式向子公司提取费用，子公司因此支付给母公司的管理费，不得在税前扣除。

（5）子公司申报税前扣除向母公司支付的服务费用，应向主管税务机关提供与母公司签订的服务合同或者协议等与税前扣除该项费用相关的材料。不能提供相关材料的，支付的服务费用不得税前扣除。

（二）特别纳税调整管理的内容

特别纳税调整管理，依据国税发［2009］2号文规定，特别纳税调整实施办法（试行）适用于税务机关对企业的转让定价、预约定价安排、成本分摊协议、受控外国企业、资本弱化以及一般反避税等特别纳税调整事项的管理。

1. 转让定价管理。转让定价管理指税务机关按照所得税法第六章和征管法第三十六条的有关规定，对企业与其关联方之间的业务往来（以下简称关联交易）是否符合独立交易原则进行审核评估和调查调整等工作的总称。

2. 预约定价安排管理。预约定价安排管理指税务机关按照所得税法第四十二条和征管法实施细则第五十三条的规定，对企业提出的未来年度关联交易的定价原则和计算方法进行审核评估，并与企业协商达成预约定价安排等工作的总称。

3. 成本分摊协议管理。成本分摊协议管理指税务机关按照所得税法第四十一条第二款的规定，对企业与其关联方签署的成本分摊协议是否符合独立交易原则进行审核评估和调查调整等工作的总称。

4. 受控外国企业管理。受控外国企业管理指税务机关按照所得税法第四十五条的规定，对受控外国企业不作利润分配或减少分配进行审核评估和调查，并对归属于中国居民企业所得进行调整等工作的总称。

5. 资本弱化管理。资本弱化管理指税务机关按照所得税法第四十六条的规定，对企业接受关联方债权性投资与企业接受的权益性投资的比例是否符合规定比例或独立交易原则进行审核评估和调查调整等工作的总称。

6. 一般反避税管理。一般反避税管理指税务机关按照所得税法第四十七条的规定，对企业实施其他不具有合理商业目的的安排而减少其应纳税收入或所得额进行审核评估和调查调整等工作的总称。

二、关联申报管理

（一）所得税法实施条例第109条及征管法实施细则第51条所称关联关系，主要是指企业与其他企业、组织或个人具有下列之一关系：

1. 一方直接或间接持有另一方的股份总和达到25%以上，或者双方直接或间接同为第三方所持有的股份达到25%以上。若一方通过中间方对另一方间接持有股份，只要一方对中间方持股比例达到25%以上，则一方对另一方的持股比例按照中间方对另一方的持股比例计算。

2. 一方与另一方（独立金融机构除外）之间借贷资金占一方实收资本50%以上，或者一方借贷资金总额的10%以上是由另一方（独立金融机构除外）担保。

3. 一方半数以上的高级管理人员（包括董事会成员和经理）或至少一名可以控制董事会的董事会高级成员是由另一方委派，或者双方半数以上的高级管理人员（包括董事会成员和经理）或至少一名可以控制董事会的董事会高级成员同为第三方委派。

4. 一方半数以上的高级管理人员（包括董事会成员和经理）同时担任另一方的高级管理人员（包括董事会成员和经理），或者一方至少一名可以控制董事会的董事会高级成员同时担任另一方的董事会高级成员。

5. 一方的生产经营活动必须由另一方提供的工业产权、专有技术等特许权才能正常进行。

6. 一方的购买或销售活动主要由另一方控制。

7. 一方接受或提供劳务主要由另一方控制。

8. 一方对另一方的生产经营、交易具有实质控制，或者双方在利益上具有相关联的其他关系，包括虽未达到本条第（一）项持股比例，但一方与另一方的主要持股方享受基本相同的经济利益，以及家族、亲属关系等。

（二）关联交易的主要类型

1. 有形资产的购销、转让和使用，包括房屋建筑物、交通工具、机器设备、工具、商品、产品等有形资产的购销、转让和租赁业务；

2. 无形资产的转让和使用，包括土地使用权、版权（著作权）、专利、商标、客户名单、营销渠道、牌号、商业秘密和专有技术等特许权，以及工业品外观设计或实用新型等工业产权的所有权转让和使用权的提供业务；

3. 融通资金，包括各类长短期资金拆借和担保以及各类计息预付款和延期付款等业务；

4. 提供劳务，包括市场调查、行销、管理、行政事务、技术服务、维修、设计、咨询、代理、科研、法律、会计事务等服务的提供。

（三）关联报表申报

实行查账征收的居民企业和在中国境内设立机构、场所并据实申报缴纳企业所得税的非居民企业向税务机关报送年度企业所得税纳税申报表时，应附送《中华人民共和国企业年度关联业务往来报告表》，包括《关联关系表》、《关联交易汇总表》、《购销表》、《劳务表》、《无形资产表》、《固定资产表》、《融通资金表》、《对外投资情况表》和《对外支付款项情况表》。

企业按规定期限报送上述报告表确有困难，需要延期的，应按征管法及其实施细则的有关规定办理。

三、同期资料管理

1. 企业应根据所得税法实施条例第 114 条的规定，按纳税年度准备、保存、并按税务机关要求提供其关联交易的同期资料。这些资料包括：

(1) 与关联业务往来有关的价格、费用的制定标准、计算方法和说明等同期资料；

(2) 关联业务往来所涉及的财产、财产使用权、劳务等的再销售（转让）价格或者最终销售（转让）价格的相关资料；

(3) 与关联业务调查有关的其他企业应当提供的与被调查企业可比的产品价格、定价方式以及利润水平等资料；

(4) 其他与关联业务往来有关的资料。

上述所称与关联业务调查有关的其他企业，指与被调查企业在生产经营内容和方式上相类似的企业。

企业应当在税务机关规定的期限内提供与关联业务往来有关的价格、费用的制定标准、计算方法和说明等资料。关联方以及与关联业务调查有关的其他企业应当在税务机关与其约定的期限内提供相关资料。

2. 同期资料的主要内容：

(1) 企业组织结构：

①企业所属的企业集团相关组织结构及股权结构；

②企业关联关系的年度变化情况；

③与企业发生交易的关联方信息，包括关联企业的名称、法定代表人、董事和经理等高级管理人员构成情况、注册地址及实际经营地址，以及关联个人的名称、国籍、居住地、家庭成员构成等情况，并注明对企业关联交易定价具有直接影响的关联方；

④各关联方适用的具有所得税性质的税种、税率及相应可享受的税收优惠。

(2) 生产经营情况：

①企业的业务概况，包括企业发展变化概况、所处的行业及发展概况、经营策略、产业政策、行业限制等影响企业和行业的主要经济和法律问题，集团产业链以及企业所处地位；

②企业的主营业务构成，主营业务收入及其占收入总额的比重，主营业务利润及其占利润总额的比重；

③企业所处的行业地位及相关市场竞争环境的分析；

④企业内部组织结构，企业及其关联方在关联交易中执行的功能、承担的风险以及使用的资产等相关信息，并参照填写《企业功能风险分析表》；

⑤企业集团合并财务报表，可视企业集团会计年度情况延期准备，但最迟不得超过关联交易发生年度的次年 12 月 31 日。

(3) 关联交易情况：

①关联交易类型、参与方、时间、金额、结算货币、交易条件等；

②关联交易所采用的贸易方式、年度变化情况及其理由；

③关联交易的业务流程，包括各个环节的信息流、物流和资金流，与非关联交易业务

流程的异同；

④关联交易所涉及的无形资产及其对定价的影响；

⑤与关联交易相关的合同或协议副本及其履行情况的说明；

⑥对影响关联交易定价的主要经济和法律因素的分析；

⑦关联交易和非关联交易的收入、成本、费用和利润的划分情况，不能直接划分的，按照合理比例划分，说明确定该划分比例的理由，并参照填写《企业年度关联交易财务状况分析表》。

（4）可比性分析：

①可比性分析所考虑的因素，包括交易资产或劳务特性、交易各方功能和风险、合同条款、经济环境、经营策略等；

②可比企业执行的功能、承担的风险以及使用的资产等相关信息；

③可比交易的说明，如：有形资产的物理特性、质量及其效用；融资业务的正常利率水平、金额、币种、期限、担保、融资人的资信、还款方式、计息方法等；劳务的性质与程度；无形资产的类型及交易形式，通过交易获得的使用无形资产的权利，使用无形资产获得的收益；

④可比信息来源、选择条件及理由；

⑤可比数据的差异调整及理由。

（5）转让定价方法的选择和使用：

①转让定价方法的选用及理由，企业选择利润法时，须说明对企业集团整体利润或剩余利润水平所做的贡献；

②可比信息如何支持所选用的转让定价方法；

③确定可比非关联交易价格或利润的过程中所做的假设和判断；

④运用合理的转让定价方法和可比性分析结果，确定可比非关联交易价格或利润，以及遵循独立交易原则的说明；

⑤其他支持所选用转让定价方法的资料。

3. 属于下列情形之一的企业，可免于准备同期资料：

（1）年度发生的关联购销金额（来料加工业务按年度进出口报关价格计算）在 2 亿元人民币以下且其他关联交易金额（关联融通资金按利息收付金额计算）在 4 000 万元人民币以下，上述金额不包括企业在年度内执行成本分摊协议或预约定价安排所涉及的关联交易金额；

（2）关联交易属于执行预约定价安排所涉及的范围；

（3）外资股份低于 50%且仅与境内关联方发生关联交易。

4. 除本办法第七章另有规定外，企业应在关联交易发生年度的次年 5 月 31 日之前准备完毕该年度同期资料，并自税务机关要求之日起 20 日内提供。

企业因不可抗力无法按期提供同期资料的，应在不可抗力消除后 20 日内提供同期资料。

5. 企业按照税务机关要求提供的同期资料，须加盖公章，并由法定代表人或法定代表人授权的代表签字或盖章。同期资料涉及引用的信息资料，应标明出处来源。

6. 企业因合并、分立等原因变更或注销税务登记的，应由合并、分立后的企业保存同期资料。

7. 同期资料应使用中文。如原始资料为外文的，应附送中文副本。

8. 同期资料应自企业关联交易发生年度的次年6月1日起保存10年。

四、转让定价方法管理

企业发生关联交易以及税务机关审核、评估关联交易均应遵循独立交易原则，选用合理的转让定价方法。所得税法实施条例第111条规定，转让定价方法包括可比非受控价格法、再销售价格法、成本加成法、交易净利润法、利润分割法和其他符合独立交易原则的方法。

选用合理的转让定价方法应进行可比性分析。可比性分析因素主要包括以下五个方面：

1. 交易资产或劳务特性，主要包括：有形资产的物理特性、质量、数量等，劳务的性质和范围，无形资产的类型、交易形式、期限、范围、预期收益等；

2. 交易各方功能和风险，功能主要包括：研发、设计，采购，加工、装配、制造，存货管理、分销、售后服务、广告，运输、仓储，融资，财务、会计、法律及人力资源管理等，在比较功能时，应关注企业为发挥功能所使用资产的相似程度；风险主要包括：研发风险，采购风险，生产风险，分销风险，市场推广风险，管理及财务风险等；

3. 合同条款，主要包括：交易标的，交易数量、价格，收付款方式和条件，交货条件，售后服务范围和条件，提供附加劳务的约定，变更、修改合同内容的权利，合同有效期，终止或续签合同的权利；

4. 经济环境，主要包括：行业概况，地理区域，市场规模，市场层级，市场占有率，市场竞争程度，消费者购买力，商品或劳务可替代性，生产要素价格，运输成本，政府管制等；

5. 经营策略，主要包括：创新和开发策略，多元化经营策略，风险规避策略，市场占有策略等。

（一）可比非受控价格法

可比非受控价格法指以非关联方之间进行的与关联交易相同或类似业务活动所收取的价格作为关联交易的公平成交价格。

可比性分析应特别考察关联交易与非关联交易在交易资产或劳务的特性、合同条款及经济环境上的差异，按照不同交易类型具体包括如下内容：

1. 有形资产的购销或转让：

（1）购销或转让过程，包括交易的时间与地点、交货条件、交货手续、支付条件、交易数量、售后服务的时间和地点等；

（2）购销或转让环节，包括出厂环节、批发环节、零售环节、出口环节等；

（3）购销或转让货物，包括品名、品牌、规格、型号、性能、结构、外型、包装等；

（4）购销或转让环境，包括民族风俗、消费者偏好、政局稳定程度以及财政、税收、外汇政策等。

2. 有形资产的使用：

（1）资产的性能、规格、型号、结构、类型、折旧方法；

（2）提供使用权的时间、期限、地点；

（3）资产所有者对资产的投资支出、维修费用等。

3. 无形资产的转让和使用：

（1）无形资产类别、用途、适用行业、预期收益；

（2）无形资产的开发投资、转让条件、独占程度、受有关国家法律保护的程度及期限、受让成本和费用、功能风险情况、可替代性等。

4. 融通资金：融资的金额、币种、期限、担保、融资人的资信、还款方式、计息方法等。

5. 提供劳务：业务性质、技术要求、专业水准、承担责任、付款条件和方式、直接和间接成本等。

关联交易与非关联交易之间在以上方面存在重大差异的，应就该差异对价格的影响进行合理调整，无法合理调整的，应根据规定选择其他合理的转让定价方法。

一般情况下，可比非受控价格法可以适用于所有类型的关联交易。

（二）再销售价格法

再销售价格法指以关联方购进商品再销售给非关联方的价格减去可比非关联交易毛利后的金额作为关联方购进商品的公平成交价格。其计算公式如下：

公平成交价格=再销售给非关联方的价格×（1-可比非关联交易毛利率）

可比非关联交易毛利率=可比非关联交易毛利/可比非关联交易收入净额×100%

可比性分析应特别考察关联交易与非关联交易在功能风险及合同条款上的差异以及影响毛利率的其他因素，具体包括销售、广告及服务功能，存货风险，机器、设备的价值及使用年限，无形资产的使用及价值，批发或零售环节，商业经验，会计处理及管理效率等。

关联交易与非关联交易之间在以上方面存在重大差异的，应就该差异对毛利率的影响进行合理调整，无法合理调整的，应根据本章规定选择其他合理的转让定价方法。

再销售价格法通常适用于再销售者未对商品进行改变外型、性能、结构或更换商标等实质性增值加工的简单加工或单纯购销业务。

（三）成本加成法

成本加成法指以关联交易发生的合理成本加上可比非关联交易毛利作为关联交易的公平成交价格。其计算公式如下：

公平成交价格=关联交易的合理成本×（1+可比非关联交易成本加成率）

可比非关联交易成本加成率=可比非关联交易毛利/可比非关联交易成本×100%

可比性分析应特别考察关联交易与非关联交易在功能风险及合同条款上的差异以及影响成本加成率的其他因素，具体包括制造、加工、安装及测试功能，市场及汇兑风险，机器、设备的价值及使用年限，无形资产的使用及价值，商业经验，会计处理及管理效率等。

关联交易与非关联交易之间在以上方面存在重大差异的，应就该差异对成本加成率的影响进行合理调整，无法合理调整的，应根据本章规定选择其他合理的转让定价方法。

成本加成法通常适用于有形资产的购销、转让和使用，劳务提供或资金融通的关联交易。

（四）交易净利润法

交易净利润法指以可比非关联交易的利润率指标确定关联交易的净利润。利润率指标包括资产收益率、销售利润率、完全成本加成率、贝里比率等。

可比性分析应特别考察关联交易与非关联交易之间在功能风险及经济环境上的差异以及影响营业利润的其他因素，具体包括执行功能、承担风险和使用资产，行业和市场情况，经营规模，经济周期和产品生命周期，成本、费用、所得和资产在各交易间的分摊，会计处理及经营管理效率等。

关联交易与非关联交易之间在以上方面存在重大差异的，应就该差异对营业利润的影响进行合理调整，无法合理调整的，应根据本章规定选择其他合理的转让定价方法。

交易净利润法通常适用于有形资产的购销、转让和使用，无形资产的转让和使用以及劳务提供等关联交易。

（五）利润分割法

利润分割法指根据企业与其关联方对关联交易合并利润的贡献计算各自应该分配的利润额。利润分割法分为一般利润分割法和剩余利润分割法。

一般利润分割法根据关联交易各参与方所执行的功能、承担的风险以及使用的资产，确定各自应取得的利润。

剩余利润分割法将关联交易各参与方的合并利润减去分配给各方的常规利润的余额作为剩余利润，再根据各方对剩余利润的贡献程度进行分配。

可比性分析应特别考察交易各方执行的功能、承担的风险和使用的资产，成本、费用、所得和资产在各交易方之间的分摊，会计处理，确定交易各方对剩余利润贡献所使用信息和假设条件的可靠性等。

利润分割法通常适用于各参与方关联交易高度整合且难以单独评估各方交易结果的情况。

五、转让定价调查及调整管理

税务机关有权依据税收征管法及其实施细则有关税务检查的规定，确定调查企业，进行转让定价调查、调整。被调查企业必须据实报告其关联交易情况，并提供相关资料，不得拒绝或隐瞒。

（一）转让定价调查

1. 转让定价调查的企业选择。

（1）关联交易数额较大或类型较多的企业；

（2）长期亏损、微利或跳跃性盈利的企业；

（3）低于同行业利润水平的企业；

（4）利润水平与其所承担的功能风险明显不相匹配的企业；

（5）与避税港关联方发生业务往来的企业；

（6）未按规定进行关联申报或准备同期资料的企业；

（7）其他明显违背独立交易原则的企业。

2. 总体税负分析。

实际税负相同的境内关联方之间的交易，只要该交易没有直接或间接导致国家总体税收收入的减少，原则上不做转让定价调查、调整。

3. 案头审核。

税务机关应结合日常征管工作，开展案头审核，确定调查企业。案头审核应主要根据被调查企业历年报送的年度所得税申报资料及关联业务往来报告表等纳税资料，对企业的生产经营状况、关联交易等情况进行综合评估分析。

企业可以在案头审核阶段向税务机关提供同期资料。

4. 现场调查。

（1）现场调查人员须2名以上。

（2）现场调查时调查人员应出示《税务检查证》，并送达《税务检查通知书》。

（3）现场调查可根据需要依照法定程序采取询问、调取账簿资料和实地核查等方式。

（4）询问当事人应有专人记录《询问（调查）笔录》，并告知当事人不如实提供情况应当承担的法律责任。《询问（调查）笔录》应交当事人核对确认。

（5）需调取账簿及有关资料的，应按照征管法实施细则第八十六条的规定，填制《调取账簿资料通知书》、《调取账簿资料清单》，办理有关法定手续，调取的账簿、记账凭证等资料，应妥善保管，并按法定时限如数退还。

（6）实地核查过程中发现的问题和情况，由调查人员填写《询问（调查）笔录》。《询问（调查）笔录》应由2名以上调查人员签字，并根据需要由被调查企业核对确认，若被调查企业拒绝，可由2名以上调查人员签认备案。

（7）可以以记录、录音、录像、照相和复制的方式索取与案件有关的资料，但必须注明原件的保存方及出处，由原件保存或提供方核对签注"与原件核对无误"字样，并盖章或押印。

（8）需要证人作证的，应事先告知证人不如实提供情况应当承担的法律责任。证人的证言材料应由本人签字或押印。

5. 资料收集。

根据所得税法、所得税法实施条例的规定，税务机关在实施转让定价调查时，有权要求企业及其关联方，以及与关联业务调查有关的其他企业（以下简称可比企业）提供相关资料，并送达《税务事项通知书》。

（1）企业应在《税务事项通知书》规定的期限内提供相关资料，因特殊情况不能按期提供的，应向税务机关提交书面延期申请，经批准，可以延期提供，但最长不得超过30日。税务机关应自收到企业延期申请之日起15日内函复，逾期未函复的，视同税务机关已同意企业的延期申请。

（2）企业的关联方以及可比企业应在与税务机关约定的期限内提供相关资料，约定期限一般不应超过60日。

企业、关联方及可比企业应按税务机关要求提供真实、完整的相关资料。

6. 税务机关应按本办法第二章的有关规定，核实企业申报信息，并要求企业填制《企业可比性因素分析表》。

税务机关在企业关联申报和提供资料的基础上，填制《企业关联关系认定表》、《企业关联交易认定表》和《企业可比性因素分析认定表》，并由被调查企业核对确认。

7. 转让定价调查涉及向关联方和可比企业调查取证的，税务机关向企业送达《税务检查通知书》，进行调查取证。

8. 税务机关审核企业、关联方及可比企业提供的相关资料，可采用现场调查、发函协查和查阅公开信息等方式核实。需取得境外有关资料的，可按有关规定启动税收协定的情报交换程序，或通过我驻外机构调查收集有关信息。涉及境外关联方的相关资料，税务机关也可要求企业提供公证机构的证明。

9. 税务机关应选用本办法第四章规定的转让定价方法分析、评估企业关联交易是否符合独立交易原则，分析评估时可以使用公开信息资料，也可以使用非公开信息资料。

（二）转让定价调整

1. 税务机关分析、评估企业关联交易时，因企业与可比企业营运资本占用不同而对营业利润产生的差异原则上不做调整。确需调整的，须层报国家税务总局批准。

2. 按照关联方订单从事加工制造，不承担经营决策、产品研发、销售等功能的企业，不应承担由于决策失误、开工不足、产品滞销等原因带来的风险和损失，通常应保持一定的利润率水平。对出现亏损的企业，税务机关应在经济分析的基础上，选择适当的可比价格或可比企业，确定企业的利润水平。

3. 企业与关联方之间收取价款与支付价款的交易相互抵消的，税务机关在可比性分析和纳税调整时，原则上应还原抵消交易。

4. 税务机关采用四分位法分析、评估企业利润水平时，企业利润水平低于可比企业利润率区间中位值的，原则上应按照不低于中位值进行调整。

5. 经调查，企业关联交易符合独立交易原则的，税务机关应做出转让定价调查结论，并向企业送达《特别纳税调查结论通知书》。

6. 经调查，企业关联交易不符合独立交易原则而减少其应纳税收入或者所得额的，税务机关应按以下程序实施转让定价纳税调整：

（1）在测算、论证和可比性分析的基础上，拟定特别纳税调查初步调整方案；

（2）根据初步调整方案与企业协商谈判，税企双方均应指定主谈人，调查人员应做好《协商内容记录》，并由双方主谈人签字确认，若企业拒签，可由 2 名以上调查人员签认备案；

（3）企业对初步调整方案有异议的，应在税务机关规定的期限内进一步提供相关资料，税务机关收到资料后，应认真审核，并及时做出审议决定；

（4）根据审议决定，向企业送达《特别纳税调查初步调整通知书》，企业对初步调整意见有异议的，应自收到通知书之日起 7 日内书面提出，税务机关收到企业意见后，应再次协商审议；企业逾期未提出异议的，视为同意初步调整意见；

（5）确定最终调整方案，向企业送达《特别纳税调查调整通知书》。

7. 企业收到《特别纳税调查调整通知书》后，应按规定期限缴纳税款及利息。

（三）跟踪管理

税务机关对企业实施转让定价纳税调整后，应自企业被调整的最后年度的下一年度起5年内实施跟踪管理。在跟踪管理期内，企业应在跟踪年度的次年6月20日之前向税务机关提供跟踪年度的同期资料，税务机关根据同期资料和纳税申报资料重点分析、评估以下内容：

1. 企业投资、经营状况及其变化情况；
2. 企业纳税申报额变化情况；
3. 企业经营成果变化情况；
4. 关联交易变化情况等。

税务机关在跟踪管理期内发现企业转让定价异常等情况，应及时与企业沟通，要求企业自行调整，或按照有关规定开展转让定价调查调整。

六、预约定价安排管理

企业可以向税务机关提出与其关联方之间业务往来的定价原则和计算方法，税务机关与企业协商、确认后，达成预约定价安排。

预约定价安排指企业就其未来年度关联交易的定价原则和计算方法，向税务机关提出申请，与税务机关按照独立交易原则协商、确认后达成的协议。

预约定价安排的谈签与执行通常经过预备会谈、正式申请、审核评估、磋商、签订安排和监控执行6个阶段。预约定价安排包括单边、双边和多边3种类型。

（一）预约定价安排的基本内容

1. 预约定价安排应由设区的市、自治州以上的税务机关受理。

2. 预约定价安排一般适用于同时满足以下条件的企业：

（1）年度发生的关联交易金额在4 000万元人民币以上；

（2）依法履行关联申报义务；

（3）按规定准备、保存和提供同期资料。

3. 预约定价安排适用于自企业提交正式书面申请年度的次年起3至5个连续年度的关联交易。

预约定价安排的谈签不影响税务机关对企业提交预约定价安排正式书面申请当年或以前年度关联交易的转让定价调查调整。

如果企业申请当年或以前年度的关联交易与预约定价安排适用年度相同或类似，经企业申请，税务机关批准，可将预约定价安排确定的定价原则和计算方法适用于申请当年或以前年度关联交易的评估和调整。

（二）预约定价安排会谈

企业正式申请谈签预约定价安排前，应向税务机关书面提出谈签意向，税务机关可以根据企业的书面要求，与企业就预约定价安排的相关内容及达成预约定价安排的可行性开展预备会谈，并填制《预约定价安排会谈记录》。预备会谈可以采用匿名的方式。

1. 企业申请单边预约定价安排的，应向税务机关书面提出谈签意向。在预备会谈期间，企业应就以下内容提供资料，并与税务机关进行讨论：

（1）安排的适用年度；

（2）安排涉及的关联方及关联交易；

（3）企业以前年度生产经营情况；

（4）安排涉及各关联方功能和风险的说明；

（5）是否应用安排确定的方法解决以前年度的转让定价问题；

（6）其他需要说明的情况。

2. 企业申请双边或多边预约定价安排的，应同时向国家税务总局和主管税务机关书面提出谈签意向，国家税务总局组织与企业开展预备会谈，预备会谈的内容除第 1 项外，还应特别包括：

（1）向税收协定缔约对方税务主管当局提出预备会谈申请的情况；

（2）安排涉及的关联方以前年度生产经营情况及关联交易情况；

（3）向税收协定缔约对方税务主管当局提出的预约定价安排拟采用的定价原则和计算方法。

3. 预备会谈达成一致意见的，税务机关应自达成一致意见之日起 15 日内书面通知企业，可以就预约定价安排相关事宜进行正式谈判，并向企业送达《预约定价安排正式会谈通知书》；预备会谈不能达成一致意见的，税务机关应自最后一次预备会谈结束之日起 15 日内书面通知企业，向企业送达《拒绝企业申请预约定价安排通知书》，拒绝企业申请预约定价安排，并说明理由。

（三）预约定价安排申请

企业应在接到税务机关正式会谈通知之日起 3 个月内，向税务机关提出预约定价安排书面申请报告，并报送《预约定价安排正式申请书》。企业申请双边或多边预约定价安排的，应将《预约定价安排正式申请书》和《启动相互协商程序申请书》同时报送国家税务总局和主管税务机关。

1. 预约定价安排书面申请报告应包括如下内容：

（1）相关的集团组织架构、公司内部结构、关联关系、关联交易情况；

（2）企业近三年财务、会计报表资料，产品功能和资产（包括无形资产和有形资产）的资料；

（3）安排所涉及的关联交易类别和纳税年度；

（4）关联方之间功能和风险划分，包括划分所依据的机构、人员、费用、资产等；

（5）安排适用的转让定价原则和计算方法，以及支持这一原则和方法的功能风险分析、可比性分析和假设条件等；

（6）市场情况的说明，包括行业发展趋势和竞争环境；

（7）安排预约期间的年度经营规模、经营效益预测以及经营规划等；

（8）与安排有关的关联交易、经营安排及利润水平等财务方面的信息；

（9）是否涉及双重征税等问题；

（10）涉及境内、外有关法律、税收协定等相关问题。

2. 企业因下列特殊原因无法按期提交书面申请报告的，可向税务机关提出书面延期申请，并报送《预约定价安排正式申请延期报送申请书》：

（1）需要特别准备某些方面的资料；

（2）需要对资料做技术上的处理，如文字翻译等；

（3）其他非主观原因。

税务机关应自收到企业书面延期申请后15日内，对其延期事项做出书面答复，并向企业送达《预约定价安排正式申请延期报送答复书》。逾期未做出答复的，视同税务机关已同意企业的延期申请。

3. 上述申请内容所涉及的文件资料和情况说明，包括能够支持拟选用的定价原则、计算方法和能证实符合预约定价安排条件的所有文件资料，企业和税务机关均应妥善保存。

（四）预约定价安排审核评估

税务机关应自收到企业提交的预约定价安排正式书面申请及所需文件、资料之日起5个月内，进行审核和评估。根据审核和评估的具体情况可要求企业补充提供有关资料，形成审核评估结论。

因特殊情况，需要延长审核评估时间的，税务机关应及时书面通知企业，并向企业送达《预约定价安排审核评估延期通知书》，延长期限不得超过3个月。

税务机关应主要审核和评估以下内容：

1. 历史经营状况，分析、评估企业的经营规划、发展趋势、经营范围等文件资料，重点审核可行性研究报告、投资预（决）算、董事会决议等，综合分析反映经营业绩的有关信息和资料，如财务、会计报表、审计报告等。

2. 功能和风险状况，分析、评估企业与其关联方之间在供货、生产、运输、销售等各环节以及在研究、开发无形资产等方面各自所拥有的份额，执行的功能以及在存货、信贷、外汇、市场等方面所承担的风险。

3. 可比信息，分析、评估企业提供的境内、外可比价格信息，说明可比企业和申请企业之间的实质性差异，并进行调整。若不能确认可比交易或经营活动的合理性，应明确企业须进一步提供的有关文件、资料，以证明其所选用的转让定价原则和计算方法公平地反映了被审核的关联交易和经营现状，并得到相关财务、经营等资料的证实。

4. 假设条件，分析、评估对行业盈利能力和对企业生产经营的影响因素及其影响程度，合理确定预约定价安排适用的假设条件。

5. 转让定价原则和计算方法，分析、评估企业在预约定价安排中选用的转让定价原则和计算方法是否以及如何真实地运用于以前、现在和未来年度的关联交易以及相关财务、经营资料之中，是否符合法律、法规的规定。

6. 预期的公平交易价格或利润区间，通过对确定的可比价格、利润率、可比企业交易等情况的进一步审核和评估，测算出税务机关和企业均可接受的价格或利润区间。

（五）预约定价安排磋商

税务机关应自单边预约定价安排形成审核评估结论之日起30日内，与企业进行预约定价安排磋商，磋商达成一致的，应将预约定价安排草案和审核评估报告一并层报国家税务总局审定。

国家税务总局与税收协定缔约对方税务主管当局开展双边或多边预约定价安排的磋

商，磋商达成一致的，根据磋商备忘录拟定预约定价安排草案。

预约定价安排草案应包括如下内容：

1. 关联方名称、地址等基本信息；
2. 安排涉及的关联交易及适用年度；
3. 安排选定的可比价格或交易、转让定价原则和计算方法、预期经营结果等；
4. 与转让定价方法运用和计算基础相关的术语定义；
5. 假设条件；
6. 企业年度报告、记录保存、假设条件变动通知等义务；
7. 安排的法律效力，文件资料等信息的保密性；
8. 相互责任条款；
9. 安排的修订；
10. 解决争议的方法和途径；
11. 生效日期；
12. 附则。

（六）预约定价安排签订

1. 税务机关与企业就单边预约定价安排草案内容达成一致后，双方的法定代表人或法定代表人授权的代表正式签订单边预约定价安排。国家税务总局与税收协定缔约对方税务主管当局就双边或多边预约定价安排草案内容达成一致后，双方或多方税务主管当局授权的代表正式签订双边或多边预约定价安排。主管税务机关根据双边或多边预约定价安排与企业签订《双边（多边）预约定价安排执行协议书》。

2. 在预约定价安排正式谈判后和预约定价安排签订前，税务机关和企业均可暂停、终止谈判。涉及双边或多边预约定价安排的，经缔约各方税务主管当局协商，可暂停、终止谈判。终止谈判的，双方应将谈判中相互提供的全部资料退还给对方。

（七）预约定价安排执行

1. 税务机关应建立监控管理制度，监控预约定价安排的执行情况。

（1）在预约定价安排执行期内，企业应完整保存与安排有关的文件和资料（包括账簿和有关记录等），不得丢失、销毁和转移；并在纳税年度终了后5个月内，向税务机关报送执行预约定价安排情况的年度报告。

年度报告应说明报告期内经营情况以及企业遵守预约定价安排的情况，包括预约定价安排要求的所有事项，以及是否有修订或实质上终止该预约定价安排的要求。如有未决问题或将要发生的问题，企业应在年度报告中予以说明，以便与税务机关协商是否修订或终止安排。

（2）在预约定价安排执行期内，税务机关应定期（一般为半年）检查企业履行安排的情况。检查内容主要包括：企业是否遵守了安排条款及要求；为谈签安排而提供的资料和年度报告是否反映了企业的实际经营情况；转让定价方法所依据的资料和计算方法是否正确；安排所描述的假设条件是否仍然有效；企业对转让定价方法的运用是否与假设条件相一致等。

税务机关如发现企业有违反安排的一般情况，可视情况进行处理，直至终止安排；如发现企业存在隐瞒或拒不执行安排的情况，税务机关应认定预约定价安排自始无效。

（3）在预约定价安排执行期内，如果企业发生实际经营结果不在安排所预期的价格或利润区间之内的情况，税务机关应在报经上一级税务机关核准后，将实际经营结果调整到安排所确定的价格或利润区间内。涉及双边或多边预约定价安排的，应当层报国家税务总局核准。

（4）在预约定价安排执行期内，企业发生影响预约定价安排的实质性变化，应在发生变化后30日内向税务机关书面报告，详细说明该变化对预约定价安排执行的影响，并附相关资料。由于非主观原因而无法按期报告的，可以延期报告，但延长期不得超过30日。

税务机关应在收到企业书面报告之日起60日内，予以审核和处理，包括审查企业变化情况、与企业协商修订预约定价安排条款和相关条件，或根据实质性变化对预约定价安排的影响程度采取修订或终止安排等措施。原预约定价安排终止执行后，税务机关可以和企业按照本章规定的程序和要求，重新谈签新的预约定价安排。

（5）国家税务局和地方税务局与企业共同签订的预约定价安排，在执行期内，企业应分别向国家税务局和地方税务局报送执行预约定价安排情况的年度报告和实质性变化报告。国家税务局和地方税务局应对企业执行安排的情况，实行联合检查和审核。

2. 预约定价安排期满后自动失效。如企业需要续签的，应在预约定价安排执行期满前90日内向税务机关提出续签申请，报送《预约定价安排续签申请书》，并提供可靠的证明材料，说明现行预约定价安排所述事实和相关环境没有发生实质性变化，并且一直遵守该预约定价安排中的各项条款和约定。税务机关应自收到企业续签申请之日起15日内做出是否受理的书面答复，向企业送达《预约定价安排申请续签答复书》。税务机关应审核、评估企业的续签申请资料，与企业协商拟定预约定价安排草案，并按双方商定的续签时间、地点等相关事宜，与企业完成续签工作。

3. 预约定价安排的谈签或执行同时涉及两个以上省、自治区、直辖市和计划单列市税务机关，或者同时涉及国家税务局和地方税务局的，由国家税务总局统一组织协调。企业可以直接向国家税务总局书面提出谈签意向。

4. 税务机关与企业达成的预约定价安排，只要企业遵守了安排的全部条款及其要求，各地国家税务局、地方税务局均应执行。

（八）预约定价安排其他事项

1. 税务机关与企业在预约定价安排预备会谈、正式谈签、审核、分析等全过程中所获取或得到的所有信息资料，双方均负有保密义务。税务机关和企业每次会谈，均应对会谈内容进行书面记录，同时载明每次会谈时相互提供资料的份数和内容，并由双方主谈人员签字或盖章。

2. 税务机关与企业不能达成预约定价安排的，税务机关在会谈、协商过程中所获取的有关企业的提议、推理、观念和判断等非事实性信息，不得用于以后对该预约定价安排涉及交易行为的税务调查。

3. 在预约定价安排执行期间，如果税务机关与企业发生分歧，双方应进行协商。协商不能解决的，可报上一级税务机关协调；涉及双边或多边预约定价安排的，须层报国家税务总局协调。对上一级税务机关或国家税务总局的协调结果或决定，下一级税务机关应当予以执行。但企业仍不能接受的，应当终止安排的执行。

4. 税务机关应在与企业正式签订单边预约定价安排或双边或多边预约定价安排执行协议书后10日内，以及预约定价安排执行中发生修订、终止等情况后20日内，将单边预约定价安排正式文本、双边或多边预约定价安排执行协议书以及安排变动情况的说明层报国家税务总局备案。

七、成本分摊协议管理

企业与其关联方签署成本分摊协议，共同开发、受让无形资产，或者共同提供、接受劳务，应符合相关规定。成本分摊协议的参与方对开发、受让的无形资产或参与的劳务活动享有受益权，并承担相应的活动成本。关联方承担的成本应与非关联方在可比条件下为获得上述受益权而支付的成本相一致。

1. 参与方使用成本分摊协议所开发或受让的无形资产不需另支付特许权使用费。

2. 企业对成本分摊协议所涉及无形资产或劳务的受益权应有合理的、可计量的预期收益，且以合理商业假设和营业常规为基础。

3. 涉及劳务的成本分摊协议一般适用于集团采购和集团营销策划。

4. 成本分摊协议主要包括以下内容：

(1) 参与方的名称、所在国家（地区）、关联关系、在协议中的权利和义务；

(2) 成本分摊协议所涉及的无形资产或劳务的内容、范围，协议涉及研发或劳务活动的具体承担者及其职责、任务；

(3) 协议期限；

(4) 参与方预期收益的计算方法和假设；

(5) 参与方初始投入和后续成本支付的金额、形式、价值确认的方法以及符合独立交易原则的说明；

(6) 参与方会计方法的运用及变更说明；

(7) 参与方加入或退出协议的程序及处理规定；

(8) 参与方之间补偿支付的条件及处理规定；

(9) 协议变更或终止的条件及处理规定；

(10) 非参与方使用协议成果的规定。

5. 企业应自成本分摊协议达成之日起30日内，层报国家税务总局备案。税务机关判定成本分摊协议是否符合独立交易原则须层报国家税务总局审核。

6. 已经执行并形成一定资产的成本分摊协议，参与方发生变更或协议终止执行，应根据独立交易原则做如下处理：

(1) 加入支付，即新参与方为获得已有协议成果的受益权应做出合理的支付；

(2) 退出补偿，即原参与方退出协议安排，将已有协议成果的受益权转让给其他参与方应获得合理的补偿；

(3) 参与方变更后，应对各方受益和成本分摊情况做出相应调整；

(4) 协议终止时，各参与方应对已有协议成果做出合理分配。

企业不按独立交易原则对上述情况做出处理而减少其应纳税所得额的，税务机关有权做出调整。

7. 成本分摊协议执行期间，参与方实际分享的收益与分摊的成本不相配比的，应根据实际情况做出补偿调整。

8. 对于符合独立交易原则的成本分摊协议，有关税务处理如下：

（1）企业按照协议分摊的成本，应在协议规定的各年度税前扣除；

（2）涉及补偿调整的，应在补偿调整的年度计入应纳税所得额；

（3）涉及无形资产的成本分摊协议，加入支付、退出补偿或终止协议时对协议成果分配的，应按资产购置或处置的有关规定处理。

9. 企业可根据上述预约定价安排的规定采取预约定价安排的方式达成成本分摊协议。

10. 企业执行成本分摊协议期间，除遵照前述同期资料管理的规定外，还应准备和保存以下成本分摊协议的同期资料：

（1）成本分摊协议副本；

（2）成本分摊协议各参与方之间达成的为实施该协议的其他协议；

（3）非参与方使用协议成果的情况、支付的金额及形式；

（4）本年度成本分摊协议的参与方加入或退出的情况，包括加入或退出的参与方名称、所在国家（地区）、关联关系，加入支付或退出补偿的金额及形式；

（5）成本分摊协议的变更或终止情况，包括变更或终止的原因、对已形成协议成果的处理或分配；

（6）本年度按照成本分摊协议发生的成本总额及构成情况；

（7）本年度各参与方成本分摊的情况，包括成本支付的金额、形式、对象，做出或接受补偿支付的金额、形式、对象；

（8）本年度协议预期收益与实际结果的比较及由此做出的调整。

企业执行成本分摊协议期间，无论成本分摊协议是否采取预约定价安排的方式，均应在本年度的次年6月20日之前向税务机关提供成本分摊协议的同期资料。

11. 企业与其关联方签署成本分摊协议，有下列情形之一的，其自行分摊的成本不得税前扣除：

（1）不具有合理商业目的和经济实质；

（2）不符合独立交易原则；

（3）没有遵循成本与收益配比原则；

（4）未按本办法有关规定备案或准备、保存和提供有关成本分摊协议的同期资料；

（5）自签署成本分摊协议之日起经营期限少于20年。

八、受控外国企业管理

受控外国企业指根据所得税法的规定，由居民企业，或者由居民企业和居民个人（以下统称中国居民股东，包括中国居民企业股东和中国居民个人股东）控制的设立在实际税负低于所得税法规定税率水平50%的国家（地区），并非出于合理经营需要对利润不作分配或减少分配的外国企业。

上述所称控制，指在股份、资金、经营、购销等方面构成实质控制。其中，股份控制是指由中国居民股东在纳税年度任何一天单层直接或多层间接单一持有外国企业10%以上有表决权股份，且共同持有该外国企业50%以上股份。

中国居民股东多层间接持有股份按各层持股比例相乘计算，中间层持有股份超过50%的，按100%计算。

受控外国企业管理的主要方法有：

1. 中国居民企业股东应在年度企业所得税纳税申报时提供对外投资信息，附送《对外投资情况表》。

2. 税务机关应汇总、审核中国居民企业股东申报的对外投资信息，向受控外国企业的中国居民企业股东送达《受控外国企业中国居民股东确认通知书》。中国居民企业股东符合所得税法第45条征税条件的，按照有关规定征税。

3. 计入中国居民企业股东当期的视同受控外国企业股息分配的所得，应按以下公式计算：

中国居民企业股东当期所得=视同股息分配额×实际持股天数÷受控外国企业纳税年度天数×股东持股比例

中国居民股东多层间接持有股份的，股东持股比例按各层持股比例相乘计算。

4. 受控外国企业与中国居民企业股东纳税年度存在差异的，应将视同股息分配所得计入受控外国企业纳税年度终止日所属的中国居民企业股东的纳税年度。

5. 计入中国居民企业股东当期所得已在境外缴纳的企业所得税税款，可按照所得税法或税收协定的有关规定抵免。

6. 受控外国企业实际分配的利润已根据所得税法第45条规定征税的，不再计入中国居民企业股东的当期所得。

7. 中国居民企业股东能够提供资料证明其控制的外国企业满足以下条件之一的，可免于将外国企业不作分配或减少分配的利润视同股息分配额，计入中国居民企业股东的当期所得：

（1）设立在国家税务总局指定的非低税率国家（地区）；

（2）主要取得积极经营活动所得；

（3）年度利润总额低于500万元人民币。

九、资本弱化管理

企业从其关联方接受的债权性投资与权益性投资的比例超过规定标准而发生的利息支出，不得在计算应纳税所得额时扣除。不得扣除的利息支出应按以下公式计算：

不得扣除利息支出=年度实际支付的全部关联方利息×（1-标准比例÷关联债资比例）

其中：

标准比例指《财政部 国家税务总局关于企业关联方利息支出税前扣除标准有关税收政策问题的通知》（财税［2008］121号）规定的比例。

关联债资比例指根据所得税法第46条及所得税法实施条例第119的规定，企业从其全部关联方接受的债权性投资（以下简称关联债权投资）占企业接受的权益性投资（以下简称权益投资）的比例，关联债权投资包括关联方以各种形式提供担保的债权性投资。

1. 关联债资比例的具体计算方法如下：

关联债资比例=年度各月平均关联债权投资之和÷年度各月平均权益投资之和

其中：

各月平均关联债权投资=（关联债权投资月初账面余额+月末账面余额）/2

各月平均权益投资=（权益投资月初账面余额+月末账面余额）/2

权益投资为企业资产负债表所列示的所有者权益金额。如果所有者权益小于实收资本（股本）与资本公积之和，则权益投资为实收资本（股本）与资本公积之和；如果实收资本（股本）与资本公积之和小于实收资本（股本）金额，则权益投资为实收资本（股本）金额。

2.《企业所得税法》第四十六条所称的利息支出包括直接或间接关联债权投资实际支付的利息、担保费、抵押费和其他具有利息性质的费用。

3.《企业所得税法》第四十六条规定不得在计算应纳税所得额时扣除的利息支出，不得结转到以后纳税年度；应按照实际支付给各关联方利息占关联方利息总额的比例，在各关联方之间进行分配，其中，分配给实际税负高于企业的境内关联方的利息准予扣除；直接或间接实际支付给境外关联方的利息应视同分配的股息，按照股息和利息分别适用的所得税税率差补征企业所得税，如已扣缴的所得税税款多于按股息计算应征所得税税款，多出的部分不予退税。

4. 企业关联债资比例超过标准比例的利息支出，如要在计算应纳税所得额时扣除，除遵照前述同期资料的规定外，还应准备、保存、并按税务机关要求提供以下同期资料，证明关联债权投资金额、利率、期限、融资条件以及债资比例等均符合独立交易原则：

（1）企业偿债能力和举债能力分析；

（2）企业集团举债能力及融资结构情况分析；

（3）企业注册资本等权益投资的变动情况说明；

（4）关联债权投资的性质、目的及取得时的市场状况；

（5）关联债权投资的货币种类、金额、利率、期限及融资条件；

（6）企业提供的抵押品情况及条件；

（7）担保人状况及担保条件；

（8）同类同期贷款的利率情况及融资条件；

（9）可转换公司债券的转换条件；

（10）其他能够证明符合独立交易原则的资料。

5. 企业未按规定准备、保存和提供同期资料证明关联债权投资金额、利率、期限、融资条件以及债资比例等符合独立交易原则的，其超过标准比例的关联方利息支出，不得在计算应纳税所得额时扣除。

6. “实际支付利息”指企业按照权责发生制原则计入相关成本、费用的利息。企业实际支付关联方利息存在转让定价问题的，税务机关应首先按照前述的有关规定实施转让定价调查调整。

十、一般反避税管理

1. 企业实施其他不具有合理商业目的的安排而减少其应纳税收入或者所得额的，税务机关有权按照合理方法调整。对存在以下避税安排的企业，启动一般反避税调查：

（1）滥用税收优惠；

（2）滥用税收协定；

（3）滥用公司组织形式；

（4）利用避税港避税；

（5）其他不具有合理商业目的的安排。

2. 税务机关应按照实质重于形式的原则审核企业是否存在避税安排，并综合考虑安排的以下内容：

（1）安排的形式和实质；

（2）安排订立的时间和执行期间；

（3）安排实现的方式；

（4）安排各个步骤或组成部分之间的联系；

（5）安排涉及各方财务状况的变化；

（6）安排的税收结果。

3. 税务机关应按照经济实质对企业的避税安排重新定性，取消企业从避税安排获得的税收利益。对于没有经济实质的企业，特别是设在避税港并导致其关联方或非关联方避税的企业，可在税收上否定该企业的存在。

4. 税务机关启动一般反避税调查时，应按照征管法及其实施细则的有关规定向企业送达《税务检查通知书》。企业应自收到通知书之日起 60 日内提供资料证明其安排具有合理的商业目的。企业未在规定期限内提供资料，或提供资料不能证明安排具有合理商业目的的，税务机关可根据已掌握的信息实施纳税调整，并向企业送达《特别纳税调查调整通知书》。

5. 税务机关实施一般反避税调查，可按照征管法第五十七条的规定要求避税安排的筹划方如实提供有关资料及证明材料。

6. 一般反避税调查及调整须层报国家税务总局批准。

十一、相应调整及国际磋商

1. 关联交易一方被实施转让定价调查调整的，应允许另一方做相应调整，以消除双重征税。相应调整涉及税收协定国家（地区）关联方的，经企业申请，国家税务总局与税收协定缔约对方税务主管当局根据税收协定有关相互协商程序的规定开展磋商谈判。

2. 涉及税收协定国家（地区）关联方的转让定价相应调整，企业应同时向国家税务总局和主管税务机关提出书面申请，报送《启动相互协商程序申请书》，并提供企业或其关联方被转让定价调整的通知书复印件等有关资料。

3. 企业应自企业或其关联方收到转让定价调整通知书之日起三年内提出相应调整的申请，超过三年的，税务机关不予受理。

4. 税务机关对企业实施转让定价调整，涉及企业向境外关联方支付利息、租金、特许权使用费等已扣缴的税款，不再做相应调整。

5. 国家税务总局按照本办法第六章规定接受企业谈签双边或多边预约定价安排申请的，应与税收协定缔约对方税务主管当局根据税收协定相互协商程序的有关规定开展磋商谈判。

6. 相应调整或相互磋商的结果，由国家税务总局以书面形式经主管税务机关送达企业。

十二、法律责任

1. 企业未按照规定向税务机关报送企业年度关联业务往来报告表，或者未保存同期资料或其他相关资料的，依照征管法第60条和第62条的规定处理。

2. 企业拒绝提供同期资料等关联交易的相关资料，或者提供虚假、不完整资料，未能真实反映其关联业务往来情况的，依照征管法第70条、征管法实施细则第96条、所得税法第44条及所得税法实施条例第115条的规定处理。

3. 税务机关根据所得税法及其实施条例的规定，对企业做出特别纳税调整的，应对2008年1月1日以后发生交易补征的企业所得税税款，按日加收利息。

（1）计息期间自税款所属纳税年度的次年6月1日起至补缴（预缴）税款入库之日止。

（2）利息率按照税款所属纳税年度12月31日实行的与补税期间同期的中国人民银行人民币贷款基准利率（以下简称"基准利率"）加5个百分点计算，并按一年365天折算日利息率。

（3）企业按照本办法规定提供同期资料和其他相关资料的，或者企业符合本办法第十五条的规定免于准备同期资料但根据税务机关要求提供其他相关资料的，可以只按基准利率计算加收利息。

企业按照规定免于准备同期资料，但经税务机关调查，其实际关联交易额达到必须准备同期资料的标准的，税务机关对补征税款加收利息，适用本条第（二）项规定。

（4）按照本条规定加收的利息，不得在计算应纳税所得额时扣除。

. 企业在税务机关做出特别纳税调整决定前预缴税款的，收到调整补税通知书后补缴税款时，按照应补缴税款所属年度的先后顺序确定已预缴税款的所属年度，以预缴入库日为截止日，分别计算应加收的利息额。

5. 企业对特别纳税调整应补征的税款及利息，应在税务机关调整通知书规定的期限内缴纳入库。企业有特殊困难，不能按期缴纳税款的，应依照征管法第31条及征管法实施细则第41条和第42条的有关规定办理延期缴纳税款。逾期不申请延期又不缴纳税款的，税务机关应按照征管法第32条及其他有关规定处理。

第十节 征收管理

一、纳税地点

1. 除税收法律、行政法规另有规定外，居民企业以企业登记注册地为纳税地点；但登记注册地在境外的，以实际管理机构所在地为纳税地点。企业注册登记地是指企业依照国家有关规定登记注册的住所地。

2. 居民企业在中国境内设立不具有法人资格的营业机构的，应当汇总计算并缴纳企业所得税。企业汇总计算并缴纳企业所得税时，应当统一核算应纳税所得额，具体办法由国务院财政、税务主管部门另行制定。

3. 非居民企业在中国境内设立机构、场所的，应当就其所设机构、场所取得的来源于中国境内的所得，以及发生在中国境外但与其所设机构、场所有实际联系的所得，以机构、场所所在地为纳税地点。非居民企业在中国境内设立两个或者两个以上机构、场所的，经税务机关审核批准，可以选择由其主要机构、场所汇总缴纳企业所得税。非居民企业经批准汇总缴纳企业所得税后，需要增设、合并、迁移、关闭机构、场所或者停止机构、场所业务的，应当事先由负责汇总申报缴纳企业所得税的主要机构、场所向其所在地税务机关报告；需要变更汇总缴纳企业所得税的主要机构、场所的，依照前款规定办理。

4. 非居民企业在中国境内未设立机构、场所的，或者虽设立机构、场所但取得的所得与其所设机构、场所没有实际联系的所得，以扣缴义务人所在地为纳税地点。

5. 除国务院另有规定外，企业之间不得合并缴纳企业所得税。

二、纳税期限

企业所得税按年计征，分月或者分季预缴，年终汇算清缴，多退少补。

企业所得税的纳税年度，自公历 1 月 1 日起至 12 月 31 日止。企业在一个纳税年度的中间开业，或者由于合并、关闭等原因终止经营活动，使该纳税年度的实际经营期不足 12 个月的，应当以其实际经营期为 1 个纳税年度。企业清算时，应当以清算期间作为 1 个纳税年度。

自年度终了之日起 5 个月内，向税务机关报送年度企业所得税纳税申报表，并汇算清缴，结清应缴应退税款。

企业在年度中间终止经营活动的，应当自实际经营终止之日起 60 日内，向税务机关办理当期企业所得税汇算清缴。

三、纳税申报

按月或按季预缴的，应当自月份或者季度终了之日起 15 日内，向税务机关报送预缴企业所得税纳税申报表，预缴税款。

企业在报送企业所得税纳税申报表时，应当按照规定附送财务会计报告和其他有关资料。

企业应当在办理注销登记前，就其清算所得向税务机关申报并依法缴纳企业所得税。

依照企业所得税法缴纳的企业所得税，以人民币计算。所得以人民币以外的货币计算的，应当折合成人民币计算并缴纳税款。

企业在纳税年度内无论盈利或者亏损，都应当依照企业所得税法第五十四条规定的期限，向税务机关报送预缴企业所得税纳税申报表、年度企业所得税纳税申报表、财务会计报告和税务机关规定应当报送的其他有关资料。

思考练习题

一、思考题

1. 什么是企业所得税？
2. 什么是居民企业？
3. 什么是非居民企业？
4. 什么是实际管理机构？
5. 什么是应纳税所得额？
6. 企业所得税有哪些优惠方式？
7. 什么是企业重组？
8. 什么是特别纳税调整？
9. 什么是预约定价安排？

二、练习题

1. 某工业企业为居民企业，假定 2015 年经营业务如下：

产品销售收入为 560 万元，产品销售成本 400 万元；其他业务收入 80 万元，其他业务成本 66 万元；固定资产出租收入 6 万元；非增值税销售税金及附加 32.4 万元；当期发生的管理费用 86 万元，其中新技术的研究开发费用为 30 万元；财务费用 20 万元；权益性投资收益 34 万元（已在投资方所在地按 15%的税率缴纳了所得税）；营业外收入 10 万元，营业外支出 25 万元（其中含公益性捐赠 18 万元）。

要求：根据资料计算该企业 2016 年应纳的企业所得税。

2. 某企业为居民企业，假定 2016 年实现会计利润总额为 85 万元，其中含联营企业分回的投资收益 17 万元（联营企业所得税税率 15%）。经税务机关审核，已从“营业外支出”账户中扣除的有以下项目：(1) 交通违章罚款 4 万元；(2) 某大型义演赞助支出 6 万元；(3) 固定资产清理损失 4 万元；(4) 公益性捐款 20 万元。

要求：请计算该企业 2016 年应缴纳的企业所得税。

3. 新华纺织厂为居民企业，固定资产原值为 600 万元，其中：在用机器设备为 200 万元，生产用房 300 万元，未用机器设备为 100 万元。假定 2016 年度企业其他有关资料如下（不考虑固定资产的残值）：

(1) 企业的利润总额为 175 万元，其中：销售利润 170 万元，国库券的利息收入 5 万元；

(2) 企业的产品销售收入为 900 万元；

(3) 成本费用中列支的工资总额为 290 万元、拨缴的职工工会经费 58 万元、支出的职工福利费、职工教育经费共计 59.2 万元；

(4) 发生业务招待费 22 万元；

(5) 因排污处理不当，被环保部门罚款 3 万元；

（6）通过公益社会团体捐赠给希望工程基金会 8 万元、贫困山区希望小学 6 万元；

（7）企业对 600 万元固定资产按 10%的综合折旧率计提了折旧。

要求：计算 2016 年度应缴纳的企业所得税税额。

4. 某房地产开发企业为居民企业，假定 2016 年有关经营业务如下：

（1）2 月 1 日与当地建设银行签订借款合同一份，合同记载借款金额 1 000 万元，借款期限 10 个月，还款到期日 11 月 30 日，年息率 6%。

（2）2 月上旬将借款 1 000 万元和自有资金 1 500 万元，购得土地 30 000 平方米的使用权用于开发写字楼工程，合同记载土地使用权为 50 年。

（3）第一期工程（"三通一平"和第一栋写字楼开发）于 11 月下旬竣工，支付合同约定的全部购得土地的"三通一平"承包费用 300 万元、第一栋写字楼构建成本共计 8 000万元。第一栋写字楼占地面积 10 000 平方米，建筑面积 50 000 平方米。

（4）到 11 月下旬对外销售面积 40 000 平方米，全部签了售房合同，每平方米售价 0. 32 万元，共计收入 12 800 万元，按售房合同规定全部款项于 12 月底收回；剩余的 10 000平方米中，8 000 平方米用于先租后售，按合同约定出租时间预定一年，每月收出租费 32 万元，共记载金额 384 万元，租金每月收一次；另外 2 000 平方米转为房地产开发企业资产自用；11 月下旬用于出租和自用的房屋面积已全部办好相关出租、资产转账手续，于 12 月 1 日全部起用。

（5）在售房、租房等过程中发生销售费用 1 200 万元（其中广告费用 800 万元）；发生管理费用（不含印花税、房产税等小税种的金额）700 万元；企业全年计入销售成本与相关费用中的实发工资总额 300 万元、拨缴职工工会经费 7 万元、支出职工福利费和职工教育经费 56. 5 万元。

（提示：城镇土地使用税每平方米年税额 6 元；房产税计算余值的扣除比例 20%；城市维护建设税率 7%、教育费附加征收率 3%、企业所得税税率 25%）

要求：计算 2016 年该房地产开发企业应缴纳的企业所得税。

第十二章 个人所得税

内容提要：本章介绍了个人所得税的纳税人、应税所得的项目、税率、应纳税额的计算方法；个人所得税的优惠政策和征收管理的规定。学习本章时，主要掌握应税所得的范围、税率的规定、应纳税额的计算方法、税收优惠和申报缴纳的规定等内容。

第一节 个人所得税基本原理

一、个人所得税的概念

个人所得税是以自然人取得的各类应税所得为征税对象而征收的一种所得税，是政府利用税收对个人收入进行调节的一种手段。个人所得税的征税对象不仅包括个人还包括具有自然人性质的企业。

个人所得税是世界各国普遍开征的一个税种，最早产生18世纪的英国。很多国家个人所得税在全部税收收入中所占比重超过了其他税种，成为政府重要的财政收入。

二、个人所得税的发展

个人所得税最早诞生于英国。18世纪末英国由于与法国交战致使财政吃紧，而作为当时主要税收收入来源的消费税和关税都无法解决这个问题，于是有人提议向高收入者征收所得税。1799年英国开始开征个人所得税。然而战争一结束，认为所得税侵犯隐私和个人权利的言论就占据了上风，所得税被停征。直到1842年，英国财政部门又一次让议会和民众信服所得税的必要性，重新恢复征收个人所得税。随着现代国家的发展，公共财政的建立，国家机构日益膨胀，国家担负起越来越多的公共职能，相应地对于财政收入的需求也就越来越大。个人所得税在20世纪被世界上大多数国家所采纳，已经成为许多发达国家税收收入的最主要来源。个人所得税在调节收入分配、缓解贫富悬殊、促进社会稳定、增加财政收入等方面的作用也得到了公认。它也被称为经济调节的“内在稳定器”。

为了适应改革开放形势下对外经济往来、对外经济技术文化交流和合作的需要，为了维护国家的税收权益和保障外籍人员的合法权益，1980年9月10日第五届全国人民代表大会第三次会议审议通过了《中华人民共和国个人所得税法》（以下简称《个人所得税法》），并同时公布实施。同年12月14日，经国务院批准，财政部公布了个人所得税法实施细则。该税法主要是针对来华工作的外籍人员设计的。

为了规范和完善对个人所得的课税制度，适应建立社会主义市场经济体制的需要，1993年10月31日第八届全国人民代表大会常务委员会第四次会议通过了《关于修改

〈中华人民共和国个人所得税法〉的决定》，同时公布了修改后的《个人所得税法》，并于1994年1月1日起施行。1994年1月28日国务院第142号令发布《中华人民共和国个人所得税法实施条例》（以下简称《个人所得税法实施条例》）。1999年8月30日第九届全国人民代表大会常务委员会第十一次会议通过了第二次修正的《个人所得税法》。多年来通过了六次修改，目前适用的是2011年6月30日，由十一届人国人民代表大会常务委员会第二十一次会议修改通过并公布的，自2011年9月1日施行。

三、个人所得税的征收模式

一般说来，个人所得税的征收模式有三种：分类征收制、综合征收制与混合征收制。分类征收制，就是将纳税人不同来源、性质的所得项目，分别规定不同的税率征税；综合征收制，是对纳税人全年的各项所得加以汇总，就其总额进行征税；混合征收制，是对纳税人不同来源、性质的所得先分别按照不同的税率征税，然后将全年的各项所得进行汇总征税。三种不同的征收模式各有其优缺点。就第一种征收模式而言，其优点是对纳税人全部所得区分性质进行区别征税，能够体现国家的政治、经济与社会政策；缺点是对纳税人整体所得把握得不一定全面，容易导致实际税负的不公平；就第二种方式而言，可以对纳税人的全部所得征税，从收入的角度体现税收公平的原则，但它不利于针对不同收入进行调节，不利于体现国家的有关社会、经济政策；就第三种方式而言，集中了前面两种的优点，既可实现税收的政策性调节功能，也可体现税收的公平原则。

第二节 纳税义务人

个人所得税的纳税义务人，包括中国公民、个体工商业户以及在中国有所得的外籍人员（包括无国籍人员，下同）和香港、澳门、台湾同胞。上述纳税义务人依据住所和居住时间两个标准，区分为居民和非居民，分别承担不同的纳税义务。

一、居民纳税义务人

居民纳税义务人负有无限纳税义务。其所取得的应纳税所得，无论是来源于中国境内还是中国境外任何地方，都要在中国缴纳个人所得税。根据《个人所得税法》规定，居民纳税义务人指在中国境内有住所，或者无住所而在中国境内居住满1年的个人。

所谓在中国境内有住所的个人，指因户籍、家庭、经济利益关系，而在中国境内习惯性居住的个人。这里所说的习惯性居住，是判定纳税义务人属于居民还是非居民的一个重要依据。它是指个人因学习、工作、探亲等原因消除之后，没有理由在其他地方继续居留时，所要回到的地方，而不是指实际居住或在某一个特定时期内的居住地。一个纳税人因学习、工作、探亲、旅游等原因，原来是在中国境外居住，但是在这些原因消除之后，如果必须回到中国境内居住的，则中国为该人的习惯性居住地。尽管该纳税义务人在一个纳税年度内，甚至连续几个纳税年度，都未在中国境内居住过1天，他仍然是中国居民纳税义务人，应就其来自全球的应纳税所得，向中国缴纳个人所得税。

所谓在境内居住满 1 年，指在一个纳税年度（即公历 1 月 1 日起至 12 月 31 日止，下同）内，在中国境内居住满 365 日。在计算居住天数时，对临时离境应视同在华居住，不扣减其在华居住的天数。这里所说的临时离境，指在一个纳税年度内，一次不超过 30 日或者多次累计不超过 90 日的离境。综上可知，个人所得税的居民纳税义务人包括以下两类：

1. 在中国境内定居的中国公民和外国侨民。但不包括虽具有中国国籍，却并没有在祖国大陆定居，而是侨居海外的华侨和居住在香港、澳门、台湾省的同胞。

2. 从公历 1 月 1 日起至 12 月 31 日止，居住在中国境内的外国人、海外侨胞和香港、澳门、台湾同胞。这些人如果在一个纳税年度内，一次离境不超过 30 日，或者多次离境累计不超过 90 日的，仍应被视为全年在中国境内居住，从而判定为居民纳税义务人。例如，一个外籍人员从 1997 年 10 月起到中国境内的公司任职，在 1998 纳税年度内，曾于 3 月 7—12 日离境回国，向其总公司述职，12 月 23 日又离境回国欢度圣诞节和元旦。这两次离境时间相加，没有超过 90 日的标准，应视作临时离境，不扣减其在华居住天数。因此，该纳税义务人应为居民纳税人。

现行税法中关于“中国境内”的概念，是指中国大陆地区，目前还不包括我国香港、澳门和台湾地区。

二、非居民纳税义务人

非居民纳税义务人，指不符合居民纳税义务人判定标准（条件）的纳税义务人，非居民纳税义务人承担有限纳税义务，即仅就其来源于中国境内的所得，向中国缴纳个人所得税。《个人所得税法》规定，非居民纳税义务人是“在中国境内无住所又不居住或者无住所而在境内居住不满 1 年的个人”。也就是说，非居民纳税义务人，是指习惯性居住地不在中国境内，而且不在中国居住，或者在一个纳税年度内，在中国境内居住不满 1 年的个人。在现实生活中，习惯性居住地不在中国境内的个人，只有外籍人员、华侨或中国香港、澳门和台湾同胞。因此，非居民纳税义务人，实际上只能是在一个纳税年度中，没有在中国境内居住，或者在中国境内居住不满 1 年的外籍人员、华侨或香港、澳门、台湾同胞。

自 2004 年 7 月 1 日起，对境内居住的天数和境内实际工作期间按以下规定为准：

（一）判定纳税义务及计算在中国境内居住的天数

对在中国境内无住所的个人，需要计算确定其在中国境内居住天数，以便依照税法和协定或安排的规定判定其在华负有何种纳税义务时，均应以该个人实际在华逗留天数计算。上述个人入境、离境、往返或多次往返境内外的当日，均按 1 天计算其在华实际逗留天数。

（二）对个人入、离境当日及计算在中国境内实际工作期间

对在中国境内、境外机构同时担任职务或仅在境外机构任职的境内无住所个人，在按《国家税务总局关于在中国境内无住所的个人计算缴纳个人所得税若干具体问题的通知》（国税函发［1995］125 号）第一条的规定计算其境内工作期间时，对其入境、离境、往

返或多次往返境内外的当日，均按半天计算为在华实际工作天数。

第三节 所得来源地的确定

判断所得来源地，是确定该项所得是否应该征收个人所得税的重要依据。对于居民纳税义务人，因为要承担无限纳税义务，因此，有关判断其所得来源地的问题，相对来说不那么重要。但是，对于非居民纳税义务人，由于只就其来源于中国境内的所得征税，因此判断其所得来源地，就显得十分重要。中国的个人所得税，依据所得来源地的判断应反映经济活动的实质，要遵循方便税务机关实行有效征管的原则，具体规定如下：

1. 工资、薪金所得，以纳税人任职、受雇的公司、企业、事业单位、机关、团体、部队、学校等单位的所在地，作为所得来源地。

2. 生产、经营所得，以生产、经营活动实现地，作为所得来源地。

3. 劳务报酬所得，以纳税人实际提供劳务的地点，作为所得来源地。

4. 不动产转让所得，以不动产坐落地为所得来源地；动产转让所得，以实现转让的地点为所得来源地。

5. 财产租赁所得，以被租赁财产的使用地，作为所得来源地。

6. 利息、股息、红利所得，以支付利息、股息、红利的企业、机构、组织的所在地，作为所得来源地。

7. 特许权使用费所得，以特许权的使用地，作为所得来源地。

所得的来源地与所得的支付地并不是同一概念，有时两者是一致的，有时却是不相同的。根据上述原则和方法，来源于中国境内的所得有：

1. 在中国境内的公司、企业、事业单位、机关、社会团体、部队、学校等单位或经济组织中任职、受雇而取得的工资、薪金所得。

2. 在中国境内提供各种劳务而取得的劳务报酬所得。

3. 在中国境内从事生产、经营活动而取得的所得。

4. 个人出租的财产，被承租人在中国境内使用而取得的财产租赁所得。

5. 转让中国境内的房屋、建筑物、土地使用权，以及在中国境内转让其他财产而取得的财产转让所得。

6. 提供在中国境内使用的专利权、专有技术、商标权、著作权，以及其他各种特许权利而取得的特许权使用费所得。

7. 因持有中国的各种债券、股票、股权而从中国境内的公司、企业或其他经济组织以及个人取得的利息、股息、红利所得。

8. 在中国境内参加各种竞赛活动取得名次的奖金所得；参加中国境内有关部门和单位组织的有奖活动而取得的中奖所得；购买中国境内有关部门和单位发行的彩票取得的中彩所得。

9. 在中国境内以图书、报刊方式出版、发表作品，取得的稿酬所得。

第四节 应税所得项目

确定应税所得项目可以使纳税人掌握自己都有哪些收入是要纳税的。下列各项个人所得，应纳个人所得税。

一、工资、薪金所得

工资、薪金所得，是指个人因任职或者受雇而取得的工资、薪金、奖金、年终加薪、劳动分红、津贴、补贴以及任职或者受雇有关的其他所得。

1. 一般来说，工资、薪金所得属于非独立个人劳动所得。所谓非独立个人劳动，是指个人所从事的是由他人指定、安排并接受管理的劳动，工作或服务于公司、工厂、行政、事业单位的人员（私营企业主除外）均为非独立劳动者。他们从上述单位取得的劳动报酬，是以工资、薪金的形式体现的。在这类报酬中，工资和薪金的收入主体略有差异。通常情况下，把直接从事生产、经营或服务的劳动者（工人）的收入称为工资，即所谓“蓝领阶层”所得；而将从事社会公职或管理活动的劳动者（公职人员）的收入称为薪金，即所谓“白领阶层”所得。但实际立法过程中，各国都从简便易行的角度考虑，将工资、薪金合并为一个项目计征个人所得税。

除工资、薪金以外，奖金、年终加薪、劳动分红、津贴、补贴也被确定为工资、薪金范畴。其中，年终加薪、劳动分红不分种类和取得情况，一律按工资、薪金所得课税。津贴、补贴等则有例外。

2. 根据我国目前个人收入的构成情况，规定对于一些不属于工资、薪金性质的补贴、津贴或者不属于纳税人本人工资、薪金所得项目的收入，不予征税。这些项目包括：

（1）独生子女补贴。

（2）执行公务员工资制度未纳入基本工资总额的补贴、津贴差额和家属成员的副食品补贴。

（3）托儿补助费。

（4）差旅费津贴、误餐补助。其中，误餐补助是指按照财政部规定，个人因公在城区、郊区工作，不能在工作单位或返回就餐的，根据实际误餐顿数，按规定的标准领取的误餐费。单位以误餐补助名义发给职工的补助、津贴不能包括在内。

奖金是指所有具有工资性质的奖金，免税奖金的范围在税法中另有规定。

3. 参照2001年11月9日国税函［2001］832号批复的规定，公司职工取得的用于购买企业国有股权的劳动分红，按“工资、薪金所得”项目计征个人所得税。

4. 退休人员再任职取得的收入，在减除税法规定的费用扣除标准后，按“工资、薪金所得”项目计征个人所得税。

5. 出租汽车经营单位对出租车驾驶员采取单车承包或承租方式运营，出租车驾驶员从事客货营运取得的收入，按“工资、薪金所得”项目征税。

6. 个人在公司（包括关联公司）任职、受雇，同时担任该公司董事、监事的，应将董事费和监事费与个人工资合并，统一按“工资、薪金所得”项目征税。

二、个体工商户的生产、经营所得

个体工商户的生产、经营所得，是指：

1. 个体工商户从事工业、手工业、建筑业、交通运输业、商业、饮食业、服务业、修理业及其他行业取得的所得。

2. 个人经政府有关部门批准，取得执照，从事办学、医疗、咨询以及其他有偿服务活动取得的所得。

3. 上述个体工商户和个人取得的与生产、经营有关的各项应税所得。

4. 个人因从事彩票代销业务而取得所得。

5. 从事个体出租车运营的出租车驾驶员取得的收入；出租车属个人所有，但挂靠出租汽车经营单位或企事业单位，驾驶员向挂靠单位缴纳管理费的，或出租汽车经营单位将出租车所有权转移给驾驶员的，出租车驾驶员从事客货运营取得的收入，比照个体工商户的生产、经营所得项目征税。

6. 其他个人从事个体工商业生产、经营取得的所得。

个体工商户的上述生产、经营所得实际上可以分为两类：一类是纯生产、经营所得，如第 1、第 2、第 3、第 4 项所得，它指个人直接从事工商各业生产、经营活动而取得的生产性、经营性所得以及有关的其他所得。另一类是独立劳动所得，如第 5 项所得。所谓独立劳动，指个人所从事的是由自己自由提供的、不受他人指定、安排和具体管理的劳动。例如，私人诊所的医生、私人会计师事务所的会计师，以及独立从事教学、文艺等活动的个人均为独立劳动者，他们的收入具有不确定性。在国际税收协定中，也将独立的个人劳务严格界定为从事独立的科学、文学、艺术、教育或教学活动，以及医师、律师、工程师、建筑师、牙医师和会计师的独立活动。严格来说，个体工商户的劳动虽然也属于独立劳动，但没有包括在人们通常所说的“独立劳动”之内。

7. 2000 年 9 月，财政部、国家税务总局根据《国务院关于个人独资企业和合伙企业征收所得税问题的通知》有关“对个人独资企业和合伙企业停征企业所得税，只对其投资者的经营所得征收个人所得税”的规定，制定了《关于个人独资企业和合伙企业投资者征收个人所得税的规定》（以下简称《规定》）。《规定》明确从 2000 年 1 月 1 日起，个人独资企业和合伙企业投资者依法缴纳个人所得税。

个体工商户和从事生产、经营的个人，取得与生产、经营活动无关的其他各项应税所得，应分别按照其他应税项目的有关规定，计算征收个人所得税。如取得银行存款的利息所得、对外投资取得的股息所得，应按“股息、利息、红利”税目的规定单独计征个人所得税。

个人独资企业、合伙企业的个人投资者以企业资金为本人、家庭成员及其相关人员支付与企业生产经营无关的消费性支出及购买汽车、住房等财产性支出，视为企业对个人投资者利润分配，并入投资者个人的生产经营所得，依照“个体工商户的生产、经营所得”项目计征个人所得税。

三、对企事业单位的承包经营、承租经营的所得

对企事业单位的承包经营、承租经营所得，指个人承包经营或承租经营以及转包、转租取得的所得。承包项目可分多种，如生产经营、采购、销售、建筑安装等各种承包。转包包括全部转包或部分转包。由于个人对企事业单位的承包、承租经营形式较多，分配方式各不相同，可以分为两种类型：

1. 个人对企事业单位承包、承租经营后，工商登记改变为个体工商户的。这类承包、承租经营所得，实际上属于个体工商户的生产、经营所得，应按“个体工商户的生产、经营所得”项目征收个人所得税。

2. 个人对企事业单位承包、承租经营后，工商登记为企业的，不论其分配方式，均应先按照企业所得税的有关规定缴纳企业所得税，然后根据承包、承租经营者按合同或协议规定取得的所得，按有关规定缴纳个人所得税。

(1) 承包、承租人对企业经营成果不拥有所有权，仅按合同或协议规定取得一定所得的，按“工资、薪金所得”项目缴纳个人所得税。

(2) 承租、承包人按合同或协议规定只向发包方、出租人缴纳一定的费用，缴纳承租、承包费后的企业经营成果归承租、承包人所有的，其取得的所得，按“对企事业单位的承包、承租经营所得”项目缴纳个人所得税。

四、劳务报酬所得

劳务报酬所得，指个人独立从事各种非雇佣的各种劳务所取得的所得。内容如下：

1. 设计。指按照客户的要求，代为制定工程、工艺等各类设计业务。

2. 装潢。指接受委托，对物体进行装饰、修饰，使之美观或具有特定用途的作业。

3. 安装。指按照客户要求，对各种机器、设备的装配、安置，以及与机器、设备相连的附属设施的装设和被安装机器设备的绝缘、防腐、保温、油漆等工程作业。

4. 制图。指受托按实物或设想物体的形象，依体积、面积、距离等，用一定比例绘制成平面图、立体图、透视图等的业务。

5. 化验。指受托用物理或化学的方法，检验物质的成分和性质等业务。

6. 测试。指利用仪器仪表或其他手段代客对物品的性能和质量进行检测试验的业务。

7. 医疗。指从事各种病情诊断、治疗等医护业务。

8. 法律。指受托担任辩护律师、法律顾问，撰写辩护词、起诉书等法律文书的业务。

9. 会计。指受托从事会计核算的业务。

10. 咨询。指对客户提出的政治、经济、科技、法律、会计、文化等方面的问题进行解答、说明的业务。

11. 讲学。指应邀（聘）进行讲课、作报告、介绍情况等业务。

12. 新闻。指提供新闻信息、编写新闻消息的业务。

13. 广播。指从事播音等劳务。

14. 翻译。指受托从事中、外语言或文字的翻译（包括笔译和口译）的业务。

15. 审稿。指对文字作品或图形作品进行审查、核对的业务。

16. 书画。指按客户要求，或自行从事书法、绘画、题词等业务。

17. 雕刻。指代客镌刻图章、牌匾、碑、玉器、雕塑等业务。

18. 影视。指应邀或应聘在电影、电视节目中出任演员，或担任导演、音响、化妆、道具、制作、摄影等等与拍摄影视节目有关的业务。

19. 录音。指用录音器械代客录制各种音响带的业务，或者应邀演讲、演唱、采访而被录音的服务。

20. 录像。指用录像器械代客录制各种图像、节目的业务，或者应邀表演、采访被录像的业务。

21. 演出。指参加戏剧、音乐、舞蹈、曲艺等文艺演出活动的业务。

22. 表演。指从事杂技、体育、武术、健美、时装、气功以及其他技巧性表演活动的业务。

23. 广告。指利用图书、报纸、杂志、广播、电视、电影、招贴、路牌、橱窗、霓虹灯、灯箱、墙面及其他载体，为介绍商品、经营服务项目、文体节目或通告、声明等事项，所做的宣传和提供相关服务的业务。

24. 展览。指举办或参加书画展、影展、盆景展、邮展、个人收藏品展、花鸟虫鱼展等各种展示活动的业务。

25. 技术服务。指利用一技之长而进行技术指导、提供技术帮助的业务。

26. 介绍服务。指介绍供求双方商谈，或者介绍产品、经营服务项目等服务的业务。

27. 经纪服务。指经纪人通过居间介绍，促成各种交易和提供劳务等服务的业务。

28. 代办服务。指代委托人办理受托范围内的各项事宜的业务。

29. 其他劳务。指上述列举 28 项劳务项目之外的各种劳务。

（1）个人从非任职单位取得的董事费、监事费收入按劳务报酬所得缴纳个人所得税。

（2）对商品营销活动中，企业和单位对其营销业绩突出的非雇员以培训班、研讨会、工作考察等名义组织旅游活动，通过免收差旅费、旅游费对个人实行的营销业绩奖励(包括实物、有价证券等)，应根据所发生费用的全额作为该营销人员当期的劳务收入，按照“劳务报酬所得”项目征收个人所得税，并由提供上述费用的企业和单位代扣代缴。

（3）个人兼职取得的收入应按照“劳务报酬所得”应税项目缴纳个人所得税。

在实际操作过程中，还可能出现难以判定一项所得是属于工资、薪金所得，还是属于劳务报酬所得的情况。这两者的区别在于：工资、薪金所得是属于非独立个人劳务活动，即在机关、团体、学校、部队、企业、事业单位及其他组织中任职、受雇而得到的报酬；而劳务报酬所得，则是个人独立从事各种技艺、提供各项劳务取得的报酬。

五、稿酬所得

稿酬所得，指个人因其作品以图书、报刊形式出版、发表而取得的所得。将稿酬所得独立划归一个征税项目，而对不以图书、报刊形式出版、发表的翻译、审稿、书画所得归为劳务报酬所得，主要是考虑了出版、发表作品的特殊性。第一，它是一种依靠较高智力创作的精神产品；第二，它具有普遍性；第三，它与社会主义精神文明和物质文明密切相关；第四，它的报酬相对偏低。因此，稿酬所得应当与一般劳务报酬相对区别，并给予适当优惠照顾。

对在报纸、杂志或出版社等单位任职的个人，如果在本单位的刊物上发表作品、出版图书取得的所得具体征税规定如下：

1. 任职于报纸、杂志等单位的记者、编辑等专业人员，因在本单位的报纸、杂志上发表作品取得的所得，属于因任职、受雇取得的所得，应与其当月工资收入合并，按“工资、薪金所得”项目纳税。

2. 除1中所述专业人员意外的其他人员在本单位的报纸、杂志上发表作品取得的所得，应按“稿酬所得”纳税。

3. 出版社的专业作者撰写、编写或者翻译的作品，由本社以图书形式出版而取得的稿费收入，应归属于稿酬所得。

六、特许权使用费所得

特许权使用费所得，指个人提供专利权、商标权、著作权、非专利技术以及其他特许权的使用权取得的所得。提供著作权的使用权取得的所得，不包括稿酬所得。

专利权，是由国家专利主管机关依法授予专利申请人或其权利继承人在一定期间内实施其发明创造的专有权。对于专利权，许多国家只将提供他人使用取得的所得，列入特许权使用费，而将转让专利权所得列为资本利得税的征税对象。我国没有开征资本利得税，故将个人提供和转让专利权取得的所得，都列入特许权使用费所得征收个人所得税。

商标权，即商标注册人享有的商标专用权。著作权，即版权，是作者依法对文学、艺术和科学作品享有的专有权。个人提供或转让商标权、著作权、专有技术或技术秘密、技术诀窍取得的所得，应当依法缴纳个人所得税。

需要注意的几个方面：

1. 提供著作权的使用权取得的所得，不包括稿酬所得。作者将自己的文字作品手稿原件或复印件公开拍卖（竞价）取得的所得，归属于特许权使用费所得。

2. 编剧从电视剧制作单位取得的剧本使用费，不再区分剧本的使用方是否为其任职单位，统一作为特许权使用费所得。

3. 个人取得特许权的经济赔偿收入，也归属于特许权使用费所得项目。

七、利息、股息、红利所得

利息、股息、红利所得，指个人拥有债权、股权而取得的利息、股息、红利所得。利息，是指个人拥有债权而取得的利息，包括存款利息、贷款利息和各种债券的利息。按税法规定，个人取得的利息所得，除国债和国家发行的金融债券利息外，应当依法缴纳个人所得税。股息、红利，指个人拥有股权取得的股息、红利。按照一定的比率对每股发给的息金叫股息；公司、企业应分配的利润，按股份分配的叫红利。股息、红利所得，除另有规定外，都应当缴纳个人所得税。

除个人独资企业、合伙企业以外的其他企业的个人投资者，以企业资金为本人、家庭成员及其相关人员支付与企业生产经营无关的消费性支出及购买汽车、住房等财产性支出，视为企业对个人投资者的红利分配，依照“利息、股息、红利所得”项目计征个人所得税。企业的上述支出不允许在所得税前扣除。

纳税年度内个人投资者从其投资企业（个人独资企业、合伙企业除外）借款，在该纳税年度终了后既不归还又未用于企业生产经营的，其未归还的借款可视为企业对个人投资者的红利分配，依照“利息、股息、红利所得”项目计征个人所得税。

个人在个人银行结算账户的存款自2003年9月1日起孳生的利息，应按“利息、股息、红利所得”项目计征个人所得税，税款由办理个人银行结算账户业务的储蓄机构在结付利息时代扣代缴。

八、财产租赁所得

财产租赁所得，指个人出租建筑物、土地使用权、机器设备、车船以及其他财产取得的所得。

个人取得的财产转租收入，属于“财产租赁所得”的征税范围，由财产转租人缴纳个人所得税。在确认纳税义务人时，应以产权凭证为依据；对无产权凭证的，由主管税务机关根据实际情况确定。产权所有人死亡，在未办理产权继承手续期间，该财产出租而有租金收入的，以领取租金的个人为纳税义务人。

九、财产转让所得

财产转让所得，指个人转让有价证券、股权、建筑物、土地使用权、机器设备、车船以及其他财产取得的所得。

在现实生活中，个人进行的财产转让主要是个人财产所有权的转让。财产转让实际上是一种买卖行为，当事人双方通过签订、履行财产转让合同，形成财产买卖的法律关系，使出让财产的个人从对方取得价款（收入）或其他经济利益。财产转让所得因其性质的特殊性，需要单独列举项目征税。对个人取得的各项财产转让所得，除股票转让所得外，都要征收个人所得税。具体规定为：

（一）股票转让所得

根据《个人所得税法实施条例》规定，对股票所得征收个人所得税的办法，由财政部另行制定，报国务院批准施行。鉴于我国证券市场发育还不成熟，股份制还处于试点阶段，对股票转让所得的计算、征税办法和纳税期限的确认等都需要做深入的调查研究后，结合国际通行的做法，做出符合我国实际的规定。因此，国务院决定，对股票转让所得暂不征收个人所得税。

（二）量化资产股份转让

集体所有制企业在改制为股份合作制企业时，对职工个人以股份形式取得的拥有所有权的企业量化资产，暂缓征收个人所得税；待个人将股份转让时，就其转让收入额，减除个人取得该股份时实际支付的费用支出和合理转让费用后的余额，按“财产转让所得”项目计征个人所得税。

（三）个人出售自有住房

1. 自2010年10月1日起，对出售自有住房并在1年内重新购买住房的纳税人不再减免个人所得税。

2. 对个人转让自用5年以上并且是家庭唯一生活用房取得的所得，继续免征个人所得税。

3. 为了确保有关住房转让的个人所得税政策得到全面、正确的实施，各级房地产交易管理部门应与税务机关加强协作、配合，主管税务机关需要有关本地区房地产交易情况的，房地产交易管理部门应及时提供。

十、偶然所得

偶然所得，指个人得奖、中奖、中彩以及其他偶然性质的所得。得奖是指参加各种有奖竞赛活动，取得名次得到的奖金；中奖、中彩是指参加各种有奖活动，如有奖销售、有奖储蓄，或者购买彩票，经过规定程序，抽中、摇中号码而取得的奖金。偶然所得应缴纳的个人所得税税款，一律由发奖单位或机构代扣代缴。

企业向个人支付不竞争款项以及个人取得有奖发票的奖金均为偶然所得，个人取得单张有奖发票奖金所得不超过800元（含800元）的，暂免征收个人所得税；个人取得单张有奖发票奖金所得超过800元的，应全额纳税。不竞争款项指资产购买方企业与资产出售方企业自然人股东之间在资产购买交易中，通过签订保密和不竞争协议等方式，约定资产出售方企业自然人股东在交易完成后一定期限内，承诺不从事有市场竞争的相关业务，并负有相关技术资料的保密义务，资产购买方企业则在约定期限内，按一定方式向资产出售方企业自然人股东所支付的款项。

十一、经国务院财政部门确定征税的其他所得

除上述列举的各项个人应税所得外，其他确有必要征税的个人所得，由国务院财政部门确定。个人取得的所得，难以界定应纳税所得项目的，由主管税务机关确定。

第五节 税 率

个人所得税的税率按所得项目不同分别确定为：

一、工资、薪金所得适用税率

工资、薪金所得，适用九级超额累进税率，税率为5%~45%（见表12-1）。

表12-1 **工资、薪金所得个人所得税税率表**

级数	全月含税应纳税所得额	全月不含税应纳税所得额	税率（%）	速算扣除数
1	不超过1 500元的	不超过1 455元的	3	0
2	超过1 500~4 500元的部分	超过1 455元至4 155元的部分	10	105
3	超过4 500~9 000元的部分	超过4 155元至7 755元的部分	20	555
4	超过9 000~35 000元的部分	超过7 755元至27 255元的部分	25	1 005

续表

级数	全月含税应纳税所得额	全月不含税应纳税所得额	税率（%）	速算扣除数
5	超过 35 000~55 000 元的部分	超过 27 255 元至 41 255 元的部分	30	2 755
6	超过 55 000~80 000 元的部分	超过 41 255 元至 57 505 元的部分	35	5 505
7	超过 80 000 元的部分	超过 57 505 元的部分	45	13 505

注：本表所称全月应纳税所得额是指依照税法的规定，以每月收入额减除费用 3 500 元后的余额或者减除附加减除费用后的余额。

二、个体工商户的生产、经营所得和对企事业单位的承包、承租经营所得适用税率

个体工商户的生产、经营所得和对企事业单位的承包经营、承租经营所得，适用 5%~35%的超额累进税率（见表 12-2）。

表 12-2　**个体工商户的生产、经营所得和对企事业单位的承包经营、承租经营所得个人所得税税率表**

级数	全年含税应纳税所得额	全年不含税应纳税所得额	税率（%）	速算扣除数
1	不超过 15 000 元的	不超过 14 250 元的	5	0
2	超过 15 000~30 000 元的部分	超过 14 250 元至 27 750 元的部分	10	750
3	超过 30 000~60 000 元的部分	超过 27 750 元至 51 750 元的部分	20	3 750
4	超过 60 000~100 000 元的部分	超过 51 750 元至 79 750 元的部分	30	9 750
5	超过 100 000 元的部分	超过 79 750 元的部分	35	14 750

注：本表所称全年应纳税所得额，对个体工商户的生产、经营所得来源，指以每一纳税年度的收入总额，减除成本、费用以及损失后并扣除每月 3 500 元以后的余额；对企事业单位的承包经营、承租经营所得来源，是指以每一纳税年度的收入总额，减除必要费用后的余额。

个人独资企业和合伙企业的生产经营所得，也适用 5%~35%的五级超额累进税率。

三、稿酬所得适用税率

稿酬所得，适用比例税率，税率为 20%，并按应纳税额减征 30%。故其实际税率为 14%。

四、劳务报酬所得适用税率

劳务报酬所得，适用比例税率，税率为 20%。对劳务报酬所得一次收入畸高的，可以实行加成征收，具体办法由国务院规定。

根据《个人所得税法实施条例》规定，“劳务报酬所得一次收入畸高”，是指个人一

次取得劳务报酬，其应纳税所得额超过20 000元。对应纳税所得额超过20 000~50 000元的部分，依照税法规定计算应纳税额后再按照应纳税额加征五成；超过50 000元的部分，加征十成。因此，劳务报酬所得实际上适用20%、30%、40%的三级超额累进税率（见表12-3）。

表12-3 劳务报酬所得个人所得税税率表

级 距	含税级距	不含税级距	税率	速算扣除数
1	不超过20 000部分	不超过16 000部分	20%	0
2	超过20 000~50 000元的部分	超过16 000~37 000部分	30%	2 000
3	超过50 000元的部分	超过37 000元的部分	40%	7 000

注：本表所称每次应纳税所得额，是指每次收入额减除费用800元（每次收入额不超过4 000元时）或者减除20%的费用（每次收入额超过4 000元时）后的余额。

五、其他各项所得适用税率

特许权使用费所得，利息、股息、红利所得，财产租赁所得，财产转让所得，偶然所得和其他所得适用税率特许权使用费所得，利息、股息、红利所得，财产租赁所得，财产转让所得，偶然所得和其他所得，适用比例税率，税率为20%。

对储蓄存款利息，从2007年8月15日起减按5%的税率征收。自2008年10月9日起，储蓄存款利息收入暂免征收个人所得税。

对个人出租住房取得的所得减按10%的税率征收个人所得税。

第六节 应纳税所得额的规定

由于个人所得税的应税项目不同，并且取得某项所得所需费用也不相同，因此，计算个人应纳税所得额，需按不同应税项目分项计算。以某项应税项目的收入额减去税法规定的该项费用减除标准后的余额，为该项应纳税所得额。

一、费用减除标准

按税法规定：

1. 每月扣除生计费用3 500元。该标准自2011年9月开始实施，按该标准扣除的有工资、薪金所得，个体工商户的生产、经营所得和对企事业单位的承包、承租经营所得以及个人独资企业、合伙企业的生产经营所得。

从事生产、经营的纳税义务人未提供完整、准确的纳税资料，不能正确计算应纳税所得额的，由主管税务机关核定其应纳税所得额。

上述所称生产经营所得，包括自然人企业分配给投资者个人的所得和企业当年留存的所得（利润）。

2. 定额扣除800元或定率扣除收入的20%，作为费用扣除。劳务报酬所得、稿酬所得、特许权使用费所得、财产租赁所得，每次收入不超过4 000元的，减除费用800元；4 000元以上的，减除20%的费用，其余额为应纳税所得额。

3. 财产转让所得，以转让财产的收入额减除财产原值和合理费用后的余额，为应纳税所得额。

财产原值，指：

（1）有价证券，为买入价以及买入时按照规定交纳的有关费用。

（2）建筑物，为建造费或者购进价格以及其他有关费用。

（3）土地使用权，为取得土地使用权所支付的金额，开发土地的费用以及其他有关费用。

（4）机器设备、车船，为购进价格、运输费、安装费以及其他有关费用。

（5）其他财产，参照以上方法确定。

纳税义务人未提供完整、准确的财产原值凭证，不能正确计算财产原值的，由主管税务机关核定其财产原值。

合理费用，是指卖出财产时按照规定支付的有关费用。

4. 利息、股息、红利所得，偶然所得和其他所得，以每次收入额为应纳税所得额。

二、附加减除费用适用的范围和标准

上面讲到的计算个人应纳税所得额的费用减除标准，对所有纳税人都是普遍适用的。但是，考虑到外籍人员和在境外工作的中国公民的生活水平比国内公民要高，而且，我国汇率的变化情况对他们的工资、薪金所得也有一定的影响。为了不因征收个人所得税而加重他们的负担，现行税法对外籍人员和在境外工作的中国公民的工资、薪金所得增加了附加减除费用的照顾。

按照税法的规定，对在中国境内无住所而在中国境内取得工资、薪金所得的纳税义务人和在中国境内有住所而在中国境外取得工资、薪金所得的纳税义务人，可以根据其平均收入水平、生活水平以及汇率变化情况确定附加减除费用，附加减除费用适用的范围和标准由国务院规定。

国务院在发布的《个人所得税法实施条例》中，对附加减除费用适用的范围和标准作了具体规定：

1. 附加减除费用适用的范围，包括：

（1）在中国境内的外商投资企业和外国企业中工作取得工资、薪金所得的外籍人员。

（2）应聘在中国境内的企业、事业单位、社会团体、国家机关中工作取得工资、薪金所得的外籍专家。

（3）在中国境内有住所而在中国境外任职或者受雇取得工资、薪金所得的个人。

（4）财政部确定的取得工资、薪金所得的其他人员。

2. 附加减除费用标准。

上述适用范围内的人员自2011年9月1日起，每月工资、薪金所得在减除3 500元费用的基础上，再减除1 300元。

3. 华侨和我国香港、澳门、台湾同胞参照上述附加减除费用标准执行。

三、每次收入的确定

个人所得税法对纳税义务人取得的劳务报酬所得，稿酬所得，特许权使用费所得，利息、股息、红利所得，财产租赁所得，偶然所得和其他所得等七项所得，都是明确应该按次计算征税的。由于扣除费用依据每次应纳税所得额的大小，分别规定了定额和定率两种标准。因此，无论是从正确贯彻税法的立法精神，维护纳税义务人的合法权益方面来看，还是从避免税收漏洞，防止税款流失，保证国家税收收入方面来看，如何准确划分"次"，都是十分重要的。劳务报酬所得等七个项目的"次"，《个人所得税法实施条例》中做出了明确规定。具体是：

1. 劳务报酬所得，根据不同劳务项目的特点，分别规定为：

（1）只有一次性收入的，以取得该项收入为一次。例如从事设计、安装、装潢、制图、化验、测试等劳务，往往是接受客户的委托，按照客户的要求，完成一次劳务后取得收入。因此，是属于只有一次性的收入，应以每次提供劳务取得的收入为一次。

（2）属于同一事项连续取得收入的，以1个月内取得的收入为一次。例如，某歌手与一卡拉OK厅签约，在2013年1年内每天到卡拉OK厅演唱一次，每次演出后付酬50元。在计算其劳务报酬所得时，应视为同一事项的连续性收入，以其1个月内取得的收入为一次计征个人所得税，而不能以每天取得的收入为一次。

2. 稿酬所得，以每次出版、发表取得的收入为一次。具体又可细分为：

（1）同一作品再版取得的所得，应视作另一次稿酬所得计征个人所得税。

（2）同一作品先在报刊上连载，然后再出版，或先出版，再在报刊上连载的，应视为两次稿酬所得征税。即连载作为一次，出版作为另一次。

（3）同一作品在报刊上连载取得收入的，以连载完成后取得的所有收入合并为一次，计征个人所得税。

（4）同一作品在出版和发表时，以预付稿酬或分次支付稿酬等形式取得的稿酬收入，应合并计算为一次。

（5）同一作品出版、发表后，因添加印数而追加稿酬的，应与以前出版、发表时取得的稿酬合并计算为一次，计征个人所得税。

3. 特许权使用费所得，以某项使用权的一次转让所取得的收入为一次。一个纳税义务人，可能不仅拥有一项特许权利，每一项特许权的使用权也可能不止一次地向他人提供。因此，对特许权使用费所得的"次"的界定，明确为每一项使用权的每次转让所取得的收入为一次。如果该次转让取得的收入是分笔支付的，则应将各笔收入相加为一次的收入，计征个人所得税。

4. 财产租赁所得，以1个月内取得的收入为一次。

5. 利息、股息、红利所得，以支付利息、股息、红利时取得的收入为一次。

6. 偶然所得，以每次收入为一次。

7. 其他所得，以每次收入为一次。

四、应纳税所得额的其他规定

个人将其所得通过中国境内的社会团体、国家机关向教育和其他社会公益事业以及遭受严重自然灾害地区、贫困地区捐赠，捐赠额未超过纳税义务人申报的应纳税所得额30%的部分，可以从其应纳税所得额中扣除。

从2000年开始，财政部、国家税务总局陆续放宽公益救济性捐赠扣除限额，出台了全额税前扣除的政策规定，允许个人通过非营利性的社会团体和政府部门，对下列机构的捐赠准予在个人所得税税前100%（全额）扣除：

（1）对红十字事业的捐赠：财税［2000］30号文规定，个人通过非营利性的社会团体和国家机关（包括中国红十字会）向红十字事业的捐赠，在计算个人所得税时准予全额扣除。

（2）对福利性、非营利性老年服务机构捐赠：财税［2000］97号文规定，对个人通过非营利性的社会团体和政府部门向福利性、非营利性的老年服务机构的捐赠，在缴纳个人所得税前准予全额扣除。老年服务机构是指专门为老年人提供生活照料、文化、护理、健身等多方面服务的福利性、非营利性的机构，主要包括：老年社会福利院、敬老院（养老院）、老年服务中心、老年公寓（含老年护理院、康复中心、托老所）等。

（3）对公益性青少年活动场所（其中包括新建）捐赠：财税［2000］21号文规定，对个人通过非营利性的社会团体和政府部门对公益性青少年活动场所（其中包括新建）的捐赠，在缴纳个人所得税前准予全额扣除。公益性青少年活动场所是指专门为青少年学生提供科技、文化、德育、爱国主义教育、体育活动的青少年宫、青少年活动中心等校外活动的公益性场所。

（4）对农村义务教育捐赠：财税［2001］103号文规定，对个人通过非营利的社会团体和国家机关向农村义务教育的捐赠，准予在缴纳个人所得税前的所得额中全额扣除。农村义务教育范围是指政府和社会力量举办的农村乡镇（不含县和县级市政府所在地的镇）、村的小学和初中以及属于这一阶段的特殊教育学校。纳税人对农村义务教育与高中在一起的学校的捐赠，也享受所得税前全额扣除政策。

（5）向宋庆龄基金会等6家单位捐赠：财税［2004］172号文规定，对个人通过宋庆龄基金会、中国福利会、中国残疾人福利基金会、中国扶贫基金会、中国煤矿尘肺病治疗基金会、中华环境保护基金会用于公益救助性的捐赠，准予在缴纳个人所得税税前全额扣除。

（6）对中国教育发展基金会捐赠：财税［2006］68号文规定，个人通过中国教育发展基金会用于公益救济性捐赠，准予在缴纳个人所得税税前全额扣除。

（7）对教育事业的捐赠（财税［2004］39号）：纳税人通过中国境内非营利的社会团体、国家机关向教育事业的捐赠，准予在个人所得税前全额扣除。

（8）对中国医药卫生事业发展基金会的捐赠：财税［2006］67号文规定，个人通过中国医药卫生事业发展基金会用于公益救济性捐赠，准予在缴纳个人所得税税前全额扣除。

（9）对中国老龄事业发展基金会等8家单位捐赠：财税［2006］66号文规定，对个人通过中国老龄事业发展基金会、中国华文教育基金会、中国绿化基金会、中国妇女发展基金会、中国关心下一代健康体育基金会、中国生物多样性保护基金会、中国儿童少年基金会和中国光彩事业基金会用于公益救济性捐赠，准予在缴纳个人所得税税前全额扣除。

（10）对中华快车基金会等5家单位捐赠：财税［2003］204号文规定，为支持我国农村医疗卫生、经济科学教育、慈善、法律援助和见义勇为等社会公益事业的发展，经国务院批准，个人自2003年1月1日起（注：也可以直接）向中华健康快车基金会和孙冶方经济科学基金会、中华慈善总会、中国法律援助基金会和中华见义勇为基金会的捐赠，准予在缴纳个人所得税税前全额扣除。

（11）向地震灾区的捐赠（国税发［2008］55号）：个人通过扣缴单位统一向灾区的捐赠，凭有关凭证，可税前全额扣除；个人直接通过政府机关、非营利组织向灾区的捐赠，采取扣缴方式纳税的，凭有关凭证可税前全额扣除。

（12）对科研机构、高等院校研究开发经费捐赠：国税发［2000］24号文规定，个人或个体工商户的所得（不含偶然所得，经国务院财政部门确定征税的其他所得）用于对非关联的科研机构和高等学校研究开发新产品、新技术、新工艺所发生的研究开发经费资助的，可以全额在下月（工资、薪金所得）或下次（按次计征的所得）或当年（按年计征的所得）计征个人所得税时，从应纳税所得额中扣除，不足抵扣的，不得结转抵扣。

第七节 应纳税额的计算

依照税法规定的适用税率和费用扣除标准，各项所得的应纳税额，应分别计算如下：

一、工资、薪金所得应纳税额的计算

工资、薪金所得应纳税额的计算公式为：

应纳税额=应纳税所得额×适用税率-速算扣除数

=（每月收入额-3 500元或4 800元）×适用税率-速算扣除数

【例12-1】假定某纳税人2016年5月工资4 200元，该纳税人不适用附加减除费用的规定。计算其当月应纳个人所得税税额。

（1）应纳税所得额=4 200-3 500=700（元）

（2）应纳税额=700×3%=21（元）

【例12-2】假定某外商投资企业中工作的美国专家（假设为非居民纳税人），2016年5月份取得由该企业发放的工资收入10 400元人民币。请计算其应纳个人所得税税额。

（1）应纳税所得额=10 400-（3 500+1 300）=5 600（元）

（2）应纳税额=5 600×20%-555=565（元）

二、个体工商户的生产、经营所得应纳税额的计算

个体工商户的生产、经营所得应纳税额的计算公式为：

应纳税额=应纳税所得额×适用税率-速算扣除数

或=（全年收入总额-成本、费用以及损失）×适用税率-速算扣除数

个体工商户生产、经营所得有关具体规定如下：

1. 应纳税所得额

对于实行查账征收的个体工商户，其生产、经营所得或应纳税所得额是每一纳税年度的收入总额，减除成本、费用以及损失后的余额。这是采用会计核算办法归集或计算得出的应纳税所得额。计算公式为：

应纳税所得额=收入总额-（成本+费用+损失+准予扣除的税金）-当年投资者本人的费用扣除额

(1) 收入总额

个体工商户的收入总额，指个体工商户从事生产、经营以及与生产、经营有关的活动所取得的各项收入，包括商品（产品）销售收入、营运收入、劳务服务收入、工程价款收入、财产出租或转让收入、利息收入、其他收入和营业外收入。

以上各项收入应当按照权责发生制原则确定。

(2) 准予扣除的项目

在计算应纳税所得额时，准予从收入总额中扣除的项目包括成本、费用、损失和准予扣除的税金。

① 成本、费用，指个体工商户从事生产、经营所发生的各项直接支出和分配计入成本的间接费用以及销售费用、管理费用、财务费用。

"直接支出和分配计入成本的间接费用"，指个体工商户在生产、经营过程中实际消耗的各种原材料、辅助材料、备品配件、外购半成品、燃料、动力、包装物等直接材料和发生的商品进价成本、运输费、装卸费、包装费、折旧费、修理费、水电费、差旅费、租赁费（不包括融资租赁费）、低值易耗品等，以及支付给生产经营从业人员的工资。

销售费用，指个体工商户在销售产品、自制半成品和提供劳务过程中发生的各项费用，包括运输费、装卸费、包装费、委托代销手续费、广告费、展览费、销售服务费以及其他销售费用。

其他管理费等略，同企业所得税规定。

纳税人不能提供有关的收入、成本、费用、损失等的完整、准确的纳税资料，不能正确计算应纳税所得额的，应由主管税务机关核定其应纳税所得额。

(3) 准予在所得税前列支的其他项目及列支标准

① 个体工商户在生产经营中的借款利息支出，未超过中国人民银行规定的同类、同期贷款利率计算的数额部分，准予扣除。

② 个体工商户发生的与生产经营有关的财产保险、运输保险以及从业人员的养老、医疗保险及其他保险费用支出，按国家规定的标准计算扣除。

③ 个体工商户发生的与生产经营有关的修理费用，可以据实扣除。修理费用发生不均衡或数额较大的，应分期扣除。

④ 个体工商户按规定缴纳的工商管理费、个体劳动者协会会费、摊位费，按实际发生数扣除。缴纳的其他规费，其扣除项目和扣除标准，由省、自治区、直辖市地方税务局根据当地实际情况确定。

⑤ 个体工商户在生产经营中租入固定资产而支付的费用，其扣除分两种情况处理：

以融资租赁方式（即出租人和承租人事先约定，在承租人付清最后一笔租金后，该固定资产即归承租人所有）租入固定资产而发生的租赁费，应计入固定资产价值，不得直接扣除；如果是以经营租赁方式（即因生产经营需要临时租入固定资产，租赁期满后，该固定资产应归还出租人）租入固定资产的租赁费，可以据实扣除。

⑥ 个体工商户研究开发新产品、新技术、新工艺所发生的开发费用，以及研究开发新产品、新技术、新工艺而购置的单台价值在10万元以下的测试仪器和试验性装置的购置费，准予扣除。超出上述标准和范围的，按固定资产管理，不得在当期扣除。

⑦ 个体工商户在生产经营过程中发生的固定资产和流动资产盘亏，即毁损净损失，由个体工商户提供清查盘存资料，经主管税务机关审核后，可以在当期扣除。

⑧ 个体工商户在生产经营过程中发生的以外币结算的往来款项增减变动时，由于汇率变动而发生的人民币的差额，作为汇兑损益，计入当期所得或在当期扣除。

⑨ 个体工商户发生的与生产经营有关的无法收回的账款（包括因债务人破产或死亡，以其破产财产或者遗产清偿后，仍然不能收回的应收账款，或者因债务人逾期未履行还债义务超过3年仍然不能收回的应收账款），应由其提供有效证明，报经主管税务机关审核后，按实际发生数扣除。

⑩ 个体工商户向其从业人员实际支付的合理的工资、薪金支出，允许在税前据实扣除。

⑪个体工商户拨缴的工会经费、发生的职工福利费、职工教育经费支出分别在工资、薪金总额2%、14%、2.5%的标准内据实扣除。

⑫个体工商户每一纳税年度发生的与其生产经营活动直接相关的广告费和业务宣传费不超过当年销售（营业）收入15%的部分，可据实扣除；超过部分，准予在以后纳税年度结转扣除。

⑬个体工商户每一纳税年度发生的与其生产经营业务直接相关的业务招待费支出，按照发生额的60%扣除，但最高不得超过当年销售（营业）收入的5‰。

⑭个体工商户将其所得通过中国境内的社会团体、国家机关向教育和其他社会公益事业以及遭受严重自然灾害地区、贫困地区的捐赠，捐赠额不超过其应纳税所得额30%的部分可以据实扣除（另有规定的除外）。纳税人直接给受益人的捐赠不得扣除。

⑮个体工商户生产经营与家庭生活混用不能分清的费用，允许按照40%的比例视为与生产经营有关费用进行税前扣除。

⑯个体工商户的年度经营亏损，经申报主管税务机关审核后，允许用下一年度的经营所得弥补。下一年度所得不足弥补的，允许逐年延续弥补，但最长不得超过5年。

⑰个体工商户购入低值易耗品的支出，原则上一次摊销，但一次性购入价值较大的，应分期摊销。分期摊销的价值标准和期限由各省、自治区、直辖市地方税务局确定。

⑱个体工商户业主和从业人员建立的补充养老保险和补充医疗保险，不超过规定标准的部分可以税前扣除。

（4）不得在所得税前列支的项目

① 资本性支出，包括：为购置和建造固定资产、无形资产以及其他资产的支出，对外投资的支出；

② 被没收的财物、支付的罚款；

③ 缴纳的个人所得税、税收滞纳金、罚金和罚款；

④ 各种赞助支出；

⑤ 自然灾害或者意外事故损失有赔偿的部分；

⑥ 分配给投资者的股利；

⑦ 用于个人和家庭的支出；

⑧ 个体工商户业主的工资支出；

⑨ 与生产经营无关的其他支出；

⑩ 国家税务总局规定不准扣除的其他支出。

（5）费用减除标准

个体工商户 2011 年 9 月 1 日（含）以后的生产经营所得，应适用个人所得税修改后的费用减除标准，即每月 3 500 元。

（6）资产的税务处理

个体工商户购入、自建、实物投资和融资租入的资产，包括固定资产、无形资产、递延资产等，只能采取分次计提折旧或分次摊销的方式予以列支。

第一，固定资产的税务处理

个体工商户的固定资产指在生产经营中使用的、期限超过 1 年且单位价值在 1 000 元以上的房屋、建筑物、机器、设备、运输工具及其他与生产经营有关的设备、工器具等。

① 固定资产的折旧范围

允许计提折旧的固定资产包括：房屋和建筑物；在用的机械设备、仪器仪表和各种工器具；季节性停用和修理停用的设备，以及以经营方式租出和以融资租赁方式租入的固定资产。

② 不得计提折旧的固定资产

不得计提折旧的固定资产包括：房屋、建筑物以外的未使用、不需用的固定资产；以经营方式租入和以融资租赁方式租出的固定资产；已提足折旧继续使用的固定资产。

个体工商户应当按照税法规定的资产计价方式所确定的资产价值和规定的资产折旧年限，计提固定资产折旧。固定资产在计提折旧前，应当估计残值（按固定资产原价的 5% 确定），从固定资产原价中减除。

③ 固定资产的计价（略）

④ 固定资产的折旧年限

税法规定的固定资产折旧最短年限分别为：房屋、建筑物为 20 年；轮船、机器、机械和其他生产设备为 10 年；电子设备和轮船以外的运输工具，以及与生产经营有关的器具、工具、家具等为 5 年。个体工商户由于特殊原因需要缩短固定资产折旧年限的，须报经省级税务机关审核批准。

⑤ 固定资产的折旧方法（略）

第二，无形资产的税务处理（略）

第三，递延资产的税务处理

个体工商户自申请营业执照之日起至开始生产经营之日止所发生的符合税法规定的费

用，除为取得固定资产、无形资产的支出，以及应计入资产价值的汇兑损益、利息支出之外，可作为递延资产中的开办费，并自开始生产经营之日起不短于5年的期限内分期均额扣除。

第四，流动资产的税务处理及存货计价

流动资产指可以在1年内或者超过1年的一个营业周期内变现或者运用的资产，包括现金、应收及预付款项和存货。所谓存货，指在生产经营过程中为销售或者耗用而储备的物资，包括各种原材料、辅助材料、燃料、低值易耗品、包装物、在产品、外购商品、自制半成品、产成品等。存货应按实际成本计价，领用或发出存货的核算，原则上采用加权平均法。

3. 应纳税额的计算方法

个体工商户的生产、经营所得适用五级超额累进税率，以其应纳税所得额按适用税率计算应纳税额。其计算公式为：

应纳税额=应纳税所得额×适用税率-速算扣除数

根据《个人所得税法》及其实施条例的规定，纳税人取得的个体工商户的生产、经营所得和对企事业单位的承包经营、承租经营所得，均应依法缴纳个人所得税。对未达到增值税、营业税起征点的纳税人，除税收政策规定的以外，一律不得免征个人所得税。

至于个人独资企业和合伙企业个人所得税的计算比照个体工商户生产、经营所得的方法计算个人所得税。

三、对企事业单位的承包经营、承租经营所得应纳税额的计算

对企事业单位的承包经营、承租经营所得，其个人所得税应纳税额的计算公式为：

应纳税额=应纳税所得额×适用税率-速算扣除数

或=（纳税年度收入总额-必要费用）×适用税率-速算扣除数

这里需要说明的是：

1. 对企事业单位的承包经营、承租经营所得，以每一纳税年度的收入总额，减除必要费用后的余额为应纳税所得额。

在一个纳税年度中，承包经营或者承租经营期限不足1年的，以其实际经营期为纳税年度。

2. 对企事业单位的承包经营、承租经营所得适用的速算扣除数，同个体工商户的生产、经营所得适用的速算扣除数。

四、劳务报酬所得应纳税额的计算

对劳务报酬所得，其个人所得税应纳税额的计算公式为：

（一）每次收入不足4 000元的

应纳税额=应纳税所得额×适用税率

或=（每次收入额-800）×20%

（二）每次收入在4 000元以上的

应纳税额=应纳税所得额×适用税率=每次收入额×（1-20%）×20%

（三）每次收入的应纳税所得额超过 20 000 元的

应纳税额＝应纳税所得额×适用税率－速算扣除数

或＝每次收入额×（1－20%）×适用税率－速算扣除数

劳务报酬所得适用的速算扣除数见表 13－3。

【例 12-3】 歌星刘某一次取得表演收入 40 000 元，扣除 20%的费用后，应纳税所得额为 32 000 元。请计算其应纳个人所得税税额。

应纳税额＝每次收入额×（1－20%）×适用税率－速算扣除数

＝40 000×（1－20%）×30%－2 000＝7 600（元）

（四）为纳税人代付税款的计算方法

如果单位或个人为纳税人代付税款的，应当将单位或个人支付给纳税人的不含税支付额（或称纳税人取得的不含税收入额）换算为应纳税所得额，然后按规定计算应代付的个人所得税款。其计算公式为：

1. 不含税收入额不超过 3 360 元的：

（1）应纳税所得额＝（不含税收入额－800）÷（1－税率）

（2）应纳税额＝应纳税所得额×适用税率

2. 不含税收入额超过 3 360 元的：

（1）应纳税所得额＝［（不含税收入额－速算扣除数）×（1－20%）］÷［1－税率×（1－20%）］

或＝［（不含税收入额－速算扣除数）×（1－20%）］÷当级换算系数

（2）应纳税额＝应纳税所得额×适用税率－速算扣除数

【例 12-4】 高级工程师赵某为泰华公司进行一项工程设计，按照合同规定，公司应支付赵某的劳务报酬 48 000 元，与其报酬相关的个人所得税由公司代付。不考虑其他税收的情况下，计算公司应代付的个人所得税税额。

（1）代付个人所得税的应纳税所得额＝［（48 000－2000）×（1－20%）］÷76%

＝48 421.05（元）

（2）应代付个人所得税＝48 421.05×30%－2 000＝12 526.32（元）

五、稿酬所得应纳税额的计算

稿酬所得应纳税额的计算公式为：

（一）每次收入不足 4 000 元的

应纳税额＝应纳税所得额×适用税率×（1－30%）

＝（每次收入额－800）×20%×（1－30%）

（二）每次收入在 4 000 元以上的

应纳税额＝应纳税所得额×适用税率×（1－30%）

＝每次收入额×（1－20%）×20%×（1－30%）

【例 12-5】 某作家取得一次未扣除个人所得税的稿酬收入 20 000 元，请计算其应缴纳的个人所得税税额。

应纳税额＝应纳税所得额×适用税率×（1－30%）

$$=20\ 000\times(1-20\%)\times 20\%\times(1-30\%)=2\ 240（元）$$

六、特许权使用费所得应纳税额的计算

特许权使用费所得应纳税额的计算公式为：

（一）每次收入不足 4 000 元的

应纳税额＝应纳税所得额×适用税率＝（每次收入额−800）×20%

（二）每次收入在 4 000 元以上的

应纳税额＝应纳税所得额×适用税率＝每次收入额×（1−20%）×20%

七、利息、股息、红利所得应纳税额的计算

利息、股息、红利所得应纳税额的计算公式为：

应纳税额＝应纳税所得额×适用税率＝每次收入额×20%

（一）企业为股东个人购买汽车个人所得税的征税方法

1. 企业为股东购买车辆并将车辆所有权办到股东个人名下，其实质为企业对股东进行了红利性质的实物分配，应按照“利息、股息、红利所得”项目征收个人所得税。考虑到该股东个人名下的车辆同时也为企业经营使用的实际情况，允许合理减除部分所得；减除的具体数额由主管税务机关根据车辆的实际使用情况合理确定。

（二）上市公司股息红利差别化个人所得税

为促进资本市场的投资活动，经国务院批准，财税［2012］85 号文件规定实施上市公司股息红利差别化个人所得税政策，该规定自 2015 年 9 月 8 日起实施。

1. 个人从公开发行和转让市场取得的上市公司股票，持股期限超过 1 年的，股息红利所得暂免征收个人所得税。个人从公开发行和转让市场取得的上市公司股票，持股期限在 1 个月以内（含 1 个月）的，其股息红利所得全额计入应纳税所得额；持股期限在 1 个月以上至 1 年（含 1 年）的，暂减按 50%计入应纳税所得额；上述所得统一适用 20%的税率计征个人所得税。

2. 上市公司派发股息红利时，对个人持股 1 年以内（含 1 年）的，上市公司暂不扣缴个人所得税；待个人转让股票时，证券登记结算公司根据其持股期限计算应纳税额，由证券公司等股份托管机构从个人资金账户中扣收并划付证券登记结算公司，证券登记结算公司应于次月 5 个工作日内划付上市公司，上市公司在收到税款当月的法定申报期内向主管税务机关申报缴纳。

3. 上市公司股息红利差别化个人所得税政策其他有关操作事项，按照《财政部 国家税务总局 证监会关于实施上市公司股息红利差别化个人所得税政策有关问题的通知》（财税［2012］85 号）的相关规定执行。

4. 全国中小企业股份转让系统挂牌公司股息红利差别化个人所得税政策，按照本通知规定执行。其他有关操作事项，按照《财政部国家税务总局 证监会关于实施全国中小企业股份转让系统挂牌公司股息红利差别化个人所得税政策有关问题的通知》（财税［2014］48 号）的相关规定执行。

八、财产租赁所得应纳税额的计算

（一）应纳税所得额

财产租赁所得一般以个人每次取得的收入，定额或定率减除规定费用后的余额为应纳税所得额。每次收入不超过 4 000 元，定额减除费用 800 元；每次收入在 4 000 元以上，定率减除 20%的费用。财产租赁所得以 1 个月内取得的收入为一次。

在确定财产租赁的应纳税所得额时，纳税人在出租财产过程中缴纳的税金和教育费附加，可持完税（缴款）凭证，从其财产租赁收入中扣除。准予扣除的项目除了规定费用和有关税、费外，还准予扣除能够提供有效、准确凭证，证明由纳税人负担的该出租财产实际开支的修缮费用。允许扣除的修缮费用，以每次 800 元为限。一次扣除不完的，准予在下一次继续扣除，直到扣完为止。

个人出租财产取得的财产租赁收入，在计算缴纳个人所得税时，应依次扣除以下费用：

1. 财产租赁过程中缴纳的税费。
2. 由纳税人负担的该出租财产实际开支的修缮费用。
3. 税法规定的费用扣除标准。

应纳税所得额的计算公式为：

（1）每次（月）收入不超过 4 000 元的：

应纳税所得额=每次（月）收入额-准予扣除项目-修缮费用（800 元为限）-800 元

（2）每次（月）收入超过 4 000 元的：

应纳税所得额=［每次（月）收入额-准予扣除项目-修缮费用（800 元为限）］×(1-20%)

（二）应纳税额的计算方法

财产租赁所得适用 20%的比例税率。但对个人按市场价格出租的居民住房取得的所得，自 2001 年 1 月 1 日起暂减按 10%的税率征收个人所得税。其应纳税额的计算公式为：

应纳税额=应纳税所得额×适用税率

【例 12-6】刘某于 2016 年 1 月 1 日将其 1 套四室两厅的住房面积为 150 平方米出租给张某一家人居住，租期 1 年。刘某每月取得租金收入 3000 元，全年租金收入 36 000 元。计算刘某全年租金收入应缴纳的个人所得税（不考虑其他税费）。

财产租赁收入以每月内取得的收入为一次，因此，刘某每月及全年应纳税额为：

（1）每月应纳税额=（3 000-800）×10%=220（元）

（2）全年应纳税额=220×12=2 640（元）

本例在计算个人所得税时未考虑其他税、费。如果对租金收入计征营业税、城市维护建设税、房产税和教育费附加等，还应将其从税前的收入中先扣除后才计算应缴纳的个人所得税。

假定上例中，当年 2 月份因下水道堵塞找人修理，发生修理费用 500 元，有维修部门的正式收据，则 2 月份和全年的应纳税额为：

（1）2 月份应纳税额=（3 000-500-800）×10%=170（元）

（2）全年应纳税额＝220×11＋170＝2 590（元）

在实际征税过程中，有时会出现财产租赁所得的纳税人不明确的情况。对此，在确定财产租赁所得纳税人时，应以产权凭证为依据。无产权凭证的，由主管税务机关根据实际情况确定纳税人。如果产权所有人死亡，在未办理产权继承手续期间，该财产出租且有租金收入的，以领取租金收入的个人为纳税人。

九、财产转让所得应纳税额的计算

（一）一般情况下财产转让所得应纳税额的计算

财产转让所得应纳税额的计算公式为：

应纳税额＝应纳税所得额×适用税率＝（收入总额－财产原值－合理税费）×20%

【例 12-7】赵某个人建房一幢，造价 360 000 元，支付其他费用 20 000 元。3 年后将该房屋销售，取得收入 600 000 元，在售房过程中按规定支付交易税费等 3 6000 元。计算赵某应缴纳的个人所得税。

（1）应纳税所得额＝财产转让收入－财产原值－合理费用

＝600 000－（360 000＋20 000）－36 000＝184 000（元）

（2）应纳税额＝184 000×20%＝36 800（元）

（二）个人住房转让所得应纳税额的计算

自 2006 年 8 月 1 日起，个人转让住房所得应纳个人所得税的计算具体规定如下：

1. 以实际成交价格为转让收入。纳税人申报的住房成交价格明显低于市场价格且无正当理由的，征收机关依法有权根据有关信息核定其转让收入，但必须保证各税种计税价格一致。

2. 纳税人可凭原购房合同、发票等有效凭证，经税务机关审核后，允许从其转让收入中减除房屋原值、转让住房过程中缴纳的税金及有关合理费用。

（1）房屋原值具体为：①商品房：购置该房屋时实际支付的房价款及交纳的相关税费。②自建住房：实际发生的建造费用及建造和取得产权时实际交纳的相关税费。③经济适用房（含集资合作建房、安居工程住房）：原购房人实际支付的房价款及相关税费，以及按规定交纳的土地出让金。④已购公有住房：原购公有住房标准面积按当地经济适用房价格计算的房价款，加上原购公有住房超标准面积实际支付的房价款以及按规定向财政部门（或原产权单位）交纳的所得收益及相关税费。已购公有住房是指城镇职工根据国家和县级（含县级）以上人民政府有关城镇住房制度改革政策规定，按照成本价（或标准价）购买的公有住房。经济适用房价格按县级（含县级）以上地方人民政府规定的标准确定。⑤城镇拆迁安置住房，其原值分别为：房屋拆迁取得货币补偿后购置房屋的，为购置该房屋实际支付的房价款及交纳的相关税费；房屋拆迁采取产权调换方式的，所调换房屋原值为《房屋拆迁补偿安置协议》注明的价款及交纳的相关税费；房屋拆迁采取产权调换方式，被拆迁人除取得所调换房屋，又取得部分货币补偿的，所调换房屋原值为《房屋拆迁补偿安置协议》注明的价款和交纳的相关税费，减去货币补偿后的余额；房屋拆迁采取产权调换方式，被拆迁人取得所调换房屋，又支付部分货币的，所调换房屋原值为《房屋拆迁补偿安置协议》注明的价款，加上所支付的货币及交纳的相关税费。

(2) 转让住房过程中缴纳的税金是指纳税人在转让住房时实际缴纳的营业税、城市维护建设税、教育费附加、土地增值税、印花税等税金。

(3) 合理费用是指纳税人按照规定实际支付的住房装修费用、住房贷款利息、手续费、公证费等费用。其中：①住房装修费用。纳税人能提供实际支付装修费用的税务统一发票，并且发票上所列付款人姓名与转让房屋产权人一致的，经税务机关审核，其转让的住房在转让前实际发生的装修费用，可在以下规定比例内扣除：已购公有住房、经济适用房：最高扣除限额为房屋原值的15%；商品房及其他住房：最高扣除限额为房屋原值的10%。纳税人原购房为装修房，即合同注明房价款中含有装修费（铺装了地板，装配了洁具、厨具等）的，不得再重复扣除装修费用。②住房贷款利息。纳税人出售以按揭贷款方式购置的住房的，其向贷款银行实际支付的住房贷款利息，凭贷款银行出具的有效证明据实扣除。③纳税人按照有关规定实际支付的手续费、公证费等，凭有关部门出具的有效证明据实扣除。

3. 纳税人未提供完整、准确的房屋原值凭证，不能正确计算房屋原值和应纳税额的，税务机关可根据《税收征收管理法》第三十五条的规定，对其实行核定征税，即按纳税人住房转让收入的一定比例核定应纳个人所得税额。具体比例由省级地方税务局或者省级地方税务局授权的地市级地方税务局根据纳税人出售住房的所处区域、地理位置、建造时间、房屋类型、住房平均价格水平等因素，在住房转让收入1%~3%的幅度内确定。

(三) 个人销售无偿受赠不动产应纳税额的计算

为加强个人所得税征管，财税［2009］78号文件就个人无偿受赠房屋有关个人所得税问题规定如下：

1. 以下情形的房屋产权无偿赠与，对当时双方不征收个人所得税：

(1) 房屋产权所有人将房屋产权无偿赠与配偶、父母、子女、祖父母、孙子女、外孙子女、兄弟姐妹；

(2) 房屋产权所有人将房屋产权无偿赠与对其承担直接抚养或者赡养义务的抚养人或者赡养人；

(3) 房屋产权所有人死亡，依法取得房屋产权的法定继承人、遗嘱继承人或者受遗赠人。

2. 除1规定的情形外，房屋产权所有人将房屋产权无偿赠与他人的，受赠人因无偿受赠房屋取得的受赠所得，应作为“其他所得”缴纳个人所得税。

3. 对受赠人无偿受赠房屋计征个人所得税时，其应纳税所得额为房地产赠与合同标明的赠与房屋价值减除赠与过程中受赠人支付的相关税费后的余额。赠与合同标明的房屋价值明显低于市场价格或者房地产赠与合同未标明赠与房屋价值的，税务机关可依据受赠房屋的市场评估价格或采取其他合理方式确定受赠人的应纳税所得额。

4. 受赠人转让受赠房屋后，以其转让受赠房屋的收入减除原捐赠人取得该房屋的实际购置成本以及赠与和转让过程中受赠人支付的相关税费后的余额，为受赠人的应纳税所得额，依法计征个人所得税。受赠人转让受赠房屋价格明显偏低且无正当理由的，税务机关可以依据该房屋的市场评估价格或其他合理方式确定的价格核定其转让收入。

（四）个人转让离婚析产房屋的征税问题

1. 通过离婚析产方式分割房屋产权的，不征收个人所得税。

2. 个人转让离婚析产房屋所取得的收入，允许扣除其相应的财产原值和合理费用后，余额按照规定的税率缴纳个人所得税；其相应的财产原值，为房屋初次购置全部原值和相关税费之和转让者占房屋所有权的比例。

3. 个人转让离婚析产房屋，符合家庭生活自用 5 年以上且为家庭唯一住房条件的，其收入可申请免征个人所得税。

（五）个人因购买和处置债权取得所得征收个人所得税的方法

1. 根据《个人所得税法》及有关规定，个人通过招标、竞拍或其他方式购置债权以后，通过相关司法或行政程序主张债权而取得的所得，应按照“财产转让所得”项目缴纳个人所得税。

2. 个人通过上述方式取得“打包”债权，只处置部分债权的，其应纳税所得额按以下方式确定：

（1）以每次处置部分债权的所得，作为一次财产转让所得征税。

（2）其应税收入按照个人取得的货币资产和非货币资产的评估价值或市场价值的合计数确定。

（3）所处置债权成本费用（即财产原值），按下列公式计算：

当次处置债权成本费用=个人购置“打包”债权实际支出×当次处置债权账面价值（或拍卖机构公布价值）÷“打包”债权账面价值（或拍卖机构公布价值）

（4）个人购买和处置债权过程中发生的拍卖招标手续费、诉讼费、审计评估费以及缴纳的税金等合理税费，在计算个人所得税时允许扣除。

（六）个人取得拍卖收入征收个人所得税

1. 自 2007 年 5 月 1 日起，个人通过拍卖市场拍卖个人财产，对其取得所得按以下规定征税：

（1）根据《国家税务总局关于印发〈征收个人所得税若干问题的规定〉的通知》（国税发［1994］089 号），作者将自己的文字作品手稿原件或复印件拍卖取得的所得，应以其转让收入额减除 800 元（转让收入额 4 000 元以下）或者 20%（转让收入额 4 000 元以上）后的余额为应纳税所得额，按照“特许权使用费”所得项目适用 20%税率缴纳个人所得税。

（2）个人拍卖除文字作品原稿及复印件外的其他财产，应以其转让收入额减除财产原值和合理费用后的余额为应纳税所得额，按照“财产转让所得”项目适用 20%税率缴纳个人所得税。

2. 对个人财产拍卖所得征收个人所得税时，以该项财产最终拍卖成交价格为其转让收入额。

个人财产拍卖所得适用“财产转让所得”项目计算应纳税所得额时，纳税人凭合法有效凭证（税务机关监制的正式发票、相关境外交易单据或海关报关单据、完税证明等），从其转让收入额中减除相应的财产原值、拍卖财产过程中缴纳的税金及有关合理费用。

（1）财产原值，指售出方个人取得该拍卖品的价格（以合法有效凭证为准）。具体为：通过商店、画廊等途径购买的，为购买该拍卖品时实际支付的价款；通过拍卖行拍得的，为拍得该拍卖品实际支付的价款及交纳的相关税费；通过祖传收藏的，为其收藏该拍卖品而发生的费用；通过赠送取得的，为其受赠该拍卖品时发生的相关税费；通过其他形式取得的，参照以上原则确定财产原值。

（2）拍卖财产过程中缴纳的税金，是指在拍卖财产时纳税人实际缴纳的相关税金及附加。

（3）有关合理费用，指拍卖财产时纳税人按照规定实际支付的拍卖费（佣金）、鉴定费、评估费、图录费、证书费等费用。

3. 纳税人如不能提供合法、完整、准确的财产原值凭证，不能正确计算财产原值的，按转让收入额的3%征收率计算缴纳个人所得税；拍卖品为经文物部门认定是海外回流文物的，按转让收入额的2%征收率计算缴纳个人所得税。

4. 纳税人的财产原值凭证内容填写不规范，或者一份财产原值凭证包括多件拍卖品且无法确认每件拍卖品一一对应的原值的，不得将其作为扣除财产原值的计算依据，应视为不能提供合法、完整、准确的财产原值凭证，并按上述规定的征收率计算缴纳个人所得税。

5. 纳税人能够提供合法、完整、准确的财产原值凭证，但不能提供有关税费凭证的，不得按征收率计算纳税，应当就财产原值凭证上注明的金额据实扣除，并按照税法规定计算缴纳个人所得税。

6. 个人财产拍卖所得应纳的个人所得税税款，由拍卖单位负责代扣代缴，并按规定向拍卖单位所在地主管税务机关办理纳税申报。

7. 拍卖单位代扣代缴个人财产拍卖所得应纳的个人所得税税款时，应给纳税人填开完税凭证，并详细标明每件拍卖品的名称、拍卖成交价格、扣缴税款额。

8. 主管税务机关应加强对个人财产拍卖所得的税收征管工作，在拍卖单位举行拍卖活动期间派工作人员进入拍卖现场，了解拍卖的有关情况，宣传辅导有关税收政策，审核鉴定原值凭证和费用凭证，督促拍卖单位依法代扣代缴个人所得税。

十、偶然所得应纳税额的计算

偶然所得应纳税额的计算公式为：

$$应纳税额=应纳税所得额\times适用税率=每次收入额\times20\%$$

【例12-8】陈某在参加商场的有奖销售过程中，中奖所得共计价值20 000元。陈某领奖时告知商场，从中奖收入中拿出4 000元通过民政部门向贫困地区捐赠。请按照规定计算商场代扣代缴个人所得税后，陈某实际可得中奖金额。

（1）根据税法有关规定，陈某的捐赠额可以全部从应纳税所得额中扣除（因为4 000÷20 000=20%，小于捐赠扣除比例30%）。

（2）应纳税所得额=偶然所得-捐赠额=20 000-4 000=16 000（元）

（3）应纳税额（即商场代扣税款）=应纳税所得额×适用税率

=16 000×20%=3 200（元）

（4）陈某实际可得金额=20 000-4 000-3 200=12 800（元）

十一、其他所得应纳税额的计算

其他所得应纳税额的计算公式为：

应纳税额=应纳税所得额×适用税率=每次收入额×20%

十二、应纳税额计算中的特殊问题

（一）对个人取得全年一次性奖金等计算征收个人所得税的方法

全年一次性奖金指行政机关、企事业单位等扣缴义务人根据其全年经济效益和对雇员全年工作业绩的综合考核情况，向雇员发放的一次性奖金。一次性奖金也包括年终加薪、实行年薪制和绩效工资办法的单位根据考核情况兑现的年薪和绩效工资。

纳税人取得全年一次性奖金，单独作为1个月工资、薪金所得计算纳税，自2005年1月1日起按以下计税办法，由扣缴义务人发放时代扣代缴：

1. 先将雇员当月内取得的全年一次性奖金，除以12个月，按其商数确定适用税率和速算扣除数。

如果在发放年终一次性奖金的当月，雇员当月工资薪金所得低于税法规定的费用扣除额，应将全年一次性奖金减除“雇员当月工资薪金所得与费用扣除额的差额”后的余额，按上述办法确定全年一次性奖金的适用税率和速算扣除数。

2. 将雇员个人当月内取得的全年一次性奖金，按上述第1条确定的适用税率和速算扣除数计算征税，计算公式如下：

（1）如果雇员当月工资薪金所得高于（或等于）税法规定的费用扣除额的，适用公式为：

应纳税额=雇员当月取得全年一次性奖金×适用税率-速算扣除数

（2）如果雇员当月工资薪金所得低于税法规定的费用扣除额的，适用公式为：

应纳税额=（雇员当月取得全年一次性奖金-雇员当月工资薪金所得与费用扣除额的差额）×适用税率-速算扣除数

3. 在一个纳税年度内，对每一个纳税人，该计税办法只允许采用一次。

4. 实行年薪制和绩效工资的单位，个人取得年终兑现的年薪和绩效工资按上述第2条、第3条规定执行。

5. 雇员取得除全年一次性奖金以外的其他各种名目奖金，如半年奖、季度奖、加班奖、先进奖、考勤奖等，一律与当月工资、薪金收入合并，按税法规定缴纳个人所得税。

6. 对无住所个人取得上述第5条所述的各种名目奖金，如果该个人当月在我国境内没有纳税义务，或者该个人由于出入境原因导致当月在我国工作时间不满1个月的，仍按照《国家税务总局关于在我国境内无住所的个人取得奖金征税问题的通知》（国税发［1996］183号）计算纳税。

（二）取得不含税全年一次性奖金收入个人所得税的计算方法

1. 按照不含税的全年一次性奖金收入除以12的商数，查找相应适用税率A和速算扣除数A。

2. 含税的全年一次性奖金收入=（不含税的全年一次性奖金收入-速算扣除数A）÷（1-适用税率A）。

3. 按含税的全年一次性奖金收入除以12的商数，重新查找适用税率B和速算扣除数B。

4. 应纳税额=含税的全年一次性奖金收入×适用税率B-速算扣除数B。

如果纳税人取得不含税全年一次性奖金收入的当月工资薪金所得，低于税法规定的费用扣除额，应先将不含税全年一次性奖金减去当月工资薪金所得低于税法规定费用扣除额的差额部分后，再按照上述第1条规定处理。

根据企业所得税和个人所得税的现行规定，企业所得税的纳税人、个人独资和合伙企业、个体工商户为个人支付的个人所得税款，不得在所得税前扣除。

（三）对在中国境内无住所的个人一次取得数月奖金或年终加薪、劳动分红（以下简称奖金，不包括应按月支付的奖金）的计税方法

对上述个人取得的奖金，可单独作为1个月的工资、薪金所得计算纳税。由于对每月的工资、薪金所得计税时已按月扣除了费用，因此，对上述奖金不再减除费用，全额作为应纳税所得额直接按适用税率计算应纳税款，并且不再按居住天数进行划分计算。上述个人应在取得奖金月份的次月7日内申报纳税。但有一种特殊情况，即：在中国境内无住所的个人在担任境外企业职务的同时，兼任该外国企业在华机构的职务，但并不实际或不经常到华履行该在华机构职务，对其一次取得的数月奖金中属于全月未在华的月份奖金，依照劳务发生地原则，可不作为来源于中国境内的奖金收入计算纳税。

（四）特定行业职工取得的工资、薪金所得的计税方法

为了照顾采掘业、远洋运输业、远洋捕捞业因季节、产量等因素的影响，职工的工资、薪金收入呈现较大幅度波动的实际情况，对这三个特定行业的职工取得的工资、薪金所得，可按月预缴，年度终了后30日内，合计其全年工资、薪金所得，再按12个月平均并计算实际应纳的税款，多退少补。用公式表示为：

应纳所得税额=［（全年工资、薪金收入÷12-费用扣除标准）×税率-速算扣除数］×12

（五）关于个人取得公务交通、通信补贴收入征税问题

个人因公务用车和通信制度改革而取得的公务用车、通信补贴收入，扣除一定标准的公务费用后，按照“工资、薪金”所得项目计征个人所得税。按月发放的，并入当月“工资、薪金”所得计征个人所得税；不按月发放的，分解到所属月份并与该月份“工资、薪金”所得合并后计征个人所得税。

公务费用扣除标准，由省级地方税务局根据纳税人公务交通、通信费用实际发生情况调查测算，报经省级人民政府批准后确定，并报国家税务总局备案。

（六）关于失业保险费（金）征税问题

城镇企业事业单位及其职工个人按照《失业保险条例》规定的比例，实际缴付的失业保险费，均不计入职工个人当期工资、薪金收入，免予征收个人所得税；超过《失业保险条例》规定的比例缴付失业保险费的，应将其超过规定比例缴付的部分计入职工个人当期的工资、薪金收入，依法计征个人所得税。

具备《失业保险条例》规定条件的失业人员，领取的失业保险金，免予征收个人所得税。

（七）关于支付各种免税之外的保险金的征税方法

企业为员工支付各项免税之外的保险金，应在企业向保险公司缴付时（即该保险落到被保险人的保险账户）并入员工当期的工资收入，按“工资、薪金所得”项目计征个人所得税，税款由企业负责代扣代缴。

（八）在外商投资企业、外国企业和外国驻华机构工作的中方人员取得的工资、薪金所得的征税问题

1. 在外商投资企业、外国企业和外国驻华机构工作的中方人员取得的工资、薪金收入，凡是由雇佣单位和派遣单位分别支付的，支付单位应按税法规定代扣代缴个人所得税。同时，按税法规定，纳税义务人应以每月全部工资、薪金收入减除规定费用后的余额为应纳税所得额。为了有利于征管，对雇佣单位和派遣单位分别支付工资、薪金的，采取由支付者中的一方减除费用的方法，即只由雇佣单位在支付工资、薪金时，按税法规定减除费用，计算扣缴个人所得税；派遣单位支付的工资、薪金不再减除费用，以支付金额直接确定适用税率，计算扣缴个人所得税。

上述纳税义务人，应持两处支付单位提供的原始明细工资、薪金单（书）和完税凭证原件，选择并固定到一地税务机关申报每月工资、薪金收入，汇算清缴其工资、薪金收入的个人所得税，多退少补。具体申报期限，由各省、自治区、直辖市税务机关确定。

【例 12-9】王某为一外商投资企业雇佣的中方人员，假定 2016 年 5 月，该外商投资企业支付给王某的薪金为 7 200 元，同月，王某还收到其所在的派遣单位发给的工资 1 900 元。请问：该外商投资企业、派遣单位应如何扣缴个人所得税？王某实际应缴的个人所得税为多少？

（1）外商投资企业应为王某扣缴的个人所得税为：

扣缴税额 =（每月收入额−3 500）×适用税率−速算扣除数

=（7 200−3 500）×10%−105＝265（元）

（2）派遣单位应为王某扣缴的个人所得税为：

扣缴税额＝每月收入额×适用税率−速算扣除数

＝1 900×10%−105＝85（元）

（3）王某实际应缴的个人所得税为：

应纳税额 =（每月收入额−3 500）×适用税率−速算扣除数

=（7 200+1 900−3 500）×20%−555＝565（元）

因此，在王某到某税务机关申报时，还应补缴 215 元（565−265−85）。

2. 对外商投资企业、外国企业和外国驻华机构发放给中方工作人员的工资、薪金所得，应全额征税。但对可以提供有效合同或有关凭证，能够证明其工资、薪金所得的一部分按照有关规定上缴派遣（介绍）单位的，可扣除其实际上缴的部分，按其余额计征个人所得税。

（九）在中国境内无住所的个人取得工资薪金所得的征税问题

依照《个人所得税法》及其实施条例和我国对外签订的避免双重征税协定（以下简

称税收协定）的有关规定，对在中国境内无住所的个人由于在中国境内公司、企业、经济组织（以下简称中国境内企业）或外国企业在中国境内设立的机构、场所以及税收协定所说常设机构（以下简称中国境内机构）担任职务，或者由于受雇或履行合同而在中国境内从事工作，取得的工资、薪金所得应区别不同情况确定：

1. 关于工资、薪金所得来源地的确定。

根据规定，属于来源于中国境内的工资薪金所得应为个人实际在中国境内工作期间取得的工资、薪金，即：个人实际在中国境内工作期间取得的工资、薪金，不论是由中国境内还是境外企业或个人雇主支付，均属来源于中国境内的所得；个人实际在中国境外工作期间取得的工资、薪金，不论是由中国境内还是境外企业或个人雇主支付，均属于来源于中国境外的所得。

2. 关于在中国境内无住所而在一个纳税年度中在中国境内连续或累计居住不超过 90 日或在税收协定规定的期间中在中国境内连续或累计居住不超过 183 日的个人纳税义务的确定。

根据有关规定，在中国境内无住所而在一个纳税年度中在中国境内连续或累计工作不超过 90 日或在税收协定规定的期间中在中国境内连续或累计居住不超过 183 日的个人，由中国境外雇主支付并且不是由该雇主的中国境内机构负担的工资、薪金，免予申报缴纳个人所得税。

3. 关于在中国境内无住所而在一个纳税年度中在中国境内连续或累计居住超过 90 日或在税收协定规定的期间中在中国境内连续或累计居住超过 183 日但不满 1 年的个人纳税义务的确定。

根据有关规定，在中国境内无住所而在一个纳税年度中在中国境内连续或累计工作超过 90 日或在税收协定规定的期间中在中国境内连续或累计居住超过 183 日但不满 1 年的个人，其实际在中国境内工作期间取得的由中国境内企业或个人雇主支付和由境外企业或个人雇主支付的工资薪金所得，均应申报缴纳个人所得税；其在中国境外工作期间取得的工资、薪金所得，除中国境内企业或高层管理人员，不予征收个人所得税。

4. 不满 1 个月的工资、薪金所得应纳税款的计算。

属于前述情况中的个人，凡应仅就不满 1 个月期间的工资、薪金所得申报纳税的，均应按全月工资、薪金所得计算实际应纳税额。其计算公式如下：

应纳税额=（当月工资、薪金应纳税所得额×适用税率−速算扣除数）×当月实际在中国天数÷当月天数

如果属于上述情况的个人取得的是日工资、薪金，应以日工资、薪金乘以当月天数换算成月工资、薪金后，按上述公式计算应纳税额。

下面，我们举例说明在中国境内无住所的个人取得的工资、薪金所得的征税问题：

【例 12-10】某外籍个人在 2016 年 1 月 1 日起担任中国境内某外商投资企业的副总经理，由该企业每月支付其工资 20 000 元，同时，该企业外方的境外总机构每月也支付其工资 4 000 美元。其大部分时间是在境外履行职务，2016 年来华工作时间累计为 180 天。根据规定，其 2016 年度在我国的纳税义务确定为：

（1）由于其属于企业的高层管理人员，因此，根据规定，该人员于 2016 年 1 月 1 日

起至12月31日在华任职期间，由该企业支付的每月20 000元工资、薪金所得，应按月依照税法规定的期限申报缴纳个人所得税。

(2) 由于其2016年来华工作时间未超过183天，根据税收协定的规定，其境外雇主支付的工资、薪金所得，在我国可免予申报纳税（如果该个人属于与我国未签订税收协定国家的居民或港、澳、台地区居民，则其由境外雇主按每月4 000美元标准支付的工资、薪金，凡属于在中国境内180天工作期间取得的部分，应与中国境内企业每月支付的20 000元工资合并计算缴纳个人所得税）。

(十) 单位以低于购置或建造成本价格向职工出售住房的差额部分的计税问题

1. 单位按低于购置或建造成本价格出售住房给职工，职工因此而少支出的差价部分，属于个人所得税应税所得，应按照“工资、薪金所得”项目缴纳个人所得税。

其中“差价部分”，指职工实际支付的购房价款低于该房屋的购置或建造成本价格的差额。

2. 对职工取得的上述应税所得，比照《国家税务总局关于调整个人取得全年一次性奖金等计算征收个人所得税方法问题的通知》（国税发［2005］9号）规定的全年一次性奖金的征税办法，计算征收个人所得税，即先将全部所得数额除以12，按其商数并根据个人所得税法规定的税率表确定适用的税率和速算扣除数，再根据全部所得数额、适用的税率和速算扣除数，按照税法规定计算征税。此前未征税款不再追征，已征税款不予退还。

(十一) 两个以上的纳税人共同取得同一项所得的计税问题

两个或两个以上的纳税义务人共同取得同一项所得的（如共同写作一部著作而取得稿酬所得），可以对每个人分得的收入分别减除费用，并计算各自应纳的税款。

(十二) 企业为个人购买房屋或财产的个人所得税问题

根据《财政部 国家税务总局关于企业为个人购买房屋或其他财产征收个人所得税问题的批复》的有关规定，符合以下情形的房屋或其他财产，不论所有权人是否将财产无偿或有偿交付企业使用，其实质均是对个人进行了实物性质的分配，应依法征收个人所得税：

1. 企业出资购买房屋或财产，将所有权登记为投资者个人、投资者家庭成员或企业其他人员的。

2. 企业投资者个人、投资者家庭成员或企业其他人员向企业借款用于购买房屋及其他财产，将所有权登记为投资者、投资者家庭成员或企业其他人员，且借款年度终了未归还借款的。

3. 具体征税办法：

(1) 对个人独资企业、合伙企业的个人投资者或其家庭成员取得的上述所得，视为企业对个人投资者的利润分配，按照“个体工商户的生产、经营所得”项目计征个人所得税。

(2) 对除个人独资企业、合伙企业以外其他企业的个人投资者或其家庭成员取得的上述所得，视为对个人投资者的红利分配，按照“利息、股息、红利所得”项目计征个人所得税。

（3）对企业其他人员取得的上述所得，按照“工资、薪金所得”项目计征个人所得税。

（十三）个人投资者收购企业股权后将原盈余积累转增股本个人所得税问题

国家税务总局2013年第23号公告，根据《中华人民共和国个人所得税法》及有关规定，对个人投资者收购企业股权后，将企业原有盈余积累转增股本有关个人所得税问题规定如下：

1. 一名或多名个人投资者以股权收购方式取得被收购企业100%股权，股权收购前，被收购企业原账面金额中的“资本公积、盈余公积、未分配利润”等盈余积累未转增股本，而在股权交易时将其一并计入股权转让价格并履行了所得税纳税义务。股权收购后，企业将原账面金额中的盈余积累向个人投资者（新股东，下同）转增股本，有关个人所得税问题区分以下情形处理：

（1）新股东以不低于净资产价格收购股权的，企业原盈余积累已全部计入股权交易价格，新股东取得盈余积累转增股本的部分，不征收个人所得税。

（2）新股东以低于净资产价格收购股权的，企业原盈余积累中，对于股权收购价格减去原股本的差额部分已经计入股权交易价格，新股东取得盈余积累转增股本的部分，不征收个人所得税；对于股权收购价格低于原所有者权益的差额部分未计入股权交易价格，新股东取得盈余积累转增股本的部分，应按照“利息、股息、红利所得”项目征收个人所得税。新股东以低于净资产价格收购企业股权后转增股本，应按照下列顺序进行，即先转增应税的盈余积累部分，然后再转增免税的盈余积累部分。

2. 新股东将所持股权转让时，其财产原值为其收购企业股权实际支付的对价及相关税费。

3. 企业发生股权交易及转增股本等事项后，应在次月15日内，将股东及其股权变化情况、股权交易前原账面记载的盈余积累数额、转增股本数额及扣缴税款情况报告主管税务机关。

（十四）个人股票期权所得个人所得税的征税方法

1. 股票期权所得。企业员工股票期权（以下简称股票期权）指上市公司按照规定的程序授予本公司及其控股企业员工的一项权利，该权利允许被授权员工在未来时间内以某一特定价格购买本公司一定数量的股票。

上述“某一特定价格”被称为“授予价”或“施权价”，即根据股票期权计划可以购买股票的价格，一般为股票期权授予日的市场价格或该价格的折扣价格，也可以是按照事先设定的计算方法约定的价格；“授予日”，也称“授权日”，指公司授予员工上述权利的日期；“行权”，也称“执行”，指员工根据股票期权计划选择购买股票的过程；员工行使上述权利的当日为“行权日”，也称“购买日”。

2. 股票期权所得性质的确认及其具体征税规定。

（1）员工接受实施股票期权计划企业授予的股票期权时，除另有规定外，一般不作为应税所得征税。

（2）员工行权时，其从企业取得股票的实际购买价（施权价）低于购买日公平市场价（指该股票当日的收盘价，下同）的差额，是因员工在企业的表现和业绩情况而取得的与任职、受雇有关的所得，应按“工资、薪金所得”适用的规定计算缴纳个人所得税。

对因特殊情况，员工在行权日之前将股票期权转让的，以股票期权的转让净收入，作为工资、薪金所得征收个人所得税。

员工行权日所在期间的工资、薪金所得，应按下列公式计算工资、薪金应纳税所得额：

股票期权形式的工资、薪金应纳税所得额=（行权股票的每股市场价-员工取得该股票期权支付的每股施权价）×股票数量

（3）员工将行权后的股票再转让时获得的高于购买日公平市场价的差额，是因个人在证券二级市场上转让股票等有价证券而获得的所得，应按照“财产转让所得”适用的征免规定计算缴纳个人所得税。

（4）员工因拥有股权而参与企业税后利润分配取得的所得，应按照“利息、股息、红利所得”适用的规定计算缴纳个人所得税。

3. 工资、薪金所得境内外来源划分。按照《国家税务总局关于在中国境内无住所个人以有价证券形式取得工资薪金所得确定纳税义务有关问题的通知》有关规定，需对员工因参加企业股票期权计划而取得的工资、薪金所得确定境内或境外来源的，应按照该员工据以取得上述的工资、薪金所得的境内、外工作期间月份数比例计算划分。

4. 应纳税款的计算。

（1）认购股票所得（行权所得）的税款计算。员工因参加股票期权计划而从中国境内取得的所得，按本通知规定应按工资薪金所得计算纳税的，对该股票期权形式的工资、薪金所得可区别于所在月份的其他工资、薪金所得，单独按下列公式计算当月应纳税款：

应纳税额=（股票期权形式的工资、薪金应纳税所得额/规定月份数×适用税率-速算扣除数）×规定月份数

上款公式中的规定月份数，指员工取得来源于中国境内的股票期权形式的工资、薪金所得的境内工作期间月份数，长于12个月的，按12个月计算；上款公式中的适用税率和速算扣除数，以股票期权形式的工资、薪金应纳税所得额除以规定月份数后的商数，对照《国家税务总局关于印发〈征收个人所得税若干问题〉的通知》（国税发［1994］089号）所附税率表确定。

（2）转让股票（销售）取得所得的税款计算。对于员工转让股票等有价证券取得的所得，应按现行税法和政策规定征免个人所得税。即：个人将行权后的境内上市公司股票再行转让而取得的所得，暂不征收个人所得税；个人转让境外上市公司的股票而取得的所得，应按税法的规定计算应纳税所得额和应纳税额，依法缴纳税款。

（3）参与税后利润分配取得所得的税款计算。员工因拥有股权参与税后利润分配而取得的股息、红利所得，除依照有关规定可以免税或减税的外，应全额按规定税率计算纳税。

5. 部分股票期权在授权时即约定可以转让，且在境内或境外存在公开市场及挂牌价格（以下称可公开交易的股票期权）。员工接受该可公开交易的股票期权时，应作为财税［2005］35号文件第二条第（一）项所述的另有规定情形，按以下规定进行税务处理：

（1）员工取得可公开交易的股票期权，属于员工已实际取得有确定价值的财产，应

按授权日股票期权的市场价格，作为员工授权日所在月份的工资、薪金所得，并按财税［2005］35号文件第四条第（一）项规定计算缴纳个人所得税。如果员工以折价购入方式取得股票期权的，可以授权日股票期权的市场价格扣除折价购入股票期权时实际支付的价款后的余额，作为授权日所在月份的工资薪金所得。

（2）员工取得上述可公开交易的股票期权后，转让该股票期权所取得的所得，属于财产转让所得，按财税［2005］35号文件第四条第（二）项规定进行税务处理。

（3）员工取得本条第（一）项所述可公开交易的股票期权后，实际行使该股票期权购买股票时，不再计算缴纳个人所得税。

6. 员工以在一个公历月份中取得的股票期权形式工资、薪金所得为一次。员工在一个纳税年度中多次取得股票期权形式工资、薪金所得的，其在该纳税年度内首次取得股票期权形式的工资、薪金所得应按财税［2005］35号文件第四条第（一）项规定的公式计算应纳税款；本年度内以后每次取得股票期权形式的工资、薪金所得，应按以下公式计算应纳税款：

应纳税款=（本纳税年度内取得的股票期权形式工资薪金所得累计应纳税所得额÷规定月份数×适用税率-速算扣除数）×规定月份数-本纳税年度内股票期权形式的工资、薪金所得累计已纳税款

上款公式中的本纳税年度内取得的股票期权形式工资、薪金所得累计应纳税所得额，包括本次及本次以前各次取得的股票期权形式工资、薪金所得应纳税所得额；上款公式中的规定月份数，指员工取得来源于中国境内的股票期权形式工资、薪金所得的境内工作期间月份数，长于12个月的，按12个月计算；上款公式中的适用税率和速算扣除数，以本纳税年度内取得的股票期权形式工资、薪金所得累计应纳税所得额除以规定月份数后的商数，对照《国家税务总局关于印发〈征收个人所得税若干问题的规定〉的通知》（国税发［1994］089号）所附税率表确定；上款公式中的本纳税年度内股票期权形式的工资、薪金所得累计已纳税款，不含本次股票期权形式的工资、薪金所得应纳税款。

7. 员工多次取得或者一次取得多项来源于中国境内的股票期权形式工资、薪金所得，而且各次或各项股票期权形式工资、薪金所得的境内工作期间月份数不相同的，以境内工作期间月份数的加权平均数为财税［2005］35号文件第四条第（一）项规定公式和本通知第七条规定公式中的规定月份数，但最长不超过12个月。其计算公式如下：

规定月份数=∑各次或各项股票期权形式工资、薪金应纳税所得额与该次或该项所得境内工作期间月份数的乘积/∑各次或各项股票期权形式工资、薪金应纳税所得额

8. 公司雇员以非上市公司股票期权形式取得的所得征收个人所得税问题。

（1）该公司雇员以非上市公司股票期权形式取得的工资薪金所得，不能按照财税［2005］35号规定缴纳个人所得税。

（2）该公司雇员以非上市公司股票期权形式取得的工资、薪金所得，在计算缴纳个人所得税时，因一次收入较多，可比照《国家税务总局关于调整个人取得全年一次性奖金等计算征收个人所得税方法问题的通知》（国税发［2005］9号）规定的全年一次性奖金的征税办法，计算征收个人所得税。

（3）该公司雇员以非上市股票期权形式取得所得的纳税义务发生时间，按雇员的实

际购买日确定，其所得额为其从公司取得非上市股票的实际购买价低于购买日该股票价值的差额。

由于非上市公司股票没有可参考的市场价格，为便于操作，除存在实际或约定的交易价格，或存在与该非上市股票具有可比性的相同或类似股票的实际交易价格情形外，购买日股票价值可暂按其境外非上市母公司上一年度经中介机构审计的会计报告中每股净资产数额来确定。

（十五）个人股权转让计税依据的核定方法

股权指自然人股东（以下简称个人）投资于在中国境内成立的企业或组织（以下统称被投资企业，不包括个人独资企业和合伙企业）的股权或股份。股权转让是指个人将股权转让给其他个人或法人的行为，包括以下几种情况：

（1）出售股权；

（2）公司回购股权；

（3）以股权抵偿债务；

（4）股权被司法或行政机关强制过户；

（5）以股权对外投资或进行其他非货币性交易；

（6）发行人首次公开发行新股时，被投资企业股东将其持有的股份以公开发行方式一并向投资者发售；

（7）其他股权转移行为。

根据国税公告［2014］67号文件的有关规定，股权转让个人所得税计算和管理方法如下：

1. 股权转让收入

股权转让收入指转让方因股权转让而获得的现金、实物、有价证券和其他形式的经济利益，还应包括转让方取得与股权转让相关的各种款项，包括违约金、补偿金以及其他名目的款项、资产、权益等以及纳税人按照合同约定，在满足约定条件后取得的后续收入。自然人转让所投资企业股权（份）（以下简称股权转让）取得所得，按照公平交易价格计算并确定计税依据。

（1）符合下列情形之一的，主管税务机关可以核定股权转让收入。① 申报的股权转让收入明显偏低且无正当理由的；

② 转让方无法提供或拒不提供股权转让收入的有关资料；

③ 未按照规定期限办理纳税申报，经税务机关责令限期申报，逾期仍不申报的；

④ 其他应核定股权转让收入的情形。

（2）转让收入明显偏低且无正当理由的判定方法

符合下列情形之一且无正当理由的，可视为转让收入明显偏低

① 申报的股权转让收入低于股权对应的净资产份额的。其中，被投资企业拥有土地使用权、房屋、房地产企业未销售房产、知识产权、探矿权、采矿权、股权等资产的，申报的股权转让收入低于股权对应的净资产公允价值份额的；

② 申报的股权转让收入低于初始投资成本或低于取得该股权所支付的价款及相关税费的；

③ 申报的股权转让价格低于相同或类似条件下同一企业同一股东或其他股东股权转让价格的；

④ 申报的股权转让价格低于相同或类似条件下同类行业的企业股权转让价格的；

⑤ 不具合理性的无偿让渡股权或股份；

⑥ 经主管税务机关认定的其他情形。

（3）符合下列条件之一的股权转让收入明显偏低，视为有正当理由

① 能出具有效文件，证明被投资企业因国家政策调整，生产经营受到重大影响，导致低价转让股权；

② 继承或将股权转让给其能提供具有法律效力身份关系证明的配偶、父母、子女、祖父母、外祖父母、孙子女、外孙子女、兄弟姐妹以及对转让人承担直接抚养或者赡养义务的抚养人或者赡养人；

③ 相关法律、政府文件或企业章程规定，并有相关资料充分证明转让价格合理且真实的本企业员工持有的不能对外转让股权的内部转让；

④ 股权转让双方能够提供有效证据证明其合理性的其他合理情形。

2. 主管税务机关应依次按照下列方法核定股权转让收入

（1）净资产核定法

股权转让收入按照每股净资产或股权对应的净资产份额核定。

被投资企业的土地使用权、房屋、房地产企业未销售房产、知识产权、探矿权、采矿权、股权等资产占企业总资产比例超过20%的，主管税务机关可参照纳税人提供的具有法定资质的中介机构出具的资产评估报告核定股权转让收入。

6个月内再次发生股权转让且被投资企业净资产未发生重大变化的，主管税务机关可参照上一次股权转让时被投资企业的资产评估报告核定此次股权转让收入。

（2）类比法

① 参照相同或类似条件下同一企业同一股东或其他股东股权转让收入核定；

② 参照相同或类似条件下同类行业企业股权转让收入核定。

（3）其他合理方法

主管税务机关采用以上方法核定股权转让收入存在困难的，可以采取其他合理方法核定。

3. 股权转让原值

个人转让股权的原值依照以下方法确认：

（1）以现金出资方式取得的股权，按照实际支付的价款与取得股权直接相关的合理税费之和确认股权原值；

（2）以非货币性资产出资方式取得的股权，按照税务机关认可或核定的投资入股时非货币性资产价格与取得股权直接相关的合理税费之和确认股权原值；

（3）通过无偿让渡方式取得股权（继承或将股权转让给其能提供具有法律效力身份关系证明的配偶、父母、子女、祖父母、外祖父母、孙子女、外孙子女、兄弟姐妹以及对转让人承担直接抚养或者赡养义务的抚养人或者赡养人），按取得股权发生的合理税费与原持有人的股权原值之和确认股权原值；

（4）被投资企业以资本公积、盈余公积、未分配利润转增股本，个人股东已依法缴纳个人所得税的，以转增额和相关税费之和确认其新转增股本的股权原值；

（5）除以上情形外，由主管税务机关按照避免重复征收个人所得税的原则合理确认股权原值。

4. 股权转让的征收管理

（十六）企业年金个人所得税的有关规定

为促进我国多层次养老保险体系的发展，根据个人所得税法相关规定，由财税[2013] 103 号文规范企业年金和职业年金个人所得税有关问题。

1. 企业年金和职业年金缴费的个人所得税处理

（1）企业和事业单位（以下统称单位）根据国家有关政策规定的办法和标准，为在本单位任职或者受雇的全体职工缴付的企业年金或职业年金（以下统称年金）单位缴费部分，在计入个人账户时，个人暂不缴纳个人所得税。

（2）个人根据国家有关政策规定缴付的年金个人缴费部分，在不超过本人缴费工资计税基数的 4%标准内的部分，暂从个人当期的应纳税所得额中扣除。

（3）超过本通知第一条第 1 项和第 2 项规定的标准缴付的年金单位缴费和个人缴费部分，应并入个人当期的工资、薪金所得，依法计征个人所得税。税款由建立年金的单位代扣代缴，并向主管税务机关申报解缴。

（4）企业年金个人缴费工资计税基数为本人上一年度月平均工资。月平均工资按国家统计局规定列入工资总额统计的项目计算。月平均工资超过职工工作地所在设区城市上一年度职工月平均工资 300%以上的部分，不计入个人缴费工资计税基数。

职业年金个人缴费工资计税基数为职工岗位工资和薪级工资之和。职工岗位工资和薪级工资之和超过职工工作地所在设区城市上一年度职工月平均工资 300%以上的部分，不计入个人缴费工资计税基数。

2. 年金基金投资运营收益的个人所得税处理

年金基金投资运营收益分配计入个人账户时，个人暂不缴纳个人所得税。

3. 领取年金的个人所得税处理

（1）个人达到国家规定的退休年龄，在该办法实施之后按月领取的年金，全额按照“工资、薪金所得”项目适用的税率，计征个人所得税；在该办法实施之后按年或按季领取的年金，平均分摊计入各月，每月领取额全额按照“工资、薪金所得”项目适用的税率，计征个人所得税。

（2）对单位和个人在该规定实施之前开始缴付年金缴费，个人在本通知实施之后领取年金的，允许其从领取的年金中减除在本规定实施之前缴付的年金单位缴费和个人缴费且已经缴纳个人所得税的部分，就其余额按照（1）的规定征税。在个人分期领取年金的情况下，可按本规定实施之前缴付的年金缴费金额占全部缴费金额的百分比减计当期的应纳税所得额，减计后的余额，按照（1）的规定，计算缴纳个人所得税。

（3）对个人因出境定居而一次性领取的年金个人账户资金，或个人死亡后，其指定的受益人或法定继承人一次性领取的年金个人账户余额，允许领取人将一次性领取的年金个人账户资金或余额按 12 个月分摊到各月，就其每月分摊额，按照该规定第（1）和第

（2）的方法计算缴纳个人所得税。对个人除上述特殊原因外一次性领取年金个人账户资金或余额的，则不允许采取分摊的方法，而是就其一次性领取的总额，单独作为一个月的工资薪金所得，按照上述（1）和（2）的规定，计算缴纳个人所得税。

（4）个人领取年金时，其应纳税款由受托人代表委托人委托托管人代扣代缴。

该办法自2014年1月1日起执行。

（十七）个人转让上市公司限售股所得征收个人所得税的计算方法

1. 限售股认定

（1）财税［2009］167号文件规定的限售股（即分为三类，第一类：上市公司股权分置改革完成后股票复牌日之前股东所持原非流通股股份，以及股票复牌日至解禁日期间由上述股份孳生的送、转股（统称为股改限售股）；第二类：2006年股权分置改革新老划断后，首次公开发行股票并上市的公司形成的限售股，以及上市首日至解禁日期间由上述股份孳生的送、转股（统称新股限售股）；财政部税务总局、法制办和证监会共同确定的其他限售股）；

（2）个人从机构或其他个人受让的未解禁限售股；

（3）个人因依法继承或家庭财产依法分割取得的限售股；

（4）个人持有的从代办股份转让系统转到主板市场（或中小板、创业板市场）的限售股；

（5）上市公司吸收合并中，个人持有的原被合并方公司限售股所转换的合并方公司股份；

（6）上市公司分立中，个人持有的被分立方公司限售股所转换的分立后公司股份；

（7）其他限售股。

2. 根据《个人所得税法实施条例》第八条、第十条的规定，个人转让限售股或发生具有转让限售股实质的其他交易，取得现金、实物、有价证券和其他形式的经济利益均应缴纳个人所得税。限售股在解禁前被多次转让的，转让方对每一次转让所得均应按规定缴纳个人所得税。对具有下列情形的，应按规定征收个人所得税：

（1）个人通过证券交易所集中交易系统或大宗交易系统转让限售股；

（2）个人用限售股认购或申购交易型开放式指数基金（ETF）份额；

（3）个人用限售股接受要约收购；

（4）个人行使现金选择权将限售股转让给提供现金选择权的第三方；

（5）个人协议转让限售股；

（6）个人持有的限售股被司法扣划；

（7）个人因依法继承或家庭财产分割让渡限售股所有权；

（8）个人用限售股偿还上市公司股权分置改革中由大股东代其向流通股股东支付的对价；

（9）其他具有转让实质的情形。

3. 应纳税所得额的计算

（1）个人转让第1条规定的限售股，限售股所对应的公司在证券机构技术和制度准备完成前上市的，应纳税所得额的计算按照财税［2009］167号文件第五条第（一）项规定执行，即证券机构技术和制度准备完成前形成的限售股，证券机构按照股改限售股股改复牌日收盘价，或新股限售股上市首日收盘价计算转让收入，按照计算出的转让收入的15%确定限售股原值和合理税费，以转让收入减去原值和合理税费后的余额，适用20%税率，计算预扣预缴个人所得税额；在证券机构技术和制度准备完成后上市的，应纳税所得额的计算按照财税［2009］167号文件第五条第（二）项规定执行，即券机构技术和制度准备完成后新上市公司的限售股，按照证券机构事先植入结算系统的限售股成本原值和发生的合理税费，以实际转让收入减去原值和合理税费后的余额，适用20%税率，计算直接扣缴个人所得税额。

（2）个人发生第2条第（1）、（2）、（3）、（4）项情形、由证券机构扣缴税款的，扣缴税款的计算按照财税［2009］167号文件规定执行。纳税人申报清算时，实际转让收入按照下列原则计算：

第2条第（1）项的转让收入以转让当日该股份实际转让价格计算，证券公司在扣缴税款时，佣金支出统一按照证券主管部门规定的行业最高佣金费率计算；第2条第（2）项的转让收入，通过认购ETF份额方式转让限售股的，以股份过户日的前一交易日该股份收盘价计算，通过申购ETF份额方式转让限售股的，以申购日的前一交易日该股份收盘价计算；第2条第（3）项的转让收入以要约收购的价格计算；第2条第（4）项的转让收入以实际行权价格计算。

（3）个人发生第2条第（5）、（6）、（7）、（8）项情形、需向主管税务机关申报纳税的，转让收入按照下列原则计算：

第2条第（5）项的转让收入按照实际转让收入计算，转让价格明显偏低且无正当理由的，主管税务机关可以依据协议签订日的前一交易日该股收盘价或其他合理方式核定其转让收入；第2条第（6）项的转让收入以司法执行日的前一交易日该股收盘价计算；第2条第（7）、（8）项的转让收入以转让方取得该股时支付的成本计算。

4. 个人转让因协议受让、司法扣划等情形取得未解禁限售股的，成本按照主管税务机关认可的协议受让价格、司法扣划价格核定，无法提供相关资料的，按照财税［2009］167号文件第五条第（一）项规定执行，即证券机构技术和制度准备完成前形成的限售股，证券机构按照股改限售股股改复牌日收盘价，或新股限售股上市首日收盘价计算转让收入，按照计算出的转让收入的15%确定限售股原值和合理税费，以转让收入减去原值和合理税费后的余额，适用20%税率，计算预扣预缴个人所得税额；个人转让因依法继承或家庭财产依法分割取得的限售股的，按财税［2009］167号文件规定缴纳个人所得税，成本按照该限售股前一持有人取得该股时实际成本及税费计算。

5. 在证券机构技术和制度准备完成后形成的限售股，自股票上市首日至解禁日期间发生送、转、缩股的，证券登记结算公司应依据送、转、缩股比例对限售股成本原值进行调整；而对于其他权益分派的情形（如现金分红、配股等），不对限售股的成本原值进行调整。

6. 因个人持有限售股中存在部分限售股成本原值不明确，导致无法准确计算全部限售股成本原值的，证券登记结算公司一律以实际转让收入的15%作为限售股成本原值和合理税费。

综上所述，个人转让限售股，以每次限售股转让收入，减除股票原值和合理费用后的余额为应纳税所得额，即：

应纳税所得额=限售股转让收入-（限售股原值+合理税费）

应纳税额=应纳税所得额×20%

（十八）股票增值权和限制性股票的个人所得税征税办法

为适应上市公司薪酬制度改革和实施股权激励计划，根据个人所得税法及其实施条例，财政部、国家税务总局先后下发了《关于个人股票期权所得征收个人所得税问题的通知》（财税［2005］35号）和《关于股票增值权所得和限制性股票所得征收个人所得税有关问题的通知》（财税［2009］5号）等文件，对股票增值权所得和限制性股票所得的个人所得税问题进行了规范：

1. 股票增值权所得和限制性股票所得

（1）股票增值权，指上市公司授予公司员工在未来一定时期和约定条件下，获得规定数量的股票价格上升所带来收益的权利。被授权人在约定条件下行权，上市公司按照行权日与授权日二级市场股票差价乘以授权股票数量，发放给被授权人现金。

（2）限制性股票，指上市公司按照股权激励计划约定的条件，授予公司员工一定数量本公司的股票。

2. 应纳税所得额的确定

根据个人所得税法及其实施条例和财税［2009］5号文件等规定，个人因任职、受雇从上市公司取得的股票增值权所得和限制性股票所得，由上市公司或其境内机构按照“工资、薪金所得”项目和股票期权所得个人所得税计税方法，依法扣缴其个人所得税。

（1）股票增值权被授权人获取的收益，是由上市公司根据授权日与行权日股票差价乘以被授权股数，直接向被授权人支付的现金。上市公司应于向股票增值权被授权人兑现时依法扣缴其个人所得税。被授权人股票增值权应纳税所得额计算公式为：

股票增值权某次行权应纳税所得额=（行权日股票价格-授权日股票价格）×行权股票份数。

（2）按照个人所得税法及其实施条例等有关规定，原则上应在限制性股票所有权归属于被激励对象时确认其限制性股票所得的应纳税所得额。即：上市公司实施限制性股票计划时，应以被激励对象限制性股票在中国证券登记结算公司（境外为证券登记托管机构）进行股票登记日期的股票市价（指当日收盘价，下同）和本批次解禁股票当日市价（指当日收盘价，下同）的平均价格乘以本批次解禁股票份数，减去被激励对象本批次解禁股份数所对应的为获取限制性股票实际支付资金数额，其差额为应纳税所得额。被激励对象限制性股票应纳税所得额计算公式为：

应纳税所得额=（股票登记日股票市价+本批次解禁股票当日市价）÷2×本批次解禁股票份数-被激励对象实际支付的资金总额×（本批次解禁股票份数÷被激励对象获取的限制性股票总份数）

3. 应纳税额的计算

比照《财政部国家税务总局关于个人股票期权所得征收个人所得税问题的通知》（财税［2005］35号）、《国家税务总局关于个人股票期权所得缴纳个人所得税有关问题的补充通知》(国税函［2006］902号)的有关规定，计算征收个人所得税。

(1) 个人在纳税年度内第一次取得股票期权、股票增值权所得和限制性股票所得的，上市公司应按照财税［2005］35号文件第四条第一项所列公式计算扣缴其个人所得税。

(2) 个人在纳税年度内两次以上（含两次）取得股票期权、股票增值权和限制性股票等所得，包括两次以上（含两次）取得同一种股权激励形式所得或者同时兼有不同股权激励形式所得的，上市公司应将其纳税年度内各次股权激励所得合并，按照《国家税务总局关于个人股票期权所得缴纳个人所得税有关问题的补充通知》（国税函［2006］902号）第七条、第八条所列公式计算扣缴个人所得税。

4. 纳税义务发生时间

(1) 股票增值权个人所得税纳税义务发生时间为上市公司向被授权人兑现股票增值权所得的日期；

(2) 限制性股票个人所得税纳税义务发生时间为每一批次限制性股票解禁的日期。

第八节 税收优惠

《个人所得税法》及其实施条例以及财政部、国家税务总局的若干规定等，都对个人所得项目给予了减税免税的优惠，主要有：

一、免征个人所得税的优惠

1. 省级人民政府、国务院部委和中国人民解放军军以上单位，以及外国组织颁发的科学、教育、技术、文化、卫生、体育、环境保护等方面的奖金。

2. 国债和国家发行的金融债券利息。这里所说的国债利息，指个人持有中华人民共和国财政部发行的债券而取得的利息所得；所说的国家发行的金融债券利息，指个人持有经国务院批准发行的金融债券而取得的利息所得。

3. 按照国家统一规定发给的补贴、津贴。这里所说的按照国家统一规定发给的补贴、津贴，指按照国务院规定发给的政府特殊津贴和国务院规定免纳个人所得税的补贴、津贴。

发给中国科学院资深院士和中国工程院资深院士每人每年1万元的资深院士津贴免予征收个人所得税。

4. 福利费、抚恤金、救济金。这里所说的福利费，指根据国家有关规定，从企业、事业单位、国家机关、社会团体提留的福利费或者工会经费中支付给个人的生活补助费；所说的救济金，是指国家民政部门支付给个人的生活困难补助费。

5. 保险赔款。

6. 军人的转业费、复员费。

7. 按照国家统一规定发给干部、职工的安家费、退职费、退休工资、离休工资、离休生活补助费。

8. 依照我国有关法律规定应予免税的各国驻华使馆、领事馆的外交代表、领事官员和其他人员的所得。

上述“所得”，指依照《中华人民共和国外交特权与豁免条例》和《中华人民共和国领事特权与豁免条例》规定免税的所得。

9. 中国政府参加的国际公约以及签订的协议中规定免税的所得。

10. 关于发给见义勇为者的奖金问题。对乡、镇（含乡、镇）以上人民政府或经县（含县）以上人民政府主管部门批准成立的有机构、有章程的见义勇为基金或者类似性质组织，奖励见义勇为者的奖金或奖品，经主管税务机关核准，免征个人所得税。

11. 企业和个人按照省级以上人民政府规定的比例提取并缴付的住房公积金、医疗保险金、基本养老保险金、失业保险金，不计入个人当期的工资、薪金收入，免予征收个人所得税。超过规定的比例缴付的部分计征个人所得税。

个人领取原提存的住房公积金、医疗保险金、基本养老保险金时，免予征收个人所得税。

对工伤职工及其近亲属按照《工伤保险条例》（国务院令第586号）规定取得的工伤保险待遇，免征个人所得税。

12. 对个人取得的教育储蓄存款利息所得以及国务院财政部门确定的其他专项储蓄存款或者储蓄性专项基金存款的利息所得，免征个人所得税。

13. 储蓄机构内从事代扣代缴工作的办税人员取得的扣缴利息税手续费所得，免征个人所得税。

14. 对第三届高等学校教学名师奖奖金，免予征收个人所得税。

15. 生育妇女按照县级以上人民政府根据国家有关规定制定的生育保险办法，取得的生育津贴、生育医疗费或其他属于生育保险性质的津贴、补贴，免征个人所得税。

16. 对第二届全国职工技术创新成果获奖者所得奖金，免予征收个人所得税。

17. 生育妇女按照县级以上人民政府根据国家有关规定制定的生育保险办法，取得的生育津贴、生育医疗费或其他属于生育保险性质的津贴、补贴，免征个人所得税。

18. 对延长离休退休年龄的高级专家从其劳动人事关系所在单位取得的，单位按国家有关规定向职工统一发放的工资、薪金、奖金、津贴、补贴等收入，视同离休、退休工资，免征个人所得税。

从其劳动人事关系所在单位之外的其他地方取得的培训费、讲课费、顾问费、稿酬等各种收入，依法计征个人所得税。

延长离休退休年龄的高级专家是指：

（1）享受国家发放的政府特殊津贴的专家、学者；

（2）中国科学院、中国工程院院士。

19. 个人通过扣缴单位统一向灾区的捐赠，由扣缴单位凭政府机关或非营利组织开具的汇总捐赠凭据、扣缴单位记载的个人捐赠明细表等，由扣缴单位在代扣代缴税款时，依法据实扣除。

个人直接通过政府机关、非营利组织向灾区的捐赠，采取扣缴方式纳税的，捐赠人应及时向扣缴单位出示政府机关、非营利组织开具的捐赠凭据，由扣缴单位在代扣代缴税款时，依法据实扣除；个人自行申报纳税的，税务机关凭政府机关、非营利组织开具的接受捐赠凭据，依法据实扣除。

扣缴单位在向税务机关进行个人所得税全员全额扣缴申报时，应一并报送由政府机关或非营利组织开具的汇总接受捐赠凭据（复印件）、所在单位每个纳税人的捐赠总额和当期扣除的捐赠额。

20. 经国务院财政部门批准免税的所得。

二、减征个人所得税的优惠

1. 残疾、孤老人员和烈属的所得。

2. 因严重自然灾害造成重大损失的。

3. 其他经国务院财政部门批准减税的。

三、暂免征收个人所得税的优惠

1. 外籍个人以非现金形式或实报实销形式取得的住房补贴、伙食补贴、搬迁费、洗衣费。

2. 外籍个人按合理标准取得的境内、外出差补贴。

3. 外籍个人取得的探亲费、语言训练费、子女教育费等，经当地税务机关审核批准为合理的部分。可以享受免征个人所得税优惠的探亲费，仅限于外籍个人在我国的受雇地与其家庭所在地（包括配偶或父母居住地）之间搭乘交通工具，且每年不超过两次的费用。

4. 个人举报、协查各种违法、犯罪行为而获得的奖金。

5. 个人办理代扣代缴税款手续，按规定取得的扣缴手续费。

6. 个人转让自用达5年以上并且是唯一的家庭居住用房取得的所得。

7. 达到离休、退休年龄，但确因工作需要，适当延长离休、退休年龄的高级专家（指享受国家发放的政府特殊津贴的专家、学者），其在延长离休、退休期间的工资、薪金所得，视同退休工资、离休工资免征个人所得税。

8. 凡符合下列条件之一的外籍专家取得的工资、薪金所得可免征个人所得税：

（1）根据世界银行专项贷款协议由世界银行直接派往我国工作的外国专家。

（2）联合国组织直接派往我国工作的专家。

（3）为联合国援助项目来华工作的专家。

（4）援助国派往我国专为该国无偿援助项目工作的专家。

（5）根据两国政府签订文化交流项目来华工作2年以内的文教专家，其工资、薪金所得由该国负担的。

（6）根据我国大专院校国际交流项目来华工作2年以内的文教专家，其工资、薪金所得由该国负担的。

（7）通过民间科研协定来华工作的专家，其工资、薪金所得由该国政府机构负担的。

9. 符合条件的社会保险和住房公积金。

10. 股权分置改革中非流通股股东通过对价方式向流通股股东支付的股份、现金等收入，暂免征收流通股股东应缴纳的个人所得税。

11. 对被拆迁人按照国家有关城镇房屋拆迁管理办法规定的标准取得的拆迁补偿款，

免征个人所得税。

12. 个人领取原提存的住房公积金、医疗保险金和基本养老保险金，以及具备《失业保险条例》规定条件的失业人员领取的失业保险金。

13. 自2006年6月1日起，对保险营销员佣金中的展业成本，免征个人所得税；对佣金中的劳务报酬部分，扣除实际缴纳的营业税及附加后，依照税法有关规定计算征收个人所得税。保险营销员的佣金由展业成本和劳务报酬构成，所谓“展业成本”即营销费。根据目前保险营销员展业的实际情况，佣金中展业成本的比例暂定为40%。

14. 生育妇女按照县级以上人民政府根据国家有关规定制定的生育保险办法，取得的生育津贴、生育医疗费或者其他属于生育保险性质的津贴、补贴。

第九节　境外所得的税额扣除

在对纳税人的境外所得征税时，会存在其境外所得已在来源国家或者地区缴税的实际情况。基于国家之间对同一所得应避免双重征税的原则，我国在对纳税人的境外所得行使税收管辖权时，对该所得在境外已纳税额采取了分不同情况从应征税额中予以扣除的做法。

税法规定，纳税义务人从中国境外取得的所得，准予其在应纳税额中扣除已在境外缴纳的个人所得税税额。但扣除额不得超过该纳税义务人境外所得依照我国税法规定计算的应纳税额。

对这条规定需要解释的是：

1. 税法所说的已在境外缴纳的个人所得税税额，指纳税义务人从中国境外取得的所得，依照该所得来源国家或者地区的法律应当缴纳并且实际已经缴纳的税额。

2. 税法所说的依照本法规定计算的应纳税额，指纳税义务人从中国境外取得的所得，区别不同国家或者地区和不同应税项目，依照我国税法规定的费用减除标准和适用税率计算的应纳税额；同一国家或者地区内不同应税项目，依照我国税法计算的应纳税额之和，为该国家或者地区的扣除限额。

纳税义务人在中国境外一个国家或者地区实际已经缴纳的个人所得税税额，低于依照上述规定计算出的该国家或者地区扣除限额的，应当在中国缴纳差额部分的税款；超过该国家或者地区扣除限额的，其超过部分不得在本纳税年度的应纳税额中扣除，但是可以在以后纳税年度的该国家或者地区扣除限额的余额中补扣，补扣期限最长不得超过5年。

【例12-10】某纳税人在2016纳税年度，从A、B两国取得应税收入。其中，在A国一公司任职，取得工资、薪金收入69 600元（平均每月5 800元），因提供一项专利技术使用权，一次取得特许权使用费收入30 000元，该两项收入在A国缴纳个人所得税4 100元；因在B国出版著作，获得稿酬收入（版税）15 000元，并在B国缴纳该项收入的个人所得税1 720元。其抵扣计算方法如下：

（1）A国所纳个人所得税的抵减。按照我国税法规定的费用减除标准和税率，计算该纳税义务人从A国取得的应税所得应纳税额，该应纳税额即为抵减限额。

①工资、薪金所得。该纳税义务人从A国取得的工资、薪金收入，应每月减除费用

4 800元，其余额按七级超额累进税率表的适用税率计算应纳税额。

每月应纳税额为：

（5 800−4 800）×3%＝30（元）

全年应纳税额为：30×12＝360（元）

②特许权使用费所得。该纳税义务人从A国取得的特许权使用费收入，应减除20%的费用，其余额按20%的比例税率计算应纳税额，应为：

应纳税额：30 000×（1−20%）×20%＝4 800（元）

根据计算结果，该纳税义务人从A国取得应税所得在A国缴纳的个人所得税额的抵减限额为4 160元（360+4 800）。其在A国实际缴纳个人所得税4 100元，低于抵减限额，还应补缴个人所得税60元（4 160−4 100）；如果在国外实际缴纳税款超出抵减限额的部分，不能在本年度扣除，但可在以后5个纳税年度的该国减除限额的余额中补减。

（2）B国所纳个人所得税的抵减。按照我国税法的规定，该纳税义务人从B国取得的稿酬收入，应减除20%的费用，就其余额按20%的税率计算应纳税额并减征30%，计算结果为：

［15 000×（1−20%）×20%（税率）］×（1−30%）＝1 680（元）

即其抵扣限额为1 680元。该纳税义务人的稿酬所得在B国实际缴纳个人所得税1 720元，超出抵减限额40元，不能在本年度扣除，但可在以后5个纳税年度的该国减除限额的余额中补减。

3. 纳税义务人依照税法的规定申请扣除已在境外缴纳的个人所得税税额时，应当提供境外税务机关填发的完税凭证原件。

4. 为了保证正确计算扣除限额及合理扣除境外已纳税额，税法要求：在中国境内有住所，或者无住所而在境内居住满1年的个人，从中国境内和境外取得的所得，应当分别计算应纳税额。

第十节 征收管理

个人所得税的纳税办法，有自行申报纳税和代扣代缴两种。

一、自行申报纳税

自行申报纳税，是由纳税人自行在税法规定的纳税期限内，向税务机关申报取得的应税所得项目和数额，如实填写个人所得税纳税申报表，并按照税法规定计算应纳税额，据此缴纳个人所得税的一种方法。

（一）自行申报纳税的纳税义务人

1. 自2006年1月1日起，年所得12万元以上的；

2. 从中国境内两处或者两处以上取得工资、薪金所得的；

3. 从中国境外取得所得的；

4. 取得应税所得，没有扣缴义务人的；

5. 国务院规定的其他情形。

其中，年所得12万元以上的纳税人，无论取得的各项所得是否已足额缴纳了个人所得税，均应当按照本办法的规定，于纳税年度终了后向主管税务机关办理纳税申报；其他情形的纳税人，均应当按照自行申报纳税管理办法的规定，于取得所得后向主管税务机关办理纳税申报。同时需注意的是，年所得12万元以上的纳税人，不包括在中国境内无住所，且在一个纳税年度中在中国境内居住不满1年的个人；从中国境外取得所得的纳税人，指在中国境内有住所，或者无住所而在一个纳税年度中在中国境内居住满1年的个人。

（二）自行申报纳税的内容

年所得12万元以上的纳税人，在纳税年度终了后，应当填写《个人所得税纳税申报表（适用于年所得12万元以上的纳税人申报）》，并在办理纳税申报时报送主管税务机关，同时报送个人有效身份证件复印件，以及主管税务机关要求报送的其他有关资料。

1. 构成12万元的所得

工资、薪金所得；个体工商户的生产、经营所得；对企事业单位的承包经营、承租经营所得；劳务报酬所得；稿酬所得；特许权使用费所得；利息、股息、红利所得；财产租赁所得；财产转让所得；偶然所得；经国务院财政部门确定征税的其他所得。

2. 不包含在12万元中的所得

（1）免税所得。即省级人民政府、国务院部委、中国人民解放军军以上单位，以及外国组织、国际组织颁发的科学、教育、技术、文化、卫生、体育、环境保护等方面的奖金；国债和国家发行的金融债券利息；按照国家统一规定发给的补贴、津贴，即《个人所得税法实施条例》第十三条规定的按照国务院规定发放的政府特殊津贴、院士津贴、资深院士津贴，以及国务院规定免征个人所得税的其他补贴、津贴；福利费、抚恤金、救济金；保险赔款；军人的转业费、复员费；按照国家统一规定发给干部、职工的安家费、退职费、退休工资、离休工资、离休生活补助费。

（2）暂免征税所得。即依照我国有关法律规定应予免税的各国驻华使馆、领事馆的外交代表、领事官员和其他人员的所得；中国政府参加的国际公约、签订的协议中规定免税的所得。

（3）可以免税的来源于中国境外的所得，如按照国家规定单位为个人缴付和个人缴付的基本养老保险费、基本医疗保险费、失业保险费、住房公积金。

3. 各项所得的年所得的计算方法

（1）工资、薪金所得。按照未减除费用及附加减除费用的收入额计算。

（2）劳务报酬所得、特许权使用费所得。不得减除纳税人在提供劳务或让渡特许权使用权过程中缴纳的有关税费。

（3）财产租赁所得。不得减除纳税人在出租财产过程中缴纳的有关税费；对于纳税人一次取得跨年度财产租赁所得的，全部视为实际取得所得年度的所得。

（4）个人转让房屋所得。采取核定征收个人所得税的，按照实际征收率（1%、2%、3%）分别换算为应税所得率（5%、10%、15%），据此计算年所得。

（5）个人储蓄存款利息所得、企业债券利息所得。全部视为纳税人实际取得所得年度的所得。

(6) 对个体工商户、个人独资企业投资者，按照征收率核定个人所得税的，将征收率换算为应税所得率，据此计算应纳税所得额。合伙企业投资者按照上述方法确定应纳税所得额后，合伙人应根据合伙协议规定的分配比例确定其应纳税所得额，合伙协议未规定分配比例的，按合伙人数平均分配确定其应纳税所得额。对于同时参与两个以上企业投资的，合伙人应将其投资所有企业的应纳税所得额相加后的总额作为年所得。

(7) 股票转让所得。以 1 个纳税年度内，个人股票转让所得与损失盈亏相抵后的正数为申报所得数额，盈亏相抵为负数的，此项所得按“零”填写。

(三) 自行申报纳税的申报期限

1. 年所得 12 万元以上的纳税人，在纳税年度终了后 3 个月内向主管税务机关办理纳税申报。

2. 个体工商户和个人独资、合伙企业投资者取得的生产、经营所得应纳的税款，分月预缴的，纳税人在每月终了后 15 日内办理纳税申报；分季预缴的，纳税人在每个季度终了后 7 日内办理纳税申报；纳税年度终了后，纳税人在 3 个月内进行汇算清缴。

3. 纳税人年终一次性取得对企事业单位的承包经营、承租经营所得的，自取得所得之日起 30 日内办理纳税申报；在 1 个纳税年度内分次取得承包经营、承租经营所得的，在每次取得所得后的次月 15 日内申报预缴；纳税年度终了后 3 个月内汇算清缴。

4. 从中国境外取得所得的纳税人，在纳税年度终了后 30 日内向中国境内主管税务机关办理纳税申报。

5. 除以上规定的情形外，纳税人取得其他各项所得须申报纳税的，在取得所得的次月 15 日内向主管税务机关办理纳税申报。

6. 纳税人不能按照规定的期限办理纳税申报，需要延期的，按照《税收征收管理法》第二十七条和《税收征管法实施细则》第三十七条的规定办理。

(四) 自行申报纳税的申报方式

纳税人可以采取数据电文、邮寄等方式申报，也可以直接到主管税务机关申报，或者采取符合主管税务机关规定的其他方式申报。纳税人采取邮寄方式申报的，以邮政部门挂号信函收据作为申报凭据，以寄出的邮戳日期为实际申报日期。

纳税人也可以委托有税务代理资质的中介机构或者他人代为办理纳税申报。

(五) 自行申报纳税的申报地点

1. 在中国境内有任职、受雇单位的，向任职、受雇单位所在地主管税务机关申报。

2. 在中国境内有两处或者两处以上任职、受雇单位的，选择并固定向其中一处单位所在地主管税务机关申报。

3. 在中国境内无任职、受雇单位，年所得项目中有个体工商户的生产、经营所得或者对企事业单位的承包经营、承租经营所得（以下统称生产、经营所得）的，向其中一处实际经营所在地主管税务机关申报。

4. 在中国境内无任职、受雇单位，年所得项目中无生产、经营所得的，向户籍所在地主管税务机关申报。在中国境内有户籍，但户籍所在地与中国境内经常居住地不一致的，选择并固定向其中一地主管税务机关申报。在中国境内没有户籍的，向中国境内经常居住地主管税务机关申报。

5. 其他所得的纳税人，纳税申报地点分别为：

（1）从两处或者两处以上取得工资、薪金所得的，选择并固定向其中一处单位所在地主管税务机关申报。

（2）从中国境外取得所得的，向中国境内户籍所在地主管税务机关申报。在中国境内有户籍，但户籍所在地与中国境内经常居住地不一致的，选择并固定向其中一地主管税务机关申报。在中国境内没有户籍的，向中国境内经常居住地主管税务机关申报。

（3）个体工商户向实际经营所在地主管税务机关申报。

（4）个人独资、合伙企业投资者兴办两个或两个以上企业的，区分不同情形确定纳税申报地点：

兴办的企业全部是个人独资性质的，分别向各企业的实际经营管理所在地主管税务机关申报；兴办的企业中含有合伙性质的，向经常居住地主管税务机关申报；兴办的企业中含有合伙性质，个人投资者经常居住地与其兴办企业的经营管理所在地不一致的，选择并固定向其参与兴办的某一合伙企业的经营管理所在地主管税务机关申报；除以上情形外，纳税人应当向取得所得所在地主管税务机关申报。

纳税人不得随意变更纳税申报地点，因特殊情况变更纳税申报地点的，须报原主管税务机关备案。

（六）自行申报纳税的申报管理

1. 主管税务机关应当将各类申报表，登载到税务机关的网站上，或者摆放到税务机关受理纳税申报的办税服务厅，免费供纳税人随时下载或取用。

2. 主管税务机关应当在每年法定申报期间，通过适当方式，提醒年所得 12 万元以上的纳税人办理自行纳税申报。

3. 受理纳税申报的主管税务机关根据纳税人的申报情况，按照规定办理税款的征、补、退、抵手续。

4. 主管税务机关按照规定为已经办理纳税申报并缴纳税款的纳税人开具完税凭证。

5. 税务机关依法为纳税人的纳税申报信息保密。

6. 纳税人变更纳税申报地点，并报原主管税务机关备案的，原主管税务机关应当及时将纳税人变更纳税申报地点的信息传递给新的主管税务机关。

7. 主管税务机关对已办理纳税申报的纳税人建立纳税档案，实施动态管理。

二、代扣代缴纳税

代扣代缴，指按照税法规定负有扣缴税款义务的单位或者个人，在向个人支付应纳税所得时，应计算应纳税额，从其所得中扣除并缴入国库，同时向税务机关报送扣缴个人所得税报告表。这种方法，有利于控制税源、防止漏税和逃税。

根据《个人所得税法》及其实施条例以及《税收征收管理法》及其实施细则的有关规定，国家税务总局制定下发了《个人所得税代扣代缴暂行办法》（以下简称《暂行办法》）。自 1995 年 4 月 1 日起执行的《暂行办法》，对扣缴义务人和代扣代缴的范围、扣缴义务人的义务及应承担的责任、代扣代缴期限等作了明确规定。

（一）扣缴义务人和代扣代缴的范围

1. 扣缴义务人。凡支付个人应纳税所得的企业（公司）、事业单位、机关、社团组织、军队、驻华机构、个体户等单位或者个人，为个人所得税的扣缴义务人。

这里所说的驻华机构，不包括外国驻华使领馆和联合国及其他依法享有外交特权和豁免的国际组织驻华机构。

2. 代扣代缴的范围。扣缴义务人向个人支付下列所得，应代扣代缴个人所得税：

（1）工资、薪金所得。

（2）对企事业单位的承包经营、承租经营所得。

（3）劳务报酬所得。

（4）稿酬所得。

（5）特许权使用费所得。

（6）利息、股息、红利所得。

（7）财产租赁所得。

（8）财产转让所得。

（9）偶然所得。

（10）经国务院财政部门确定征税的其他所得。

扣缴义务人向个人支付应纳税所得（包括现金、实物和有价证券）时，不论纳税人是否属于本单位人员，均应代扣代缴其应纳的个人所得税税款。

这里所说支付，包括现金支付、汇拨支付、转账支付和以有价证券、实物以及其他形式的支付。

（二）扣缴义务人的义务及应承担的责任

1. 扣缴义务人应指定支付应纳税所得的财务会计部门或其他有关部门的人员为办税人员，由办税人员具体办理个人所得税的代扣代缴工作。

代扣代缴义务人的有关领导要对代扣代缴工作提供便利，支持办税人员履行义务；确定办税人员或办税人员发生变动时，应将名单及时报告主管税务机关。

2. 扣缴义务人的法人代表（或单位主要负责人）、财会部门的负责人及具体办理代扣代缴税款的有关人员，共同对依法履行代扣代缴义务负法律责任。

3. 同一扣缴义务人的不同部门支付应纳税所得时，应报办税人员汇总。

4. 扣缴义务人在代扣税款时，必须向纳税人开具税务机关统一印制的代扣代收税款凭证，并详细注明纳税人姓名、工作单位、家庭住址和居民身份证或护照号码（无上述证件的，可用其他能有效证明身份的证件）等个人情况。对工资、奖金所得和利息、股息、红利所得等，因纳税人数众多、不便一一开具代扣代收税款凭证的，经主管税务机关同意，可不开具代扣代收税款凭证，但应通过一定形式告知纳税人已扣缴税款。纳税人为持有完税依据而向扣缴义务人索取代扣代收税款凭证的，扣缴义务人不得拒绝。

扣缴义务人应主动向税务机关申领代扣代收税款凭证，据以向纳税人扣税。非正式扣税凭证，纳税人可以拒收。

5. 扣缴义务人对纳税人的应扣未扣的税款，其应纳税款仍然由纳税人缴纳，扣缴义务人应承担应扣未扣税款50%以上至3倍的罚款。

6. 扣缴义务人应设立代扣代缴税款账簿，正确反映个人所得税的扣缴情况，并如实填写《扣缴个人所得税报告表》及其他有关资料。

7. 关于行政机关、事业单位工资发放方式改革后扣缴个人所得税问题。

(1) 行政机关、事业单位改革工资发放方式后，随着支付工资所得单位的变化，其扣缴义务人也有所变化。根据《个人所得税法》第八条规定，凡是有向个人支付工薪所得行为的财政部门（或机关事务管理、人事等部门）、行政机关、事业单位均为个人所得税的扣缴义务人。

(2) 财政部门（或机关事务管理、人事等部门）向行政机关、事业单位工作人员发放工资时应依法代扣代缴个人所得税。行政机关、事业单位在向个人支付与其任职、受雇有关的其他所得时，应将个人的这部分所得与财政部门（或机关事务管理、人事等部门）发放的工资合并计算应纳税额，并就应纳税额与财政部门（或机关事务管理、人事等部门）已扣缴税款的差额部分代扣代缴个人所得税。

(三) 代扣代缴期限

扣缴义务人每月所扣的税款，应当在次月 7 日内缴入国库，并向主管税务机关报送《扣缴个人所得税报告表》、代扣代收税款凭证和包括每一纳税人姓名、单位、职务、收入、税款等内容的支付个人收入明细表以及税务机关要求报送的其他有关资料。

扣缴义务人违反上述规定不报送或者报送虚假纳税资料的，一经查实，其未在支付个人收入明细表中反映的向个人支付的款项，在计算扣缴义务人应纳税所得额时不得作为成本费用扣除。

扣缴义务人因有特殊困难不能按期报送《扣缴个人所得税报告表》及其他有关资料的，经县级税务机关批准，可以延期申报。

思考练习题

一、思考题

1. 什么是个人所得税？
2. 个人所得税所的来源如何确认？
3. 征收个人所得税的所得包括哪些项目？
4. 个人所得税适用的税率有哪些规定？
5. 个人所得税有哪些优惠政策？
6. 年所得在 12 万元以上的如何申报？

二、练习题

1. 中国公民赵某是文工团演员，2016 年 1—12 月收入情况如下：

(1) 每月取得工薪收入 5 000 元，12 月份取得年终奖金 36 000 元；

(2) 每月参加郊县乡村文艺演出一次，每一次收入 4 000 元，每次均通过当地教育局向农村义务教育捐款 1 000 元；

（3）取得银行定期存款（1月1日至12月31日）利息3 650元，国债利息收入800元，国家发行的金融债券利息收入700元；

（4）出版自传作品一部，取得稿酬20 000元；

（5）在A国讲学一次，取得收入折合人民币40 000元，已按该国税法缴纳了个人所得税3 500元。

（6）出租住房给他人作商店，取得当年12个月的租金收36 000元。

要求：计算赵某2016年度应缴纳的个人所得税（不考虑其他税费）。

2. 红日机械厂是一家个人独资企业，2016年该企业委托某税务师事务所代理个人所得税纳税申报。该企业年度会计报表反映2015年度的销售收入为800 000元，销售税金及附加20 000元，营业成本500 000元，管理费用120 000元，销售费用30 000元，财务费用20 000元，营业外支出30 000元，利润总额80 000元。税务师通过审查有关账证，发现如下问题：

（1）当年发放工资156 000元，其中投资者本人工资60 000元，该企业共有其他从业雇员8人。

（2）管理费用中列支本期费用业务招待费12 000元；

（3）销售费用中列支广告费10 000元，业务宣传费5 000元。

要求：计算该独资企业2015年度应缴纳的个人所得税。

3. 某技术人员为中国公民，2016年1—12月在中国境内取得以下收入：

（1）每月工资收入4 000元，年终奖金48 000元；

（2）为其他单位进行施工设计取得劳务报酬80 000元，将其中20 000元通过教育机关捐赠给了受灾地区小学。

（3）发表论文一篇，取得稿酬收入8 000元。临时担任会议翻译取得收入6 000元。

（4）取得上市公司投资股息收入30 000元（连续持股时间13个月），取得保险公司给予的损失赔偿款3 000元。

要求：计算该技术人员2016年应缴纳的个人所得税（不考虑其他税费）。

4. 中国公民王某就职于国内A上市公司，2016年收入情况如下：

（1）1月1日起将其位于市区的一套公寓住房按市价出租，每月收取租金3 800元。1月因卫生间漏水发生修缮费用1 200元，已取得合法有效的支出凭证。

（2）在国内另一家公司担任独立董事，3月取得该公司支付的上年度独立董事津贴65 000元。

（3）3月取得国内B上市公司分配的红利18 000元（持股时间15个月）。

（4）4月取得一季度奖金6 000元，王某月工资为4 500元。

（5）5月赴国外进行技术交流期间，在甲国演讲取得收入折合人民币32 000元，在乙国取得专利转让收入折合人民币60 000元，分别按照收入来源国的税法规定缴纳了个人所得税折合人民币4 800元和10 000元。

（6）5月在业余时间为一家民营企业开发了一项技术，取得收入50 000元。适逢该民营企业通过民政部门向贫困地区捐款活动，当即从中捐赠20 000元，同时通过有关政府部门向某地农村义务教育捐款8 000元，均取得了相关捐赠证明。

(7) 6月与一家培训机构签订了半年的劳务合同，合同规定从6月起每周六为该培训中心授课1次，每次报酬为2 000元。6月份为培训中心授课4次。

(8) 7月转让国内C上市公司股票，取得转让净所得15 320元，同月转让在香港证券交易所上市的某境外上市公司股票，取得转让净所得折合人民币180 000元，在境外未缴纳税款。

(9) 8月1日开始被A上市公司派遣到所属的某外商投资企业工作2个月，合同期内作为该外商投资企业雇员，每月从该外商投资企业取得薪金18 000元，同时每月取得派遣公司发给的工资4 500元。

(10) A上市公司于2016年11月30日与王某签订了解除劳动关系协议，A上市公司支付已在本公司任职8年的王某经济补偿金115 000元（A上市公司所在地上年职工平均工资24 000元）。

要求：计算王某上述所得应缴纳的个人所得税（不考虑其他税费）。

21世纪经济学管理学系列教材

- 政治经济学概论
- 政治经济学（社会主义部分）
- 技术经济学
- 财政学
- 计量经济学
- 国际贸易学
- 管理信息系统
- 国际投资学
- 宏观经济管理学
- 统计学
- 经济预测与决策技术
- 会计学
- 人力资源管理
- 物流管理学
- 管理运筹学
- 经济法
- 消费者行为学
- 管理学
- 生产与运营管理
- 战略管理
- 国际企业管理
- 公共管理学
- 税法
- 组织行为学

图书在版编目(CIP)数据

税法/艾华等编著.—4版.—武汉:武汉大学出版社,2017.8
21世纪经济学管理学系列教材
ISBN 978-7-307-19628-5

Ⅰ.税… Ⅱ.艾… Ⅲ.税法—中国—高等学校—教材 Ⅳ.D922.22

中国版本图书馆CIP数据核字(2017)第201968号

责任编辑:范绪泉　　责任校对:汪欣怡　　版式设计:马　佳

出版发行:**武汉大学出版社**　(430072　武昌　珞珈山)
(电子邮件:cbs22@whu.edu.cn 网址:www.wdp.com.cn)
印刷:武汉中科兴业印务有限公司
开本:787×1092　1/16　印张:22.5　字数:529千字　插页:1
版次:2006年1月第1版　　2010年10月第2版
2013年11月第3版　　2017年8月第4版
2017年8月第4版第1次印刷
ISBN 978-7-307-19628-5　　定价:39.00元